Gerhard Lohfink

All meine Quellen entspringen in dir

Gerhard Lohfink

All meine Quellen entspringen in dir

Große Bibeltexte neu erkundet

FREIBURG · BASEL · WIEN

Zur Abbildung auf dem Schutzumschlag: Zugrunde liegt eine byzantinische Buchmalerei aus der ersten Hälfte des 12. Jahrhunderts. Der betreffende Codex enthält Marien-Homilien des Jakobus von Kokkinobaphos. Sie sind bebildert mit hochberühmten, farbenprächtigen Miniaturen. Unsere Abbildung ist ein Ausschnitt aus einer dieser Miniaturen, einer Paradieses-Darstellung. Gezeigt wird der Paradieses-Strom, der sich in vier Flüsse teilt (vgl. dazu Gen 2,10–14). Das Symbol dieses viergeteilten Paradieses-Stroms wird in der Bibel im Bild von der Tempelquelle weiter ausgeführt, welche die Gottesstadt erfreut (vgl. Ps 36,9–10; 46,5–8; Offb 22,1–4). Damit sind wir beim Titel dieses Buches: nämlich bei den Quellen, die am Zionsberg entspringen (Ps. 87,7).

© Verlag Herder GmbH, Freiburg im Breisgau 2023
Alle Rechte vorbehalten
www.herder.de
Umschlaggestaltung: Verlag Herder
Umschlagmotiv: Monk James of Kokkinobaphos Monastery in Bithynia, Six Homilies on the Life of the Virgin, fol. 37r – The Four Rivers of Paradise, Bibliotheca Vaticana Vat.gr. 1162 – © Biblioteca Apostolica Vaticana
Satz: Barbara Herrmann, Freiburg
Herstellung CPI Books GmbH, Leck
Printed in Germany
ISBN (Print) 978-3-451-39700-4
ISBN E-Book (PDF) 978-3-451-83100-3

Meinem Bruder
Norbert Lohfink

Inhalt

Vorwort 11

Teil I Grundlegendes

Das Zeitfenster 17
Die ausländische Frau 24
Ein außergewöhnlicher Briefanfang 29
Eben keine Utopie! 35
Das Opfer der Lippen 38
Die Macht der Bilder 47
Pharisäer und Zöllner 60
Gott schauen 70
Letzte Worte 74
Kant und die Folgen 79

Teil II Feste und heilige Zeiten

Adventliche Wachsamkeit 87
Weltliebe oder Weltdistanz? 90
»Gaudete!« – »Freuet euch!« 95
Was macht ein Fest zum Fest? 99
Maria und der Engel 107
Die Herkunft Jesu 112

Das helle Licht ... 117
Der weite Bogen des Weihnachtsfestes ... 125
Die Geburt des messianischen Volkes ... 128
Eine Begegnung im Tempel ... 132
Anlässlich der Taufe Jesu ... 140
Die Figur des Narren ... 145
Zwei Versuchungsgeschichten ... 153
Ein fatales Bußgebet ... 160
Betört und verführt ... 164
Verweile doch! du bist so schön! ... 168
Der Esel des Messias ... 173
Unser ältestes Osterlied ... 179
Der Geist gegen den Leib? ... 183
Mein Hirt ist der Herr ... 189
Der wahre Weinstock ... 200
Erhöht über alle Mächte ... 209
Geistesgeschichte ... 214
Geteilte Hostie – geteiltes Leben ... 229
Entscheidungen ... 234
Jesus und seine Jünger im Sturm ... 240
Irdisch-himmlische Liturgie ... 244
Maria, Urbild der vollendeten Kirche ... 251
Zum Fest Allerheiligen ... 254

TEIL III Unterscheidungen
Der Stachel im Fleisch 267
Abraham wird erprobt 273
Bericht vom Zeck 277
Zur christlichen Sicht der Ehe 290
Gegenseitige Erlösung? 304
Der wahre Hirt und seine Herde 313
Eine Rede an Priesteramtskandidaten 322
Das Eucharistische Hochgebet 333
Wie kommt das Reich Gottes? 362

Danksagung 399

Liturgische Tabelle 401

Nachweis der Erstveröffentlichungen 405

Verzeichnis der Schriftstellen 407

Vorwort

»All meine Quellen entspringen in dir« lautet der Titel dieses Buches. Der Satz stammt aus dem Alten Testament. Er bildet den Schlussvers des 87. Psalms. Das Bild von Quellen, die aus der Erde hervorbrechen, berührt uns. Nicht nur, weil frisches und reines Quellwasser auf unserem ausgebeuteten Planeten immer wertvoller wird. Nein, auch deshalb, weil Quellen zu den schönsten und geheimnisvollsten Naturphänomenen gehören.

»All meine Quellen entspringen in dir« – es liegt natürlich nahe, diesen Satz unmittelbar auf Gott zu beziehen. In einem jener neueren religiösen Lieder, die sich in den letzten Jahren viele Herzen erobert haben, heißt es:

Alle meine Quellen entspringen in dir,
in dir, mein guter Gott.

Du bist das Wasser, das mich tränkt
und meine Sehnsucht stillt.

Du bist die Kraft, die Leben schenkt,
eine Quelle, die nie versiegt.

Ströme lebendigen Wassers brechen hervor.

Alle meine Quellen entspringen in dir,
in dir, mein guter Gott.

Man spürt: Dieser Liedtext ist authentisch. Hinter ihm steht reale Erfahrung mit Gott. Die verwendeten Bilder sind biblisch, sie sind kraftvoll, sie reden uns unmittelbar an. Allerdings: In der Weise, wie sie hier eingesetzt werden, verfehlen sie den Richtungssinn von Ps 87. Denn in diesem Psalm geht es nicht um die Seele und ihren Gott. Beschworen wird ein ungeheuerliches Geschehen: Die Völker haben sich aufgemacht und ziehen nach Jerusalem (vgl. den Zusammenhang mit Ps 84,6–8). Sie kommen aus der ganzen Welt. Sie sind unterwegs zum Zion, zum Berg des Herrn. Sie möchten dort lernen, wie endlich Gerechtigkeit und Friede in die Welt kommen (vgl. Jes 2,2–5). Sie haben begriffen: Ihre Sehnsucht nach dem Ende der Gewalt kann sich nur erfüllen, wenn sie sich bei dem Gott bergen, der von diesem Weltenberg aus zu ihnen spricht.

Und dieser Gott ist in Ps 87 kein mahnender und erst recht kein drohender Gott, sondern einer, der jedem einzelnen Volk vom äußersten Westen bis zum äußersten Osten, vom Norden bis zum Süden das Bürgerrecht in seiner heiligen Stadt Jerusalem zuspricht. Er trägt sie in die Bürgerliste der Gottesstadt ein und schenkt ihnen damit Anteil an der neuen Welt, die er schaffen will.

Die Nationen begreifen, was da geschieht: Sie beginnen auf ihrem Weg zum Zion zu tanzen und zu singen. Und eine einzelne Stimme bricht *im Namen der neuen, endlich den Frieden findenden Weltgesellschaft* in den Ruf aus:

All meine Quellen entspringen in dir.

Dort, in Israel, am Gottesberg, am Zion, entspringen die Quellen wahren Lebens. Selbstverständlich gilt dieser Freudenruf letztlich Gott. Aber er verdrängt nicht das Werk Gottes in der Welt. Er überspielt nicht, wie Gott die Weltgesellschaft erreicht, sie verändert und zu ihrem Ziel bringt: *über* sein Eigentumsvolk, *über* Israel, *über* die Ekklesia.

Ps 87 steht damit nicht allein. Das gesamte Alte Testament, das gesamte Neue Testament, jedes Kapitel der Bibel spricht direkt oder indirekt davon: Gott braucht einen klar definierten Ort, um über diesen Ort die Welt zu verändern. Diese orts- und personengebundene Geschichte begann mit Abraham, ist gebunden an die Glaubensgeschichte vieler in Israel, erreicht ihren kritischen und entscheidenden Punkt in Jesus und ist trotz aller Hindernisse weiter im Gang – bis sie ihr alles umfassendes Ziel erreicht hat.

Ist also das neue Lied, das ich zitiert hatte, falsch? Nein, es ist richtig und berechtigt. Nur erfasst es – an seinem Haftpunkt

Ps 87,7 gemessen – lediglich einen kleinen Teil dessen, was zu seinem biblischen Hintergrund gesagt werden müsste. Die revolutionäre Aussage des Psalms ist zusammengeschrumpft zu in sich ruhendem Individualismus: Gott und der Einzelne, Gott und die Seele, Gott und das einsame Ich.

Der freie Atem von Ps 87 reicht viel weiter. Der Blick des Psalms weitet sich in die Zukunft. Und es geht nicht nur um die Not des Einzelnen. Es geht um die Not und die Sehnsucht der Völker. Zwar redet der Psalm von der Erfüllung ihrer Sehnsucht in mythischen Bildern – im Bild von dem alles überragenden heiligen Berg, der Paradiesesberg und kosmischer Mittelpunkt der Welt zugleich ist – sowie im Bild von der heiligen Gottesstadt, in deren Tempelbezirk die wahren Quellen des Lebens entspringen.

Doch diese mythischen Bilder sind Bausteine einer hochreflektierten Theologie: Gott geht es nicht nur um Israel. Es geht ihm um das Heil und den Frieden der ganzen Welt. Aber Israel ist der notwendige Vorort, ist Gottes Werkzeug, ist der Quellbezirk Gottes, damit die endzeitliche Revolution ihren Weg nehmen kann.

So viel zu dem Titel des vorliegenden Buches! Sein genauso wichtiger Untertitel lautet: »Große Bibeltexte neu erkundet«. Ich denke, mein Vorwort zeigt, was der Untertitel sagen will. Dieses Buch möchte heutige Engführungen biblischer Texte aufsprengen. Es will aufdecken, welche Wucht, aber auch welche Zuversicht und umwälzende Kraft in zahlreichen uns geläufigen oder auch nicht geläufigen Bibeltexten steckt. Manchmal greife ich auch weit über die Bibel hinaus – und man merkt erst am Ende des betreffenden Kapitels, dass alles auf einen biblischen Text hinauslief. Ich hoffe auf die Neugier meiner Leserinnen und Leser.

Gerhard Lohfink

Teil I
Grundlegendes

Das Zeitfenster
(Lk 13,1–9)

Es ist nun schon etwas länger her – es war in der Zeit, als das Navi gerade erfunden war und noch die Faszination des Neuen hatte – da geschah es, dass ein Mann in eine weit entfernte süddeutsche Stadt fahren musste. Er fuhr mit dem Auto und schaltete selbstverständlich sofort sein Navi ein. Es war bei ihm jeweils auf die zeitgünstigste Strecke eingestellt. Doch als der Mann die ersten Kilometer hinter sich hatte, sah er, wie schön der Tag und wie die Welt voller Farben war. Und die Fahrten über die Autobahn hatte er schon lange satt. Wen wundert's, dass er sich sagte: »Ich fahre heute nicht den günstigsten Weg. Ich will diesen Tag einmal ganz anders erleben. Ich wähle die kleinen Landstraßen und fahre einfach der Nase nach Richtung Süden.« Und er verließ den Zubringer.

Doch sein Navi wollte ihn unbedingt auf die Autobahn führen. Immer wieder mahnte ihn das Gerät freundlich aber bestimmt: »Bitte nach Möglichkeit rechts abbiegen!« oder: »In 200 Metern halbrechts einbiegen!« Oder es ertönte sogar ein scharfes: »Wenden Sie jetzt!« Ständig versuchte die Stimme, den Mann über immer neue Abzweigungen zur Autobahn zu bringen. Zugleich überstürzten sich auf dem Display die visuellen Signale: eine scharfe U-förmige Kurve, die »Wenden« bedeutete – Pfeile, die »Abbiegen« forderten – oder es erschien die Schrift: »Ihre Route wird neu berechnet.«

Zunächst amüsierte sich der Mann über die Penetranz seines Navis. Als ihn das Gerät aber schließlich nervte, stellte er die Stimme leise. Doch auch das war keine Lösung. Sein Fahrgenuss war noch immer gestört. Deshalb versuchte er, dem Navi für seine Fahrt eine neue Route einzugeben: Orte und Straßen Richtung Süden fernab der Autobahn. Dieser neu programmierte Weg deckte sich dann jedoch nicht mit der Strecke, die er tatsächlich fuhr, und die lästigen Fahrbefehle begannen von neuem. So schaltete er das Navi schließlich aus. Er wollte sich mit seinem Auto endlich einmal völlig frei bewegen, ganz so fahren, wie er selbst es wollte – immer dorthin, wo sich gerade verheißungsvolle Landstriche öffneten.

Wie herrlich war es, derart spontan zu fahren! Ahornbäume leuchteten links und rechts der Straße auf, als wären sie mit Gold übergossen. Er fuhr an Seen vorbei, durch herbstliche Wälder und ab und zu durch ein kleines Dorf, in dem Gänse noch auf der Straße herumliefen. Er entdeckte die Lust am Autofahren neu. In einem kleinen Städtchen stieg er aus und genehmigte sich ein herzhaftes Mittagessen mit Knödeln und Sauerbraten.

Am späten Nachmittag wurden die Herbstfarben noch intensiver, und irgendwann erschien, noch ganz in der Ferne, die blaue Alpenkette. Sein Ziel, die große Stadt, kam näher. Da erst schaltete er sein Navi wieder ein. Er hatte genug ›Landschaft‹ erlebt und war müde geworden. Und jetzt war er wieder froh über das Gerät und die Führung, die es ihm bot. Denn es brachte ihn sicher zu seinem Ziel mitten in der sich weit ausbreitenden Großstadt. »Sie haben ihr Ziel erreicht. Ihr Ziel liegt rechts«, verabschiedete ihn die nette Frauenstimme, die ihn am Morgen so genervt hatte.

Der Mann, von dessen Autofahrt ich nun ziemlich lange berichtet habe, war übrigens ein Pfarrer. Und wie das bei Pfarrersleuten so geht: Was er bei seiner langen Fahrt über die Dörfer erlebt hatte, formte er am Sonntag danach zu einer Predigt. Zu einer Art Navi-Predigt. Natürlich erzählte er nicht von sich selbst, sondern von irgendeinem Mann, der im Auto unterwegs war. Aber was er erzählte, war haargenau seine eigene Reise, und es waren die Erfahrungen, die er dabei mit dem Navi gemacht hatte. Am Ende seiner Predigt schloss er die folgende Nutzanwendung an:

»Ist das, was ich Ihnen da erzählt habe, nicht ein Abbild des menschlichen Lebens? Gott hat die Fahrt unseres Lebens schon längst vorgeplant. Er will uns sicher zum ewigen Ziel führen. Er will gleichsam unser Navigator sein. Doch wir wollen nicht. Immer wieder möchten wir etwas anderes. Ständig lassen wir uns verführen, folgen unseren Sehnsüchten, weichen ab von dem Weg, den er uns geleiten will. Dann flüstert uns Gott über unser Gewissen zu: Abbiegen, wenden, umkehren! Aber wir hören nicht hin. Wir wählen lieber unsere eigene Route. Und was macht Gott? Er gibt nicht auf. Er mahnt uns immer wieder. Er bleibt dabei freundlich. Er lässt sich nicht erbittern. Er bleibt bei uns. Unablässig berechnet er den Weg unseres Lebens neu. Er bietet uns ständig neue Möglichkeiten an, wie wir unser Ziel erreichen könnten. Und am Ende erreichen wir es auch. Trotz all der Umwege, die wir gefahren sind. Obwohl wir nicht auf ihn gehört haben. Obwohl wir immer nur das gemacht haben, was wir selbst wollten. Am Ende, wenn wir schon müde geworden sind, führt er uns sicher in die himmlische Stadt.«

Die Leute in den Kirchenbänken hörten ihrem Pfarrer aufmerksam zu. Niemand blickte während der Predigt auf seine Uhr. Niemand räusperte sich gelangweilt. Ein Teil der Zuhörer dachte:»Wie schön und lebensnah hat unser Pfarrer heute doch wieder gepredigt. Wie gut, dass wir am Ende alle in den Himmel kommen – trotz unserer Seitensprünge.«

Andere dachten eigentlich nur:»Der Mann im Auto hatte doch völlig recht, dass er nicht die überlastete Autobahn mit ihren endlosen LKW-Kolonnen und den zahllosen Baustellen gewählt hat. Über die Dörfer zu fahren ist einfach schöner. Man muss das Leben genießen. Da darf man sich von seinem Navigator nicht stören lassen. Natürlich: Dazu, dass einen das Navi am Ende doch ins Ziel bringt – dazu ist es auf jeden Fall gut.«

Es gab aber auch einige, die bei der Nutzanwendung gar nicht mehr hingehört hatten. Nur die Erzählung von dem Navi hatte sie kurz aus ihren Phantasien gerissen.

So ungefähr war das also mit dieser morgendlichen Sonntagspredigt. Doch am Sonntagabend geschah dann etwas ganz Ungewöhnliches. Der Pfarrer hatte gerade zu Abend gegessen und es sich in seinem Fernseh-Sessel bequem gemacht. Da schellte es. An der Tür stand eine Frau und sagte:»Herr Pfarrer, vielleicht störe ich. Aber ich würde gern mit Ihnen über Ihre Predigt von heute Morgen reden. Geht das?« »Selbstverständlich«, sagte der Pfarrer und bot ihr einen Stuhl an.»Sie sind mir bitte nicht böse«, fuhr die Frau fort, »wenn ich jetzt etwas direkt werde.« »Nein, überhaupt nicht«, sagte der Pfarrer, obwohl ihm nicht ganz wohl dabei war. Kritik einzustecken war ihm schon immer schwergefallen.

»Ich habe mir Folgendes überlegt«, sagte die Frau. »Sie haben ja heute Morgen in der Predigt sehr schön von dieser interessanten Autofahrt erzählt. Man konnte das richtig miterleben. Aber Sie haben überhaupt nichts zum Evangelium gesagt. Schon das hat mich irritiert. Aber etwas anderes hat mich noch mehr gestoßen. Denn im Evangelium des heutigen Sonntags sagt Jesus ja seinen Zuhörern, sie müssten umkehren. Wenn sie nicht umkehrten, ginge es ihnen wie den Leuten, die damals von einem Turm erschlagen wurden, der plötzlich eingestürzt war. Jesus verlangt also Umkehr, sonst hat das Folgen.

Bei Ihnen in Ihrer Predigt verlangt die Stimme im Navi auch Umkehr. Sie gibt andauernd Anweisungen wie: ›Abbiegen, nach rechts einbiegen, wenden!‹ Der Mann wählt aber keineswegs die angewiesene Route, sondern fährt, wie es ihm gerade Spaß macht. Und dafür wird er mit einer genussvollen Fahrt belohnt. Musste sich da nicht jeder in der Kirche fragen: Was sollen wir jetzt eigentlich machen? Sollen wir das machen, was Jesus sagt – nämlich umkehren – oder sollen wir das machen, was der Mann in der Erzählung so erfolgreich tut: dem Navigator nicht folgen, nicht umkehren und sich einen schönen Tag machen?«

Der Pfarrer gab keine Antwort, sondern strich sich nur unruhig immer wieder mit der Hand über das Kinn. Und die Frau war noch längst nicht fertig. Sie fuhr fort:

»Außerdem ist das Sonntagsevangelium dann ja noch weitergegangen. Jesus erzählt das Gleichnis von einem Feigenbaum, der mitten im Weinberg steht, der aber keine Frucht bringt, jahrelang keine einzige Frucht. Und dem Winzer wird von dem Besitzer des Weinbergs gesagt: ›Hau ihn um! Der laugt doch nur den Boden aus.‹ Der Winzer antwortet: ›Gib ihm noch ein Jahr. Ich werde rundum die Erde auflockern und dem Baum Dung geben. Wenn er dann weiterhin nichts trägt, haue ich ihn um‹ ... Entschuldigung, Sie kennen ja das Gleichnis ... Als es heute Morgen vorgelesen wurde, ist mir das Wort ›Zeitfenster‹ eingefallen, das man jetzt immer häufiger von Politikern und Journalisten hört. Könnte man dieses Wort nicht auch auf das heutige Evangelium anwenden? Die Zuhörer, denen Jesus von dem eingestürzten Turm erzählt, haben noch ein Zeitfenster. Dann kommt die Katastrophe. Der Feigenbaum hat noch ein Zeitfenster. Er kriegt noch den Boden aufgelockert, er bekommt noch Dünger und er hat noch ein Jahr. Wenn er dann keine Frucht bringt, wird er umgehauen. Wir sollen also umkehren. Und zwar sofort. Wir haben keine Zeit mehr. Oder nur noch ganz wenig.

Und das bringe ich eben mit ihrer Geschichte nicht zusammen. Der Mann, von dem Sie erzählt haben, folgt seinem Navigator nicht, nimmt sich unendlich viel Zeit, macht sich einen schönen Tag – und wird trotzdem von seinem braven Navi am Ende an sein Ziel gebracht. Im Evangelium werden die Zuhörer ebenfalls aufgefordert umzukehren – doch wenn sie es nicht tun, geht es für sie böse aus.

Und bitte nehmen Sie es mir nicht übel: Der Mann aus Ihrer Predigt, der lieber Riesenumwege fährt, tut doch genau das, was heute viele tun: Er macht, was ihm passt und worauf er gerade Lust hat. Er bestimmt selbst über sein Leben. Und indem am Ende der Navigator doch noch für etwas gut ist, wird Gott zum lieben Großpapa frisiert, der alles absegnet. Sie haben doch den Navigator mit Gott verglichen. Herr Pfarrer, rechnen Sie eigentlich mit der Möglichkeit, dass nicht immer alles nur lustig und schön ist – dass man sein Leben auch kaputtmachen kann – und dass man das Leben anderer Menschen kaputtmachen kann? Könnte es sein, dass eben nicht alles ein gutes Ende nimmt? Was wollte uns Jesus mit diesem Gleichnis denn eigentlich sagen?«

So redete die Besucherin auf ihren Pfarrer ein. Der war zunächst leicht verärgert und suchte Ausflüchte. Doch dann wurde er – noch während er seine Predigt rechtfertigte – langsam nachdenklich. Und weil er ein ehrlicher Mann war, sagte er schließlich zu der Frau: »Wahrscheinlich haben Sie etwas Richtiges gesehen. Vielleicht haben Sie sogar recht. Ich muss über das alles einmal gründlich nachdenken. Können Sie am nächsten Sonntag noch einmal vorbeischauen?«

In den folgenden Tagen kam der Pfarrer trotz seiner vielen Arbeit von der Sache nicht los. Er sah sich das Evangelium des vergangenen Sonntags genauer an. Er schlug in einem Kommentar zum Lukasevangelium nach, der schon lange unbenutzt in dem leicht verstaubten Büchergestell seines Arbeitszimmers stand. Und er überdachte, was ihm die Frau gesagt hatte – vor allem das mit dem Zeitfenster, das sich schließen kann.

Und in diesem Zusammenhang ging ihm noch so manches andere durch den Kopf: Er hatte, bevor er mit dem Theologiestudium anfing, vor einer Frage gestanden, die dann sein ganzes Leben umdrehte: Sollte er Seelsorger werden oder nicht? Er hatte damals das sichere Gefühl gehabt, dass er sich *jetzt* entscheiden müsse, dass er die Entscheidung nicht mehr aufschieben dürfe – und dass sich, wenn er Nein sagen würde, eine Tür für ihn schließen könnte. Dass nämlich sein Leben dann niemals mehr so sein würde, wie es sein könnte, wenn er jetzt, in dieser Stunde, dem Ruf Gottes folgte.

Er wusste damals genau: Er stand an einer Wegscheide. Auch für ihn hatte sich damals eine Art Zeitfenster geöffnet – und dieses Zeitfenster würde sich auch wieder schließen. Er wusste: *Jetzt* kommt es darauf an. Da hatte er Ja gesagt. Und dieses Ja hatte ihn für sein ganzes Leben glücklich gemacht. Aber er wusste: Er hätte auch Nein sagen können. Dann wäre sein Leben anders und wahrscheinlich weniger gut verlaufen.

Geht es ähnlich nicht auch mit ganzen Familien, mit ganzen Gruppen, ja mit ganzen Gesellschaften? – dachte sich der Pfarrer. Sie können den Weg Gottes gehen und sie können ihn nicht gehen. Und alle Verweigerungen haben unweigerlich Konsequenzen. Oft weittragende Konsequenzen!

Genau in diesem Zusammenhang kam ihm plötzlich die Sache mit dem Klimawandel, die seit Jahren so viele Menschen umtrieb, in den Sinn. Wenn wir jetzt nicht umkehren, sagen die Wissenschaftler, wenn wir jetzt unser Verhalten nicht grundlegend ändern, kommen Klima-Umwälzungen auf die Welt zu, die uns alle betreffen werden: Wetterextreme, verheerende Unwetter, Überschwemmungen, Anstieg der Meeresspiegel, Hitzewellen, Dürrekatastrophen, Waldbrände, die Versteppung ganzer Regionen, Ausbreitung von Parasiten und tropischen Krankheiten und vor allem – riesige Ströme von Umweltflüchtlingen. Auch hier: ein Zeitfenster! Deshalb die dringend notwendige sofortige Umkehr der Weltgesellschaft. Andernfalls wahrscheinlich das Umkippen des gesamten Klimasystems unseres Planeten.

Es gibt im Leben also wirklich Zeitfenster, dachte sich der Pfarrer, geöffnete Türen, die sich eines Tages schließen – genau wie es seine Besucherin gesagt hatte. Solang diese Türen offen sind, muss man eintreten – das heißt, Konsequenzen ziehen. Tut man es nicht, hat es schwerwiegende Folgen für das eigene Leben und genauso oder noch mehr für das Leben Anderer. Und er fragte sich: Hatte er es sich in seiner Predigt nicht vielleicht doch zu leicht gemacht?

Einen Tag später kam ihm noch ein anderer Gedanke: Er hatte mit seiner Navi-Geschichte ja die Dinge so dargestellt, als sei die Autobahn, als sei also der Weg, den der Navigator befahl, langweilig, anstrengend und öde – das Ausbrechen auf den eigenen Weg hingegen spannend, interessant und lustgeladen. Dieser Eindruck musste sich zwangsläufig aus den beiden Bildbereichen ergeben, mit denen er in seiner Predigt gearbeitet hatte. Aber entsprach das überhaupt der Sache? Wurde denn für den Menschen, der Gott (also dem Navigator) folgte, wirklich alles nur langweilig und öde? Und war den eigenen Ideen und Sehnsüchten zu folgen, tatsächlich immer wunderbar und befriedigend? Fand man die wahre Freude nicht immer dann, wenn man den Willen Gottes tat? An dieser Stelle seufzte der Pfarrer – und schließlich musste er über die sich durchkreuzenden Linien, die in seiner Navi-Predigt steckten, selber lachen.

Wir wollen ihn an dieser Stelle verlassen. Wir erfahren also nicht mehr, was er am Sonntag darauf zu der Frau gesagt hat. Hoffentlich war es eine gute Antwort. Seine Antwort müsste die Einwände seiner abendlichen Besucherin ernst nehmen –

und sie müsste zugleich darauf bestehen, dass Gott uns trotz all unserer Umwege und Fluchtversuche nicht verlässt. Er müsste seiner Besucherin aber auch berichten, was ihm selbst inzwischen als die eigentliche Problematik seiner Predigt klar geworden war: Dass es zwar Mut erforderte und anstrengend sein konnte, dem Willen Gottes zu gehorchen – dass es zugleich aber tief glücklich machte.

Eine Kleinigkeit darf ich Ihnen aber doch noch verraten: Der Pfarrer unserer Geschichte nahm sich damals fest vor, sonntags in der Predigt nicht mehr über das zu reden, was ihm gerade durch den Kopf ging, sondern über das, was ihm die Ordnung der Liturgie vorgab – nämlich über die Lesungen und das Evangelium. Nachdem er sich längere Zeit an diesen Vorsatz gehalten hatte, stellte er zu seinem Erstaunen fest, dass die vorgeschriebenen Texte des Kirchenjahrs eigentlich immer aktuell waren. Legte er sie selbst sachgerecht aus, so war es gar nicht schwer, den Bogen zum Hier und Heute zu schlagen.

Die ausländische Frau
(Mk 7,24–30; Mt 15,21–28)

In Mk 7,24–30 (par Mt 15,21–28) wird uns eine Geschichte erzählt, die es in sich hat. Sie stellt das heute übliche Jesusbild in Frage. Man könnte dieses Jesusbild folgendermaßen umschreiben: Jesus nahm sich für jeden Menschen Zeit, der in Not war und der ihm in seiner Not begegnete. Er wusste sich zu allen Menschen gesandt – waren sie nun Gerechte oder Sünder, Arme oder Reiche, Glaubensgenossen aus Israel oder Heiden. Er suchte jedem zu helfen – ohne Ansehen der Person. Sein Wohlwollen und seine Liebe waren grenzenlos.

Die Schwierigkeit ist nur: Der Text Mk 7,24–30 und seine Matthäus-Parallele liefern ein anderes Bild. Jesus befindet sich im heidnischen Ausland, im Gebiet der Hafenstadt Tyrus. Da kommt eine Frau, eine Griechin, eine Syrophönizierin, und bit-

tet Jesus, ihrem kranken Kind, das in höchster Not ist, zu helfen. Jetzt hätte Jesus – gemäß dem beschriebenen Jesusbild – die Bittstellerin liebevoll anschauen und ihr sagen müssen: »Sei getrost, Frau, ich bin gesandt zu helfen und zu heilen. Wo ist deine kleine Tochter, dass ich sie von ihrem Leiden befreie?«
Aber so läuft die Geschichte eben nicht. In der Matthäusfassung gibt Jesus der Frau zunächst nicht einmal eine Antwort. Will er sie prüfen? Will er ihren Glauben auf die Probe stellen? Nein, er will ihr nicht helfen. Er will ihr Flehen nicht erhören, weil sie eine Heidin ist.
Die heidnische Frau allerdings ist hartnäckig. Sie lässt sich nicht abweisen. Sie läuft schreiend hinter Jesus her (wir sind immer noch bei Matthäus). Am Ende liegt sie ihm zu Füßen und fleht weiter. Und nun redet Jesus sie zum ersten Mal an. Das Wort, das er ihr bei Markus sagt, ist so hart, dass wir seinen Sinn nicht selten geradezu verdrängen:

Lass zuerst die Kinder sattwerden. Es ist nicht richtig, das den Kindern [zukommende] Brot zu nehmen und es den Hunden hinzuwerfen. (Mk 7,27; vgl. Mt 15,26)

Die »Kinder« – das sind hier die Israeliten, die Söhne und Töchter Gottes, das Gottesvolk (vgl. Dtn 14,1). Die »Hunde« – das sind die Heiden. Jesus bezeichnet die Heiden zwar nicht unmittelbar als Hunde. Er bewegt sich mit seiner Antwort in einem Bildbereich. Da ist eine Familie, es wird gegessen, die Kinder sind hungrig – und um den Tisch und sogar unter ihm bewegen sich erwartungsvoll die Haushunde und warten, ob etwas für sie abfällt. Aber selbst wenn man bedenkt, dass Jesus im Rahmen eines Bildes spricht: Seine Rede hat etwas Verstörendes. Die Heiden verglichen mit Hunden? Und auch die theologische Spitze seiner Rede kommt uns quer. Denn Jesus will mit dem Bild ja sagen, dass er *ausschließlich* zu Israel gesandt sei.
Eigentlich müssten wir über diesen Jesus verärgert sein. Denn er durchkreuzt unsere Vorstellung allgemeiner und grenzenloser Menschenliebe, die hilft, wo immer sie einer Not be-

gegnet. Soll das der Menschenfreund sein – der Helfer aller, die im Elend sind? Es wäre gut, wenn uns dieses Evangelium zunächst einmal schockieren würde. Dann brächte es uns nämlich endlich zu dem Punkt, den wir mit unserem Humanismus ständig übersehen.

Jesus war nüchterner als wir. Er wusste viel besser als wir, wie der Welt zu helfen ist: Ihr ist nicht zu helfen mit allgemeiner Menschenliebe, die sich an alle verströmen möchte. Ihr ist nicht zu helfen mit Almosen. Ihr ist letztlich nicht einmal zu helfen mit gut geplanten und sachgerecht verwalteten Hilfswerken – so bitter notwendig sie sind. Und zwar deshalb nicht, weil das Elend der Welt wie ein Fass ohne Boden ist. Da kann man Liebe hineingießen, so viel man will – die Not der Welt ist abgrundtief und verschlingt alles. Du hilfst heute, und morgen ist schon wieder alles, wie es gestern war. Oder ganz neue Abgründe haben sich aufgetan.

Jesus lebt aus dem Heilswissen des Alten Testaments. Deshalb weiß er: Um der Welt wirklich zu helfen, muss es ein Volk geben, das aus einer lebendigen Geschichte mit Gott lebt – das immer wieder erfährt, wie es aus der Knechtschaft in die Freiheit geführt wird, aus dem Tod ins Leben, aus dem Elend in die Fülle – und das dank seiner Geschichte mit Gott in der Lage ist, solidarisch zu leben, einander zu vertrauen, miteinander zu teilen. Nur dann gibt es Reserven. Nur dann braucht Liebe, die anderen geschenkt wird, nicht zu versickern. Nur dann hat die Liebe Boden unter den Füßen – und dieser Boden kann wachsen und sich weiter ausbreiten.

Jesus hat mit hellsichtiger Nüchternheit gewusst, dass ohne die *Lebensform* des Volkes Gottes, ohne ein Volk, das aus der Geschichte mit Gott und nach Gottes Sozialordnung lebt, der Welt nicht zu helfen ist. Nur deshalb ist er ganz auf die Sammlung Israels konzentriert. Nur deshalb interessieren ihn die Heiden anscheinend nicht. In Wirklichkeit interessieren sie ihn brennend. Aber er kann ihnen nur helfen, wenn zunächst einmal an *einer* Stelle der Welt zeichenhaft sichtbar wird, wie Gott sich die Welt denkt. Israel ist sozusagen die Werkstatt Gottes.

Den Evangelisten waren diese Zusammenhänge klar. Sie wussten, warum Jesus seine Hilfe verweigert hatte. Deshalb fügt Matthäus in seine Markusvorlage den Satz ein:

Ich bin nur gesandt zu den verlorenen Schafen des Hauses Israel. (Mt 15,24)

Am Ende hilft Jesus der Frau. Freilich hätte die Erzählung dabei so laufen können, dass er der heidnischen Frau zunächst mithilfe des Bildes vom Brot und den Hunden klarmacht, warum er sich auf Israel konzentrieren muss und ihr deshalb eigentlich nicht helfen darf, dass er aber jetzt einmal eine Ausnahme macht und ihr dennoch hilft.

Aber genau so läuft die Erzählung nicht. Die Heidin bleibt keine passive Figur, die sich die Worte Jesu einfach gefallen lässt und dennoch mit stiller Hingabe sein Erbarmen erhofft. Sie greift vielmehr kühn und schlagfertig in seine Rede ein und widerspricht ihm – ganz gegen den Erzählstil frommer Legenden. Sie packt Jesus bei seinem Bild von den Hunden, windet es ihm aus der Hand und dreht es um:

Aber Herr, auch die Hunde unter dem Tisch essen von den kleinen Brotresten der Kinder. (Mk 7,28)

Das war gut beobachtet. Kinder lassen nicht nur aus Versehen Brotreste und Stückchen ihrer Beikost zu Boden fallen. Sie haben auch Freude daran, ihre Haustiere zu füttern. Oft werden dann sogar die kleinen Brocken, die anscheinend ›aus Versehen‹ herunterfallen, zur bewussten Strategie. Die Art, wie die heidnische Frau da spricht, hat durchaus etwas von dem Sprachwitz Jesu selbst und vor allem auch von der Kühnheit seines Auftretens.

Und das wird wohl auch der Grund gewesen sein, warum Jesus seinen Widerstand aufgibt. Dass ihm die Frau das Bild, das er verwendet hat, geradezu umdreht, fasziniert ihn offenbar. So durchbricht er seine eigene Argumentation und hilft. Dass er sich besinnt und das Kind der heidnischen Frau heilt, zeigt uns, dass Jesus kein Ideologe war, der unerbittlich und rigoros an seiner Argumentation und an seinen Verhaltensregeln festhielt. Jesus hat immer menschlich gehandelt. Der theologische Hintergrund seiner ursprünglichen Verweigerung war damit allerdings keineswegs aufgehoben. Jesus hat der schlagfertigen Frau geholfen, weil sie ihn mit ihrer kühnen Sprache imponierte. Aber er wusste weiterhin, dass solche Hilfe im Sand der Geschichte versickern würde, ließen sich die Menschen nicht sammeln zu der Lebensform des Gottesvolkes.

Sich um diese Form nicht zu sorgen, sich nicht zu sorgen um lebendige Gemeinden, hieße gerade, der Welt das Brot wegzunehmen. Umgekehrt: Sich um den Aufbau des Gottesvolkes zu sorgen, heißt, der Welt Anteil zu geben an dem Überfluss und dem Segen, den Gott in die Schöpfung hineingelegt hat.

Die Erzählung Mk 7,24–30 geht mit Sicherheit auf eine historische Begebenheit zurück. Sie ist keineswegs, wie eine Reihe von Exegeten behauptet, eine aus theologischer Absicht konstruierte Geschichte, die nach Ostern den Weg der Kirche zu den Heiden rechtfertigen sollte – wo sich doch Jesus selbst nur an Israel gewandt hatte. Mit solcher Exegese wird ein realistischer Text zu einem künstlichen Konstrukt erniedrigt. Ein Bild wie das von den kleinen Bröckchen, die den Haushunden hingeworfen werden, erfindet kein konstruierter Text – und erst recht erfindet er nicht die Kühnheit einer Heidin, die Jesus widerspricht und ihm sein Bildwort entwindet.

Diese Feststellung schließt natürlich nicht aus, dass die Erzählung nach Ostern für die theologische Begründung der Heidenmission eine Rolle gespielt hat. Das wird deutlich an dem »zuerst« *(prōton)* in Mk 7,27: »Lasst *zuerst* die Kinder satt werden.« Damit formulierte Markus (oder seine Vorlage) eine heilsgeschichtliche Abfolge: Jesus selbst war von Gott nur zu Israel gesandt worden – und erst nach Ostern schickte der Auferstandene seine Jünger auch zu den Heiden. Die Funktion Israels, wie sie oben beschrieben wurde, war damit keineswegs aufgegeben: Die Frühe Kirche deutete die Heidenmission als den Beginn der Völkerwallfahrt zum Zion, wie sie in Jes 2,1–5 angekündigt worden war. Und dort geht der Völkerwallfahrt die Umkehr Israels voraus (vgl. Jes 2,5).

Ein außergewöhnlicher Briefanfang
(1 Kor 1,1–3)

Vorweg: Im Neuen Testament gibt es über zwanzig Briefe (Briefe wie z. B. Apg 15,23–29; 23,26–30 miteingeschlossen). Viele von ihnen gingen zunächst an einzelne Gemeinden und wurden erst später Allgemeingut der Kirche. Es gibt aber auch Briefe, die von Anfang an für mehrere Gemeinden gedacht waren, wie zum Beispiel der Brief des Paulus an die Gemeinden in Galatien. Selbst sein Brief an Philemon ist kein Privatbrief, den er einzig und allein an den Besitzer des Sklaven Onesimos gerichtet hätte. Er war auch an die Gemeinde gerichtet, die sich regelmäßig im Haus des Philemon versammelte (Phlm 2). Bereits von ihrem Gemeindebezug her sind die neutestamentlichen Briefe innerhalb der antiken Welt etwas Außergewöhnliches.

Ihre Besonderheit zeigt sich literarisch aber noch an weiteren Phänomenen, vor allem an ihren Briefanfängen. Briefe und besonders Briefanfänge folgen ja fast ausnahmslos geprägten Mustern. An solch feste Muster pflegte man sich schon in der Antike zu halten – und auch bei uns heute ist das nicht anders. In Deutschland zum Beispiel beginnt man derzeit Briefe, jedenfalls wenn sie einen etwas förmlicheren Charakter haben, mit »Sehr geehrte(r) …« oder »Liebe(r) …« Ganz am Ende des Briefes erfolgt dann die Unterschrift, meist eingeleitet durch die Formel: »Mit freundlichen Grüßen«.

Das war in Deutschland freilich nicht immer so. Johann Wolfgang von Goethe zum Beispiel hielt sich an die zu seiner Zeit übliche Regel, seine Briefe entweder unmittelbar ohne jede Anrede zu beginnen oder aber die Anrede in den ersten Satz des Briefes einzubauen. Das Letztere konnte dann folgendermaßen aussehen – ich zitiere den Anfang eines Briefes, den Goethe am 22. September 1799 an seinen Verleger Johann Friedrich Cotta geschrieben hat:

Für Ihren Brief vom 29. Jul. muss ich Ihnen, werthester Herr Cotta, vielen Dank sagen ...

Es gäbe noch viele Varianten, die aber alle in eine ähnliche Richtung gehen. In der griechischen Antike war das anders. Damals wurde ein Brief mit einer Einleitung eröffnet, die *in einem einzigen Satz* den Absender und den Empfänger nannte und zugleich auch noch den Eingangsgruß enthielt. Dann kam der Briefschreiber sofort zur Sache. In der Apostelgeschichte gibt es ein schönes Beispiel einer solchen antiken Briefeinleitung (mit einem Fachausdruck ›Präskript‹ genannt). Ein römischer Oberst schreibt an den Statthalter M. Antonius Felix in Caesarea einen Brief. Das Präskript des Briefes lautet:

Claudius Lysias dem hochgeehrten Felix zum Gruß.
(Apg 23,26)

Mehr war damals nicht nötig. Paulus folgt dieser Grundstruktur des üblichen Präskripts auf das Genaueste – und zwar in all seinen Briefen. Ich wähle als Beispiel den 1. Korintherbrief. Sein Anfang hält sich exakt an das gerade beschriebene antike Formular für das Präskript: Paulus und Sosthenes (Absender) wünschen der Kirche Gottes in Korinth (Empfänger) Gnade und Frieden (Gruß). Die Strukturformel für die antike Brieferöffnung in Griechisch ist also beibehalten. Und doch – was ist bei Paulus aus dieser Strukturformel geworden – nicht nur im 1. Korintherbrief.

Ich beginne mit einer zunächst eher geringfügigen Beobachtung, die aber doch schon eine grundlegende Veränderung signalisiert: Für den Gruß, also für das 3. Element des Briefeingangs, stand in griechischen Briefen in den meisten Fällen ein einfaches *chairein [legei]*. Das heißt frei übersetzt: »zum Gruß«. Paulus setzt an die Stelle dieses *chairein* in 1 Kor 1,3 und genauso in all seinen Briefen das Wort *charis* = »Gnade«. Der Klang der profanen Formel ist damit erhalten – doch der übliche Gruß wird ersetzt durch eine hochtheologische Aussage: Die christliche Gemeinde in Korinth wird nicht nur gegrüßt, sondern ihr wird die freie und unverdiente Gnade Gottes zugesprochen.

Noch viel stärker sind in 1 Kor 1,1–3 die beiden anderen Grundelemente des Präskripts angereichert und zu einem üppig ausladenden Satz erweitert. Dieser Eröffnungssatz kommt mit außerordentlicher Feierlichkeit daher. Da ist alles hochstilisiert. Wir würden es heute nicht mehr wagen, einen Brief so anzufangen. Selbst die Hirtenbriefe unserer Bischöfe beginnen längst nicht mehr derart feierlich. Paulus aber schreibt:

Paulus, durch Gottes Willen berufener Apostel Christi Jesu, und der Bruder Sosthenes — an die Kirche Gottes, die in Korinth ist, an die in Christus Jesus Geheiligten, berufen als Heilige zusammen mit allen, die den Namen Jesu Christi, unseres Herrn, an jedem Ort anrufen, bei ihnen und bei uns — Gnade [sei] mit euch und Friede von Gott, unserem Vater, und dem Herrn Jesus Christus. (1 Kor 1,1–3)

Weshalb eine solch lange, alle Gewohnheiten der Antike sprengende Brieferöffnung? Die Antwort kann nur lauten: Paulus schrieb seine Briefe für christliche Gemeinden und deren Versammlungen. Und »Gemeinde« bzw. »Kirche Gottes« – das war eben etwas so Außergewöhnliches, dass es sich in der Briefform widerspiegeln musste. Was war daran das Außergewöhnliche, das Unerhörte? Wir kommen ihm auf die Spur, wenn wir beachten, dass Paulus die Versammelten als »Geheiligte in Christus Jesus« und als von Gott »berufene Heilige« bezeichnet. Was meint er damit?

Er meint damit gerade nicht, dass die Christen in Korinth besser wären als die übrige Bevölkerung der Stadt. Er meint gerade nicht, dass die Christen in Korinth von Natur aus uneigennütziger und anständiger lebten als die Heiden der großen Hafenstadt. Paulus meint vielmehr, dass Gott sie aus all den anderen in dieser Stadt herausgerufen hat, damit sie ihr Leben zur Verfügung stellen für das Werk, an dem er seit langem arbeitet, um die Welt zu heilen. Dieses Werk gelang in Jesus Christus. Deshalb wird sein Name in der Brieferöffnung nicht weniger als viermal genannt. Die der »Kirche Gottes in Korinth« angehören sind »Geheiligte in Christus Jesus«.

In Christus hat Gott sein Ziel schon erreicht. Aber nun muss das, was durch den Gekreuzigten und Auferstandenen der Welt an Frieden und Heil eingestiftet wurde, alle Menschen erreichen. Dafür sind seine Gemeinden ausersehen, dafür sind sie geheiligt, das ist ihre Würde.

Deshalb kann Paulus die Mitglieder der Gemeinde von Korinth im Briefeingang mit großer Ehrfurcht als »Geheiligte« und »Berufene« anreden (1,2), obwohl der Brief dann ja zeigt, dass es in der Gemeinde auf allen Gebieten Schuld und Versagen gibt. Es ist zu Spaltungen gekommen und es herrscht Streit: Die einen in der Gemeinde berufen sich auf Paulus, andere auf einen hochbegabten Mann namens Apollos, andere auf Petrus, wieder andere auf Christus (1,10–12). Da gehen zwei Gemeindemitglieder vor ein heidnisches Gericht und führen einen Prozess gegeneinander (6,1–7). Andere haben offenbar Gemeinschaft mit Unzüchtigen (5,9–13) oder sogar Verkehr mit Prostituierten (6,12–20). Bei dem der Feier der Eucharistie vorangehenden Sättigungsmahl essen sich die Reichen satt an dem, was sie mitgebracht haben, die Armen aber können selber nicht viel mitbringen und müssen hungrig bleiben – vor allem, weil sie wegen ihrer Arbeit erst später am Abend eintreffen (11,17–34). Ein Teil der Gemeinde pflegt eine Art spiritueller Esoterik. Die Auferstehung sei durch die Taufe bereits erfolgt. Daher gebe es keine leibliche Auferstehung mehr (15,12). Die betreffenden Pneumatiker betrachten sich als schon in höheren Sphären lebend. Sie haben die Tauftheologie des Paulus missverstanden. Deshalb muss ihnen Paulus in weitausholenden Ausführungen zeigen, dass es eine leibliche Auferstehung als Vollendung des Heils gibt (15,1–58).

Liest man den ganzen Brief, so kann man nur sagen: Die Gemeinde von Korinth hat viele Probleme. Aber – hier beginnt schon das Ungewöhnliche: Diese Probleme werden von Paulus aufgedeckt und beim Namen genannt. Sie werden nicht als etwas Selbstverständliches oder gar Unabänderliches hingenommen (1,10; 3,2–3; 4,8). Erst recht versucht Paulus nicht, die Probleme kleinzureden oder sie gar zu übertünchen.

Allerdings: Wenn er in seinem Brief gegen die genannten Verfehlungen angeht, dann tut er es nicht in erster Linie moralisierend gegen Einzelne in der Gemeinde, sondern seine Anklage richtet sich vor allem gegen die Gemeinde als ganze. Charakteristisch hierfür ist seine Feststellung in 5,1–2:

Überhaupt hört man von Unzucht unter euch, und zwar von Unzucht, wie sie nicht einmal unter den Heiden vorkommt, dass nämlich einer mit der Frau seines Vaters lebt [offenbar in einem eheähnlichen Verhältnis mit der geschiedenen oder verwitweten Stiefmutter]. Und da macht ihr euch noch wichtig, statt traurig zu werden und den aus eurer Mitte zu stoßen, der so etwas getan hat.

All seine Anklagen laufen letztlich auf Folgendes hinaus: Ihr lebt nicht, was ihr doch in Jesus Christus schon geworden seid: in Reinheit und Heiligkeit der Anfang einer erlösten Welt (1,30; 3,16; 6,11.19–20).

Doch so eindeutig und offen Paulus in dieser Hinsicht die Gemeinde von Korinth zurechtweist – er zweifelt niemals an ihrer Berufung. Er bleibt bei dem, was er im Briefeingang gesagt hat. Die Gemeinde ist heilig, weil sie durch den Tod und die Auferstehung Jesu Christi geheiligt ist. Und sie ist geheiligt, weil sie ausersehen ist, »in Christus« die Welt zu heiligen.

Sieht man genau hin, so fällt auf, dass Paulus niemals einen einzelnen Christen heilig nennt. »Heilig« ist die Gemeinde als ganze, weil sie Werkzeug ist für das, was Gott in der Welt tun will. Und es fällt auf, dass Paulus trotz seiner zum Teil scharfen Kritik die Herzlichkeit der Anrede an seine Brüder (und

Schwestern) in der Gemeinde von Korinth (1,10.26; 7,29; 14,39; 16,15 u. ö.), die sich in seinem Brief von Anfang an gezeigt hatte, nie verlässt oder sie doch immer wieder zurückgewinnt. Um die Berufung der Gemeinde von Korinth geht es also in dem feierlichen Briefeingang. Und dem entspricht nun auch, dass Paulus mit genauso hohen Worten von seiner eigenen Berufung zum Apostel spricht:

... *durch Gottes Willen berufener Apostel Christi Jesu (1,1)*

Es handelt sich also keinesfalls um einen Privatbrief. Paulus tritt der Gemeinde als Autorität entgegen, als »Apostel Christi Jesu«, das heißt als dessen »Gesandter«. Er ruft die Gemeinde zur Besinnung, zur Ordnung, zur Umkehr, zur Abkehr von ihren Streitigkeiten, zur Einmütigkeit. Nicht nur, weil er es war, der die Gemeinde in Korinth gegründet hat – obwohl er auch darauf hinweisen muss (3,6.10) – sondern weil er »Mitarbeiter Gottes« (3,9) ist, »Gesandter Christi Jesu« (1,1; 9,2), »Diener Christi« (4,1), »Verwalter der Geheimnisse Gottes« (4,1), einer, »der anordnet« (16,1) und »Weisung gibt« (4,17; 7,17; 11,17). Schon die Paulusbriefe, also die ältesten Briefe im Neuen Testament, zeigen in aller Deutlichkeit an, was die spätere kirchliche Theologie als Lehre vom kirchlichen Amt entfaltet hat.

Dürfen wir einen solchen Brief in unseren gottesdienstlichen Versammlungen überhaupt verwenden? Er wird ja nicht aus musealen Gründen vorgelesen. Er wird nicht vorgetragen, damit wir sagen können: »Ach, interessant, so war das also damals im 1. Jahrhundert in der Kirche!« Nein, die neutestamentlichen Briefe werden noch immer im Wortgottesdienst vorgelesen, weil es um *uns* geht, weil wir in der gleichen Situation sind wie damals. Aber sind wir wirklich in der gleichen Situation?

Könnte heute ein Pfarrer so eindeutig und offen von der wahren Situation seiner Pfarrei reden? Könnte er aufdecken, was in seiner Gemeinde geschieht? Könnte er zeigen, wie weit die Gemeinde hinter ihrer Berufung zurückbleibt, Licht der Gesellschaft zu sein? Und könnte er zugleich überzeugend von der

Heiligkeit seiner Gemeinde reden, weil alle – auch er selbst – wissen, dass sie mit ihrem ganzen Leben von Gott gerufen sind zu einem neuen Miteinander in Christus, zu einer gemeinsamen Geschichte, zum Zeugnis für Gottes Werk in der Welt?

Eben keine Utopie!
(Zef 3,12–13; Mt 5,1–12)

Man stelle sich die folgende Situation vor: Keiner mehr würde schamlos lügen. Keiner mehr bewusst falsche Nachrichten in die Welt setzen. Keiner mehr Verträge brechen. Kein Machtmensch mehr würde Krieg beginnen, um sich das Land seines Nachbarn einzuverleiben. Unrecht und Missbrauch hätten aufgehört. Ruhe und Sicherheit blühten auf. Wir lebten in einem Frieden, der durch nichts mehr gestört würde.

Kann es das in dieser Welt je geben – in welcher Form auch immer? Wird nicht jeder sagen: Völlig ausgeschlossen. Ein schöner Traum. Eine Utopie. Die Wirklichkeit ist anders. Dazu wird es nie kommen. – Doch genau eine solche Gegenwirklichkeit stellt uns das Buch Zefanja in 3,12–13 als Realität vor Augen:

Ich lasse in deiner Mitte übrig ein demütiges und armes Volk. Sie werden Zuflucht suchen beim Namen des HERRN *– als der Rest von Israel. Sie werden kein Unrecht mehr tun und nicht mehr lügen, in ihrem Mund findet man keine trügerische Rede mehr. Ja, sie werden weiden und lagern – und niemand schreckt sie auf.*

Was ist das? Etwas, das man sich erträumt, wenn es Abend wird? Ein Traumgebilde, das in der Nüchternheit des Tages zerfließt? Eben eine Utopie? Doch Vorsicht! Utopia ist ein Kunstwort – konstruiert aus altgriechischen Wörtern. Es heißt übersetzt: Kein Ort, Nirgendwo. Für die Heilszusagen in der Bibel wird aber gerade ein Ort angegeben. Sogar ein ganz bestimmter und klar umrissener Ort: nämlich das Gottesvolk Israel und über Israel hinaus alle, die auf den Gott Israels vertrauen.

Dass es in dem zitierten Text um einen konkreten Ort geht, sieht man allein schon an der Wendung »Rest von Israel«. Es ist hier also nicht sofort von der ganzen Welt die Rede, sondern von Israel. Und nicht einmal von ganz Israel, sondern von seinem »Rest«. Also von dem Teil einer Teilmenge. Erscheinen uns die Heilszusagen Gottes vielleicht deshalb so unwirklich, so abgehoben und utopisch, weil wir sofort *global* denken und völlig vergessen haben, dass Gott immer im Kleinen und bei den Kleinen anfängt – bei der kleinen Zahl, an einem gering geachteten Ort, oft sogar bei Einzelnen wie Abraham oder Mose, die abseits der Weltgeschichte stehen. Jedenfalls wäre die Art, wie in der Bibel das Handeln Gottes geschildert wird, eine erste Warnung, einen Text wie Zef 3,12–13 sofort als Utopie zu disqualifizieren.

Dies wäre eine erste Antwort auf die Frage: Stellt uns die Bibel hier ein Nirgendwo vor Augen? Aber damit können wir uns natürlich noch nicht zufriedengeben. Das Fragen geht weiter und wird noch viel drängender. Denn wann wäre Israel oder auch nur eine Teilmenge Israels je ein Ort des Friedens und der Ruhe gewesen? Das Land ist nun schon seit vielen Jahrhunderten umkämpft. Gerade der Berg, von dem aus Friede in die Welt kommen sollte, der Zionsberg, ist umgeben von Blut und Krieg.

Liest man freilich bei Zefanja genauer nach, so finden wir bei ihm bereits die Antwort auf die gerade formulierte Frage. Das Buch des Propheten Zefanja macht sich keine Illusionen. Es redet vom Gericht über Jerusalem, vor allem über die gewaltbesessene Jerusalemer Oberschicht, es redet vom Gericht über Juda, über das ganze Gottesvolk, ja vom Gericht über die gesamte Erde. Es kommt ein »Tag des Zornes« und er bricht bereits an, ein Tag, an dem Gott die Schuld in der Welt aufdeckt und sie allen vor Augen führt. Der schrecklich anhebende Zwischengesang der früheren Totenmesse, das »Dies irae, dies illa«, greift auf Zef 1,15–18 zurück.

Allerdings schildert das Buch Zefanja nicht nur, wie Gott die Untreue Israels und die Unheilsstrukturen der Weltgesellschaft aufdeckt. Vor dem dunklen Hintergrund seiner Gerichtsschilderungen redet das Buch von jenem Volk, das uns in Zef 3,12–13 begegnet ist. Es ist ein »demütiges und armes Volk«, das nach der Weisung des Herrn lebt und seine Zuflucht sucht beim Namen des Herrn.

Jene armen und demütigen Menschen nennt Zefanja den »Rest Israels«. In diesem Begriff der nachexilischen Prophetie schwingt vieles mit. Der »Rest« kommt aus der Katastrophe. Er ist übriggeblieben und deshalb klein an Zahl. Er lebt ohne Illusionen. Er kennt seine Schuld. Gerade deshalb ist er demütig geworden. Und so ist ihm die Katastrophe auch nicht zur schrecklichen Sinnlosigkeit geworden. Sie wird ihm zum Gericht und zur Läuterung.

Die Menschen, die mit dem »Rest« gemeint sind, haben alle Selbstherrlichkeit abgelegt. Sie erwarten nichts mehr von sich selbst, aber alles von ihrem Gott. Und eben deshalb kann dieser Rest nun auch zum Träger der alten Verheißungen werden. In ihm lebt das Gottesvolk neu auf. All das, was am Anfang dieser Überlegungen so unglaublich erschien: Die Worte vom Frieden, von der Gerechtigkeit und von der Wahrhaftigkeit, werden gerade diesem armen Rest zugesprochen.

Was uns bei Zefanja als Utopie erscheint, ist also schon durch die Bitterkeit realer Geschichte hindurchgegangen und geht ständig durch sie hindurch. Der Glanz des Neuen strahlt nicht erst weltjenseitig am Ende der Geschichte auf, sondern erblüht schon mitten in der Not als das wahre Israel.

Genau hier wird dann Jesus ansetzen. Seine Bergpredigt hat eine wunderbare Vorhalle: die Seligpreisungen (Mt 5,1–12). Aber diese meinen, wie der Zusammenhang zeigt, eben nicht eine ferne oder gar jenseitige Welt. Die Seligpreisungen setzen die Not der Verfolgung und die Bedrängnis durch den Unglauben voraus: »Selig seid ihr, wenn man euch schmäht und verfolgt und alles Böse über euch redet um meinetwillen« (Mt 5,11). »Selig seid ihr ...« Jesus verspricht uns, dass mitten in dieser Not das Neue heranwächst, das anders ist als alle Herrschaftssysteme der Welt. Wer sein Wort annimmt, erfährt es schon jetzt – zusammen mit anderen, die daran glauben: Dass es Frieden geben kann, Gerechtigkeit, Barmherzigkeit, ja Seligkeit.

Das Opfer der Lippen
(Ps 50)

Gott hat uns nicht nur den Verstand gegeben, sondern auch die Phantasie. Die kann zwar wild wuchern – und das ist meist für den Menschen nicht gut. Doch sie kann auch helfen, Sachverhalte klarer zu erkennen. Lassen wir sie einmal schweifen! Stellen wir uns vor, es hätte im 1. Jahrhundert n. Chr. keinen jüdisch-römischen Krieg gegeben. Jerusalem wäre im Jahre 70 keineswegs von den Römern zerstört worden. Der herodianische Tempel wäre in seiner ganzen Pracht stehengeblieben, und die Stadt wäre nicht zu einem römischen Militärlager gemacht geworden.

Und um unsere Einbildungskraft noch mehr zu strapazieren: Auch in der Folgezeit hätten weder die persischen Eroberer noch die byzantinischen Rückeroberer noch die islamischen Neueroberer das Land verwüstet und Jerusalem besetzt. Wichtige Institutionen Israels wären erhalten geblieben – und der Tempelkult wäre weitergegangen.

Würden dann noch heute auf dem Jerusalemer Tempelberg Jungstiere und Böcke geschlachtet? Würden dort noch immer Brandopfer und Schlachtopfer dargebracht? (Bei Brandopfern wurde das ganze Tier verbrannt, bei Schlachtopfern nur die Fettstücke; das Fleisch wurde gegessen). Würde noch heute das Blut der geopferten Tiere in Strömen fließen und der Rauch der Brandopfer über der Stadt liegen? Spätestens an dieser Stelle weigert sich unser Verstand, die Phantasie immer noch weiter flottieren zu lassen. Er sagt: Halt! Aufhören! Dieses ›Was wäre wenn?‹ ist sinnlos. Die Geschichte ist einfach anders verlaufen.

Und doch sind solche Phantasien nicht völlig umsonst. Denn sie machen uns klar: Wir können uns heute blutige Tieropfer *als Begegnung mit Gott* einfach nicht mehr vorstellen. Und wenn man sich im Internet zeigen lässt, wie die wenigen bis heute verbliebenen Samaritaner auf dem Berg Garizim ihre Pascha-Lämmer schlachten, mag man sich blutigen Tempelkult erst recht nicht mehr vorstellen. Abschlachten von Tieren *als Gottesdienst?* Nein, absolut ausgeschlossen! Was ist eigentlich geschehen in unserem Denken über Gott, über Gottesverehrung, Gottesverherrlichung, Danksagung und Opfer, dass wir uns Derartiges zu Recht nicht mehr ausdenken wollen? Da ist natürlich sehr vieles geschehen – von unserem gewandelten Verhältnis zu den Tieren bis zu unserem Wissen um die opferkritischen Stimmen, die sich in Israel schon im 8. Jh. v. Chr. bei den Propheten Amos und Hosea erhoben hatten und die dann auch in der Folgezeit nicht mehr verstummt sind. Die alles entscheidende Wende brachte allerdings der Tod Jesu. Sein Tod – so zeigt es der Hebräerbrief – war für diejenigen, die ihm nachfolgten, das Ende aller blutigen Opfer (Hebr 9,11 – 10,18).

Vielleicht spielt aber auch eine Rolle, dass mit dem Wort ›Opfer‹ seit langem Missbrauch getrieben wird: Anhand des Wortes ›Verkehrsopfer‹ zum Beispiel tun wir so, als wäre es eine unausweichliche Notwendigkeit, dass in Deutschland immer noch jedes Jahr über 2 000 Menschen dem Gott ›Geschwindigkeit‹ geopfert werden. – Aber zurück zu den Propheten! Wie standen sie zu den Tieropfern in Israel? Eine besonders charakteristische und breit ausgebaute Opferkritik findet sich in einer Gottesrede im Buch des Propheten Amos (vgl. aber auch 1 Sam 15,22; Ps 40,7 – 9; 69,31 – 32; Jes 1,10 – 17; Jer 6,20; 7,21 – 23; Hos 6,6; Mi 6,6 – 8):

²¹Ich hasse eure Feste, ich verabscheue sie,
ich kann eure Feiern nicht mehr riechen.

²²Wenn ihr mir Brandopfer darbringt –
ich habe kein Gefallen an euren Gaben
und eure fetten Heilsopfer will ich nicht sehen.

²³Weg mit dem Lärm deiner Lieder!
Dein Harfenspiel will ich nicht hören,

²⁴*sondern das Recht ströme wie Wasser,
die Gerechtigkeit wie ein nie versiegender Bach.*

²⁵*Habt ihr mir etwa Schlachtopfer und Gaben dargebracht
während der vierzig Jahre in der Wüste, ihr vom Haus Israel?
(Am 5,21–25)*

Dieser Text scheint eine kompromisslose Aussage zu machen: Gott will offenbar überhaupt keine blutigen Opfer. Er will von den Festfeiern, in denen die Brandopfer und die Schlachtopfer eine zentrale Rolle spielten, nichts sehen, nichts hören und nichts riechen. Sie stinken ihm. Und zwar deshalb, weil diese Opferfeste inmitten sozialer Ungerechtigkeit gefeiert wurden. Was damit konkret gemeint ist, wird an anderen Stellen des Amos-Buches breit ausgemalt: Die Reichen in Samaria liegen auf Betten von Elfenbein und faulenzen auf dicken Polstern. Sie sind so satt situiert, dass sie sich nach Belieben Lämmer aus ihrer Herde und Mastkälber aus ihrem Stall holen können. Sie salben sich mit den feinsten Ölen und grölen zum Klang der Harfe (Am 6,4–6). Sie hassen jeden, der soziale Gerechtigkeit anmahnt, und wer ihnen die Wahrheit sagt, den verabscheuen sie (Am 5,10). Die Richter lassen sich bestechen und verweigern den Armen einen Rechtsspruch (Am 5,12) – und so werden die Schwachen im Land ausgebeutet und die Armen zermalmt (Am 4,1).

Der hier wiedergegebene Text fügt in Vers 25 eine Aussage hinzu, die sich noch elementarer gegen den Opferkult Israels zu wenden scheint: In den vierzig Jahren, in denen Gott Israel durch die Wüste führte, um es zu seinem Volk zu machen und es zu erziehen (vgl. Dtn 8,2–6), habe es – so behauptet unser Amos-Text – gar keinen Opferkult gegeben (ähnlich Jer 7,22). Und diese Zeit hatte als Anfangszeit doch eine archetypische Bedeutung. Gott will also anscheinend überhaupt keine blutigen Opfer. Noch über Am 5,21–25 hinaus scheint Psalm 51 zu führen, der bekannte Bußpsalm. In ihm heißt es:

> ¹⁷*Herr, öffne meine Lippen,*
> *damit mein Mund dein Lob verkünde!*
> ¹⁸*Denn Schlachtopfer willst du nicht – ich würde sie geben,*
> *an Brandopfern hast du kein Gefallen.*
> ¹⁹*Schlachtopfer für Gott sind ein zerbrochener Geist,*
> *ein zerbrochenes und zerschlagenes Herz wirst du, o Gott,*
> *nicht verachten. (Ps 51,17–19)*

Hier wird nun nicht nur gesagt, dass Gott keine Opfer will. Psalm 51 schaut in die innerste Tiefe des menschlichen Herzens: Wahre Opfer für Gott sind ein »zerbrochener Geist« und ein »zerschlagenes Herz«. Der Sünder, der seine Schuld vor Gott bekennt, der sich seine Hartherzigkeit und Selbstgefälligkeit von Gott »zerschlagen« lässt und so sein gesamtes Leben Gott übergibt – er ist das wahre Schlachtopfer vor dem Gott Israels. Gott wird ihn nicht verachten, sondern seine Schuld tilgen und ihm die »Freude des Heils« (Ps 51,14) schenken.

Es ist kein Zufall, dass in diesem Textstück unmittelbar vor der Schilderung des wahren Opfers – also vor der Übergabe des ganzen Lebens an Gott – vom »Öffnen der Lippen« zum Lob Gottes die Rede ist. Es gibt im Alten Testament, in den Texten von Qumran und im Neuen Testament eine feste Traditionslinie, die davon spricht, dass der Dank an Gott (bzw. das Lob Gottes) den Tieropfern gleichgestellt ist. Ja, mehr noch: »Die Frucht der Lippen«, das heißt der dankbare Lobpreis Gottes, ist das *wahre* Opfer vor Gott. Vgl. vor allem Hos 14,3; 1 QS 9,4–5.26 und Hebr 13,15–16. Noch ein dritter grundlegender Text der alttestamentlichen Opferkritik sei hinzugefügt – ein Ausschnitt aus Psalm 50:

> ⁷*Höre, mein Volk, ich will reden,*
> *Israel, ich will gegen dich zeugen,*
> *ich, Gott, der ich dein Gott bin.*

> ⁸*Nicht deiner Opfer wegen klag ich dich an,*
> *deine Brandopfer sind mir ja immer vor Augen.*
> ⁹*Doch ich nehme keinen Stier aus deinem Haus,*
> *noch Böcke aus deinen Hürden.*
> ¹⁰*Mein ist ja alles Getier des Waldes,*
> *zu Tausenden mein das Wild auf den Bergen.*
> ¹¹*Die Vögel der Berge, ich kenne sie alle,*
> *was sich regt auf dem Feld, es ist mein eigen.*
> ¹²*Hätte ich Hunger, ich brauchte es dir nicht zu sagen,*
> *denn mein ist der Erdkreis und seine Fülle.*
> ¹³*Esse ich denn das Fleisch von Stieren,*
> *trinke ich das Blut von Böcken?*
> ¹⁴*Bringe Gott ein Opfer des Dankes dar,*
> *erfülle dem Höchsten deine Gelübde!*
> ¹⁵*Rufe mich an am Tag der Drangsal,*
> *dann werde ich dich retten – und du wirst mich ehren!*
> (Ps 50,7–15)

Man sieht an diesem Text sehr deutlich, wie sich die prophetische Opferkritik immer weiter entfaltet. Hier wird nun relativ breit ausgeführt, dass Gott sowieso alle Tiere gehören. Man braucht sie ihm also nicht zu opfern. Auch das klingt nach einer radikalen und grundsätzlich gemeinten Kritik blutiger Opfer. Und auch die Verse 14–15 scheinen wieder das »Opfer der Lippen« gegen die blutigen Opfer von Tieren auszuspielen.

So stellt sich uns jetzt grundsätzlich die Frage: Hat die hier mit eindrucksvollen Texten ausgebreitete Opferkritik nicht tatsächlich alle blutigen Opfer abschaffen wollen? Und wollte sie das »Opfer der Lippen« nicht an deren Stelle setzen? Noch einmal anders formuliert: Wie grundsätzlich war die prophetische Opferkritik? Verwarf sie jedes Tieropfer – und mit jedem Opfer auch den blutigen Kultbetrieb Israels? Mit einer solchen Spiritualisierung rechneten früher tatsächlich eine ganze Reihe von Alttestamentlern. Doch spricht vieles dagegen:

Zunächst einmal zur Sprachintention der zitierten Texte! Man darf eine Besonderheit prophetischen Redens nie vergessen: Diese Art von Sprache will erschüttern. Sie will den Panzer der Gleichgültigkeit zerschlagen. Sie will zur Umkehr führen. Wenn Jesus sagte, eher komme ein Kamel durch ein Nadelöhr als ein Reicher in das Reich Gottes (Mt 19,24), so war das eben keine Information über die Zahl der Reichen im Gottesreich – mit dem Ergebnis: 0,0 %. Es ging Jesus vielmehr darum, die Reichen aufzurütteln. Es ist also nicht damit zu rechnen, dass die hier zitierten Texte die blutigen Opfer einfach abschaffen wollten. Und gerade dafür liefert der Text aus Ps 50 zwei deutliche Indizien:

Es heißt ja in Vers 8: »Nicht deiner Opfer wegen klage ich dich an, deine Brandopfer sind mir immer vor Augen.« Damit ist klar: Nicht die Institution der Opfer selbst wird hier angegriffen, sondern der Kontext, in dem sie vollzogen werden. Wie dieser Kontext näherhin aussieht, beschreibt der letzte (hier nicht zitierte) Teil des Psalms: Zuchtlosigkeit, Diebstahl, Ehebruch, Betrug, Verleumdung. Die Gebote Gottes werden in Israel zwar pflichtgemäß aufgezählt, aber nicht gelebt (Ps 50,16–22).

Eine weitere Beobachtung: In Vers 14 hieß es: »*Bringe Gott ein Opfer des Dankes dar!*« Im ursprünglichen Text der Einheitsübersetzung hatte es freilich noch geheißen: »*Bringe Gott als Opfer dein Lob!*« Diese 1. Fassung der Einheitsübersetzung konnte noch so verstanden werden, als solle nun lobpreisendes Gebet an die Stelle aller blutigen Opfer treten. Die überarbeitete Fassung der Einheitsübersetzung hat das geändert:

Bringe Gott ein Opfer des Dankes
und erfülle dem Höchsten deine Gelübde!

Diese Übersetzung ist genauer. Im hebräischen Text ist nämlich wie in Ps 116,17 von der Toda, dem Dankopfer die Rede – und die Toda war in Israel eine feste Institution, die nicht nur ein ›Opfer der Lippen‹ meinte. Dass es hier wirklich um die Institution der Toda geht, zeigt der Fortgang des Textes: »*Erfülle dem Höchsten deine Gelübde!*« Was war eine Toda? Ein Beispiel: Jemand war in Todesgefahr geraten. Vielleicht wurde er von Feinden verfolgt, vielleicht bedrohte ihn eine tödliche Krankheit. Er versprach Gott mit einem Gelübde, ihm ein Tier zu opfern, und flehte um Rettung. Das war nicht im Sinne des ›Do ut des‹ gedacht (‚Ich *gebe* dir etwas, damit du mir etwas gibst‹). Denn wie Ps 50 zeigt, gehören die Tiere ja gar nicht dem Menschen. Sie gehören Gott. Er kann sie Gott also nicht *geben*. Sie können nur zum Zeichen der eigenen Hingabe werden.

Aber zurück zum Toda-Opfer! Der betreffende Mann hatte also gelobt, im Tempel ein Tier zu opfern und Gott um seine Rettung angerufen. Sein Gebet wurde erhört. Der Beter verstand seine Errettung als gnadenhafte Neubegründung seiner Existenz durch Gott und feierte sie in einem Toda-Gottesdienst. Dazu lud er Menschen aus seiner Umgebung ein. Er zog mit ihnen nach Jerusalem hinauf und erzählte ihnen dort in einer Art Liturgie noch einmal von der tödlichen Bedrohung, die über ihn gekommen war – und wie Gott ihn aus seiner Not herausgeholt hatte.

Das Ganze geschah bei einem Gemeinschaftsmahl in den Vorhöfen des Tempels, bei dem alle von dem zuvor im Tempel geopferten Fleisch aßen. Darf man eine solche Institution, die hinter Ps 50,14 und hinter vielen anderen Psalmen steht (z. B. hinter Ps 22,20–27; 54,8–9; 56,13–14; 66,13–20; 107,21–22; 116), einfach zu einem bloßen »Opfer der Lippen« wegspiritualisieren – das heißt zu einem rein privaten Dankgebet, das mit dem Kult nichts mehr zu tun hatte? Und wenn solche Toda tief im Kult Israels verwurzelt war – ist sie dann in der Kirche in jeder Hinsicht überholt und erledigt? Das heißt: Gibt es in der Kirche keinen Kult mehr und darf es ihn nicht mehr geben?

Lassen wir zum Schluss noch einmal unsere Phantasie spielen! Nehmen wir einmal an, in einer Pfarrei geschehe Folgendes: Ein Mensch, der in großer Not gewesen war, der zu Gott um Hilfe gebetet hatte, der Hilfe erfahren hatte und der nun zutiefst überzeugt war: Gott hat mein Gebet erhört – ein solcher Mensch würde seine gläubigen Freunde und Bekannten zusammenholen und ihnen erzählen, dass Gott ihm geholfen habe. Und dieses Erzählen würde dann einmünden in seinen Lobpreis Gottes, und auch die mit ihm Versammelten würden Gott danken.

Ich bin mir sicher: Wenn es geschähe und wir davon hörten, würde es uns unangenehm berühren. Vielen Christen kämen sogar Wörter wie »peinlich«, »unaufgeklärt« oder »sektiererisch« in den Sinn. Aber wäre es das wirklich? Wäre es nicht gut biblisch? Und gab es das alles nicht früher bei Wallfahrten? Nämlich der Wille zu einer Wallfahrt, um von Gott etwas zu erbitten und dann später die Bekundung, dass Gott geholfen habe? Sicher gab es dabei Abwegigkeiten oder Geschmacklosigkeiten. Aber im Ganzen stand doch der Gedanke dahinter, dass Gott in der Welt handelt. Und dann natürlich auch der Gedanke, dass man von dem wohltuenden Handeln Gottes anderen erzählen muss – und sei es auch nur mithilfe einer Votivgabe, einem Votivbild oder einer Votivtafel.

Ein verständiger Theologe würde an dieser Stelle vielleicht eingreifen und sagen: »Dass Gott auch heute in der Welt handelt, kann und darf kein Christ leugnen. Sonst wäre jedes Bittgebet sinnlos. Aber wir sind vorsichtiger geworden, alles und jedes sofort als ein Handeln Gottes zu deklarieren. Vielleicht ist das sogar eine Art Taktgefühl gegenüber der Verborgenheit Gottes.« Und er würde vielleicht noch hinzufügen: »Geschieht dieses öffentliche Dankgebet vor Gott, von dem gerade die Rede war, denn nicht exakt in der kirchlichen Feier der Eucharistie? *Da* versammelt sich die Gemeinde und preist Gott dafür, dass er Jesus aus dem Tod errettet hat und mit ihm alle aus Schuld und Tod, die an Jesus glauben.«

Selbstverständlich hätte dieser Theologe recht. Und doch kann bei einer solchen Antwort viel an konkreter Geschichte verloren gehen. Denn die Feier der Lebenshingabe Jesu, in der alle blutigen Opfer der Religionsgeschichte und alle Opfer des alten Israel »ein für alle Mal« (Hebr 9,25–28) vollendet sind, darf eben nicht isoliert werden von den Geschichten vieler Einzelner, die ihre eigene Lebenshingabe in das Opfer Jesu Christi hineinnehmen lassen (2 Kor 1,5; Phil 3,10; Kol 1,24).

Insofern könnte auch die christliche Gemeinde von dem alten Toda-Opfer Israels noch viel lernen. Das »Opfer der Lippen« besteht nicht nur im gemeinsamen Singen von Liedern aus dem Gesangbuch. In die eine Rettungsgeschichte, in der Gott seinen Messias und mit ihm das messianische Volk aus dem Tod errettet hat, müssten im Stillen oder auch laut viele Rettungsgeschichten von Einzelnen einfließen. Aber dazu müssten sie der Gemeinde bewusst geworden sein, dazu müssten sie ausgesprochen und gedeutet worden sein.

Mit all dem sind wir bei einer ganz grundsätzlichen Frage angelangt: Wie verhält sich der christliche Kult zum Kult des Alten Testamentes? Noch radikaler gefragt: Darf es für die Christen überhaupt noch Kult geben? Ist dem Hebräerbrief zufolge mit dem Tod Jesu nicht jeder Kult vollendet und damit erledigt? Thesen dieser Art gibt es in der Theologie tatsächlich. Man braucht nur den ansonsten hilfreichen und bewundernswerten Kommentar zum Hebräerbrief von Erich Grässer zu studieren. Oder einschlägige Texte bei Rudolf Bultmann und Ernst Käsemann.

Im Grunde liegt hier ein Sprachproblem vor. Selbstverständlich ist »Kult« im Sinne des Neuen Testamentes nicht einfach dasselbe wie »Kult« im Alten Testament. Etwas Entscheidendes hat sich geändert. In der Lebenshingabe Jesu ist etwas so Grundlegendes geschehen, dass damit alle *Kult*-Opfer Israels aufgenommen, verwandelt und beendet sind. Das Lebensopfer Jesu kann auch nicht »erneuert« werden, wie man früher in der katholischen Kirche missverständlich formuliert hat. Es wird gegenwärtig. Aber das heißt natürlich nicht, dass dies in einem kultlosen Raum geschieht, der mit dem Kult Israels überhaupt nichts mehr zu tun hätte.

Das Neue Testament versucht, diese Dialektik auch sprachlich zu bewältigen. Paulus ermahnt die Christen in Rom, sich selbst »als lebendiges und heiliges Opfer darzubringen, das Gott gefällt«. Dies sei für sie »der wahre und angemessene Gottesdienst« (Röm 12,1). Und der 1. Petrusbrief formuliert: »Lasst euch als lebendige Steine zu einem geistigen Haus aufbauen, zu einer heiligen Priesterschaft, um durch Jesus Christus geistige Opfer darzubringen, die Gott gefallen« (1 Petr 2,5).

Diese beiden Texte – es sind nicht die einzigen im Neuen Testament – versuchen, den christlichen Kult zu beschreiben. Sie kommen bei diesem Versuch gar nicht daran vorbei, von Tempel, Priesterschaft, Opfer und Gottesdienst zu reden. Sie transponieren dabei aber die Sprache des Alten Testamentes (und mit der Sprache die Sache selbst) in eine neue, in eine analoge (also nicht univoke) Sprache. Allerdings hat diese Transposition schon im Alten Testament selbst begonnen, nämlich in der Opferkritik der Propheten. Der Verfasser des 1. Petrusbriefs schwingt dabei mit dem Begriff des »geistigen Opfers« sogar genau auf die Linie ein, die wir schon kennengelernt haben: auf das »zerbrochene Herz« und den »zerschlagenen Geist« von Ps 51 und auf das »Opfer des Lobes«, das Gott im Zusammenhang mit der Toda dargebracht wird.

Im christlichen Kult können und dürfen Gott keine Tieropfer mehr dargebracht werden. Aber der christliche Kult kann und muss sogar viele Linien des Kultes Israels aufgreifen: die tiefe Sehnsucht nach der Nähe Gottes, das Bekenntnis der eigenen Schuld, den Lobpreis für die erfahrene Rettung und vor allem die Gemeinschaft der Feiernden, die sich versammelt haben, um Gott zu danken – und die nur dann wahre Gemeinschaft sind, wenn in ihr das »Recht« und die soziale »Gerechtigkeit« wie strömendes Wasser sind (Am 5,24). Vor allem aber darf der christliche Kult nicht mehr mit der verhängnisvollen Haltung durchsetzt sein: »Ich gebe, damit Du gibst«. Doch genau das haben auch schon die Propheten Israels eingeschärft.

Die Macht der Bilder
(Lk 15,11–32)

Wenn Sie irgendwann nach einem meisterlichen Film innerlich aufgewühlt nach Hause gegangen sind – oder wenn Sie einmal in der Nacht schweißgebadet aufgeschreckt sind und sich mühsam klargemacht haben, dass die Szenen, in denen Sie gerade hilflos um Luft rangen, nur Traumbilder waren – oder wenn Sie Zeuge eines Verkehrsunfalls geworden sind und sehen mussten, wie ein Kind blutig und zusammengekrümmt auf der Straße lag, und ihnen dieses Bild noch wochenlang vor Augen stand – dann wissen Sie, was die Überschrift dieses Kapitels sagen will. Bilder können langweilen; sie können aber auch eine schreckliche Kraft entfalten. Sie können uns verfolgen, bedrängen, zutiefst beunruhigen; sie können uns aber auch wachrütteln und unser Leben verändern. Es ist kein Zufall, dass Jesus immer wieder in Bildern und Gleichnissen gesprochen hat – und zwar nicht selten auch in Bildern und Gleichnissen, die seine Hörer verstört oder erregt haben.

Redet man über die Macht der Bilder, darf man auch Folgendes nicht übersehen: Die Zehn Gebote enthalten sofort am Anfang ein radikales Verbot: Das Gottesvolk Israel darf sich keine Gottesbilder anfertigen. Dieses Bilderverbot markiert – religionsgeschichtlich gesehen – eine tiefgreifende Umwälzung.

Denn in der Umwelt Israels hatten die Menschen ständig Götterfiguren und Götterbilder vor Augen. Nicht nur in den Tempelbezirken und am Rand städtischer Plätze, sondern auch im eigenen Haus. Sie hatten sie sogar am Hals. Denn an ihrem Hals hingen oft Amulette mit kleinen Götterfiguren oder Zaubersprüchen, die sie vor bösen Blicken und anderen Gefahren schützen sollten. Zumindest die großen Götterfiguren müssen für die damaligen Menschen eine für uns nicht mehr vorstellbare Macht ausgestrahlt haben. Viele dieser Figuren leuchteten in erregenden Farben. Sie bemächtigten sich der Blicke, sie zogen alle, die sie anschauten, mit abgründiger Kraft in ihre Welt hinein. Auch für Israel waren die Götterbilder der Umwelt verführerisch. Von daher müssen wir begreifen, weshalb die Tora in schärfstem Kontrast zu all diesen Götterdarstellungen den Menschen im Gottesvolk befiehlt:

Du sollst dir kein Gottesbildnis machen und keine Darstellung von irgendetwas am Himmel droben, auf der Erde unten oder im Wasser unter der Erde. (Ex 20,4; vgl. Dtn 5,8)

Gemeint sind hier Götterfiguren in Form von Vögeln, von machtstrotzenden Raubtieren oder Stieren, von Fischen und Meerungeheuern – oder eben in Form von Menschen. Israel darf sich nicht vor den Figuren fremder Götter niederwerfen und sich nicht verpflichten, ihnen zu dienen (Ex 20,5; Dtn 5,9). Doch es darf sich auch kein Bild seines eigenen Gottes herstellen (Ex 20,4; Dtn 5,8). Das Verbot, sich ein Bild JHWHs zu verfertigen, wird in Dtn 4,15–19 folgendermaßen kommentiert:

Nehmt euch um eures Lebens willen sehr in Acht! Denn eine Gestalt habt ihr an dem Tag, als der HERR *am Horeb mitten aus dem Feuer zu euch sprach, nicht gesehen. Lauft nicht in euer Verderben und macht euch kein Gottesbildnis, das irgendetwas darstellt, keine Statue, kein Abbild eines männlichen oder weiblichen Wesens, kein Abbild irgendeines Tieres, das auf der Erde lebt. [...]*

Dieser Text argumentiert damit, dass Israel bei der Gotteserscheinung am Horeb (Horeb ist im Buch Deuteronomium der Name des Sinai) keine Gestalt Gottes gesehen habe. Wenn dann anschließend gesagt wird, Israel dürfe sich kein Gottesbildnis machen, so kann man das doch wohl nur so deuten, dass es auch seinen *eigenen* Gott nicht abbilden dürfe – selbst wenn dann später am Ende der Kommentierung (hier nicht mehr zitiert) doch wieder von dem Verbot der Verehrung heidnischer Götterbilder die Rede ist. Beides steht offenbar in einem tiefen inneren Zusammenhang.

Wenn sich Israel vor einem Gottesbildnis niederwirft – selbst wenn es ein Bildnis JHWHs sein sollte – begibt es sich auf die Ebene der Religionen. Denn die Religionen machen die numinosen Mächte der Welt zu Göttern, stellen sie im Bildnis dar und beten die in dem Bildnis (oder durch das Bildnis) anwesende Gottheit an. Der Gott Israels hingegen ist nicht darstellbar, und deshalb darf man sich von ihm kein Bild machen. Er ist nämlich nicht der Urgrund oder die Tiefe der Welt und auch nicht die Verdichtung von Geschichtsmächten, welche die Welt beherrschen. Jedes JHWH-Bildnis läuft deshalb auf das Kultobjekt eines heidnischen Gottes hinaus.

Der Gott Israels ist einzig, und er ist absolut weltjenseitig – aber er hat die Welt erschaffen. Er ist unfassbar und unvorstellbar – aber er handelt in der Welt, weil er der Herr der Welt und der Herr der Geschichte ist. Wegen seiner radikalen Weltjenseitigkeit darf ihn das Gottesvolk also nicht abbilden – aber es darf erzählen von seinem Handeln in der Geschichte. Wenn Israel darstellen will, wer sein Gott ist und welche Gestalt er hat, dann muss es seine Taten erzählen. Deshalb ist die Tora auch nicht nur Sozialordnung, sondern sie ist eingebettet in eine große Erzählung der Machttaten Gottes.

So hat das gläubige Israel zwar auf jede figurale oder malerische Darstellung seines Gottes verzichtet, aber es hat in vielfältigen Bildern von ihm gesprochen und erzählt. Das gläubige Israel – nämlich das Israel der Tora und der Propheten – hat sich keine Gottesbildnisse angefertigt; nur das immer wieder abtrünnig gewordene Israel hat es getan (vgl. etwa 2 Kön 21,3–9; 23,4–14). Das gläubige Israel hat an die Stelle von Figurationen aus Stein, Ton oder Metall das *Wort* gesetzt. Es hat in seinen Erzählungen und in seinen Psalmen sogar eine faszinierende Welt von Bildern geschaffen. Aber eben im Wort! Und selbst diese Bilder im Wort beschreiben nicht die Gestalt Gottes, sondern seine Taten in der Geschichte. Denken wir doch nur einmal an die zahllosen Bilder in den Psalmen – etwa in Ps 36:

HERR, deine Liebe reicht bis zum Himmel,
deine Treue bis zu den Wolken.

Deine Gerechtigkeit steht wie die Berge Gottes,
wie die große Flut sind deine Entscheide,
HERR, du wirkst Heil für Menschen und Tiere.
(Ps 36,6–7)

Oder in Ps 147:

*Der HERR errichtet Jerusalem neu,
er sammelt die Versprengten Israels.
Er heilt die gebrochenen Herzens sind,
er verbindet ihre Wunden.*
(Ps 147,2–3)

Das ist eine durch und durch bildhafte Sprache, aber all diese Bilder beschreiben nicht die Gestalt Gottes selbst, sondern sie besprechen entweder einen Sachverhalt (»deine Liebe reicht bis zum Himmel«) oder sie erzählen von Gottes Taten (»der HERR errichtet Jerusalem neu«). Manchmal werden die *Taten* Gottes in vermenschlichender Weise (anthropomorph) beschrieben. Dann kann zum Beispiel gesagt werden, aus dem Mund Gottes käme verzehrendes Feuer (Ps 18,9) oder Gottes Haar sei wie reine Wolle (Dan 7,9). Aber das sind Randphänomene, die bestimmte Grenzen nie überschreiten und keineswegs eine Gesamtbeschreibung Gottes wagen. Es gibt also in Israel ein unerbittliches Verbot, die Gestalt Gottes in Bildnissen darzustellen. Doch vom Handeln seines Gottes darf es erzählen – und das tat es auch in zahllosen Bildern – in Bildern, die so schön und treffend sind, dass wir zum Beispiel der Psalmen nie überdrüssig werden.

Genau von diesem theologischen Hintergrund des biblischen Bilderverbots müssen wir die Gleichnisse Jesu verstehen. Jesus redet und erzählt in Bildern von Gott. Er erzählt von Gott in Gleichnissen. Und Gleichnisse sind ja geballte Bilder, sind ausgebaute Metaphern. Doch Jesus stellt in den langen Bildstrecken seiner Gleichnisse niemals die Gestalt Gottes dar, sondern er erzählt seinen Zuhörern vom Handeln Gottes, er erzählt vom Kommen der Gottesherrschaft.

Jesus erzählt, wie die Herrschaft der Unrechtsmächte dieser Welt zerbrochen und abgelöst wird von der Herrschaft Gottes, die Gerechtigkeit schafft, Frieden bringt und endlich die Schöpfung in das verändert, was sie im Plan Gottes schon immer sein sollte. So vollendet Jesus in seinen Gleichnissen das lange Erzählen Israels.

Das Erstaunliche dabei ist: Jesus hat nicht nur außerordentlich *viele* Gleichnisse erzählt. Er nimmt den Stoff für seine Gleichnisse auch *von überall her,* aus allen Lebensbereichen. Seine Gleichnisse schöpfen aus der Nähe und aus der Ferne, aus der Welt der Armen und der Reichen. Jesus schafft sie sich aus dem Stoff der Welt; sie sind welthaltig. Es ist ein unendlich farbiger und vielfältiger Stoff, den er in seinen Gleichnissen ausbreitet.

Jesus erzählt, wie ein Taglöhner beim Pflügen auf einen vergrabenen Schatz stößt (Mt 13,44) – er erzählt, wie ein Großkaufmann eine kostbare Perle entdeckt (Mt 13,45–46) – wie eine Frau Sauerteig in eine große Menge Mehl hineinknetet (Lk 13,20–21) – wie ein Geldverleiher zweien seiner Schuldner ihre gesamte Schuld erlässt (Lk 7,41–42) – wie eine arme Frau ihr Haus auf den Kopf stellt, um ein verlorenes Geldstück wiederzufinden (Lk 15,8–10) – wie ein Hirt seine ganze Herde zurücklässt, um nach einem einzigen Schaf zu suchen (Mt 18,12–14).

Jesus erzählt, wie ein Acker trotz vieler Widrigkeiten reiche Frucht bringt (Mk 4,3–9) – wie ein Weinbergbesitzer Taglöhnern, die erst am späten Nachmittag gedungen wurden, den gleichen Lohn auszahlt wie denen, die seit dem frühen Morgen geschuftet haben (Mt 20,1–16) – Jesus erzählt, wie ein bestechlicher Richter des Drängens einer armen Witwe überdrüssig wird (Lk 18,1–8) – wie unmittelbar vor einem großen Festmahl sämtliche Eingeladenen absagen, und der Hausherr den Saal mit Leuten von der Straße füllt (Lk 14,16–24) – wie Fischer ihr Schleppnetz an Land ziehen und die unbrauchbaren Fische aussortieren (Mt 13,47–50) – wie einer, der zunächst keine Lust hatte, am Ende doch noch den Willen seines Vaters getan hat (Mt 21,28–31). Ich könnte mit dieser Aufzählung noch lange weitermachen.

Ich wollte nur andeuten, wie weltlich und abwechslungsreich die Bildwelt ist, die Jesus in seinen Gleichnissen ausbreitet. Es sind aber nicht nur Bilder, die etwas *veranschaulichen* wollen. Es sind Bilder, die Realität verändern, falls wir sie verinnerlichen und sie in uns aufnehmen. Sie wollen uns selbst verändern. Als anschauliches Beispiel für das bisher Gesagte wähle ich das Gleichnis vom verlorenen Sohn (Lk 15,11–32). Ich möchte es –

innerhalb des Themas »Die Macht der Bilder« – hier vor allem einmal auf seine Erzähltechnik hin betrachten.

Dieses Gleichnis, das bis heute eine immense Wirkungsgeschichte gehabt hat (Nacherzählungen, Verdichtungen, Dramen, Gedichte, Lieder, Gemälde), ist bei weitem das längste von allen uns überlieferten Jesusgleichnissen. Zwar haben uns von Jesus auch noch andere relativ ausführliche Gleichnisse erreicht – zum Beispiel ›Die Arbeiter im Weinberg‹ (Mt 20,1–16) oder ›Der reiche Prasser und der arme Lazarus‹ (Lk 16,19–31) oder ›Die gewalttätigen Bauern‹ (Mk 12,1–12). Aber ihre Länge reicht an das Gleichnis vom verlorenen Sohn nicht heran. Und die meisten Jesusgleichnisse sind noch viel kürzer – etwa das Gleichnis von der Lampe (Mt 5,15). Es besteht im Griechischen nur aus einem einzigen Satz.

Selbstverständlich kann man darüber streiten, ob die ursprünglichen Jesusgleichnisse den gleich-geringen Umfang hatten, den sie heute bei uns in der Bibel haben. Könnte es nicht sein, dass Jesus seine Gleichnisse viel ausführlicher erzählt hat? Könnte die Kürze vieler in den Evangelien überlieferter Gleichnisse nicht einfach damit zusammenhängen, dass die urchristlichen Propheten und Lehrer, wenn sie im Gottesdienst Jesusgleichnisse auslegten, sie diese vorher aus didaktischen Gründen in eine strenge Form gebracht und sie eben dazu gekürzt hatten?

Das ist nicht völlig auszuschließen. Viel wahrscheinlicher ist jedoch, dass Jesus als meisterlicher Erzähler alle Techniken des Erzählens beherrschte. Viele seiner Gleichnisse erhielten ihre Kraft gerade durch ihre Kürze, andere mussten ein außergewöhnliches Geschehen etwas länger berichten und wieder andere brauchten die weit ausholende Erzählung, die dann aber immer noch streng geformt war. Wir dürfen ja davon ausgehen, dass sich die Jünger Jesu seine Gleichnisse genau gemerkt haben – und zwar nicht nur ihren Inhalt, sondern auch ihre Form. Sie lebten in einer Welt, in der man noch nicht den ganzen Tag hindurch einer Flut von Medien ausgesetzt war.

Zu dem gerade Gesagten gehören auch die vielen Auslassungen innerhalb der Jesusgleichnisse. Selbst in dem langen Gleichnis vom verlorenen Sohn gibt es diese Leerstellen. Nur der Vater tritt auf. Die Mutter der beiden Söhne kommt überhaupt nicht vor. In einem Roman, in dem meist eine Vielzahl von Personen und Charakteren in einem Verwirrspiel von Handlungssträngen verknüpft wird, hätte die Mutter niemals fehlen dürfen. Hier fehlt sie. Der Grund ist klar: Sie hätte den Blick von der beherrschenden Figur des Vaters abgelenkt. Das von den neueren Erzählforschern entdeckte ›dramatische Dreieck‹ mit einem ›Handlungssouverän‹ (in diesem Fall dem Vater) und zwei Kontrastfiguren (in diesem Fall den beiden Söhnen) führt zu einer völligen Vermeidung oder wenigstens zu einer drastischen Vernebensächlichung weiterer Personen. Das gleiche dramatische Dreieck finden wir übrigens in Lk 18,9–14. Hier sind der Pharisäer und der Zöllner die beiden Kontrastfiguren; der ›Handlungssouverän‹ ist Jesus bzw. Gott selbst, der am Ende des Gleichnisses den Zöllner von aller Schuld freispricht.

In unserem Gleichnis werden zwar weitere Personen genannt. Es sind der Mann, bei dem sich der jüngere Sohn im Ausland verdingt (Lk 15,15), ferner die Knechte, die ihn neu einkleiden (Lk 15,22–23), sowie der Jungknecht, der den älteren Sohn über das stattfindende Fest aufklärt (Lk 15,26–27). Der Arbeitgeber im Ausland und die Knechte mit den neuen Kleidern bleiben aber absolut farblos und ganz am Rand. Die einzige Figur, die außerhalb des ›dramatischen Dreiecks‹ eine gewisse Rolle spielt, ist der den älteren Sohn aufklärende Knecht. Er darf sogar in ›direkter Rede‹ sprechen. Er ist also eine Ausnahme. Ihm wird aber nur deshalb relativ viel Erzähl-Raum gestattet, weil er die tiefe Distanz des älteren Sohnes vom Festgeschehen ermöglicht. Sein Gespräch mit dem älteren Sohn geschieht zwar nahe beim Haus, aber eben doch in provokativer Absonderung von dem schon in Fahrt gekommenen Fest.

Unser Gleichnis enthält über die Knappheit des Personen-Inventars hinaus aber noch viele andere Leerstellen. Ein Beispiel: Die genauen juristischen Hintergründe der Erbteilung werden völlig ausgespart. Es war ja so: Der jüngere Sohn fordert (entfernt vergleichbar der deutschen ›Abschichtung‹) *vorzeitig* sein Erbe, bekommt es auch und macht es sofort zu Geld. Durch diese ›Abfindung‹ verliert er jeden Anspruch, später noch irgendetwas zu erhalten – etwa wenn das Vermögen des Erblassers noch anwachsen sollte. Demgegenüber fordert der ältere Sohn sein Erbe gerade nicht ein und bleibt zu Hause. Sein bedeutend größeres Erbe (Dtn 21,17) verbleibt beim Vater und ist dem Erstgeborenen sicher. Deshalb der Satz des Vaters an ihn: »Alles, was mein ist, ist doch dein« (Lk 15,31). Der Weggang des jüngeren Sohnes ist also an sich mit einer Menge juristischer Fragen verknüpft. Doch all das wird übergangen. Den damaligen Hörern war es ja bekannt – oder Jesus wollte mit solchen juristischen Hintergrundinformationen nicht von seiner Hauptsache ablenken.

Ein drittes Beispiel für Auslassungen in unserem Gleichnis: Der jüngere Sohn muss sich bei einem Heiden verdingen (kein Jude würde Schweine züchten). Er bekommt wegen einer Hungersnot nichts mehr zu essen, obwohl er kein Taglöhner, sondern ein Lohnarbeiter ist, der eigentlich von seinem Arbeitgeber verpflegt werden müsste (vgl. Lk 15,15–16). Das hätte zu einer wirkungsvollen Szene aufgebaut werden können: Harte Stimmen aus der Familie des Arbeitgebers, die dem hungrigen Arbeiter das Essen verweigern, weil die Familie selbst in Not sei. Nichts davon! Es heißt lediglich in äußerster sprachlicher Kargheit: »Niemand gab ihm« (Lk 15,16). Zu ergänzen ist hier möglicherweise: »Niemand gab ihm – *vom Fressen der Schweine.*« Mit größerer Wahrscheinlichkeit ist aber zu ergänzen: »Niemand gab ihm – *zu essen.*« Damit ist alles gesagt über das Elend des heruntergekommenen Sohnes. Was hätte heute ein Journalist aus dieser Situation gemacht! Jesus hingegen schildert den Tiefpunkt dieses sozialen Abstiegs nur mithilfe eines einzigen Satzes, der freilich alles sagt.

Noch ein letztes Beispiel für Auslassungen in unserem Gleichnis: Adjektive, die Personen charakterisieren, werden weitgehend vermieden. Stattdessen werden die drei Hauptfiguren gemäß alter biblischer Erzähltechnik durch ihr eigenes Reden und vor allem durch ihr Handeln charakterisiert: Der jüngere Sohn dadurch, dass er vorzeitig eine Abfindung für sein Erbe einfordert, die beweglichen Güter, die ihm übergeben werden, zu Geld macht, ins Ausland geht, sein Geld schnell vergeudet hat, dann nicht zu einer jüdischen Gemeinde geht und dort um Hilfe bittet, sondern sich stattdessen an einen Heiden wendet (Lk 15,12–15). Das heißt: Er hat seinen Glauben verloren. Aber dabei bleibt es nicht. Die bittere Not, in die er gerät, führt ihn zur Besinnung. In einem ›inneren Monolog‹ beschließt er, in sein Vaterhaus zurückzukehren und seine Schuld offen zu bekennen (Lk 15,17–19).

Das Bild des älteren Sohnes wird mit ähnlichen narrativen Techniken aufgebaut: Er war draußen auf dem Feld, weit weg vom eigentlichen Geschehen. Als er sich dem Haus nähert und von der Heimkehr des Bruders erfährt, geht er keineswegs zu dem Fest, das sich inzwischen rund um das Haus entwickelt hat. Der Vater muss zu ihm nach draußen kommen und ihn bitten, doch an der allgemeinen Freude über die Rückkehr seines Bruders teilzunehmen (Lk 15,25–28). Das sich anschließende Gespräch zwischen den beiden ist eindeutig der Höhepunkt des Gleichnisses. Erzähltechnisch ist es dadurch hervorgehoben, dass nur hier im Gleichnis ein wirklicher Dialog stattfindet – nämlich ein Dialog mit zwei ›direkten Reden‹ (Lk 15,29–32). So also werden die beiden Söhne charakterisiert: nicht durch Adjektive, sondern durch ihr Reden und Handeln.

Eine weitere Beobachtung: In dem Dialog zwischen dem Vater und dem älteren Sohn zeigt sich eine der vielen Feinabstimmungen des Gleichnisses. Der Vater redet seinen älteren Sohn an mit »mein Kind«. Das ist eine liebevolle, ja zärtliche Anrede. Und er nennt den jüngeren Sohn: »dein Bruder«. Der Angesprochene hingegen unterlässt die gebotene Anrede »mein Vater«. Und seinen Bruder nennt er »dieser da« und »*dein* Sohn«.

Zu den Feinabstimmungen des Gleichnisses gehört auch, dass zunächst in der Stimme des Erzählers nur von dem »zügellosen Leben« des jüngeren Sohnes die Rede war (Lk 15,13). Erst der ältere Bruder behauptet gegen Ende des Gleichnisses, der »Dieser da« habe das ihm zugewiesene Vermögen »mit Dirnen durchgebracht« (Lk 15,30). Frühere Literarkritiker, deren höchste

Lust es ja war, auch in einem homogenen Text noch Unstimmigkeiten und damit literarische Quellen aufzuspüren, schlossen aus dieser Beobachtung, dass der ganze 2. Teil des Gleichnisses (Lk 15,25–32) einem kürzeren und einfacheren Jesusgleichnis erst später angeklebt worden sei. Es war keine sehr intelligente Hypothese. Sie übersah, dass gerade dieser 2. Teil des Gleichnisses einen klaren Sitz im Leben Jesu hat (nämlich Jesu Auseinandersetzungen mit den Pharisäern) und dass gute Erzähler ihren Stoff sprachlich lieber variieren als ihn zu uniformieren.

Ich habe jetzt ziemlich ausführlich von den Leerstellen und Auslassungen des Gleichnisses gesprochen, vor allem von den ausgesparten Personen und der Kargheit der Erzählung. An sich mögliche Erzählzüge – zum Beispiel eine ausführlichere Schilderung, wie der Arbeitgeber den jüngeren Sohn im Hunger behandelt, werden – wie wir sahen – vermieden. Diese Kargheit schließt aber gerade nicht aus, dass die Erzählung Ornamente aufweist, die sie trotz allem höchst anschaulich machen. Ich nenne die Hungersnot, die Schweine, die Futterschoten vom Karobbaum, die Umarmung des Vaters, das Festgewand, den Siegelring, die neuen Schuhe, das Mastkalb, die Festmusik, die Reigenlieder, den Ziegenbock, die Dirnen.

Betrachtet man die Positionierung dieser höchst anschaulichen Realien genauer, so sieht man sofort: Sie häufen sich bei der Begegnung zwischen dem heimkehrenden Sohn und seinem Vater. Diese Begegnung ist der erste Höhepunkt des zweigipfligen Gleichnisses. Schon in dieser Begegnung – und später dann in dem einzigen echten Dialog des Gleichnisses, nämlich in dem Gespräch zwischen dem Vater und dem älteren Sohn – drängt mit Macht das eigentliche Thema unseres Gleichnisses hervor: Einmal der Weg eines heruntergekommenen Menschen, der über Umkehr und Schuldbekenntnis in sein Vaterhaus zurückkehren will und von seinem Vater in tiefer Liebe aufgenommen wird – und dazu in scharfem Kontrast die Haltung des Bruders, der auf seinen Leistungen besteht und sich von der schnellen Wiederaufnahme des Bruders und vor allem von dem stattfindenden Freudenfest mit Abscheu distanziert.

Bringt man freilich – so wie ich es jetzt gerade getan habe – das Gleichnis auf Formeln dieser Art, so merkt man sofort, wie sehr man Lk 15,11–32 *als Gleichnis* verfehlt. Es besteht eben nicht aus Bildern für weniger gebildete Hörer, denen eine These illustriert werden soll, damit sie schneller begreifen. Damit würde man dem Wesen einer biblischen Gleichniserzählung in keiner Weise gerecht. Entscheidend ist die Erzählung als solche. Sie ist nicht die Veranschaulichung abstrakter Formeln. Man muss das Gleichnis hören, an ihm teilnehmen, sich in seinen Ablauf hineinbegeben, sich von ihm mitnehmen und faszinieren lassen. Auch die Beobachtung der virtuosen Erzähltechnik Jesu und seiner außerordentlichen Erzähldisziplin, der ich jetzt ziemlich lange nachgegangen bin, darf unser Einschwingen in die erzählte Geschichte nicht verhindern.

Wir sollen staunen über diesen Vater, der seinen Sohn schon von weitem kommen sieht – hat nicht auch seine Sehnsucht nach dem Sohn den Verlorenen nach Hause gezogen? Wir dürfen uns bewegen lassen von dem Erbarmen dieses Vaters, der seinen Sohn gar nicht ausreden lässt, sondern ihn schon umarmt und wieder in die Familie aufnimmt, bevor dieser sein zuvor schon im ›inneren Monolog‹ eingeübtes Bekenntnis richtig zu Ende gebracht hat. Wir dürfen erschüttert sein mit dem Vater, der gegenüber seinem älteren Sohn nur noch sagen kann: »Dein Bruder war doch tot und lebt wieder, er war doch verloren und ist wiedergefunden« (Lk 15,32). Und wir sollen erschrecken über diesen Bruder, der sich nicht freuen kann, der seine Leistungen und Verzichte ausspielt und dem Fest fernbleibt. – Oder am Ende vielleicht doch nicht? Selbst darauf sollen wir hoffen.

Und indem wir uns so mehr und mehr in dieses Gleichnis hineinwagen, wächst die Figur des Vaters vor unseren Augen zu einer stillen aber immer erregenderen Größe auf. »Er wurde von Erbarmen erfasst«, sagt der Text (Lk 15,20) – und erlaubt sich damit *ausschließlich an dieser Stelle* eine explizite Charakterisierung dieses Vaters. Die häufig zu findende Übersetzung »er hatte Mitleid mit ihm« (so auch die deutsche »Einheitsübersetzung«) verharmlost den griechischen Text in unerträglicher Weise. Sie hätte (entsprechend der griechischen Grammatik) zumindest heißen müssen: »ihn *erfasste* Mitleid«. Außerdem geht es hier um mehr als um das, was wir heute meist schon sehr abgeblasst »Mitleid« nennen. Es geht um eine Gemütsbewegung, die den Menschen bis in seine Tiefe, bis in seine »Eingeweide« packt und ihn regelrecht durchschüttelt.

Die damaligen Hörer des Gleichnisses wussten sehr schnell: Dieser Vater ist die Hauptfigur des Gleichnisses; er ist der eigentlich Handelnde. Und selbstverständlich wussten sie, dass Jesus hier von Gott erzählt. Sie kannten schließlich den Psalmvers:

Wie ein Vater sich seiner Kinder erbarmt,
so erbarmt sich der HERR *derer, die ihn fürchten.*
(Ps 103,13)

Aber wahrscheinlich erkannten auch viele, dass hier Jesus eben nicht nur von *Gott* sprach, sondern genauso von *sich selbst*, weil er doch in diesem Gleichnis sein eigenes Handeln an den Sündern und Verlorenen in Israel schilderte. Und vielleicht ahnte ein Teil von ihnen, dass in der Dialektik zwischen Gott und Jesus, die damit gegeben war, das eigentliche Geheimnis dieses Gleichnisses aufleuchtete: der sich erbarmende Gott, der sich erbarmende Jesus, in dem Gott nun in die Welt kommt und endgültig und für immer zeigt, wer er ist. Kein Gottesbildnis aus Metall oder Stein, sondern ein Geschehen, das man nicht schnitzen oder gießen, sondern nur erzählen kann.

Damit kehren wir noch einmal an den Anfang dieses Kapitels zurück. Wie steht es nun eigentlich mit dem biblischen Bilderverbot? Ist auch die Kirche an dieses Bilderverbot gebunden? Darf auch sie von Gott nur erzählen – oder darf sie ihn in Bildern und Bildnissen darstellen? Sie hat Gott tatsächlich immer wieder in Bildern dargestellt. Denken wir nur an das Bild vom Gnadenstuhl, bei dem Gottvater den gekreuzigten Jesus umfängt und umarmt. Oder denken wir an die Sixtinische Kapelle und das berühmte Fresko Michelangelos: Gott schwebt vor dem gerade erschaffenen Adam, berührt ihn mit seinem Finger und macht ihn zu einem Lebendigen. Darf das die Kirche? Darf sie, entgegen dem Bilderverbot des Alten Testaments, Gott selbst darstellen?

Ja, sie darf es. Sie darf es deshalb, weil in Jesus Gott selbst Fleisch geworden ist, und so Jesus zum Bild, zur Ikone Gottes wurde. Wer Jesus sieht, sieht den Vater (Joh 14,9) – und so kann in der Gestalt Jesu und nach dem Bilde Jesu auch der Vater dargestellt werden.

Freilich müsste es mit größter Scheu und Zurückhaltung geschehen. Die wohlgeformte Nase, die frisch gewaschenen Haare, der gepflegte graue Bart und die gut definierten Armmuskeln des Gottes Michelangelos sind da kaum der richtige Weg – trotz der vollendeten Kunst seines Freskos in der Sixtina. Was man dort sieht, ist eben ein ganz bestimmter, charaktervoller und imponierender Mann, den man, flöge er nicht so herrscherlich durch die Luft, gern nach seinem Alter und seiner Adresse fragen würde. Auch Bilder Christi und erst recht Bilder von Gottvater sind der *major dissimilitudo* unterworfen, das heißt: die abgrundtiefe Unähnlichkeit zwischen Schöpfer und Geschöpf müsste zum Ausdruck kommen. Besser als noch so gut stilisierte Abbildungen Gottvaters anzuschauen, wäre es, sich von Jesus über Gott erzählen zu lassen: Wie Gott gegen all unsere Gewohnheiten und Vorstellungen handelt, wie er sich grundlos und geradezu schockierend erbarmt und selbst die schuldig Gewordenen heimholt in das ewige Fest der Vollendung.

Pharisäer und Zöllner
(Lk 18,9–14)

Das Gleichnis vom Pharisäer und vom Zöllner ist eines der bekanntesten Jesusgleichnisse. Bereits die Überschrift, die dem Gleichnis in den meisten Bibelausgaben gegeben wird, zeigt an: Hier werden ein Pharisäer und ein Zöllner einander gegenübergestellt. Klar ist auch, mit wem wir uns als Hörer des Gleichnisses identifizieren: selbstverständlich mit dem Zöllner. Wir wollen auf keinen Fall ein Pharisäer sein. Denn ›Pharisäer‹ ist seit Jahrhunderten ein Negativ-Wort. Und es ist als Negativ-Wort eindeutig eine Facette des immer noch nicht wirklich überwundenen christlichen Antijudaismus. Allerdings war die christliche Überheblichkeit gegenüber den Pharisäern irgendwann in den allgemeinen Sprachgebrauch übergegangen. Wer einen anderen als ›Pharisäer‹ bezeichnete, wollte ihn damit als einen selbstgerechten, hochmütigen und scheinheiligen Menschen hinstellen.

Wie selbstverständlich diese Semantik lange Zeit war, zeigte der Blick auf die Speisekarte in Cafés. Dort fand sich – jedenfalls in Norddeutschland – unter vielen Kaffee-Zubereitungen auch der ›Pharisäer‹: ein kräftiger Kaffee, mit Zucker gesüßt, mit einem starken Schuss Jamaika-Rum angereichert und mit einem Sahnehäubchen bedeckt, das den Geruch des Alkohols absorbierte. Das Ganze sollte vertuschen, dass man Alkohol zu sich nahm. Die Namensgebung setzte voraus: Pharisäer = Heuchler.

Seit Auschwitz und den 6 Millionen ermordeter jüdischer Frauen, Männer und Kinder, das heißt, der versuchten Ausrottung des gesamten jüdischen Volkes durch das Nazi-Regime, sind die Verbrechen früherer Jahrhunderte gegen die Juden schärfer in den Blick getreten. Christen und die christliche Theologie waren dabei in einem erschreckenden Maß mitschuldig geworden. Es war höchste Zeit, dass die katholische Kirche im Zweiten Vatikanischen Konzil (1962–1965) ihr Verhältnis zum Judentum neu überdacht hat und sich klar gegen jeden Antijudaismus ausgesprochen hat.

Das ändert aber leider nichts daran, dass nach wie vor viele Christen die damaligen Pharisäer verachten und – vielleicht ohne es überhaupt zu bemerken – das Bild, das sie von den Pharisäern haben, auf Juden und das Judentum übertragen. Sie haben einfach die harten Auseinandersetzungen Jesu mit den Pharisäern im Matthäusevangelium im Ohr und dort besonders sein siebenmaliges »Wehe euch!« bzw. sein sechsmaliges »Wehe euch, ihr Schriftgelehrten und Pharisäer, ihr Heuchler!« (Mt 23,1–33) – und darüber hinaus eben vor allem das Gleichnis vom Pharisäer und vom Zöllner.

Zu diesem Gleichnis verbaut man sich jedoch jeden Zugang, wenn man den Pharisäer von vornherein als lächerliche Figur und aufgeblasenen Schwätzer betrachtet und ihn mit einer Handbewegung abtut. So einfach liegen die Dinge eben nicht. Das Wichtigste für die Pharisäer der Zeit Jesu und der Zeit davor war ein biblisches Grundprinzip, das auch jeder Christ bejahen muss: *Alles tun, was den Namen Gottes verherrlicht – und zwar durch die Heiligung des gesamten Lebens.* Maßgebend für die Pharisäer war dabei vor allem Ex 19,6: »Ihr aber sollt mir gehören als ein Königtum von Priestern und als ein heiliges Volk.«

Gemeint war damit – zumindest in Ex 19,6 – die priesterliche Funktion Israels gegenüber den Völkern: nämlich die Heiligung der Völkerwelt durch die Heiligung Israels selbst. Die Heiligung Israels aber verstanden die Pharisäer als eine Durchdringung des Alltags mit der getreuen Befolgung der Tora, so dass alles, was der Einzelne tat, zur Ehre Gottes geschah. Das hieß konkret: Die Weisungen der Tora wörtlich zu befolgen – oder dann, wenn sich gänzlich neue Lebensverhältnisse aufgetan hatten, die Weisungen sinngemäß zu aktualisieren, so dass sie auch unter neuen Gegebenheiten befolgt werden konnten.

Die Pharisäer wussten freilich, dass ein ganzheitliches Leben in Treue zur Tora nur möglich war, wenn sie Gemeinschaften bzw. Genossenschaften *(chaburot)* bildeten. Nur so waren zum Beispiel die biblischen Reinheitsgebote, die für sie eine große Rolle spielten, praktikabel zu erfüllen. Und sie wussten auch, dass eine ständige Belehrung des Volkes über die Tora notwendig war. Deshalb sorgten sie dafür, dass es selbst im Mutterland überall Synagogen gab, in denen die Heilige Schrift und hier vor allem die Tora vorgetragen und ausgelegt wurde.

Dass die Pharisäer in Genossenschaften lebten, bedeutete nicht, dass sie sich vom Volk fernhielten. Es ging ihnen gerade darum, dem Volk das richtige Toraverständnis nahezubringen, so dass sich ganz Israel heiligte. Die Absonderung, die schon in dem Wort ›Pharisäer‹ steckt (das Wort geht zurück auf das hebräische Verb *prš* = *trennen, absondern*), bezog sich einerseits auf die Machtmenschen und Gesetzlosen im eigenen Volk, andererseits aber auf alle heidnische Unreinheit. Denn die Vorgeschichte der pharisäischen Bewegung war die Opposition gläubiger Juden gegen Hellenisierungsbestrebungen in Israel im 2. Jahrhundert v. Chr. (vgl. 1 Makk 2,42).

Wir müssen uns also zunächst einmal vor Augen halten, dass der Pharisäer unseres Gleichnisses in seinem Leben nichts anderes tun möchte als das, was der Psalter prinzipiell schon in Ps 1 und dann vor allem in Ps 119 als Wohltat und tiefe Freude vor Augen stellt: Er will als »Gerechter« die ganze Tora befolgen. Und das hieß auch: sich von den »Gottlosen« fernhalten. Der 1. Psalm, der dem Buch der Psalmen vorangestellt ist, formuliert diese Leitlinie geradezu programmatisch:

Selig der Mensch, der nicht dem Rat der Frevler folgt,
der nicht betritt den Weg der Sünder,
nicht sitzt im Kreis der Spötter,

der vielmehr seine Lust hat an der Weisung des HERRN*,*
über seiner Weisung murmelt bei Tag und bei Nacht.

Er gleicht dem Baum, der an Wasserbächen gepflanzt ist,
der zur rechten Zeit seine Frucht bringt
und dessen Blätter nicht welken.

Was immer er tut,
es wird ihm gelingen.

Nicht so die Frevler!
Sie sind wie Spreu, die der Wind vor sich hertreibt.

Darum werden Frevler im Gericht nicht bestehen,
noch Sünder in der Gemeinde der Gerechten.

Denn der HERR *kennt den Weg der Gerechten,*
doch der Weg der Frevler verliert sich.

Für den Pharisäer unseres Gleichnisses ist der Zöllner – sagen wir genauer: – ist der »Steuerpächter« ein »Frevler«, denn er befolgt nicht die Tora. Er hält sich nicht an die Sozialordnung

Gottes, weil er seine Glaubensbrüder finanziell ausbeutet, sich an ihnen bereichert, sie in Kollaboration mit den jeweiligen Machthabern auspresst.

Steuerpächter zahlten an die Machthaber eine pauschale Pachtsumme und erhielten dafür das Recht, die Steuern und Zölle eines bestimmten Gebietes einzutreiben. Dabei spielten Willkür und Habsucht offenbar oft eine große Rolle. Die Steuerpächter waren meist Einheimische. Sie galten wegen ihrer Kontakte mit den Heiden als unrein.

Aus diesem Grund verachtet der Pharisäer des Gleichnisses den Steuereintreiber. Er will lieber arm und gerecht sein als dieser reiche Ausbeuter da, der zusammen mit ihm den Tempelvorhof betreten hat. Er will das Gesetz Gottes leben. Er will mit seiner ganzen Kraft Gott dienen.

Der Fehler des Pharisäers unseres Gleichnisses – *Jesus spricht nicht von allen Pharisäern, so wenig er von allen Steuerpächtern spricht* – der Fehler dieses bestimmten Pharisäers ist nicht sein Festhalten an der Tora. Sein Versagen besteht in seiner Selbstsicherheit und Überheblichkeit – und damit in seiner Blindheit sich selbst gegenüber. Der Gleichnistext sagt ja sorgfältig abgestimmt:

Der Pharisäer stellte sich hin [...],
der Steuerpächter aber stand weit ab [...]
(Lk 18,11.13)

Das meint: Der Pharisäer weist sich in der Gemeinde Gottes selbst seinen Platz zu. Er betrachtet sich als einen Bewährten und Gerechten. Der Steuerpächter hingegen weist sich im Tempelvorhof keinen Platz zu, denn der Platz »weit ab« ist gerade der Verzicht auf jede eigenständige Platz-Zuweisung. Er betrachtet sich als einen, der vor Gott in jeder Hinsicht gescheitert ist. Deshalb wagt er nicht, seine Augen zu Gott zu erheben. Wenn er spricht: »Herr, sei mir Sünder gnädig«, so ist das keine Floskel und hat nichts zu tun mit dem verharmlosenden »Wir sind doch alle Sünder«. Vielmehr spricht der Steuerpächter genau das aus, was mit dem »zerbrochenen Geist« und dem »zerbrochenen und zerschlagenen Herz« von Ps 51,19 gemeint ist – auch wenn er diesen Psalm vielleicht gar nicht kannte.

Hingegen hat der Pharisäer des Gleichnisses sich selbst gegenüber nicht das geringste Misstrauen. Er ist zutiefst überzeugt, dass bei ihm alles in Ordnung ist. Dafür dankt er zwar Gott. Doch dieser Dank an Gott, nicht so zu sein »wie die anderen«, zeigt seine Überheblichkeit. Er weiß genau, was er zu tun hat. Er weiß, was im Sinne Gottes gut und was schlecht ist. Er weiß, dass *er* gut und dass der *andere* schlecht ist. Er weiß, worauf es für Israel ankommt. Er weiß längst alles. Und aus eben diesem Grund wird er nie etwas anderes als das schon Gewusste an sich heranlassen. Solche Selbstsicherheit ist wie ein schwerer, harter Fels. Nichts kann ihn von der Stelle rücken. Nichts kann ihn erweichen.

Wie kommt es eigentlich, dass gerade einer, der ganz auf die Tora eingeschworen ist, so unbeweglich wird? Es hängt wohl mit der spezifischen Gefahr jeder Gesetzesfrömmigkeit zusammen. Man schaut beständig auf das Gesetz, auf die Gebote, auf die feste Ordnung, in der man steht. Man achtet unablässig auf die Grenzen, die man nicht überschreiten darf. Man freut sich, wenn man alles bis ins Kleinste so tut, wie es die Regeln erfordern. Und genau das kann leicht zur Selbstgerechtigkeit führen. Es ist kein Zufall: Das Gebet dieses Pharisäers wird zu einem grandiosen Sich-selbst-Rühmen:

O Gott, ich danke dir, dass ich nicht wie die übrigen Menschen bin – die andere berauben, das Recht verletzen, die Ehe brechen – oder auch wie dieser Steuerpächter da. Ich faste zweimal in der Woche und ich verzehnte alles, was ich erwerbe.

Dieses von der Erzähltechnik des Gleichnisses her ganz auf die Charakterisierung des Pharisäers angelegte Gebet bedarf einiger Erläuterungen. Zunächst einmal: Das zweimalige Fasten in der Woche wurde von der Tora nicht gefordert. Es war ein ›Werk der Übergebühr‹. Die Tora verlangte Fasten nur für den Versöhnungstag. Es war keine Kleinigkeit, zweimal in der Woche den ganzen Tag nichts zu essen und nichts zu trinken. Die Pharisäer taten es und wurden vom Volk dafür bewundert. Man hat Jesus ja bekanntlich gefragt, wie es eigentlich käme, dass seine Jünger – im Gegensatz zu den Jüngern der Pharisäer – nicht fasteten (Mk 2,18).

Aber auch das »Ich verzehnte alles, was ich erwerbe« bedarf der Erklärung. Die Tora forderte den Zehnten – und zwar für den Lebensunterhalt der Leviten, die kein eigenes Land besitzen durften. Es ging dabei um den Zehnten des bäuerlichen Jahresertrags aus Getreide, Wein, Öl und Vieh (vgl. Dtn 12,17; 14,23; 18,18; dazu 2 Chr 31,5 – 6). Die Pharisäer gingen darüber hinaus, indem sie auch den Gewinn aus dem Anpflanzen von Gartenkräutern wie Minze, Dill und Kümmel als Zehnten gaben (Mt 23,23). In Lk 18,12 könnte sogar gemeint sein, dass sie selbst das, was sie einkauften, noch verzehnteten – aus Vorsicht, der Verkäufer würde dies mit seinem Verkaufsgewinn nicht tun und sie würden sich dann an fremder Sünde beteiligen. Auch dies ein Beispiel der Akribie überschießender pharisäischer Tora-Auslegung.

Das Gebet dieses Pharisäers zeigt uns aber noch viel mehr. In sich gesehen ist sein Gebet zwar nicht lang. Im Vergleich mit dem Gebet des Steuerpächters und gemessen am Umfang des Gleichnisses insgesamt ist es jedoch ein relativ langes Gebet. Und so fällt umso mehr auf, dass dieser Pharisäer immerfort von sich selbst redet. Nicht weniger als fünfmal kommt das »Ich« vor. Der Mann kreist nur um sich selbst und seine Tora-Erfüllung.

Man kann das übrigens an unserem Gleichnis genau festmachen: Der Pharisäer sieht den Zöllner. Die richtige Reaktion wäre doch eine tiefe Freude gewesen, dass dieser Mann überhaupt in den Tempel gekommen war. Von dieser Freude ist bei dem Pharisäer jedoch nichts zu sehen – so wenig wie bei dem älteren Bruder im Gleichnis vom verlorenen Sohn (Lk 15,28).

Ich hatte zu Beginn dieses Kapitels davon gesprochen, dass sich in unserem Gleichnis zwei Personen gegenüberstehen: der Pharisäer und der Steuerpächter. In Wirklichkeit war das ungenau. Die erzählerische Substruktur des Gleichnisses ist – wie wir schon in dem Kapitel »Die Macht der Bilder« gesehen haben – ein ›dramatisches Dreieck‹: Sowohl der Pharisäer als auch der Steuerpächter sprechen jeweils mit Gott – wenn auch auf völlig verschiedene Weise. Und auch Gott spricht – als ›Handlungssouverän‹ in dem Schluss-Satz des Gleichnisses:

Ich sage euch:
Dieser [der Steuerpächter] ging gerechtfertigt nach Hause –
der andere nicht. (Lk 18,14)

Das Sprechen Gottes verbirgt sich in dem »gerechtfertigt«. Es ist eine Passivform – und in dieser Passivform ist das logische Subjekt Gott. Im Neuen Testament sind solche Passivformen häufig. Sie wollen aus Ehrfurcht das Wort ›Gott‹ vermeiden und drücken es deshalb indirekt durch ein Passiv aus *(passivum divinum)*. Wir müssen also umschreiben: »Dieser ging von Gott gerechtfertigt nach Hause.« Damit fällt am Ende des Gleichnisses Gott sein Urteil. Zugleich fällt es aber Jesus selbst – und zeigt so die ihm eigene Souveränität. Das machtvolle »Ich sage euch« Jesu ist geradezu ein Rechtsentscheid. Jesus redet und handelt an der Stelle Gottes.

Was aber heißt hier »gerechtfertigt«? Es heißt: Der Zöllner ist vom göttlichen Richter freigesprochen worden. Und »er ist freigesprochen« heißt: Ihm ist alle Schuld vergeben. Gott steht nicht auf der Seite des Pharisäers, sondern auf der des Zöllners. Ihm war schon in dem Augenblick alles vergeben, als er Gott seine Schuld und sein Unvermögen eingestand.

Blicken wir zum Schluss noch einmal auf den Anfang dieses Kapitels! Ich hatte davor gewarnt, den Pharisäer dieses Gleichnisses einfachhin zu einer Negativ-Figur zu machen und mit ihm die Pharisäer insgesamt. Ich hatte allerdings auch schon von den harten Auseinandersetzungen Jesu mit den Pharisäern gesprochen. Es gab sie auch unabhängig von unserem Gleichnis. Sie spiegeln sich vor allem im Matthäusevangelium (vgl. dort besonders Mt 23,1–39). Wie kam es zu diesen Auseinandersetzungen?

Man geht wohl kaum fehl, wenn man als den eigentlichen Grund annimmt, dass sich Jesus und die Pharisäer besonders nahestanden. Nahe nämlich in dem Ziel, Israel zu einem »heiligen Volk« vor Gott zu sammeln. Davon hatte ich bereits gesprochen. In dieser Sache hatte Jesus genau wie die Pharisäer die entsprechenden Texte der Heiligen Schrift vor Augen – vor allem einen Text wie Ex 19,6 oder Lev 19,2.

Nur sah Jesus solche Texte ganz im Licht seiner Ansage der jetzt kommenden Gottesherrschaft. Er las sie eschatologisch. *Jetzt* war der Augenblick gekommen, in dem sich Gott das endzeitliche Israel schuf – und vor allem *deshalb* ging es jetzt um den Glauben, die Umkehr, die Erneuerung und die Heiligung Israels. Das wollten zwar auch die Pharisäer, aber sie wollten es sozusagen im Rückblick auf die Tora – Jesus aber wollte es im Blick auf das Neue, dass sich jetzt anbahnte. Und eben deshalb war er nicht in einer Engführung auf die einzelnen Gesetzestexte der Tora fixiert, sondern auf das Ganze der Tora – und das hieß auf ihre innerste Mitte und auf ihre eschatologische Ausrichtung.

Was ist damit gemeint? Die innerste Mitte war für Jesus das Hauptgebot in Dtn 6,4–5: »[...] Du sollst den HERRN, deinen Gott, lieben mit ganzem Herzen, mit ganzer Seele und mit ganzer Kraft.« Das sahen die Pharisäer genauso. Das Hauptgebot stand auch für sie im Zentrum. Aber Jesus verbindet das Hauptgebot unmittelbar mit dem Gebot der Nächstenliebe: »Du sollst deinen Nächsten lieben wie dich selbst« (Mk 12,29–31). Gemeint war mit diesem Text aus Lev 19,18: ›Du sollst die anderen im Gottesvolk so lieben wie deine eigene Familie.‹ Die selbstverständliche Solidarität zur Familie, zur Sippe muss also ausgeweitet werden auf alle in Israel. Genau hier gingen die pharisäischen Gesprächspartner Jesu nicht mehr mit. Sie sonderten sich ab von den Unreinen und Sündern. Jesus hingegen nimmt die Sünder mit in die radikale Liebe Gottes hinein. Das war dann auch der springende Punkt im Gleichnis von Pharisäer und vom Zöllner: Der Pharisäer verachtet den Zöllner. Er kann ihn nicht in seine Nächstenliebe hineinnehmen. Er muss sich von ihm abgrenzen.

Mit all dem hängt eine zweite Differenz zusammen: Ich hatte sie angedeutet mit dem Stichwort »eschatologisch«. Die Pharisäer glaubten zwar auch wie Jesus an Auferstehung und ewiges Leben. Darin unterschieden sie sich zusammen mit Jesus von den Sadduzäern. Aber hier geht es bei »eschatologisch« um etwas anderes. Jesus meint damit vor allem, dass Gott jetzt in einer umfassenden und radikalen Weise neu an seinem Volk handelt, und dass dieses neue Handeln Gottes mit ihm selber schon begonnen hat. Deshalb spielen die Texte der Propheten, besonders das Jesaja-Buch, bei Jesus eine ungleich wichtigere Rolle als bei den Pharisäern.

Nun haben die Pharisäer die Propheten selbstverständlich ebenfalls gelesen und geachtet. Aber das spezifisch Prophetische (»Siehe, ich schaffe ein Neues, schon kommt es zum Vorschein, merkt ihr es nicht?« – Jes 43,19) haben sie mit ihrer Fixierung auf die Tora offenbar nicht wirklich wahrgenommen. Vor allem aber haben sie nicht wahrgenommen, dass bereits die Tora nicht nur aus Gesetzen besteht, sondern in ihrem erzählenden Rahmen immer wieder von dem neuen Handeln, von den immer neuen Initiativen und von dem immer neuen Erbarmen Gottes mit seinem Volk redet.

Aufs Ganze gesehen, könnte man sagen: Die Pharisäer und Jesus standen sich innerhalb des damaligen Judentums besonders nahe. Sie hatten vieles gemeinsam. Aber gerade auf dem Boden dieser Nähe wuchsen sich die Unterschiede zu besonders harten Auseinandersetzungen aus. Wir kennen das aus der immer wieder gemachten psychologischen Beobachtung, dass gerade die Nähe zu einem anderen Menschen in den schlimmsten Hass umschlagen kann. Allerdings hat Jesus die Pharisäer nicht gehasst. Nur musste er sich auf das Schärfste mit ihnen auseinandersetzen, weil sie dem Neuen, dass er in Israel ansagte, den stärksten Widerstand entgegensetzten – und zwar gerade aus ihrem Verständnis der Bibel heraus.

Gott schauen
(Offb 22,4)

Es ist nun schon sehr lange her, da sagte mir bei einem Hausbesuch eine Frau: »Ich kann nicht mehr an den Himmel glauben.« »Weshalb?« fragte ich sie. »Weil ich mir das todlangweilig vorstelle«, war die Antwort. »Eine ganze Ewigkeit lang Gott angucken, und nichts passiert. Das halte ich nicht aus. Eine solche Langeweile hält kein Mensch aus. Deshalb kann es das gar nicht geben.« Ihr Mann saß schweigend dabei, schien ihr aber zuzustimmen.

Heute würde wohl kaum noch jemand so reden. Schon allein deshalb nicht, weil sich fast niemand mehr über den Himmel Gedanken macht. Damals, als ich noch Kaplan in der Pfarrei einer hessischen Kleinstadt war, gab es das noch. Was hätten *Sie* der Frau geantwortet?

Ich hätte natürlich eine hochtheologische Antwort geben können: Wer Gott ist, was Ewigkeit ist, was ›Gott schauen‹ bedeutet, und dass unser Herz ruhelos ist, bis es seine Ruhe findet in Gott ... Aber das alles schien mir in dieser Situation nicht so recht zu passen. Deshalb erzählte ich den beiden ein Märchen, das mich als Kind tief beeindruckt hatte. Ich habe das Märchen allerdings ein wenig verändert und auch noch einiges dazu erfunden. Ich erzählte Folgendes:

Ein Armer und ein Reicher starben zur gleichen Zeit. So kamen beide auch gleichzeitig am Himmelstor an. Petrus machte ihnen die große Tür auf und fragte sie, wie sie es denn hier oben haben wollten. Der Reiche ließ Petrus kaum ausreden und den Armen erst gar nicht zu Wort kommen. Die Wünsche sprudelten nur so aus ihm heraus:
»Ein großes Haus will ich haben. Einen Park um das Haus will ich haben mit Bäumen, die niemals kahl werden und mit einem sattgrünen Golf-Rasen, den man nie zu mähen braucht. Mehrere Diener will ich haben. Eine neue Frau will ich haben – schöner als die schönste Frau der Welt; dazu das

beste Essen jeden Tag. Vor allem aber: Gesund will ich sein, denn Gesundheit ist doch das Allerwichtigste.« Mehr fiel dem Mann im Augenblick nicht ein, und so hielt er erst einmal den Mund. »Nun ja«, sagte Petrus, »wenn Dir das alles so wichtig ist, sollst Du es auch haben. Hier bekommt jeder das, was er sich selbst wünscht.« Und Petrus schaute den reichen Mann traurig an.

Der Reiche erhielt tatsächlich alles, was er sich gewünscht hatte: das Haus, den Park mit dem permanenten Golf-Rasen, die Angestellten, eine Frau, die so schön war wie in den Märchen, und dazu noch jeden Tag das erlesenste Essen und natürlich eine strotzende Gesundheit. Er konnte Wein trinken, so viel er wollte; seiner Leber schadete es nicht.

»Jetzt bin ich aber wirklich neugierig, wie die Geschichte weitergeht« – sagte die Frau, als ich eine kleine Pause machte. Und sie schaute ihren Mann an, um herauszubekommen, was der sich zu dem Ganzen dachte. »Das werden Sie gleich sehen«, sagte ich.

Der Reiche bekam also alles, was er sich gewünscht hatte. Als tausend Jahre vergangen waren, bekam der Reiche Besuch. Petrus kam bei ihm vorbei und fragte ihn, wie es ihm denn gehe. »Miserabel«, sagte der Mann, »so elend, wie es mir noch nie gegangen ist.« »Wieso das?« fragte Petrus. »Du hast doch alles bekommen, was Du Dir gewünscht hattest.«
»Ja, schon«, sagte der Reiche. »Alles, genau so, wie ich es mir gewünscht hatte. Aber irgendwie hat sich alles verändert. Was soll ich mit den vielen Zimmern? Der Park langweilt mich. Der Golf-Rasen war eine Fehlentscheidung. Da wächst keine einzige Blume. Die Angestellten nerven mich. Die Frau ödet mich an. Sie macht den ganzen Tag Schönheitspflege. Wir haben uns schon lange nichts mehr zu sagen. Und ständig dieses Meisterkoch-Essen. Mich ekelt es, wenn ich nur an das nächste Menü denke. Das soll der Himmel sein? Lauter Lügen sind das mit Eurer ewigen Glückseligkeit! Nichts als Lügen! Eine erbärmliche Einrichtung ist das hier!«

Da schaute ihn Petrus verwundert an und sagte: »*Du scheinst gar nicht zu wissen, wo Du bist. Du bist doch gar nicht im Himmel. Du bist in der Hölle. Die Hölle ist der Ort, wo die Menschen, die nur sich selbst sehen und nur an sich selbst denken, all das bekommen, was sie sich wünschen. Sie werden sich dann selbst zur Hölle.*«
Da fing der Reiche so an zu weinen, dass es ihn schüttelte, und er sagte zu Petrus: »*Und das alles soll jetzt eine ganze Ewigkeit so weitergehen?*« *Er schaute Petrus voller Entsetzen an. Nach einem langen Schweigen fragte er schließlich:* »*Was ist eigentlich aus dem Armen geworden, mit dem ich an der Himmelstür ankam? Was hat denn der sich gewünscht?*«
Und weil Petrus sah, dass der Reiche weinte und sogar nach dem Armen fragte, sagte er zu ihm: »*Der Arme hatte nur einen einzigen Wunsch: Er wollte eine kleine Bank, damit er inmitten aller Heiligen bei Gott sitzen und für immer bei ihm sein könne. Er ist nun Gott ganz nahe, schaut ihn an und strahlt vor Seligkeit und unendlichem Glück.*«
Und als Petrus sich umdrehte, um wegzugehen, bemerkte er gerade noch, dass bei dem Reichen der Gedanke, dass es möglich sei, nicht den eigenen Begierden zu folgen, sondern sich die Nähe Gottes zu wünschen, das Gesicht aufleuchten ließ.

»Na ja«, sagte die Frau, als ich mit dem Erzählen fertig war, »das ist halt ein Märchen. Und Märchen helfen auch nicht weiter.«
»Das stimmt«, sagte ich, »in vielem helfen sie auch nicht weiter. Wer Gott ist und wie groß die Seligkeit ist, die er schenkt, können Märchen nicht erfassen. Aber falls sie uns zeigen, wo uns unsere eigenen Wünsche hinführen würden, wenn wir eine ganze Ewigkeit mit ihrer Erfüllung leben müssten, sind sogar Märchen nicht umsonst.«

Wenn ich heute auf das Ganze zurückblicke, fällt mir natürlich einiges ein, was ich den beiden damals noch hätte erklären müssen. Zum Beispiel: Wer sehen kann, dass seine tiefsten Wünsche falsch waren, weil sie nur um das eigene ›Ich‹ kreisten, wer über sich selbst weinen kann, wer schließlich am Ende doch noch nach dem Anderen fragt – der ist nicht in der Hölle. Der befindet sich in einem Prozess, der zu Gott hinführt und der alles Falsche und Böse in uns wegarbeitet. Die Kirche nennt diesen Prozess zwischen Tod und ewigem Leben ›Reinigung‹ oder ›Läuterung‹. Diese Läuterung ist die Innenseite des Sterbens, und sie dauert selbstverständlich nicht tausend Jahre. Aber sie ist von einer unfasslichen Intensität. Sie verläuft nicht mehr in irdischer Zeit, sondern in einer Zeitform, die wir mit den Kategorien irdischer Zeit nicht erfassen können.

Freilich muss es diesen Kern der Suche nach dem Guten und Wahren schon vor dem Tod, also schon in diesem irdischen Leben gegeben haben. Wenn ein Mensch in der *Grundentscheidung* seines ganzen Lebens ausschließlich sich selbst gewollt hätte, sich ganz allein und immer nur sich selbst, dann könnte ihn Gott nur sich selbst und dieser fundamentalen Grundentscheidung seiner Existenz überlassen. Wer aber über sich selbst und seine falschen Wünsche weinen kann oder gar mehr wollte als sich selbst – Anderes, Größeres, Schöneres, Heiligeres, das glückende Leben von Anderen und vielleicht sogar die Ursache allen Lebens, der wird im Tod Gott finden und Gottes Liebe und Barmherzigkeit – durch alle Engführungen seines Lebens hindurch. Und er wird hineingerissen in ein Glück, das wir uns in keiner Weise vorstellen können, weil wir uns *Gott* nicht vorstellen können.

Das alles habe ich damals der Frau und dem Mann nicht gesagt. Ich wollte nicht dozieren und hätte es wohl auch gar nicht fertiggebracht. Ich konnte nur ein Märchen erzählen. Aber letztlich war es gar kein Märchen. Es wollte vorsichtig und in Bildern zu dem hinführen, was der große Augustinus in seinen Bekenntnissen gleich zu Beginn formuliert: »Auf dich hin hast du uns geschaffen, und ruhelos ist unser Herz, bis es seine Ruhe findet in dir« (Confessiones I,1). Oder gar zu der großen und unendlich tröstlichen Verheißung in dem letzten Kapitel, mit dem das Neue Testament schließt: »Sie werden sein Angesicht schauen« (Offb 22,4).

Letzte Worte
(Joh 17,1–26)

In Japan entstand einst die hohe Kunst des Haiku. Ein Haiku ist ein Gedicht, das nur drei Zeilen hat. Es enthält nicht mehr als siebzehn Einheiten, die mit unseren Silben vergleichbar sind, ihnen aber nicht ganz entsprechen. In der kürzesten Form, die sprachlich überhaupt möglich ist, redet das Haiku von all dem, was man in der Natur wahrnehmen kann – aber nicht in der Form einer allgemeinen Naturbetrachtung, sondern in der Wahrnehmung eines einzigen Augenblicks. Indirekt geht es dabei fast immer um den Menschen. Die großen Meister des Haiku sind bis heute in Japan hochangesehen. Jeder kennt sie.

Eine Sonderform des Haiku ist das sogenannte Todes-Haiku. Es ist ein Sterbegedicht. Der Meister hat es längst geformt, spricht es dann aber auf dem Sterbebett, wenn seine Schüler um ihn versammelt sind. Eines der berühmtesten Todes-Haikus aus Japan ist ein Haiku des Meisters RAN-SET-SU (1654–1707):

Ein Blatt fällt
ach nur ein Blatt
fällt getragen vom Wind.

Der Meister redet in diesem Gedicht von sich selbst und seinem Tod, aber er redet zugleich vom Tod aller Menschen – und er redet vom Tod, indem er ausschließlich von der Natur redet. Ein Blatt fällt, der Mensch sinkt zur Erde wie ein Blatt, doch er fällt nicht nur wie ein Blatt, sondern er ist tatsächlich ein Blatt, denn er ist Natur, Teil eines unablässigen Gestaltwandels, eines Wachsens und Verweht-Werdens, eines Getragen-Werdens und doch Versinkens, eines Lebens und Sterbens in ewigem Kreislauf.

Joh 17,1–26 setzt ebenfalls eine Situation wenige Stunden vor dem Tod eines Meisters voraus. Der Meister spricht, umgeben von seinen Jüngern, letzte Worte. Aber es lässt sich kaum ein größerer Gegensatz denken als der zwischen dem Todes-Haiku RAN-SET-SUS und dem, was Jesus sagt.

Der Jesus dieses Textes formt kein Gedicht, sondern ein Gebet. Er betrachtet nicht die Bäume, sondern spricht betend mit seinem himmlischen Vater. Er redet nicht über die Natur, sondern über die Geschichte. Er redet von dem »Werk«, das ihm aufgetragen wurde (Joh 17,4). In dem Sterbegedicht des RAN-SET-SU kommen die ihn umstehenden Schüler nicht vor. Bei Jesus werden sie nicht nur genannt, sondern sie sind integraler Teil des Textes. Jesus betet für sie. Er bittet den Vater, dass sie in seiner Freude verharren und dass sie einmütig bleiben (Joh 17,9–19). Im letzten Teil des Gebetes weitet sich dann der Blick. Jesus betet für alle in der Welt, die »durch das Wort« seiner Jünger an ihn glauben werden (Joh 17,20–26). Sein Blick ist also ganz auf das »Werk« Gottes gerichtet, darauf, dass sich der Plan Gottes mit der Welt erfüllt – und zwar über seine Jüngergemeinde.

Doch die Unterschiede reichen noch viel tiefer: Die sprachliche Form des Haiku hängt mit der Welt des Zen-Buddhismus zusammen. In ihr gibt es keine festlegbaren und festzuhaltenden Wahrheiten. Sie würden nur wegführen vom eigentlichen Ziel – sich endlich zu befreien vom eigenen Ich, das mit seinem ständigen Wollen, seinen unaufhörlichen Wünschen und seinen nicht zu stillenden Begierden nur Leid bringt. Man kann zwar etwas sagen über die Welt – aber der Zen-Meister fügt dann sofort das Gegenteil hinzu, damit der Schüler von seinem Drang nach Erkenntnis, ja sogar von seinem Drang nach Erleuchtung loslässt. Es gibt keine Wahrheit – jedenfalls keine Wahrheit, um die man ringen und an der man sich festhalten kann. Damit steht im Zusammenhang, dass es für einen Zen-Meister auch keine eindeutigen Begriffe gibt. Sie sind gar nicht erwünscht. Genaue Begriffe wären eine Sünde – wenn es im Zen den jüdisch-christlichen Begriff der Sünde überhaupt gäbe.

Dieser bewusste Verzicht auf Eindeutigkeit und damit auf Wahrheit kann sogar im Haiku angewendet werden. Im Japanischen gibt es außerordentlich viele Wörter, die mehrdeutig (homonym) sind – wie im Deutschen etwa Wörter wie Schimmel, Bank, Tau oder Schloss. Es gibt Haikus, bei denen sich je nach Lesart ein völlig verschiedener Sinn ergibt, falls man sie in

Lautschrift und ohne determinierende Wortzeichen schreibt. So lässt sich ein Haiku des Dichters KOBAYASHI ISSA (1763–1828) folgendermaßen lesen:

*Ab der Mittagszeit
ist es etwas schattiger;
ein Wolkenhimmel.*

Man kann dieses Haiku aber mit gleichem Recht auch so lesen:

*Blutegel, Moskitos, Bienen,
Eidechsen, auch Ameisen,
Spinnen und Flöhe, nicht wahr?*

In solcher Mehrdeutigkeit ein und desselben Haiku spiegelt sich die bewusst angezielte Offenheit des Zen-Buddhismus. Solche Offenheit, die mit der Mehrdeutigkeit verwandt ist und die mit eindeutiger Wahrheit gar nichts zu tun haben will, ist inzwischen auch im Westen vielerorts zur Mode geworden. Man darf hier ruhig von einem ›skeptischen Relativismus‹ sprechen. Es gibt ihn natürlich schon lange. Seine Wurzeln reichen bis in die Antike zurück. Doch in der zeitgenössischen Philosophie nehmen relativistische Erkenntnistheorien einen immer breiteren Raum ein. Inzwischen gibt es Richtungen, die den Begriff der Wahrheit als einen nichtssagenden und völlig sinnlosen Begriff ansehen.

Das schlägt dann seine Wellen bis in die Theologie hinein: Der sogenannte ›Religionspluralismus‹ behauptet: Selbstverständlich sei Gott die Wahrheit. Aber diese Wahrheit sei uns nicht zugänglich. Wir hätten sie nur in unzähligen Spiegelungen. Das Geheimnis des unnennbar Göttlichen hätte sich den Griechen etwa im pythischen Apoll offenbart, den Afrikanern in ihren Ahnen, dem Buddha in der bewussten Leere seiner Meditation, den Christen in Jesus. Sämtliche Religionen seien je auf ihre Weise Spiegelungen einer einzigen Wahrheit, die wir in dieser Welt aber niemals fassen könnten. Was wir wahrnehmen könnten, seien immer nur Schatten und Fragmente.

Die christlichen Theologen, die so denken, kennen entweder ihre Bibel nicht oder wollen sie nicht kennen. Denn im Denken des Alten wie des Neuen Testaments gibt es solche Konstruktionen nicht. Sie sind geradezu ausgeschlossen. Abraham wird aus seiner Heimat herausgeführt und seine Nachkommen werden aus Ägypten befreit, damit sie den Götterwelten ihrer Zeit entkommen und den einen wahren Gott erkennen. Und dieser ständige Exodus aus den Religionen der Umwelt gehört zum Wesen des Jüdisch-Christlichen.

Selbstverständlich gibt es in der Bibel Blindheit des Erkennens, die aus der Sünde stammt. Selbstverständlich gibt es Umwege und Durststrecken des Begreifens der Wahrheit. Aber es gibt eben auch ein fortschreitendes Erkennen und damit sich mehr und mehr enthüllende Wahrheit. Seinen Jüngern verheißt Jesus, der Geist der Wahrheit werde sie in die ganze Wahrheit einführen (Joh 16,13). In seinem Abschiedsgebet bittet Jesus den Vater, dass seine Jünger in der Wahrheit geheiligt seien, die sie in ihm, dem Wort Gottes, ergriffen haben:

Heilige sie in der Wahrheit. Dein Wort ist Wahrheit. Wie du mich in die Welt gesandt hast, so habe auch ich sie in die Welt gesandt. Und ich heilige mich für sie, damit auch sie in der Wahrheit geheiligt sind. (Joh 17,17–19)

Diese Sätze aus dem Abschiedsgebet Jesu bieten aber nur einen Ausschnitt aus dem großen johanneischen Entwurf dessen, was Wahrheit ist. Die eigentliche Wahrheit ist Gott selbst. Wahrheit ist also nichts Menschengemachtes. Gott selbst ist von seinem innersten Wesen her sich unablässig mitteilende Wahrheit. Sein Wort, sein Logos, ist Wahrheit. Dieses Wort aber ist in Jesus Fleisch geworden. Deshalb strahlt in Jesus die Wahrheit Gottes auf. Er ist »der Weg, die Wahrheit und das Leben« (Joh 14,6). Dass hier die Wahrheit in der Mitte zwischen »Weg« und »Leben« steht, zeigt: Es geht um eine Wahrheit, die lebendig ist und die zum Leben führt. Sie heiligt (Joh 17,17). Diese Wahrheit, die Jesus selber ist, gibt er seinen Jüngern weiter durch seinen Geist, der sie in die ganze Wahrheit einführt (Joh 16,13). Wahrheit ereignet sich also in einem Prozess: von Gott über Jesus und den Geist Jesu zu einer Jüngergemeinde, welche die Wahrheit lebt und sich in der Wahrheit heiligt.

Mit einem Satz gesagt: Die Wahrheit Gottes inkarniert sich in der Welt an einem bestimmten Ort, in einer bestimmten Zeit, in bestimmten Menschen und ihren Nachfolgern. Damit ist es völlig ausgeschlossen, dass sie lediglich in unzähligen Spiegelungen und Fragmenten über die Welt verteilt sei. Sie wird von Gott geschenkt und weist sich aus durch ein geheiligtes Leben. Und deshalb ist sie eindeutig.

Wir sind von einem bewegend schönen ›letzten Wort‹ des RAN-SET-SU ausgegangen – und sind von dort aus zu den letzten Gebetsworten Jesu im Johannesevangelium hinübergewechselt. Gibt es auch für einen Christen ›letzte Worte‹?

Selbstverständlich gibt es sie. Selbst in den Gebeten kann es sie geben, die Freunde und Verwandte an einem Sterbebett sprechen – und die der Sterbende mitspricht. Wie oft habe ich gesehen, wie sich die Lippen eines Sterbenden dann noch, kaum wahrnehmbar, bewegt haben.

Es kann aber auch sein, dass ein Vater oder eine Mutter schon frühzeitig einen Brief geschrieben haben, in dem sie ihren Kindern sagen, was ihr Herz bewegt. Auch das sind dann – in einem übertragenen Sinn – ›letzte Worte‹. Einer der kostbarsten Briefe dieser Art ist der Brief des Matthias Claudius an seinen Sohn Johannes, geschrieben im Jahre 1799, in dem es unter vielem anderen heißt:

[...] Die Wahrheit richtet sich nicht nach uns, lieber Sohn, sondern wir müssen uns nach ihr richten. Was Du sehen kannst, das siehe, und brauche Deine Augen, und über das Unsichtbare und Ewige halte Dich an Gottes Wort. Bleibe der Religion Deiner Väter getreu. [...]
Denke oft an heilige Dinge und sei gewiss, dass es nicht ohne Vorteil für Dich abgehe und der Sauerteig den ganzen Teig durchsäuere. [...]

Halte Dich zu gut, Böses zu tun. [...]
Tue keinem Mädchen Leides und denke, dass Deine Mutter auch ein Mädchen gewesen ist.
Sage nicht alles, was Du weißt, aber wisse immer, was Du sagest.
Nicht die frömmelnden, aber die frommen Menschen achte und gehe ihnen nach. Ein Mensch, der wahre Gottesfurcht im Herzen hat, ist wie die Sonne, die da scheinet und wärmt, wenn sie auch nicht redet. [...]
Und sinne täglich nach über Tod und Leben, ob Du es finden möchtest, und habe einen freudigen Mut; und geh nicht aus der Welt, ohne Deine Liebe und Ehrfurcht für den Stifter des Christentums durch irgendetwas öffentlich bezeuget zu haben.

Matthias Claudius lebte von 1740–1815. Er schrieb diesen Brief also sechzehn Jahre, bevor er starb. Der äußere Anlass war, dass sein Sohn Johannes in diesem Jahr sein Elternhaus verließ und in eine Hamburger Großhandlung eintrat. Dennoch waren es ›letzte Worte‹, die Matthias Claudius da schrieb.

Ob es auch uns möglich wäre: In unserem Leben – und vor allem dann in dessen letzten Tagen und Stunden – nicht zuerst an uns selbst zu denken, sondern an die Anderen, an die Gemeinde, an die Kirche, an das Werk, das uns von Gott aufgetragen wurde? So wie Jesus es getan hat?

Kant und die Folgen
(Joh 1,1–18; 1 Joh 1,1–4)

Im vorangegangen Kapitel war vom sogenannten ›Religionspluralismus‹ die Rede gewesen. Er wäre nicht denkbar ohne die Rolle der philosophischen Erkenntnistheorie von Immanuel Kant (1724–1804). Es lohnt sich deshalb, genau an dieser Stelle einen Blick auf die Philosophie Kants zu werfen. Auch deshalb, weil Kant in der Folgezeit noch für vieles andere, das in der Theologie gedacht wurde, die Richtung bestimmt hat.

Zunächst: Mit Kant kam eine unglaubliche Ernüchterung in die Welt. Man könnte, ohne zu übertreiben, von einer metaphysischen Entleerung unseres Denkens sprechen. Kant hat zwar von dem »bestirnten Himmel über mir und dem moralischen Gesetz in mir« geredet. Aber genau besehen hat er alle Sterne vom Himmel geholt.

Die Sensiblen unter seinen Zeitgenossen haben das durchaus so empfunden. Für den Dichter Heinrich von Kleist zum Beispiel war die Begegnung mit der Philosophie Kants eine tiefe Erschütterung. Er hatte an die Ideale ›ewiger Wahrheit‹ und ›fortschreitender Bildung des Menschen‹ geglaubt. Obwohl Kant durch seine Philosophie diese Ideale retten wollte – bei Kleist und vielen anderen hat er sie zerstört. Am 23. März 1801 schrieb Kleist an seine Schwester Ulrike:

Es scheint, als ob ich eines von den Opfern der Torheit werden würde, deren die Kantische Philosophie so viele auf dem Gewissen hat. Mich ekelt vor dieser Gesellschaft, und doch kann ich mich nicht losringen aus ihren Banden. Der Gedanke, dass wir hienieden von der Wahrheit nichts, gar nichts wissen, dass das, was wir hier Wahrheit nennen, nach dem Tode ganz anders heißt, und dass folglich das Bestreben, sich ein Eigentum [an Glauben] zu erwerben, das uns auch in das Grab folgt, ganz vergeblich und fruchtlos ist, dieser Gedanke hat mich in dem Heiligtum meiner Seele erschüttert. Mein einziges und höchstes Ziel ist gesunken, ich habe keines mehr. Seitdem ekelt mich vor den Büchern, ich lege die Hände in den Schoß, und suche ein neues Ziel, dem mein Geist, frohbeschäftigt, von neuem entgegenschreiten könnte. Aber ich finde es nicht.

Aber was hat Kant denn nun eigentlich getan? Um es kurz zu sagen: Kants kritische Schriften, vor allem seine »Kritik der reinen Vernunft«, sind eine radikale Infragestellung des menschlichen Erkenntnisvermögens. Kleist formulierte es in einem Brief an seine Verlobte Wilhelmine von Zenge vom 22. März 1801 folgendermaßen:

Wenn alle Menschen statt der Augen grüne Gläser hätten, so würden sie urteilen müssen, die Gegenstände, welche sie dadurch erblicken, seien grün – und nie würden sie entscheiden können, ob ihr Auge ihnen die Dinge zeigt, wie sie sind, oder ob es nicht etwas zu ihnen hinzutut, was nicht ihnen, sondern dem Auge gehört. So ist es mit dem Verstande. Wir können nicht entscheiden, ob das, was wir Wahrheit nennen, wahrhaft Wahrheit ist, oder ob es uns nur so scheint.

Kant hat die klassischen Themen der zeitgenössischen Philosophie, nämlich Gott, Seele, Freiheit und Unsterblichkeit, aus dem Bereich wissenschaftlicher Erkenntnis ausgegrenzt. Wir können, sagt er, die wahre Natur Gottes nicht erforschen, weil nichts Ähnliches wie Gott in unserer Erfahrungswelt vorkommt. Daher sei künftig nur noch eine subjektive Theologie möglich, nämlich eine lebenspraktische Ethik.

In seiner Schrift »Die Religion innerhalb der Grenzen der bloßen Vernunft« entwirft er deshalb ein aufgeklärtes Christentum. Die Offenbarung wird in bloße Moral umgewandelt. Den Weltenrichter brauchen wir als Gewissensstimme. Jesus wird zum Bild des rechten Menschen. Aus dem Gottesvolk soll eine Art internationaler Vereinigung werden, denn der Mensch braucht einen geselligen Verein als Kraft gegen das Böse. Die wahre Kirche freilich ist unsichtbar: Sie ist das innere Band, das alle sittlichen Menschen verbindet.

Alte Begriffe wie Himmel oder Hölle müssen umgedacht werden, damit sie der Aufklärung entsprechen. Begriffe dieser Art, auch der Gottesbegriff, sind bloße Postulate, Triebfedern, regulative Ideen, die es uns ermöglichen, unsere Pflicht zu tun und so wahre Sittlichkeit zu leben. Ob diesen Ideen etwas Objektives entspricht, wissen wir nicht.

Diese anscheinende ›Zertrümmerung der Metaphysik‹ hat enorme Folgen gehabt. Sie hat tief beeindruckt. Sie hat viele verstört. Sie wirkt bis heute. Jede ›religionspluralistische Theologie‹ ist letztlich eine späte Frucht der Erkenntniskritik Kants.

Denn was sagt der Religionspluralismus? Er geht, wie Kant es tat, davon aus, dass der Mensch die Wahrheit Gottes nicht erfassen könne. Deshalb müsse eine neue, bescheidenere Theologie entwickelt werden. Ihr Basissatz: Keine Religion besitzt die ganze Wahrheit, auch nicht das Christentum – einfach deshalb, weil der Mensch die Wahrheit nur verzerrt, nur getrübt und immer nur im Fragment wahrnehmen könne. Deshalb gäbe es auch so viele Religionen in der Welt. Diese Einsicht in die Gebrochenheit aller Erkenntnis bedeute dann aber auch die Verabschiedung von jedem Absolutheitsanspruch.

Solche Bescheidenheit fasziniert heute viele. Gerade auch deshalb, weil die ›religionspluralistische Theologie‹ als tolerant und dialogfähig auftritt. Sie verzichtet auf die Missionierung anderer Religionen. Sie lässt jedem seine kleine, relative Wahrheit. »Jeder hat auf seine Weise recht« – das entspricht dem Zeitgeist, erlaubt Unverbindlichkeit, ermöglicht ein Umherflattern, ein Sich-Herauspicken des Passenden. Religionspluralismus ist politisch korrekt: Man akzeptiert das Andere und Fremde als ebenso wahr wie das Eigene.

Hat die Kirche die Philosophie Kants bewältigt? Der Religionspluralismus hat sie ganz sicher nicht bewältigt. Er ist vor der Erkenntnistheorie Kants in die Knie gegangen. In die Knie gegangen sind auch all diejenigen, die in der Kirche nur noch eine Agentur für ›Werte‹ sehen. Sie machen die Kirche – wie Kant – zu einer moralischen Anstalt. Aber das alles müsste ja nicht so sein.

Kant könnte die Theologie auch dazu zwingen, ihre eigenen Voraussetzungen radikaler zu durchdenken. Zwingt uns Kant nicht, die jüdisch-christliche Offenbarung tiefer zu sehen, als es bisher nur allzu oft geschah? Offenbarung nicht als himmlisches Spektakel, in welchem Gott dem Menschen seine Wahrheit von oben her eintrichtert, sondern als langer und mühsamer Aufklärungsprozess, der sich in Israel vollzogen hat, vom Handeln Gottes getragen und doch von Menschen erarbeitet, durchdacht, erlitten, erkämpft?

In Israel gerade deshalb, weil dieses kleine Volk, das zwischen den großen Kulturen und Religionen des Alten Orients leben musste, wie kein anderes Volk in der Lage war, die Staatsgötter Ägyptens und Kanaans, Assurs und Babylons miteinander zu vergleichen und zu durchschauen. Um es abgekürzt zu sagen: Israel musste zuerst die selbstgeschaffenen Götter der Völker sehen, damit es in der Leugnung dieser Götter den wahren Gott erkennen konnte. Aber das war ein langer und mühsamer Prozess, der mit Abraham begann und sich über viele Jahrhunderte erstreckte. Versuch und Irrtum und immer wieder neue Versuche begleiteten diesen Weg.

Und es war kein Geschehen, das sich nur in der Sphäre des reinen Geistes abgespielt hätte. Gottheit und Gesellschaft waren im Alten Orient unentwirrbar verknüpft. Nur indem Israel der Staatsreligion Ägyptens entfloh und eine neue Gesellschaftsform freier Brüderlichkeit suchte (ihr Symbol ist der Sinai), durfte es den wahren Gott erkennen.

Die ›kopernikanische Wende‹ der Erkenntnis, die Kant beschwört, hat nicht erst mit der europäischen Aufklärung eingesetzt, sondern schon vor über dreitausend Jahren mit Abraham. Sie ging unablässig weiter: im Exodus aus Ägypten, in der Religionskritik der Propheten, in der Suche nach der richtigen Form des Gottesvolkes.

In dieser wahren Aufklärung wurden alle nur von Menschen gemachten Gottesvorstellungen entlarvt. In ihr wurde uns die wirkliche Demut des Denkens gelehrt. In ihr wurde neben dem Wissen immer auf dem rechten Tun bestanden, weil nur im Tun das Wissen wächst. In ihr wurde Gott als der fremde, der ganz andere, aber bis in die Tiefe vernünftige Wille erkannt, den der Mensch nicht manipulieren kann, ohne sich selbst zu zerstören.

Die Aufklärungsgeschichte Israels erreichte ihren Höhepunkt in Jesus von Nazaret. Der Prolog des Johannesevangeliums bezeichnet ihn als den »Logos«, als die fleischgewordene Wahrheit und Vernunft Gottes. Wenn das stimmt, dann ist die Wahrheit Gottes hörbar und sichtbar, anschaubar und greifbar geworden. Dann steht sie, als die Vollendung alles dessen, was bis dahin in Israel geschah, profiliert und unausweichlich in der Geschichte. Und das muss dann alle Erkenntnistheorie verändern.

Nicht »Religion innerhalb der Grenzen der bloßen Vernunft« ist dann die Parole, sondern Glaube an das, »was wir gehört haben, was wir mit unseren Augen gesehen, was wir geschaut und was unsere Hände angefasst haben«. So formuliert es der Anfang des 1. Johannesbriefs. Auch er setzt die kopernikanische Wende aufgeklärter Erkenntnis in Israel voraus. Er setzt allerdings auch Gemeinden voraus, in denen man sehen und hören, schauen und anfassen kann.

Kant der »Alleszertrümmerer«? Er könnte auch derjenige sein, der uns hilft, den jüdisch-christlichen Glauben von falschen Voraussetzungen zu reinigen, von allem Unaufgeklärten, von allem *nur* Religiösen, von Privatreligion und Staatskirchentum. Unter diesen Voraussetzungen würde es sich sogar lohnen, ein »Kant-Jahr« zu feiern, wie es 2004 geschehen ist. Oder noch besser: ihn erneut zu lesen.

TEIL II
Feste und heilige Zeiten

Adventliche Wachsamkeit
(Jes 64,5–6; 1 Kor 1,4–9; Mk 13,24–37)

Die Adventszeit ist geladen mit hochgradigen Spannungen. Selbstverständlich will sie auf das Weihnachtsfest vorbereiten. Und doch stimmt es einen nachdenklich, wenn man von Mitchristen jetzt neuerdings Briefe bekommt, die mit »vorweihnachtlichen Grüßen« enden. Die Kirche feiert nicht in seliger Einmütigkeit mit der Konsumgesellschaft eine »vorweihnachtliche Zeit« – so wenig sie statt des Sonntags das »Wochenende« begeht – sondern sie feiert den Advent.

Wenn wir singen »O Heiland, reiß die Himmel auf« – das alte Adventslied des Friedrich Spee von Langenfeld (1591–1635) – so ist damit etwas anderes gemeint, als es die unzähligen schon im November beginnenden Christkindlsmärkte im Sinn haben. Deren Verheißung besteht in Waldhornklängen, Lebkuchen, Glühwein und Bratwürsten. In dem Lied des jungen Jesuiten Spee duftet es nicht nach Lebkuchen. Es ist vielmehr ein Hilfeschrei, ein Notschrei im Elend des Dreißigjährigen Krieges und der Hexenprozesse, ein Sehnsuchtsschrei nach dem Kommen des Erlösers. Das Lied ruft nach der Wiederkunft Christi.

Von ihr redet auch die Danksagung des 1. Briefes an die Gemeinde in Korinth (1 Kor 1,4–9), ein gewichtiger Text innerhalb der Liturgie des Advents. Paulus spricht hier von der »Offenbarung Jesu Christi« – und er setzt dabei voraus und hofft darauf, dass die christliche Gemeinde in Korinth diesen Tag des Kommens ihres Herrn nicht nur voll Sehnsucht erwartet, sondern an diesem Tag gefestigt und schuldlos dasteht. Selbstverständlich meint Paulus damit nicht das Weihnachtsfest (das es zu dieser Zeit überhaupt noch nicht gab), sondern die Wiederkunft Christi.

Dementsprechend redet das jeweilige Evangelium zu Beginn des Advents auch in allen drei Lesejahren von der Not der Völker, von kosmischen Erschütterungen und vom Kommen des Menschensohns auf den Wolken des Himmels. Es verrät einen tiefen Glaubensinstinkt, dass die Kirche den Gedanken an die Wiederkunft Christi unerschütterlich festgehalten und ihn in der Adventsliturgie festgemacht hat, obwohl sich die Wiederkunft Christi – scheinbar – immer weiter verzögerte. Paulus wartet mit seinen Gemeinden in hoher Freude auf diese Wiederkunft. Hat er vergeblich gewartet? Die Parusie Christi scheint inzwischen in unendliche Ferne gerückt. Wie können wir Christen mit einem solchen Widerspruch fertig werden?

Der Lösungsversuch radikaler Sekten mit der Behauptung, die Wiederkunft Christi stehe nun unmittelbar bevor und der Termin sei ihnen wunderbarerweise schon bekannt, wird durch die Heilige Schrift selbst ad absurdum geführt: »Jenen Tag und jene Stunde kennt niemand, auch nicht die Engel im Himmel, nicht einmal der Sohn, sondern nur der Vater« (Mk 13,32).

Die Lösung zu dem Problem der sogenannten ›Parusieverzögerung‹ bildet ein Text, der ebenfalls zur Liturgie der Adventszeit gehört. Es ist das Gleichnis vom Feigenbaum (Mk 13,28–29). Denn dieses Gleichnis sprach ursprünglich von der nahen Gottesherrschaft. Der Feigenbaum (und genauso der Weinstock) unterscheidet sich von den zahlreichen immergrünen Bäumen Palästinas dadurch, dass er seine Blätter verliert und vor dem Frühjahr gänzlich kahl dasteht. Deshalb ist dann das Saftigwerden seiner Zweige und das Hervorsprossen seiner Blätter besonders auffällig.

Hier hat Jesus angeknüpft und gesagt: Wenn die kahlen Zweige des Feigenbaums anfangen zu glänzen, kommt in wenigen Tagen der Sommer. So ist es auch jetzt: Ihr seht die Machttaten Gottes, die durch mich in eurer Mitte geschehen – und das ist schon der aufscheinende Glanz der Gottesherrschaft. Sie kommt so sicher und so unaufhaltsam, wie der Sommer auf das Saftigwerden der Zweige des Feigenbaums folgt.

Markus, Matthäus und die Urkirche haben das Gleichnis dann allerdings auf die nahe Wiederkunft Christi gedeutet. Aber seine alte, umfassendere Bedeutung war damit nicht aufgehoben (vgl. Lk 21,31). Die Wiederkunft des Menschensohns am Ende der Zeit ist nur die letzte Zuspitzung und Offenlegung dessen, was schon jetzt dauernd geschieht: Gott will einbrechen in unsere Welt. Die Gottesherrschaft sucht sich Raum. Christus will Gestalt annehmen in seiner Kirche.

Dem Spannungsbogen zwischen dem Kommen der Gottesherrschaft, die sich schon jetzt ständig ereignet, und ihrem endgültigen Offenbarwerden im wiederkommenden Christus entspricht der Ruf zur Wachsamkeit. Dieser Ruf gehört zum Kern der Adventsliturgie (vgl. Mk 13,33–37).

Wir werden der Naherwartung der Evangelien in keiner Weise gerecht, wenn wir sie auf das Kommen Christi am Ende der Zeit einengen. Wachsam müssen wir vor allem sein auf das Kommen der Gottesherrschaft hin, das sich schon jetzt ereignen will. Deshalb sollten wir uns immer wieder fragen: Wo geschehen heute die Zeichen der Gottesherrschaft? Wo wird in unseren Tagen die Gesellschaft frei von ihren Dämonen? Wo geschieht in unseren Städten Umkehr zum Evangelium? Wo wird heute das Volk Gottes »aus allen vier Windrichtungen« (Mk 13,27) gesammelt? Man darf sogar all diese Fragen in einer einzigen Frage verdichten: Wo nimmt heute die Kirche jene Gestalt an, mit der man sie wieder messen kann am Maß des Neuen Testaments?

In diese Richtung muss unsere ganze Wachsamkeit zielen. Nur wenn wir eine erneuerte Kirche ersehnen und unablässig nach ihr ausspähen, befolgen wir den adventlichen Ruf zur Wachsamkeit. Nur dann erwarten wir den Menschensohn in neutestamentlich-sachgerechter Weise. Nur dann entspricht unsere Hoffnung auf das Kommen Christi der wachen Hoffnung der paulinischen Gemeinden auf das Kommen des Kyrios.

Damit sollte klar sein: Die Spannung zwischen dem ›Schon‹ und dem ›Noch-nicht‹ gilt nicht nur dem Kommen der Gottesherrschaft. Sie gilt genauso deren Zuspitzung: der Wiederkunft des Menschensohnes. Auch er kommt schon unablässig: Er kommt in jeder Eucharistiefeier in unsere Mitte; er kommt, sooft wir uns einmütig versammeln und uns dem Evangelium öffnen; er kommt in jedem Advent, wenn wir ihn so begehen, wie es die Schrifttexte des Advents verlangen.

In all dem unterscheidet sich der christliche Advent radikal von dem vorweihnachtlichen Gehabe unserer neuheidnischen Gesellschaft, welche die christlichen Feste zwar konsumiert, aber ihren wirklichen Sinn nicht mehr kennt oder sogar verachtet. Viel schlimmer freilich ist die Verachtung des Advents bei den Christen selbst, wenn sie sich dem »vorweihnachtlichen« Treiben ihrer Zeitgenossen einfach anschließen. Da weist eine adventliche Lesung aus dem Alten Testament einen ganz anderen Weg. In Jes 64,5–6 heißt es:

*Wie unreine Menschen sind wir alle geworden,
unsere Gerechtigkeit ist wie ein schmutziges Kleid.*

*Wie Laub sind wir alle verwelkt,
unsere Schuld trägt uns fort wie der Wind.*

*Niemand mehr ruft deinen Namen an,
keiner rafft sich auf, an dir festzuhalten.*

Solche Aufdeckung des wahren Zustands des Gottesvolkes trifft auf die Kirche genauso zu, wie sie damals auf Israel zutraf. Wo die Wahrheit dieses Bußgebets ungeschönt anerkannt wird, beginnt der wirkliche Advent.

Weltliebe oder Weltdistanz?
(Schlussoration des 2. Adventssonntags)

Die Schlussoration des 2. Adventssonntags ist sehr alt. Sie lässt sich bereits für das 8. Jahrhundert nachweisen. Bis zur Liturgiereform von 1971 schloss sie mit dem Satz:

*Lehre uns durch die Teilnahme an diesem Geheimnis
das Irdische verachten und das Himmlische lieben.*

Im lateinischen Original:

*hujus participatione mysterii doceas nos
terrena despicere et amare caelestia.*

Die »Teilnahme an diesem Geheimnis« meint natürlich den Empfang der Eucharistie, denn im Vordersatz der Oration heißt es: »Erfüllt mit der Speise geistlicher Nahrung« *(repleti cibo spiritualis alimoniae).* Aber wie steht es mit der »Verachtung des Irdischen«?

In der Zeit vor dem Konzil betete der Priester die drei Orationen der Heiligen Messe noch auf Latein. Um aber die Teilnahme der Gläubigen zu ermöglichen, gab es einen sogenannten ›Vorbeter‹, der die Orationen simultan in der Landessprache vortrug. Ich durfte eine Zeitlang in meiner Heimatpfarrei in Frankfurt am Main diesen Vorbeterdienst mit anderen abwechselnd ausüben. Ich weiß noch, wie mir an einem 2. Adventssonntag unser Kaplan vor der Heiligen Messe einen Zettel in die Hand drückte, auf dem er das Schlussgebet mit einem geänderten Text niedergeschrieben hatte. Ich sollte nicht mehr vorlesen »Lehre uns das Irdische *verachten* und das Himmlische lieben«, sondern stattdessen:

Lehre uns das Irdische achten und das Himmlische lieben.

Mir war sofort klar: Auf diese Weise sollte eine Verachtung der Schöpfung ausgeschlossen werden. Später erfuhr ich, dass damals viele Seelsorger den alten Text nicht mehr ertrugen und ähnliche Änderungen für ihre Vorbeter vornahmen. Der ›Schott‹ von 1966 zog aus solchen Anstößen die Konsequenz und übersetzte:

Lehre uns durch die Teilnahme an diesem Geheimnis über dem Irdischen stehen und das Himmlische lieben.

Doch das alles waren natürlich nur Notbehelfe. Darf man das Irdische nur achten, nicht aber lieben? Darf man einen guten Wein nur achten, ihn aber nicht mit Genuss trinken? Und ist »über dem Irdischen stehen« wirklich ein christliches Ideal? Ist es nicht eher die Einstellung von Stoikern, die sich in die Unerschütterlichkeit ihres Selbst zurückziehen, um sich gegen alles Leid abzuschirmen? Die Liturgiereformer von 1971 gaben sich mit den zitierten Lösungen zu Recht nicht mehr zufrieden. Sie formulierten deshalb:

*Lehre uns durch die Teilnahme an diesem Geheimnis,
die Welt im Licht deiner Weisheit zu sehen
und das Unvergängliche mehr zu lieben als das Vergängliche.*

Vergleicht man diesen offiziellen Text des Deutschen Messbuchs nun allerdings mit seiner römischen Vorlage, so findet man dort:

*Lehre uns durch die Teilnahme an diesem Geheimnis,
das Irdische in Weisheit abzuschätzen (terrena sapienter perpendere)
und dem Himmlischen anzuhangen (caelestibus inhaerere).*

Das ist auf jeden Fall besser als das apologetische »mehr lieben« der deutschen Übersetzung. Trotzdem fragt man sich: Weshalb müssen sich die Liturgiker eigentlich derart abquälen? Es geht ihnen offenkundig um die rechte Sicht der Welt und des Weltlichen. Den Vorwurf der Weltverachtung wollen sie sich auf keinen Fall mehr einhandeln. Und sie wollen mit Recht zeigen, dass der christliche Glaube nichts mit Weltlosigkeit und Weltunfähigkeit zu tun hat. Dass es ihnen dabei aber so schwerfällt, das Irdische und das Himmlische richtig zu orten, muss damit zusammenhängen, dass vielen in der Kirche die Geschichtstheologie der Bibel verblasst oder gar ganz abhandengekommen ist.

Die Bibel denkt vom Volk Gottes her und zeigt unablässig, dass sich Gottes Heil an einem konkreten Volk und an realen Orten ereignet. ›Weltlosigkeit‹ oder gar ›Entweltlichung‹ liegen der Bibel deshalb völlig fern. Gerade der 2. Adventssonntag zeigt das mit aller Deutlichkeit: Gottes Heil hat eine Geschichte – eine pralle Geschichte mitten in dieser Welt.

Denn im Mittelpunkt des 2. Adventssonntags steht Johannes der Täufer. Und auch er steht wie alle Gestalten der Bibel mitten in einem atemberaubenden Geschehen, in dem es um Israel geht – und damit natürlich um die Welt. Er steht an der Schwelle hereinbrechenden Heils. Sehen wir zu, was das heißt und wie das vor sich geht!

Der Täufer ruft das Volk zu sich in die Wüste (Mk 1,4–5). Weshalb? Warum tritt er nicht in den Städten und Dörfern auf, so wie Jesus es wenig später tun wird? Und warum führt er das Volk in die Wasser des Jordan hinein, um die Taufwilligen dort unterzutauchen? Und weshalb tauft er an einer ganz bestimmten Stelle am Unterlauf des Jordan – genau dort, wo Jahrhunderte vorher Josua die Wüstengeneration durch den Jordan hindurch in das Gelobte Land geführt hatte?

Es gibt auf diese Fragen nur *eine* sinnvolle Antwort: Der Täufer will das Gottesvolk in die Wüstensituation Israels zurückversetzen, damit es dort wieder lernt, seinem Gott zu vertrauen. »Wüste« ist dabei keineswegs eine Chiffre für Hunger, Durst, Entbehrung, Verzicht und Askese. Israel wurde in seiner Wüstenzeit ja mit Manna und Wachteln gespeist, und als es Durst hatte, sprudelte ihm frisches Wasser aus dem Felsen. Mangel hatte es also keinen gehabt. Aber es musste lernen, auf seinen Gott zu vertrauen. Denn dies gehört tatsächlich zur Wüstenexistenz: Man weiß heute noch nicht, ob man morgen etwas finden wird.

Wenn der Täufer von Heuschrecken und wildem Honig lebt (Mk 1,6), so hat auch das nichts mit bewusst gewählter Askese oder gar Weltverachtung zu tun. Geröstete und dann gesalzene Heuschrecken galten damals als ausgesprochene Leckerbissen und natürlich erst recht der Honig wilder Bienen. Nur war es so: Heuschrecken und Bienennester fand man nicht jeden Tag. Der Täufer lebte also von der Hand in den Mund und somit in einem letzten Gottvertrauen.

Dieses Vertrauen sollte Israel in seiner Wüstenzeit lernen – das Vertrauen zu dem, der es »unter seinen Flügeln« barg (Dtn 32,11) und der dafür sorgte, dass ihm in den vierzig Jahren »nichts fehlte« (Dtn 2,7). Wenn der Täufer das Volk zu sich in die Wüste ruft, stellt er also die Situation des Anfangs wieder her. Israel wird noch einmal in die Wüste versetzt, zieht noch einmal durch den Jordan, kommt noch einmal zurück an die

Schwelle des verheißenen Landes! Johannes will Gott ein Volk schaffen, das wieder neu anfängt, das nicht mehr murrt, sondern der Verheißung glaubt.

Als Jesus zum Täufer an den Jordan kommt, hat er das alles tief in sich aufgenommen. Er will dort sein, wo die endzeitliche Existenz des Gottesvolkes ihren Anfang nimmt. Deshalb zieht er mit vielen anderen zu Johannes in die Steppe hinaus und lässt sich von ihm in den Jordan eintauchen. Später, als er seine öffentliche Tätigkeit begonnen hat, sagt er den Boten des Täufers (Mt 11,5):

Blinde sehen, und Lahme gehen;
Aussätzige werden rein, und Taube hören;
Tote stehen auf, und Armen wird das Evangelium verkündet.

Das heißt: Die Verheißungen erfüllen sich nun, die Wüste wird zum Paradies, der Himmel kommt auf die Erde, das Heil ist da – und das alles mitten in der Geschichte, mitten in dieser Welt.

Der Täufer ist neben dem wiederkommenden Jesus die zentrale Gestalt des Advents. Wenn wir den Advent überhaupt begehen wollen, müssen wir auf den Ruf des Täufers hören: den Ruf, der uns noch einmal in die Zeit unserer ersten Liebe, in das radikale Gottvertrauen und gerade damit in die Situation lebendiger Heilsgeschichte führen will.

Die Übersetzungen der Schlussoration des 2. Adventssonntags sind samt und sonders so gequält, weil der Kirche mehr und mehr die Gewissheit abhandenkommt, dass sie in einer Geschichte steht, in der Gott mitten in der Welt und mit dem Stoff dieser Welt das Heil schafft. Das Unvergängliche mehr zu lieben als das Vergängliche ist ja zweifellos richtig. Aber man wird den Eindruck nicht los, dass inmitten all dieser Formulierungskünste ein Gerüchlein von Dualismus weht: hier das gefährlich Irdische, dort das wunderbar Himmlische!

Die Bibel denkt anders. »Und Gott sah alles, was er gemacht hatte: Es war *sehr gut*« (Gen 1,31). »Und das Wort ist *Fleisch* geworden und hat unter uns gewohnt« (Joh 1,14). Die biblische Schöpfungstheologie kennt keinen Dualismus. Es gibt zwar das

Böse. Aber es steckt nicht in der Schöpfung, sondern es ist in freier Entscheidung gegen Gott in der Geschichte entstanden. Zugleich aber kämpft Gott mitten in der Geschichte über die freie Entscheidung von Menschen um das Heil der Welt. Das Unvergängliche und das Himmlische sind bereits mitten unter uns: in der Geschichte Gottes mit seinem Volk.

Freilich hat das bereits die alte Oration trotz ihrer sprachlichen Zwiespältigkeiten gewusst. Denn sie bezog eben schon die Liebe zum »Himmlischen« auf die Speise der Eucharistie und damit sehr wohl auf das Heil, das schon in dieser Welt und in dieser Geschichte seinen Anfang nimmt. Missverständlich war nur die Aufforderung, das Irdische zu verachten. Wir dürfen und sollen die Welt lieben, weil sie Gottes gute Schöpfung ist. Wir sollen sogar unsere Feinde lieben.

»Gaudete!« – »Freuet euch!«
(Zef 3,14–18; Phil 4,4–7; Lk 3,7–18)

Der dritte Adventssonntag hat einen eigenen Namen. Er heißt nach dem ersten Wort seines Eröffnungsverses »Gaudete!« – »Freuet euch!« Diese Aufforderung zur Freude stammt aus dem Brief an die Gemeinde in Philippi. Dort schreibt Paulus in 4,4–7:

Freuet euch im Herrn zu jeder Zeit! Noch einmal sage ich: Freuet euch! Eure Güte werde allen Menschen bekannt. Der Herr ist nahe. Sorgt euch um nichts, sondern bringt in jeder Lage betend und flehend eure Bitten mit Dank vor Gott! Und der Friede Gottes, der alles Begreifen übersteigt, wird eure Herzen und eure Gedanken in Christus Jesus bewahren.

Mit der gleichen Aufforderung – sogar noch erregter und freudiger, denn die Aufforderung zum Jubel erklingt vierfach – beginnt die alttestamentliche Lesung für den Sonntag Gaudete im Jahreskreis C. Sie ist dem Propheten Zefanja entnommen:

Juble, Tochter Zion! Jauchze Israel! Freu dich und frohlocke aus ganzem Herzen, Tochter Jerusalem! Denn der Herr hat das Urteil gegen dich aufgehoben. (Zef 3,14–15)

Doch wie passt der Bußprediger Johannes in diese volle Orchestrierung der Freude? Er steht ja im Mittelpunkt der Liturgie des 2. und des 3. Adventssonntags, und man kommt nicht daran vorbei: Johannes der Täufer hat Israel keine Freude verkündet und erst recht keinen Jubel, sondern den göttlichen Zorn. Er hat dem Volk mit einem Feuergericht gedroht. Er spricht von einem, der nach ihm kommt und der »stärker ist« als er. Dieser Feuerrichter werde Israel »mit heiligem Geist und mit Feuer« taufen. So jedenfalls heißt es in Mt 3,11/Lk 3,16.

»Mit heiligem Geist und mit Feuer« – die Sprache dieses Satzes ist bereits durch die Pfingsterfahrung der ersten Gemeinden geprägt. »Geist« heißt im Griechischen *pneuma*, und *pneuma* ist nicht nur der Geist, sondern auch der Sturm. Der historische Johannes sprach nicht vom Heiligen Geist, sondern vom Sturm, und zwar vom Feuersturm des Gerichts, das über Israel kommen werde. Er sagte dem Volk, das in Scharen zu ihm an den Jordan gezogen war:

Ihr Schlangenbrut, wer hat euch denn gelehrt, dass ihr dem kommenden Gericht entrinnen könntet? Bringt Früchte hervor, die eure Umkehr zeigen. [...]

Schon ist die Axt an die Wurzel der Bäume gelegt. Jeder Baum, der keine gute Frucht bringt, wird umgehauen und ins Feuer geworfen. (Lk 3,7–9)

Und von dem Feuerrichter, den er als den »Stärkeren« ankündigt, sagt er:

Er hält schon die Schaufel in der Hand, um die Spreu vom Weizen zu trennen und den Weizen in seine Scheune zu bringen; die Spreu aber wird er in nie erlöschendem Feuer verbrennen. (Lk 3,17)

Das bevorstehende Gericht wird also in der »Pflanzung Israel« (Jes 5,7) eine Trennung herbeiführen: zwischen Bäumen, die Frucht bringen, und Bäumen ohne Frucht; zwischen Weizen und Spreu. Das alles ist ganz in der Spur der alttestamentlichen Gerichtspropheten formuliert. Es sind harte Worte. Aber sie sind wahr. Der Zustand des Gottesvolkes, wie der Täufer ihn mit den Augen Gottes sieht, ist eine Katastrophe, verursacht durch Gleichgültigkeit, Arroganz und Unglauben. Der Täufer musste so reden, denn Propheten müssen die Wahrheit sagen.

Jesus hat diese Gerichtspredigt des Täufers vorausgesetzt – und zwar in dem Sinn, dass ohne diese Gerichtspredigt die Verkündigung seiner Freudenbotschaft gar nicht möglich gewesen wäre. Die Gerichtspredigt des Täufers, seine schonungslose Diagnose der Lage des Gottesvolkes, war die Ermöglichung der Freudenbotschaft Jesu.

Gerade weil Johannes den wahren Zustand des Gottesvolkes aufgedeckt hatte, kann Jesus selbst nun ganz von dem befreienden Handeln Gottes reden und eine frohe Botschaft verkünden. Die drohende Gerichtsbotschaft wird zum Evangelium vom Gottesreich, und der Feuersturm, den der Täufer verkündet hatte, wird zum Pfingstereignis.

Jedem, der Jesus und seinen Nachfolgern begegnet, kann fortan dasselbe geschehen, was Jesus im Gleichnis vom Schatz im Acker erzählt hatte: Der den Schatz findet, geht voll Freude hin, verkauft alles, was er hat, erwirbt den Acker und damit den Schatz (Mt 13,44).

Man könnte also das bisher Gesagte auf die schlichte Formel bringen: Beim Täufer Gerichtspredigt, bei Jesus Freudenbotschaft – und die Freudenbotschaft Jesu war möglich, weil die Gerichtspredigt des Täufers vorangegangen war. Doch eine solche Formel könnte Fehldeutungen provozieren. Sie muss deshalb vor Missverständnissen geschützt werden.

Zunächst einmal ist zu beachten: Auch bei Jesus selbst gibt es Gerichtspredigt. Es ist heute zwar weit verbreitet, sie totzuschweigen oder sie ihm überhaupt abzusprechen. Jesus wird nur allzu oft als der weise Lehrer und der milde Prediger dargestellt, der immer nur Freude verbreitet habe. Man wird ihm damit jedoch keineswegs gerecht, und seinem Evangelium tut man damit keinen Gefallen. Jesus sieht den Zustand Israels mit derselben Nüchternheit wie der Täufer: »Ein böses, ehebrecherisches Geschlecht« nennt er das Gottesvolk (Mt 12,39). Und als ein mehrstöckiges Wohngebäude in Jerusalem eingestürzt war und achtzehn Menschen unter sich begraben hatte, sagt er: »Wenn ihr nicht umkehrt, werdet ihr alle genauso umkommen« (Lk 13,4–5). Auch Jesus sieht also das tief verwurzelte und miteinander verflochtene Böse im Gottesvolk – nämlich die nicht endenden Rivalitäten, das ständige Murren und die Verweigerung des Glaubens.

Sodann ist aber auch noch Folgendes zu beachten: Wir müssen uns hüten, die Reihenfolge ›Gerichtspredigt beim Täufer / Freudenbotschaft bei Jesus‹ so aufzulösen, dass die Gerichtspredigt des Täufers die Umkehr Israels bewirkt hätte und dass *aufgrund dieser Umkehr* dann die Heilsbotschaft Jesu möglich geworden wäre. Die Freudenbotschaft Jesu hat nicht die Umkehr des Volkes zur Voraussetzung, zur *conditio sine qua non,* sondern erfolgt voraussetzungslos und unverdient aus dem reinen Erbarmen Gottes heraus. Nicht die Umkehr Israels führt dazu, dass Gott ein Einsehen hat und sich erbarmt, sondern die grundlose Liebe Gottes schenkt Israel trotz allem das Heil.

Umkehr und Heil stehen also in einem dialektischen Verhältnis zueinander. Wenn eine Gesellschaft in einem kollektiven Unheilszusammenhang lebt, muss es radikale Umkehrpredigt wie die des Täufers geben, die diesen Zustand überhaupt erst einmal aufdeckt. Er ist den meisten ja gar nicht bewusst. Wenn dann aber Gott alles wendet, den völligen Neuanfang schenkt und das Unheil in Heil verwandelt, so ist dieses Heil nicht verdient, nicht erarbeitet und nicht aus menschlicher Anstrengung hervorgebracht, sondern reine Gabe Gottes, die unfassliche Freude auslösen müsste.

Von dieser Freude spricht Paulus im Brief an die Gemeinde von Philippi. Seine Aufforderung »Freuet euch allezeit im Herrn!« (Phil 4,4) steht hier keineswegs isoliert. Nicht weniger als 15-mal begegnet in dem doch relativ kurzen Schreiben das Stichwort »Freude« bzw. »sich freuen«.

Schaut man genauer hin, so zeigt sich: Es ist keine diffuse Freude. Sie hat ihre Ursache, ja ihren ständigen Haftpunkt am Leben und der Geschichte der Gemeinde von Philippi, die Paulus besonders ans Herz gewachsen war. Er denkt in seinen Gebeten voll Freude an diese Gemeinde (Phil 1,4). Seine Freude ist vollkommen, wenn die Gemeinde eines Sinnes ist (Phil 2,2). Die Christen von Philippi sind seine »Freude und sein Ehrenkranz« (Phil 4,1), und Paulus fordert sie auf, sich allezeit »im Herrn« zu freuen (Phil 4,4). Sich »im Herrn« zu freuen beschreibt aber gerade nicht eine esoterische Innerlichkeit. Wie bei dem Ausdruck »in Christus« meint auch »im Herrn« den Herrschaftsraum Jesu Christi: die Gemeinde.

Die Freude, von der Paulus spricht, ist also die Freude über das Handeln Gottes, ist die Freude über Gottes Nähe in dem Heilsraum, den er sich in der Welt geschaffen hat. Es ist das tiefe Glück über alle Umkehr, die es in den Gemeinden gibt, über alle neu gewonnene Einmütigkeit, über alles, was den Glauben fördert. Es ist die Freude an Gottes geliebter Braut, der Kirche. Vor allem aber und zuerst ist es die Freude über die nahe Wiederkunft Christi. Denn wie schreibt Paulus?

Freuet euch im Herrn zu jeder Zeit!
Noch einmal sage ich: Freuet euch!
Eure Güte werde allen Menschen bekannt.
<u>Der Herr ist nahe.</u>

Was macht ein Fest zum Fest?
(Phil 4,4.5)

Weihnachten ist in unserer Gesellschaft fast der einzige Fall, wo die Leute noch schlicht und einfach von einem »Fest« sprechen. Sie sprechen von den »Festvorbereitungen«, wünschen sich ein

»schönes Fest« – oder wünschen sich im Stillen, »das Fest« wäre schon vorbei. Aber immer reden sie von »dem« Fest. Eine Zeitung, die zu den deutschen Leitmedien gerechnet wird, sprach letzte Weihnachten in ihrem Hochglanzmagazin sogar von dem »Fest der Feste« (wobei der Zeitung offensichtlich das Weihnachtsgeschäft vor Augen stand). Selbstverständlich gibt es noch viele andere Feste: Hochzeitsfeste, Abiturfeste, Fußballfeste, Firmenfeste, Atelierfeste usw. Aber »das« Fest ist Weihnachten. Ostern muss da im Sprachgebrauch schon weit zurücktreten. Noch weniger redet man von »dem« Fest, wenn Pfingsten kommt. Viele frühere ›Feiertage‹ sind längst zur ›Freizeit‹ degeneriert. Aber an Weihnachten – da sind in unserer Gesellschaft noch Reste von dem erhalten, was eigentlich mit Fest gemeint war.

Was hat es mit dem Fest auf sich? Weshalb feiern die Menschen so gern Feste, selbst wenn diese Feste zu bloßen Events geworden sind oder anstrengend werden oder vielleicht sogar niemand mehr so richtig weiß, was da eigentlich gefeiert wird? Jedenfalls hörte ich – es war in der Adventszeit – im Supermarkt ein Kind zu seiner Mutter vor einem Riesen-Regal mit Schokolade-Weihnachtsmännern sagen: »Ich will so einen nicht. Ich will einen Weihnachtshasen.« Versprecher? Kindliche Verwirrung als Symptom für das Durcheinander im Kopf vieler Erwachsener? Und trotzdem immer noch bei so vielen die Sehnsucht nach »dem Fest«!

Ich möchte diese Sehnsucht mit etwas Ähnlichem, gleichsam mit einem Parallelfall, vergleichen. In unseren Breiten haben die Menschen eine seltsame Sehnsucht nach Schnee. Nicht nur die Kinder, auch die Erwachsenen. Trotz allem Ärger, den man als Autofahrer, Bahnfahrer oder Hausbesitzer mit dem Schnee hat – die Sehnsucht nach dem Schnee bleibt. Weshalb eigentlich? Es muss damit zusammenhängen, dass die Welt dann so anders geworden ist. Alles hat sich verändert, alles ist wie verwandelt, alles wirkt wie neu. Und genau das rührt uns an. Wir ahnen, dass die Welt auch anders sein könnte. Die Sehnsucht nach einer anderen, verwandelten, neuen Welt sitzt tief im Menschen.

Der Mensch möchte nichts lieber, als dass die Banalität und die Monotonie des Alltäglichen eines Tages durchbrochen werden. Jeden Morgen in der Frühe aufstehen – immer zur gleichen Zeit – immer mit dem Blick auf den Fettfleck an der Wand über dem Bett – immer die gleichen müden Gesichter der Leute in der U-Bahn, die auf ihren Handys herumwischen – immer die gleichen Gespräche in der Kantine. Um aus dem zähen Brei des Immer-Gleichen herauszukommen, sehnt sich der Mensch nach dem Fest.

Ich möchte diese Sehnsucht noch von einer anderen Seite her beleuchten. Ich sage es einmal ganz krass: Eigentlich hat jeder, der älter geworden ist, trotz aller Eigenliebe sich selbst wenigstens teilweise satt. Man kennt sich inzwischen ziemlich gut. Man weiß, was man von sich zu erwarten hat. Man ist vertraut mit den Mustern, nach denen das eigene Leben abläuft – die Kämpfe und die immer neuen Niederlagen. Manchmal glaubt man noch, etwas Neues in sich zu entdecken. Doch es erweist sich bald als das Alte, längst Bekannte. Robert Gernhardt hat diese Erfahrung folgendermaßen ausgedrückt:

Ich horche in mich rein.
In mir muss doch was sein.
Ich hör nur Gacks und Gicks.
In mir da ist wohl nix.

Nicht jeder ist so ehrlich. Aber fast jeder lebt aus der Sehnsucht, neu zu werden oder wenigstens für einige wenige Stunden ein ganz anderer zu sein. Von einem Fest erwartet der Mensch, dass er aus sich selbst, aus seiner Alltäglichkeit herausgeholt wird. Und er tut alles, um genau das zu erreichen.

Nur: Es gelingt ihm nicht. Er kann weder sich selbst noch seine Umwelt verändern. Er kann es nur mit Stimmungen und Träumen versuchen, mit Überbleibseln des wirklichen Festes. Ich zitiere einen solchen Traum aus einem früheren, jetzt längst vergilbten FAZ-Magazin. Da wurde an damals bekannte Persönlichkeiten die Frage gestellt: »Was ist ihr Traum von Weihnachten?« Eine gewisse Caroline Krug antwortete:

Mein Traum ist so einfach. Aber selbst in der Kindheit ging er leider nicht in Erfüllung. Ich möchte Weihnachten gern in einer verschneiten Berghütte, mit einem großen Weihnachtsbaum [...] und meinen liebsten Freunden feiern. Mit einem Pferdeschlitten durch die verschneite Landschaft zur Christmesse fahren. Und beim Geruch von Bratäpfeln und Kaminfeuer die Erinnerung an die Kindheit genießen und glücklich sein, dass ein Kindheitstraum in Erfüllung gegangen ist.

Sie möchte gern, dass einmal alles anders ist. Sie möchte gern, dass Träume wahr werden. Sie möchte gern aus sich heraustreten. Aber es kann nicht gelingen. Jedenfalls nicht mit der Beschwörung von Stimmungen. Wovon diese Caroline Krug da träumt, sind alles nur Spiegelungen eines längst verlorenen wirklichen Festes. Die Sehnsucht nach dem Fest ist noch da, aber nicht mehr das Fest selbst.

Noch viel krasser hat Martin Mosebach das Nicht-mehr-Zustandekommen des Festes in Szene gesetzt. Er lässt bei einem fingierten Gespräch in einem Feuilleton der FAZ mehrere Personen mit ihren Weihnachtserfahrungen zu Wort kommen. Ein Familienvater von vierzig Jahren sagt »mit der Entschlossenheit des Erschöpften«:

Dies wird das letzte Weihnachten meines Lebens. Es waren aber nicht die vielen schweren Mahlzeiten, die gelangweilte Aufsässigkeit meiner halberwachsenen Kinder, die bedrückenden Familienbesuche, die idiotische Schenkerei, die mir den Rest gegeben haben. Es geschah auf der Kellertreppe. Wir hatten mit Müh und Not einen bis zur Decke reichenden Weihnachtsbaum in unserer Halle aufgepflanzt, und nun sollte geschmückt werden, mit den Glitzerkugeln, die meine Frau in großen Pappkartons voll Seidenpapier aufbewahrt. Diese Kartons sind sperrig und unangenehm leicht, und während ich zwei davon aus dem Keller hinauftrug ...

Hier stellt sich jetzt jeder vor, der Mann würde stolpern und mit seinen Kartons die Treppe hinunterstürzen. O nein, es kommt tiefgründiger …

… sah ich mich plötzlich mit denselben Kartons im Jahr davor auf derselben Treppe. Das Jahr war wie nichts zergangen, und mein ganzes Leben schien mir ausschließlich daraus zu bestehen, die Kartons mit den Kugeln aus dem Keller in die Halle und aus der Halle in den Keller zu tragen. Die Beschleunigung der Zeit, die in Wahrheit eine Zeiterbröselung und Zeitverdampfung ist, wurde mir mit den Christbaumkugeln im Arm plötzlich sichtbar, sie hatte die Gestalt dieser wandernden Kartons angenommen. Ich habe mit meiner Familie gesprochen: Die Kinder werden in Zukunft zum Skilaufen geschickt, und ich gehe mit meiner Frau in ein fernes, warmes, unchristliches Land mit türkisfarbenem Meer und lasse mich mit duftendem Öl massieren.

Weshalb diese seelische Erschöpfung, weshalb dieses Gefühl der Leere, weshalb die daraus entstehende Panik? Was da mit unendlicher Plackerei gefeiert wird, ist überhaupt kein Fest. Wie aber käme das wirkliche Fest zustande? Es muss einen Inhalt haben, und dieser Inhalt kann niemals eine jährliche Gewohnheit, eine bloße Stimmung oder Sehnsucht sein. Es können auch keine Träume oder Ideen sein. Träume und Ideen erzeugen kein Fest.

Nur ein wirkliches Ereignis kann die Ursache eines Festes werden. Mit einem »wirklichen Ereignis« meine ich natürlich nicht, dass ein Kalb mit zwei Köpfen geboren wurde oder dass Tante Gerda ihren Geldbeutel wiedergefunden hat. Es muss ein Ereignis sein, das ein Stück Geschichte oder das sogar die Geschichte selbst verändert hat. Nur ein solches Ereignis kann man feiern. Noch einmal: Träume und Ideen sind nicht wert, gefeiert zu werden. Es muss etwas geschehen sein, und dieses Geschehen muss umstürzend gewesen sein.

Wir können das ablesen an dem Urfest aller Feste, am jüdischen Paschafest. Es feiert die Rettung Israels aus Ägypten. Das war ein wirkliches Geschehen, mitten in der Geschichte. Irgendwann im 13. Jahrhundert v. Chr., am Rande Ägyptens. Also an einem ganz bestimmten Ort, zu einer ganz bestimmten Zeit. Damals ist entstanden, was bis heute von Juden und Christen gefeiert wird.

Es muss aber noch etwas hinzukommen. Weltbewegende Ereignisse gibt es viele. Große Erfindungen, Revolutionen, Schlachten, Siege, Friedensschlüsse, Staatsgründungen, Beseitigung von Grenzen – die Geschichtsbücher sind voll davon. Dass aber aus Ereignissen solcher Art ein wirkliches Fest wird, setzt noch etwas anderes voraus: Es muss von Gott gemacht sein.

Die gesamte, sehr lange Exodus-Erzählung des Alten Testaments will im Grunde nichts anderes zeigen als: Diese Herausführung aus dem Sklavenstaat Ägypten in die Freiheit war von Gott gemacht. Mose hätte es nie geschafft. Er versucht sogar, sich zu drücken aus Angst vor dem Pharao und aus Angst vor seinen eigenen Leuten (Ex 3,10–4,17). Auch die Israeliten hätten es nie geschafft. Sie wollten den Auszug aus Ägypten ja nicht einmal. Sie wollten lieber die Sklaverei – mit gelegentlichen Fleischtöpfen nebst Zwiebeln, Gurken, Melonen und Knoblauch (Ex 14,10–12; 16,2–3; Num 11,1–6). *Gott selbst* hat diesen Exodus gemacht – so wie er alle Festtage gemacht hat. Das gilt besonders für das Osterfest. Dort lautet am Festtag selbst die Antiphon des Antwortpsalms gemäß Ps 117,24 (Septuaginta und Vulgata):

Das ist der Tag, den der HERR *gemacht hat.*
Lasst uns jubeln und uns freuen an ihm!

Feste, die nur von Menschen gemacht sind, kommen und gehen. Sie verlieren langsam ihr Farbe und geraten eines Tages wieder in Vergessenheit. Das wahre Fest, das jedes Mal, wenn es gefeiert wird, Welt verändert, ist von Gott gemacht.

Und jetzt verstehen wir auch, warum nur das wahre, das jüdische oder das christliche Fest den Menschen, der von sich selbst genug hat, der sich selbst gründlich sattthat, wirklich und nicht nur scheinbar aus sich heraustreten lässt: Denn in diesem Fest feiert der Mensch die Taten Gottes. Er feiert nicht sich selbst, nicht seine Träume, Ideen und Stimmungen. Er feiert, was Gott getan hat, er schaut die Taten Gottes – und nur so kann er sich selbst vergessen, ein anderer werden und eben dadurch die wahre Freude finden.

Einer der vier Adventssonntage, es ist der dritte, hat – wie wir schon in einem anderen Kapitel sahen – den Namen *Gaudete*, Freuet euch! Diese Aufforderung ist dem Introitus, dem Eingangslied des 3. Adventssonntags entnommen:

Freuet euch allezeit im Herrn!
Noch einmal sage ich: Freuet euch!
Der Herr ist nahe. (Phil 4,4.5)

Offenbar will uns die Liturgie dieses 3. Sonntags ganz auf die Freude des christlichen Weihnachtsfestes einstimmen. Früher hat man das auch an der liturgischen Farbe gesehen. Am Sonntag *Gaudete* herrschte nicht das strenge Violett der adventlichen Bußzeit, sondern ein fröhliches Rosa, das die Bußzeit für einen Tag durchbrach und verwandelte. Es ist jetzt klar, was mit dieser Freude gemeint ist: Es ist nicht die Freude auf den bevorstehenden Konsum. Es ist auch nicht die Freude auf weihnachtliche Folklore im Sinne von

Draußen vom Walde komm ich her
ich muss euch sagen: Es weihnachtet sehr.

In einer katholischen Zeitschrift für die Praxis der Seelsorge, in der es für jeden Sonntag Liedvorschläge gibt, Begrüßungen, Besinnungen, Kyrie-Rufe, neue Orationen und natürlich auch fertig formulierte Predigten, stand für den 3. Adventssonntag unter mehreren Fürbitten auch die folgende:

Lass uns in dieser vorweihnachtlichen Zeit genug Ruhe und
Stille finden, damit unsere Sehnsüchte, Träume und Hoffnungen zum Zug kommen: Herr, unser Gott: Wir bitten dich, erhöre uns.

Sehen wir einmal ab von dieser heute üblichen Ersatzsprache, die mit dem christlichen Wort ›Advent‹ nichts mehr anfangen kann und stattdessen geschäftstüchtig von einer »vorweihnachtlichen Zeit« redet – und für diese Zeit dann alles Mögliche »zum Zug kommen« lässt. Viel schlimmer ist: Statt vom Traum Gottes wird da von unseren Träumen gesprochen, statt von den Verheißungen Gottes von unseren Erwartungen, statt von der Sehnsucht Gottes von unseren Sehnsüchten. Da finde ich das »Gacks und Gicks« von Robert Gernhardt besser und ehrlicher. Man kann doch Gott eigentlich nur bitten, dass er unsere Sehnsüchte und Träume nicht »zum Zug kommen« lässt. Denn diese »Züge« sind allemal schlechte Züge, bei denen man Figuren oder sogar das ganze Spiel verliert. Hatte der Schreiber dieser schauerlichen Fürbitte aber fälschlicherweise die Eisenbahn gemeint, so könnte man nur sagen: Diese Züge fahren alle in die verkehrte Richtung.

Das wahre weihnachtliche Glück besteht in der Freude darüber, dass Gott gehandelt hat, dass in Jesus unsere Rettung in die Welt gekommen ist. Dieses »Gott hat damals gehandelt« darf nun allerdings nicht ein fernes und im Grunde fremdes Geschehen bleiben. Es muss uns gegenwärtig werden.

Im Judentum gibt es eine sehr alte Mahnung. Sie stand bereits in der Mischna. Sie sagt: »In jeder Generation ist jeder verpflichtet, sich so anzusehen, als ob er selbst aus Ägypten gezogen wäre« (Pesachim 10,5).

Aber wie kann das möglich werden? Wir können uns ja nicht künstlich ans Schilfmeer oder in die Zeit Jesu versetzen. Das ist vergangen und vorbei. Oder vielleicht doch nicht?

Es ist nicht vergangen und vorbei, wenn wir auf demselben Boden stehen, auf dem sich damals die Taten Gottes ereignet haben. Mit dem »demselben Boden« meine ich natürlich nicht Palästina, sondern den ›Boden‹ des Gottesvolkes mit den gleichen Erfahrungen, den gleichen Schrecknissen, denselben Verheißungen, demselben Glauben, demselben Gott – also mit den gleichen Voraussetzungen. Sie sind unabdingbar, wenn wirkliche Memoria, wahre ›Erinnerung‹ geschehen soll.

Wenn wir erfahren würden, dass Gott auch heute handelt, dass er auch heute mitten unter uns ist, uns zusammenholt, uns die Schuld vergibt, unsere Krankheiten heilt, die Dämonen aus unseren Herzen vertreibt und uns immer wieder in die Freiheit führt, dann könnte das wahre Fest entstehen, ja dann könnte es Weihnachten werden – und dann brauchten wir für unsere Weihnachtsfreude weder Schnee, noch Bratäpfel, noch Glitzerkugeln – oder besser gesagt: dann bekämen sogar Schnee, Bratäpfel und Glitzerkugeln noch einen Sinn.

Maria und der Engel
(Lk 1,26–38)

Immer wieder, über die Jahrhunderte hin, ist die Verkündigungsszene Lk 1,26–38 gemalt worden: Meistens befindet sich Maria in ihrem mustergültig aufgeräumten Zimmer, sie kniet oder sitzt gesammelt und hingegeben, der Engel Gabriel ist hereingeflogen – seine Flügel sind noch ausgebreitet – und er sagt ihr, dass sie die Mutter des Messias werden soll.

Wie können wir einem solchen Bild sachgerecht begegnen? Der Engel Gabriel ist uns noch nie erschienen, und unsere Zimmer sind nur selten aufgeräumt. Überhaupt hat unser Leben nicht jenen Goldgrund, den viele Maler der Erzählung Lk 1,26–38 gegeben haben.

Natürlich wird jeder Einsichtige sagen: Die mittelalterlichen und neuzeitlichen Maler mussten den Engeln, von denen sie bei Lukas und schon im Alten Testament lasen, ja doch wohl eine konkrete Gestalt geben. Und dafür gab es Vorbilder in anderen Religionen – etwa geflügelte Mischwesen in Mesopotamien oder Ägypten und dann vor allem in Griechenland. Die Gestalt der griechischen Siegesgöttin Nike zum Beispiel trug eine feierliche Tunika und aus ihrem Rücken wuchsen große Vogelschwingen hervor. Die Göttin Nike konnte über die verschiedensten Zwischenstufen durchaus als Mal-Muster für die mittelalterlichen Künstler dienen.

Und da es bei Lukas heißt, der Engel Gabriel sei bei Maria »eingetreten«, gestalteten viele dieser Maler ein Zimmer mit gotischen Fenstern, das dem Innern einer Kapelle glich. Sie wollten damit zum Ausdruck bringen: Was wir da malen, war ein heiliges Geschehen, ein Geschehen innerhalb der biblischen Heilsgeschichte.

Jeder wird Verständnis dafür haben, dass sie bei der Darstellung von Lk 1,26–38 auf Vor-Bilder zurückgreifen mussten. Allerdings konnten sie sich dabei an einen an sich schon sehr anschaulichen Text halten – an den Text des Lukas. Ihn haben sie mit vorgegebenen Mustern noch intensiver wiedergegeben.

Freilich geht das Fragen dann weiter: Musste nicht auch Lukas und musste nicht auch die Verkündigungserzählung, die er übernommen hatte, Erzählvorbilder bzw. Erzählmuster verwenden, um eine derartige Szene überhaupt darstellen zu können? Ganz sicher! Diese Erzählmuster stammten vor allem aus dem Alten Testament, wo ja bereits Boten Gottes in menschlicher Gestalt erscheinen (z. B. Gen 16,7–14; Ex 23,20–22; Ri 6,11–24; 13,3–5; Tob 5,4; 12,1–22).

Aber unser neugieriges Fragen geht immer noch weiter: Während in der Vorgeschichte des Lukasevangeliums der »Engel Gabriel« jeweils in leiblicher Gestalt vor die Empfänger seiner Botschaft hintritt (Lk 1,11–20.26–38; vgl. 2,8–12), hat in der Vorgeschichte des Matthäusevangeliums der »Engel des Herrn« keinen Namen – und er erscheint stets im Traum (Mt 1,20–21.24; 2,13–14.19–23). Er ist hier also ein bloßes Traumbild. Gott benutzt einen Traum, um Josef mitzuteilen, was er tun soll. Zwingt uns das alles nicht zur Vorsicht, uns das Geschehen, von dem Lukas in 1,26–38 erzählt, allzu farbig und plastisch vorzustellen? Müssten wir uns nicht vor allem fragen, was uns diese Erzählung *theologisch* sagen will?

Die *theologische* Auslegung ist immer die wichtigste Aufgabe, wenn man eine biblische Erzählung vor sich hat. Sie soll freilich an dieser Stelle noch nicht stattfinden, sondern erst im folgenden Kapitel (»Die Herkunft Jesu«). Hier sollen, sozusagen im Vorfeld, zuerst noch vier Hinweise gegeben werden. Sie wollen zeigen, dass die Begegnung zwischen Maria und dem Engel, die Lukas uns erzählt, nicht etwas Fernliegendes, weit Abgelegenes, uns im Grunde Verschlossenes ist. Diese Erzählung steht uns viel näher, als wir ahnen. Sie kann uns entgegenkommen, ja, sie kann uns auf den Leib rücken – sobald wir uns wirklich auf Gott einlassen.

1. In der Erzählung des Lukas redet Gott durch einen Engel. Was heißt das? Das bedeutet: Gott redet niemals *direkt* zu uns. Er hat es ja nicht einmal bei Maria getan. Er hat ihr einen Boten geschickt. In dieser Welt werden wir die Stimme Gottes niemals unmittelbar hören. Niemals wird es geschehen, dass sich die Wolken über uns auseinanderschieben und von oben eine Mega-Stimme erdröhnt: »Hier spricht Gott! Direktsendung!«

Wem solche Überlegungen seltsam, falsch, anmaßend oder überflüssig erscheinen, dem sei gesagt: Gott spricht selbst bei der sogenannten Stimme unseres Gewissens niemals direkt zu uns: Wir werden auch in unserem Gewissen, also in der leisen Stimme, die aus der Tiefe unserer Seele aufsteigt, Gott nie unmittelbar hören. Was wir dort hören, sind Stimmen, die aus unserem eigenen Unbewussten kommen. Unser Unbewusstes aber ist geformt durch viele Stimmen, die wir irgendwann gehört haben, und es hört ständig auf Stimmen, die aus dieser Welt kommen. Gott redet, obwohl er wirklich und wahrhaftig zu uns reden kann, stets *vermittelt:* durch die Sehnsucht, die er als der Schöpfer von Anfang an in unser Herz gelegt hat – vor allem aber durch Texte der Tradition, durch Menschen, »die uns ins Gewissen geredet haben«, durch Mittler, durch Boten, durch Zeugen des Glaubens.

In unserer Erzählung veranschaulicht das die Figur des Engels. Er vermittelt. Er spricht anstelle Gottes. Maria muss sich entscheiden, ob sie dem Boten Gottes, der vor ihr steht, glaubt. Auch wir müssen uns entscheiden, ob wir denen, die uns als Zeugen des göttlichen Willens begegnen, Vertrauen schenken. Wir sind da in genau der gleichen Lage wie Maria.

2. Die Erlösung der Welt hing damals an einem seidenen Faden. Was heißt das? Sie hing an der Antwort des jüdischen Mädchens Mirjam. Ohne ihr Ja-Wort hätte die Geschichte des Heils nicht jenen entscheidenden Punkt erreicht, an dem Jesus möglich wurde. Und dieses Ja-Wort musste Maria nicht nur einmal sprechen. Es hat den gesamten Weg Jesu begleitet. Am Ende stand Maria unter dem Kreuz.

Die Fleischwerdung des Wortes Gottes ist nun aber mit Jesus nicht zu Ende. Die Rettung, die Maria ermöglicht und die Jesus gebracht hat, muss auch heute in der Welt ankommen. Und zwar über uns. Über wen denn sonst, wenn nicht über uns und unseren Glauben? Es hängt an unserem Ja, ob es für andere Erlösung gibt. Es hängt an dem Ja jedes Einzelnen von uns, ob andere nach uns glauben können und ob die Lösung, die Jesus in die Welt gebracht hat, andere Menschen überhaupt erreicht.

Wenn man sich das einmal klarmacht, kann man nur tief erschrecken. Aber Maria ist damals ja ebenfalls erschrocken, als sie die Botschaft des Engels hörte. Wir sind auch in diesem Punkt in genau der gleichen Lage wie sie.

3. Es kann sein, dass wir Gottes Anrede an uns hören und sie annehmen. Aber so, wie wir gebaut sind, nehmen wir nichts an, ohne nicht zugleich Vorbehalte zu machen. Wir sagen dann dem Engel oder den Engeln, durch die Gott zu uns redet: »Ich möchte ja schon, aber doch nicht gleich – vielleicht später!« Oder wir sagen: »Das interessiert mich durchaus, aber ich habe auch noch eigene Pläne, und die dürfen nicht zu kurz kommen!« Oder wir sagen: »Wenn es denn unbedingt sein muss, mache ich mit. Aber eigentlich glaube ich nicht daran, dass die Sache viel bringt.«

Wenn Maria in dieser Weise auf die Botschaft des Engels reagiert hätte, mit halbem Herzen und allen möglichen Vorbehalten, hätte es keinen Jesus gegeben. Das Entscheidende an der Verkündigungserzählung ist gerade, dass sie ganz Ohr ist, dass sie mit ihrem ganzen Herzen und mit ihrer ganzen Existenz Ja gesagt und der Verheißung Gottes geglaubt hat. Deshalb konnte damals die Heilsgeschichte an ihr Ziel kommen, und nur so kann das damals Erreichte auch heute bei uns weitergehen.

4. Erlösung kam dadurch in die Welt, dass Maria hingehört und das Wort, das ihr gesagt wurde, angenommen hat. Sie spricht am Ende: »Mir geschehe, wie du es gesagt hast.« Es war also ein »Geschehen-Lassen«. Worauf es ankam, war nicht ihre Anstrengung, ihr Einsatz und ihr Sich-Abmühen, sondern dass sie Gott an sich handeln ließ.

Was hier in Form einer schlichten Erzählung gesagt wird, gilt überall, wo die Gottesherrschaft in unserer Welt Gestalt annimmt. Das Evangelium wird es vor allem an Jesus selbst und an seinem Tod zeigen: Die Gottesherrschaft verlangt Geschehen-Lassen und Sich-Hingeben. Sie kommt nicht ohne reines Empfangen, und dieses Empfangen ist immer auch ein Sterben. Die kirchliche Tradition spricht völlig zu Recht von den »sieben Schmerzen Mariens«.

Kann es dann bei uns anders sein? Das Entscheidende sind nicht unsere Aktivitäten. Das Entscheidende sind nicht unsere Planungen und Strategien. Natürlich müssen wir uns in Bewegung setzen und tun, was wir nur tun können. Es ist sogar wichtig, dass wir es so gut und so genau wie nur möglich tun. Alles andere wäre lächerlich.

Und doch müssen wir wissen, dass dies alles nicht das Entscheidende ist. Entscheidend sind die Augenblicke, in denen Gott an uns, an unseren Gemeinden, an der Kirche handeln will. In diesen Augenblicken sollten wir ganz Ohr sein, ein »hörendes Herz« haben (1 Kön 3,9) und das, was Gott durch uns tun will und was er uns auf seine Weise sagt, an uns geschehen lassen – selbst wenn dann unsere bisherigen Pläne und Vorstellungen sterben müssen.

Es ist ein Paradox: In dem Augenblick, wo der Mensch sich ganz an Gott ausliefert, wo er geschehen lässt, was Gott mit ihm vorhat, erreicht er seine höchste Freiheit, findet er seine wirkliche Identität, ist er endlich ganz er selbst. Man kann nicht im Voraus wissen, wann solche Augenblicke kommen. Sie sind aber unendlich kostbar. Sie allein führen uns weiter. In ihnen ereignet sich auch heute der Advent, das Kommen Gottes.

So erweist sich die Erzählung von der Verkündigung an Maria als ein Text, der vielleicht im ersten Augenblick wie ein Märchen erscheint, der aber in Wirklichkeit durch und durch realistisch ist. Wir können ihn selbst erleben. Er beschreibt, wie Gott in der Welt handelt. Es hängt so viel davon ab, ob wir uns in dieses Handeln Gottes hineinziehen lassen, mit dem er uns zuvorkommt und mit dem er uns immer wieder in unserem Leben überrascht.

Aber noch einmal zurück zu den Malern! Auf den unzähligen gläubigen Bildern, die von der Verkündigungs-Szene gemalt wurden, ist etwas äußerst auffällig: Da gibt es eben nicht nur den Engel mit noch ausgebreiteten Flügeln, nicht nur den königlichen Sitz Marias, nicht nur das aufgeräumte Zimmer, nicht nur die leuchtenden Kirchenfenster. Es gehört zur Ikonographie der Verkündigungsszene, dass Maria ein aufgeschlagenes Buch vor sich hat. Es ist das Alte Testament.

Das heißt aber: Diese junge Frau kannte ihre Bibel und lebte aus ihr. Noch genauer: Sie lebte aus der Geschichte Israels, aus dieser sehr realen, irdischen, oft schweren Geschichte, die doch voll Verheißung und Hoffnung war. Noch einmal anders gesagt: Das Ja Marias war gar nicht möglich ohne das Ja Abrahams (Gen 22,1–3) – war nicht möglich ohne das Ungestüm und die Hingabe des Mose (Ex 2,11–12; 5,1) – war nicht möglich ohne das Siegeslied am Schilfmeer (Ex 15,1–21) – war nicht möglich ohne die Hoffnung der Hanna (1 Sam 1,1–28) – war nicht möglich ohne die Umkehr Davids (2 Sam 12,1–13) – war nicht möglich ohne die Treue des Jeremia (Jer 20,7–18) – und so immer weiter. Das Ja Marias kam aus der Tiefe der Geschichte Israels.

Die Herkunft Jesu
(Röm 1,3–4; Lk 1,26–38)

Je älter man wird, desto mehr sieht man, was man alles von seinen Eltern hat. Ich denke jetzt nicht einmal an Dinge wie die charaktervolle Nase, die vielleicht Erbgut vom Vater ist, oder die kräftigen Haare, die vielleicht von der Mutter stammen. Ich habe vielmehr all die Angewohnheiten und Verhaltensweisen vor Augen, die wir, ohne es recht zu merken, von unseren Eltern übernommen haben: Der eine ist friedlich und harmoniebedürftig – und das hat sich ihm von seinem Vater her eingeprägt. Der andere ist fleißig und aufs Tüpfelchen genau – das hat er seiner Mutter abgeschaut. Man könnte viele Beispiele anführen.

Was wir von anderen haben, geht aber noch viel weiter: Wir alle sind bis zu einem bestimmten Punkt Kinder unserer Zeit. Und wir alle fühlen und denken in Traditionen oder Leitbildern, die uns viel tiefer geprägt haben, als wir ahnen. So ist es bei jedem Menschen, und so war es natürlich auch bei Jesus.

Er ist gar nicht denkbar ohne seine Eltern, ohne seine Großeltern, ohne seine Vorfahren, ohne den Boden Israels, auf dem er heranwuchs, und ohne das in Jahrhunderten weitergegebene jüdische Erbe. Das alles schließt Paulus mit ein, wenn er am Anfang des Römerbriefs von Jesus sagt, er sei »dem Fleische nach geworden aus Davids Samen« (Röm 1,3), das heißt, er sei ein echter Nachkomme Davids. »Dem Fleische nach« meint also nicht nur das biologische Erbgut Jesu, sondern auch sein geistiges Erbgut, die vielfältigen Erfahrungen des Gottesvolkes, die auf ihn gekommen sind. Es heißt freilich »aus Davids Samen« – und deshalb ist hier über all das hinaus noch mehr gemeint: Hinter Röm 1,3–4 steht eine ältere judenchristliche Bekenntnisformel, die hier in ihrer 1. Zeile von Jesus als dem ›Messias‹ gesprochen hat.

Nun redet aber Paulus im Präskript des Römerbriefs bzw. in der von ihm in das Präskript eingefügten christologischen Bekenntnisformel nicht nur von *dieser* Seite der Herkunft Jesu. Jesus ist mehr als nur das biologische und geistige Produkt seiner Vorfahren. Er ist mehr als die besten Traditionen Israels. Er ist auch mehr als eine irdische Messiasgestalt, wie sie etwa die jüdischen Psalmen Salomos im 1. Jh. v. Chr. schildern (Ps Sal XVII).

Paulus muss, wenn er vom Geheimnis Jesu in richtiger Weise sprechen will, noch weit über all das hinausgehen. Er tut es zusammen mit der ihm vorgegebenen Bekenntnisformel, indem er sagt, Jesus sei nicht nur »dem Fleische nach aus Davids Samen«, sondern er sei »der Sohn Gottes«. Wörtlich: er sei

*eingesetzt als Sohn Gottes in Macht
dem Geist der Heiligkeit nach
aufgrund der Auferstehung aus den Toten
(Röm 1,4).*

Und Paulus hat die christologische Tradition, die er da zitiert, keineswegs so verstanden, als sei Jesus erst durch seine Auferstehung von den Toten zum Sohn Gottes *gemacht* worden. Er will vielmehr sagen, Jesus sei durch die Auferstehung als Sohn Gottes in Macht *erwiesen* worden. »Sohn Gottes« war er schon vorher (vgl. Phil 2,6–11). Das heißt aber: Er ist nicht nur menschlicher Herkunft, sondern er kommt von Gott. Dasselbe sagt auch der Engel in Lk 1,31–33 zu Maria:

Siehe, du wirst schwanger werden und einen Sohn wirst du gebären. Dem sollst du den Namen Jesus geben. Er wird groß sein und <u>Sohn des Höchsten</u> genannt werden. Gott, der Herr, wird ihm den Thron seines Vaters David geben. Er wird über das Haus Jakob in Ewigkeit herrschen. Seine Herrschaft wird kein Ende haben.

Und dann fügt der Engel auf die Rückfrage Marias noch zur Erklärung hinzu:

Heiliger Geist wird auf dich kommen, und Kraft des Höchsten wird dich überschatten. Deshalb wird auch das Kind heilig genannt werden, <u>Sohn Gottes</u>. (Lk 1,35)

Es reicht also nicht, wenn man nur die menschliche Herkunft Jesu beschreibt – so wichtig das ist. Es reicht nicht einmal, wenn man sagt, er sei der ersehnte messianische Nachkomme Davids gewesen. Jesus hat noch eine andere ›Herkunft‹. Er kommt ganz von Gott. Er ist »Gottes Sohn«. Was ist damit gemeint?

Erschöpfend und in seiner ganzen Tiefe beschreiben können wir dieses Geheimnis nicht. Vielleicht hilft aber der folgende Zugang: Jesus wollte nichts für sich selbst. Er wollte selbst nichts sein. Er wollte einzig und allein für Gott da sein. Der Plan Gottes war ihm das Wichtigste in der Welt. »Meine Speise ist es, den Willen dessen zu tun, der mich gesandt hat«, sagt er im Johannesevangelium (Joh 4,34).

Von hier aus kann man sich dem Geheimnis Jesu am besten nähern: Indem man nämlich seine völlige Einheit mit dem Willen des Vaters in den Blick nimmt. Solche Einheit ist aus unseren menschlichen Möglichkeiten heraus nicht herstellbar. Wir wissen doch alle, wie wir mit dem Willen Gottes umgehen, sobald er an uns herantritt.

Entweder tun wir so, als sei uns gar nicht so richtig klar, was Gott von uns will. Wir sagen: »Ja, wenn ich wirklich wüsste, was Gott von mir will, würde ich's selbstverständlich tun. Aber ich weiß es ja nicht. Gott sagt es mir nicht. Er zeigt es mir nicht.« Doch das ist fast immer eine Ausflucht. Wir wissen es schon. Aber wir *wollen* nicht.

Oder wir sagen: »Ja, ich will tun, was Gott von mir will. Aber bitte nicht sofort. Nicht schon heute. Ich muss zuerst noch meine eigenen Erfahrungen machen. Ich möchte zuerst noch einige Jahre so leben, wie *ich* es mir vorstelle. Später will ich dann den Willen Gottes tun.« Muss man da nicht sagen: Wer den Willen Gottes erst für später will, aber nicht für das *Heute*, will ihn überhaupt nicht?

Oder wir fangen an, den Willen Gottes zu tun, halten uns aber unsere eigenen Reservate, in die wir Gott nicht hereinlassen. Er soll schon der Herr unseres Lebens sein, aber doch bitte nicht in jedem Bereich. In bestimmte Dinge lassen wir uns nicht hereinreden, da wollen wir keine Einmischung. Das ist unsere Lage. So gehen wir mit dem Willen Gottes um.

Erst angesichts dieser bitteren Realität unseres Lebens wird klar, was es heißt, wenn die Schrift von Jesus sag: Er war vollkommen eins mit dem Willen Gottes. Das ist das Geheimnis und Wunder dieses Juden aus Nazaret. Seine Jünger haben erfahren, wie er aus dem Willen seines himmlischen Vaters lebte, ja, wie er vermählt war mit diesem Willen, und sie wussten, dass es ein reines Wunder war – nicht vererbbar, nicht machbar, unerreicht in der Geschichte der Menschheit und niemals überholbar. Eben deshalb konnte »Gott mit seiner ganzen Fülle in ihm wohnen« (Kol 1,19) und das ewige »Wort« Gottes in Jesus Fleisch werden (Joh 1,14). Und umgekehrt: Weil Gott mit seiner ganzen Fülle in ihm wohnte, war er eins mit dem Willen des Vaters.

Eben deshalb formuliert das Glaubensbekenntnis über Jesus zu Recht: » ... empfangen durch den Heiligen Geist«. Und deshalb bekennt es schon die Heilige Schrift (Mt 1,20; Lk 1,35). Wir ahnen jetzt, was damit gesagt ist: Jesus ist mehr als das Produkt seiner Vorfahren, seiner Erbmasse und seiner Umwelt. Mit ihm ist etwas absolut Neues in die Welt gekommen, das kein Mensch machen konnte, das keiner hervorbringen konnte, das niemand erzeugen konnte: Jesus ist zur realen Gegenwart Gottes in der Welt geworden, er ist das »Bild des unsichtbaren Gottes« (Kol 1,15), er ist wahrer Gott. An ihm kann man ein für alle Mal sehen, wer Gott ist, wie Gott denkt und was Gott will.

Das Glaubensbekenntnis sagt aber nicht nur: »empfangen durch den Heiligen Geist«. Es fügt hinzu: »geboren von der Jungfrau Maria.« Und auch das sagt bereits die Heilige Schrift (Mt 1,23; Lk 1,34–35). Weshalb ist auch dieser Glaubenssatz von so hohem Gewicht? Deshalb, weil das Neue, das Gott in die Welt bringen will, angenommen werden muss. Und dafür steht die Aussage von der Jungfräulichkeit Marias. Maria ist reine Erwartung, reine Hingabe. Sie verschließt sich nicht der Botschaft des Engels, sondern öffnet sich ihr mit ihrer ganzen Existenz. Sie lebt nicht geteilt, sondern sie gehört einem Einzigen. Ihr »Ja« war nicht vage und verschwommen, sondern absolut. Nur so konnte das Neue, das Gott schenken wollte, in die Welt kommen. Es musste ungeteilt und in reinem Glauben angenommen werden.

Die biblischen Aussagen über die Jungfräulichkeit Marias berichten also nicht nur von einem Geschehen, das die Gesetze der Biologie sprengt. Wer diese Glaubensaussage *nur und ausschließlich* auf eine biologische Ebene bringt, wird ihr nicht gerecht. *Zuerst und vor allem anderen* muss von der Ganzhingabe der Mutter Jesu an den Willen Gottes, an seinen Heilsplan, gesprochen werden. Und auch davon, dass Jesus, also das Neue in der Welt – das, was die Welt verwandelt und befreit, was sie jung macht und schön – reines Geschenk ist. Es kommt nicht aus uns. Es kommt vom Geist Gottes.

Aber es kann nur kommen, wenn sich ihm das Gottesvolk wie eine Braut öffnet, voll Hingabe, voll adventlicher Erwartung, ungeteilt, ohne Kompromisse – und doch voller Anmut. Das wollte das Bild von der Jungfrau *vor allem anderen* sagen. Ob es uns gelingt, dieses Bild wiederzugewinnen? Nicht nur in unserer Vorstellung, nicht nur in unserer Theologie, sondern in unserem Leben?

Das helle Licht
(Jes 9,1–6)

Das folgende Gedicht hat in seiner Originalfassung eine lange Überschrift, an deren ausschweifender Länge wir sofort sehen können, dass wir uns in der Barockzeit befinden. Diese Überschrift lautet: »Nach anleitung der ersten worte des 9 capittels Esaje: Daß volck, so im finstern wandelt, siehet ein großes liecht.« – Blättern wir zurück in die ›Biblica Germanica‹ Martin Luthers von 1545! Dort lautet der Anfang des 9. Kapitels Jesaja folgendermaßen:

> Das Volck so im Finstern wandelt/
> sihet ein grosses liecht/
> und ober die da wonen im finstern Lande/
> scheinet es helle.

Das Gedicht aus der Barockzeit folgt also der frischen und intensiven Sprache Martin Luthers. Um der leichteren Lesbarkeit willen musste im Folgenden allerdings die Rechtschreibung dem heutigen Deutsch stärker angepasst werden:

Die wir in Todes Schatten
So lang gesessen sind
Und kein' Erleuchtung hatten
In Gottes Sachen blind,
Und kunnten nichts verstehen,
Nicht Gnade noch Gericht,
Sehn über uns aufgehen
Anjetzt ein helles Licht.

Ein Licht, dadurch wir schauen
In Gottes Herz hinein,
Daß er in Zuvertrauen
Der Unsre nun will sein,
Ein Licht, das heftig brennet
In unser Fleisch und Blut,
Dass sich ein Mensch erkennet,
Und was für Sünd' er tut.

Das über Mond und Sonne
Sich in den Himmel dringt
Und uns der Engel Wonne
Klar zu Gesichte bringt,
Das uns vor Augen malet,
Wie nichts sei Welt und Zeit,
Und wie für allen strahlet
Der Glanz der Ewigkeit.

Das Wünschen und Verlangen
Der Väter allzumal,
Das ist uns aufgegangen
In einem finstern Stall:
Das Kind ist uns geboren,
Der Sohn ist uns geschenkt,
Durch den Gott Herz und Ohren
Nun gnädig zu uns lenkt.

O Kindelein, du Pflanze
Der wahren Seligkeit,

Das helle Licht

Du heller Glanz vom Glanze
Gezeugt vor aller Zeit,
Du bist es, den wir meinen,
Das wesentliche Licht,
Dadurch uns Gott läßt scheinen
Sein Gnaden-Angesicht.

Was werd' ich dir erzeigen
Für solcher Liebe Sinn?
Was hat ein Mensch wohl eigen,
Das dein nicht sei vorhin?
Du willst die Herzen haben,
Das schenk ich, Heiland, dir
Für alle deine Gaben,
Nichts Bessers ist bei mir.

Dieses Gedicht fasziniert und beglückt mich in vielerlei Hinsicht. Es stammt von Simon Dach, der im Jahre 1605 in Memel geboren wurde, später Lehrer an der Domschule von Königsberg und schließlich Professor für Poesie an der dortigen Universität war. Er starb im Jahre 1659. Wie fast alle Gedichte der Barockzeit ist auch dieses Gedicht sehr lang. Es hat nicht weniger als fünfzehn Strophen, von denen hier nur sechs wiedergegeben sind.

In keiner dieser fünfzehn Strophen schlägt die Zeitgeschichte unmittelbar durch. Der Dreißigjährige Krieg hatte ja in der ersten Hälfte des Jahrhunderts schreckliche Verheerungen und namenloses Elend über Deutschland gebracht. Im Gegensatz zu seinem Zeitgenossen Andreas Gryphius, der das berühmte Gedicht »Thränen des Vaterlandes« schrieb (»Wir sind doch nunmehr gantz / ja mehr denn gantz verheeret!«), geht Simon Dach in seinen Gedichten kaum auf die Kriegsnot ein. Wie nahe hätte es gelegen, dass ein »nach Anleitung« von Jes 9,1–6 geschriebenes Gedicht Jes 9,4 miteinbezogen hätte (»Jeder Soldatenstiefel, der dröhnend daherstampft, jeder Mantel, der mit Blut befleckt ist, wird verbrannt, wird ein Fraß des Feuers«). Doch gerade dieser Satz aus dem Prophetentext wird im Gedicht nicht aufgegriffen, und das zeigt, wie traditionsgebunden die poetischen Inhalte bei Simon Dach sind. Seine Sprache ist die der kirchlichen Tradition, der Mystik, des protestantischen Spiritualismus und selbstverständlich auch die der Bibel – aber einer Bibel, die längst durch die Tradition gefiltert ist.

Ein solches Übermaß an traditionsgebundener Sprache kann einen Text formelhaft und kraftlos machen. An unserem Gedicht fasziniert mich nun gerade, dass dies, bei aller Gefahr, nicht der Fall ist. Das Gedicht des Königsberger Professors war schon zu seiner Zeit, in der eine Unzahl geistlicher Texte verfasst wurde, ein hervorragender Text. Inzwischen ist er durch sein Alter noch stärker und eindringlicher geworden. Seitdem die ölig-glatten oder mit lächerlichen Mitteln um Beachtung kämpfenden Texte der heutigen Werbe-Industrie unsere Sprache verseuchen, leuchtet die scheinbare Schwerfälligkeit barocker Wendungen wie »dadurch uns Gott lässt scheinen« in neuer Kraft auf. Auch die ›frühneuhochdeutsche‹ Sprache stört im Grunde nicht – etwa wenn es heißt: »Das dein nicht sei *vorhin*« (= das dir nicht *schon vorher, schon längst, schon immer* gehört). Es ist eine Sprache, die Widerstand bietet, aber sie ist nicht schwerfällig. Können Sätze das, was sie sagen wollen, kürzer und genauer sagen als der knappe und präzise Anfang der ersten Strophe?

> Die wir in Todes Schatten
> So lang gesessen sind
> Und kein Erleuchtung hatten,
> In Gottes Sachen blind ...

Was mich fasziniert, ist aber auch die Theologie, die aus dieser so biegsamen und doch kraftvollen Sprache zu uns spricht. Wir »kunnten nichts verstehen«, sagt der Text, »nicht Gnade noch Gericht«. Wenn wir die Gnade nicht verstehen konnten, dann lebten wir schon längst in ihr. Die Gnade Gottes hielt uns bereits umfangen. Aber wir konnten sie nicht in ihrem Ausmaß begreifen. Erst durch das Kind von Betlehem ist uns aufgegangen, wie sehr uns Gott liebt. Aber nicht nur für die Gnade, auch für das Gericht sind wir blind gewesen. Das Wort »Gericht« steht hier abgekürzt für das Ausmaß unserer Sünden, die uns zum Gericht werden. Erst in dem Augenblick, da wir die Abgründigkeit der Liebe Gottes ahnen, ahnen wir auch das Ausmaß unserer Schuld. In einer hier nicht abgedruckten Strophe des Gedichts heißt es:

Wir saßen fern vom Licht,
In dicken Finsternissen
Und kannten sie doch nicht.

In all dem spricht sich ein tiefes Gespür aus: Nur wer erfahren hat, was Liebe ist, weiß auch, was Schuld ist, und erkennt die eigenen Finsternisse. Nur wer von Liebe getroffen ist, vermag wahrhaft zu bereuen. Gott hat uns in Jesus bis »in unser Fleisch und Blut« mit seiner Liebe angerührt, und erst da erkannten wir die Blindheit unseres Herzens, das Dunkel unserer Verlorenheit, die Finsternisse des Todes.

Das Gedicht spricht also nicht zeitlos von Gott und dem Licht seiner Gnade. Die Vertrautheit mit der biblischen Tradition bewahrt den Verfasser vor jeder geschichtslosen Theologie. Gott handelt in Jesus in einer ganz bestimmten geschichtlichen Stunde; er hat uns seinen Sohn geschenkt, und erst in ihm wird die ganze Zuwendung Gottes sichtbar:

Das Kind ist uns geboren,
Der Sohn ist uns geschenkt,
Durch den Gott Herz und Ohren
Nun gnädig zu uns lenkt.

Selbstverständlich ist das im Horizont der damaligen Zeit formuliert: Der Landesherr, der den Untertanen »gnädig« sein Ohr leiht, der sein »Gnaden-Angesicht« scheinen lässt, ist ja nicht zu übersehen. Zur Illustration: Veit von Seckendorff, ein damals einflussreicher Autor, schreibt in seinem »Teutschen Fürsten Stat«

(Frankfurt a. M. 1656): »Insonderheit aber ist man es in Teutschland und dessen Fürstenthumen und Landen nicht gewohnet/ daß die Landes-Herren sich auf die Art etlicher Barbarischen Könige und Potentanten nicht sehen/ nicht ansprechen/ noch zu etwas erbitten/ noch erweichen lassen: Sondern man sihet/ daß die löbliche Regenten ihre Unterthanen/ Hohe und Niedere/ [...] nach Gelegenheit in eigener Person anreden/ nach Beschaffenheit ihres Standes grüßen/ und die Hand geben/ ihr Anligen hören.«

Simon Dach verdankte dem Kurfürsten Georg Wilhelm 1639 seine Anstellung als Professor in Königsberg und freie Wohnung in der Stadt. Im Jahre 1658 bekam er von Friedrich Wilhelm, dem Großen Kurfürsten, ein kleines Besitztum geschenkt, das seine kargen Einkünfte als Professor etwas aufbessern sollte. Er wusste also, was ein gnädiger Herrscher war.

Liest man allerdings das Gedicht genau, so sieht man sofort, dass es zwar die gnädige Zuneigung des Landesherren zu seinen Untertanen auf Gott überträgt, aber diesen ganzen Verstehenshorizont doch auch wieder weit hinter sich zurücklässt. Denn Gott leiht uns ja nicht nur allergnädigstlich sein Ohr, er öffnet uns vielmehr in Jesus sein Herz. Er gibt sich, indem er in sein Herz schauen lässt, selbst:

Ein Licht, dadurch wir schauen
In Gottes Herz hinein,
Daß er in Zuvertrauen
Der Unsre nun will sein.

Damit ist alle landesherrliche Herabneigung und alles Ordo-Denken des 17. Jahrhunderts transzendiert. Auch hierin spricht das Gedicht letzte menschliche Erfahrungen an: Es gibt Augenblicke, in denen ein Mensch sich zu erkennen gibt, wo er alle Masken abtut, wo er sein innerstes Herz offenlegt und sich einem anderen ganz anvertraut. So handeln kann in einer Welt, in der man kritisch und misstrauisch sein muss, nur einer, der liebt. Genau das aber setzt Simon Dach voraus und formuliert damit in erregender Weise in Richtung einer personalistischen Theologie:

Das helle Licht

In dem finsteren Stall, in dem kleinen nackten Kind, hat uns Gott sein innerstes Herz zu erkennen gegeben. Es ist ein Herz voll Liebe, Zärtlichkeit und Menschlichkeit. Gott vertraut sich uns an. Er will nun für immer »der Unsere« sein. Damit hat sich Gott im Vorhinein festgelegt, damit steht er verletzbar und ungeschützt da wie alle Liebenden. Solche Liebe, die ihr Herz bloßgelegt hat, kann nun mit gleichgültigen Blicken zur Kenntnis genommen werden, sie kann verspottet, ja sie kann gekreuzigt werden. Sie kann aber auch in Staunen und Erschütterung angeschaut werden. Und die Liebe kann mit Liebe beantwortet werden.

Es ist also klar: Das »helle Licht«, das über uns aufgeht, das heftig in uns brennt, durch das wir in Gottes Herz hineinschauen, das in den Himmel dringt und uns den Glanz der Ewigkeit ahnen lässt – *es ist das Kind selbst*. Allerdings beantwortet Simon Dach die durch viele Variationen hindurch noch in der Schwebe bleibende Frage, was dieses »helle Licht« denn nun eigentlich sei, erst in der 5. Strophe des Originals mit den Versen: »Das ist uns aufgegangen in einem finstern Stall«. Wenig später zeigt er uns dann seine intime Kenntnis des Alten Testaments: »Du heller Glanz vom Glanze« spielt an auf das »In deinem Lichte schauen wir das Licht« von Ps 36,10.

Erst von der Mitte des Gedichtes an wird das Kind in der Krippe unmittelbar angeredet: »O Kindelein, du Pflanze der wahren Seligkeit.« Und entsprechend dieser persönlichen Anrede kommt auch erst von da an (im Original) mehr und mehr der einzelne Beter, die eigene Person, das gläubige ›Ich‹ ins Spiel: »Was werd ich dir erzeigen, für solcher Liebe Sinn?« und dann: »Du willst die Herzen haben; das schenk ich, Heiland dir.« In diese persönliche Hingabe stimmt zur gleichen Zeit das berühmte »Zu Betlehem geboren ...« des Jesuiten Friedrich Spee ein:

In seine Lieb versenken
Will ich mich ganz hinab;
Mein Herz will ich ihm schenken
Und alles, was ich hab.

Noch viele andere Lieder haben dieses Motiv der gegenseitigen Hingabe zwischen dem Kind in der Krippe und dem Beter aufgegriffen. Begeben sich damit die Weihnachtslieder in die Gefilde der reinen Subjektivität, der ausschließlich persönlichen Frömmigkeit? Zumindest bei Friedrich Spee und bei Simon Dach ist dies nicht der Fall. Denn bei Spee heißt es ja: »Zu Betlehem geboren ist *uns* ein Kindelein« – und bei Simon Dach bestimmt das »Wir« und das »Uns« bis gegen Ende des Gedichtes fast jede Strophe. Wer ist dieses »Wir«? Die Weltbevölkerung? Die Menschheit im Allgemeinen? Nein, Simon Dach hat da viel biblischer gedacht. Er hat, wie fast alle Barockdichter, nicht nur die Sprache und die Bilder des Alten Testamentes ganz in sich aufgenommen – er lebt auch in dessen Volk-Gottes-Bewusstsein:

Das Wünschen und Verlangen
Der Väter allzumal,
Das ist uns aufgegangen
In einem finstern Stall.

Der Sprecher des Gedichts ist also vereint mit all den Glaubenden seit Abraham und den »Vätern« Israels. In den hier übergangenen Strophen werden auch noch »Bileam« genannt und »der Stern aus Jakobs Stamm« und »Israel«. Und mit dem Propheten Jesaja bricht Simon Dach in den Jubelruf aus: »Das Kind ist uns geboren, der Sohn ist uns geschenkt.«

Für das vollständige Gedicht verweise ich auf: Simon Dach, Werke, hrsg. von HERMANN OESTERLEY, Nachdruck der Ausgabe Tübingen 1876, Hildesheim, 1977, 356–359 — oder auf Simon Dach, Gedichte, hrsg. von WALTHER ZIESEMER (Schriften der Königsberger Gelehrten Gesellschaft. Sonderreihe Bd. 7) Bd. 4, Geistliche Lieder. Trostgedichte, 2. Teil, Halle/Saale 1938, 480–482.

Der weite Bogen des Weihnachtsfestes
(Joh 1,1–18; Hebr 1,1–6)

Die Liturgie von Weihnachten ist weit gespannt. In der Nacht und in der Morgenfrühe stellt sie uns das Kind vor Augen: das Kind in der Futterkrippe. Doch in der Festliturgie des Weihnachtstages selbst wird nichts mehr von der Krippe erzählt, nichts mehr von den Hirten, nichts mehr von den Engeln. Das Evangelium der Festmesse »am Tag« ist ein Christuslied, das der 4. Evangelist an den Anfang seines Evangeliums gestellt hat. In diesem Lied weitet sich der Blick auf die ganze Welt, ja auf den Kosmos. Das Lied führt uns sogar noch weiter bis in die Ewigkeit Gottes hinein:

Im Anfang war der Logos,
und der Logos war bei Gott,
und der Logos war Gott. (Joh 1,1)

Man kann den griechischen Begriff ›Logos‹ mit ›Wort‹ übersetzen – und man muss auch so übersetzen. Dann ist der Logos das ewige Wort des Vaters, das in Jesus Fleisch geworden ist. ›Logos‹ meint aber nicht nur und nicht ausschließlich das ›Wort‹. Es meint auch den ›Sinn‹, die ›Ordnung‹, das ›Maß‹, die ›Vernunft‹. Wir sprechen ja von der ›Logik‹ eines Sachverhalts. So schwingt im Griechischen noch mehr mit als nur ›Wort‹. In Jesus – will das urchristliche Lied sagen – ist endlich sichtbar und greifbar geworden, was schon von Anfang an der Sinn und der Bauplan der Schöpfung war (vgl. Kol 1,15–17). In Jesus kommt die Schöpfung zu sich selbst. In ihm ist nicht nur der ewige Sohn des Vaters, sondern zugleich die Vernunft Gottes, die Logik der Schöpfung, Fleisch geworden.

Wer stimmt dem nicht gerne zu? Sinn des Kosmos? Logik der Schöpfung? Da hören die Esoteriker Sphärengesänge und träumen von geheimen Schwingungen. Das alte Christuslied meint aber mit der Vernunft Gottes und dem Bauplan der Welt, der in Jesus Fleisch wurde, etwas anderes. Wir fassen es noch am ehesten, wenn wir an die gesellschaftliche Vernunft der Bergpredigt denken.

Um nur ein einziges Beispiel zu nennen: Jesus fordert von uns die unbedingte Versöhnung (Mt 5,23–24). Er verlangt, dass wir Feindschaften nicht fortbestehen lassen. Das heißt konkret: Wir dürfen gar keinen Gottesdienst miteinander feiern, solange die Antipathien, die Zerwürfnisse, die Aggressionen unter uns nicht beseitigt sind. Das ist grundvernünftig. Rivalitäten und Zerwürfnisse kosten nicht nur viel Zeit. Sie kosten auch viel Kraft. Feindschaften zerfressen die Seele. Und sie sind teuer. Sie sind schon im Privatleben teuer. Noch teurer sind sie im Leben der Völker. Es ist nicht berechenbar, was jeder Krieg kostet, das heißt, was da jedes Mal an materiellen und immateriellen Werten zerstört wird. Und dann das unendliche Leid, das jeder Krieg in die Welt bringt!

So könnte man noch lange fortfahren. Aber es geht ja jetzt nicht darum, die Bergpredigt Jesu zu entfalten, sondern über die Vernunft nachzudenken, die in Jesus Fleisch geworden ist. Gemeint ist nicht nur jenes Vernunftminimum bürgerlicher Existenz, dem jeder sofort zustimmt. Gemeint ist die Vernunft Gottes, die unendlich größer ist als unsere eigene. Deshalb kommt sie uns zunächst immer quer. Deshalb nehmen wir sie nicht an und können sie eben deshalb auch nicht begreifen.

Die Vernunft Gottes kam in ihr Eigentum,
aber die Ihren nahmen sie nicht auf. (vgl. Joh 1,11)

So dürfte man – für sich selbst und gelegentlich – auch einmal übersetzen, damit der ganze Umfang des griechischen Logos-Begriffs spürbar würde. Wenn das Lied allerdings an dieser Stelle endete, wäre es ein trauriges Lied mit einem schlimmen Schluss. Aber das Lied ist noch nicht zu Ende. Es dreht sich gleichsam um und erblickt trotz allen menschlichen Widerstands gegen die Vernunft Gottes eine andere Geschichte, eine Geschichte des Glaubens, der Gottesfurcht, der Annahme des Logos:

*Und der Logos ist Fleisch geworden
und hat Wohnung genommen in unserer Mitte,
und wir haben seine Herrlichkeit gesehen. (Joh 1,14)*

Genau an dieser Stelle geschieht mit dem streng gebauten Christuslied etwas Auffälliges. Vorher hatte das Lied immer in der dritten Person gesprochen: Es, es, er, er, er. Aber in seinem Finale springt es von der dritten in die erste Person: »Und das Wort ist Fleisch geworden und hat Wohnung genommen in *unserer* Mitte, und *wir* haben seine Herrlichkeit gesehen.« Weshalb muss das Lied hier vom ES und vom ER zum UNS und zum WIR wechseln? Weshalb muss sich an dieser Stelle die Sprache ändern?

Der Grund ist der: Dass in diesem einen Menschen, dem Bauhandwerker aus Nazaret, geboren in der hintersten Provinz, zugleich der ewige Sohn des Vaters zu sehen sei, der ganze Sinn der Schöpfung, ihre wahre Vernunft und ihre ganze Weisheit, ist eine so ungeheuerliche Aussage, dass sie nicht mehr durch einen einzelnen unpersönlichen Erzähler gemacht werden kann, sondern nur noch durch eine Gemeinschaft von Zeugen. Diese Zeugengemeinschaft ist die Kirche, sind die christlichen Gemeinden. Deshalb das WIR. Nur die Kirche, nur die Gemeinden können sagen: »Er hat Wohnung genommen in unserer Mitte. Wir haben seine Herrlichkeit gesehen.« Übrigens schlägt auch der Anfang des Hebräerbriefes, der am Weihnachtstag als zweite Lesung vorgetragen wird, in dieses WIR um:

Viele Male und auf vielerlei Weise hat Gott einst zu den Vätern gesprochen durch die Propheten; in dieser Endzeit aber hat er zu UNS gesprochen durch den Sohn, den er zum Erben des Alls eingesetzt und durch den er auch die Welt geschaffen hat. Er ist der Abglanz seiner Herrlichkeit. (Hebr 1,1–3)

Zu UNS also hat Gott gesprochen. Wieder wandelt sich die Rede aus der dritten Person zum WIR. Es ist theologisch unvermeidlich. Über so Ungeheuerliches wie die »Herrlichkeit Gottes« und die »Herrlichkeit des Logos« kann nur noch aus der Zeugenschaft christlicher Gemeinde geredet werden.

Aber können wir denn wirklich sagen, wir hätten seine Herrlichkeit gesehen? Wo denn? Wann denn? Das hebräische Wort, das wir im Deutschen mit »Herrlichkeit« wiedergeben, nämlich das Wort *kabod*, meint nicht sofort »Herrlichkeit«, sondern zunächst einmal das »Gewicht«, die »Gewichtigkeit«, die »Wucht«, die »Kraft«. Wenn wir unser eigenes Leben betrachten und dabei ehrlich sind, müssen wir sagen: Die Schwerkraft unseres Lebens hat meist sehr wenig mit der Vernunft Gottes zu tun. Da ist die Angst, wir würden unser Gesicht verlieren, da ist die Angst um den eigenen Lebensentwurf, die Angst vor dem Willen Gottes. Diese Ängste haben eine schreckliche Schwerkraft. Sie begraben uns oft unter ihrem Gewicht.

Und doch gibt es in unserem Leben noch eine andere Bewegung, eine andere Schwerkraft, ein anderes Gewicht. Es ist zum Beispiel die Freude, die an diesem Fest Menschen der verschiedensten Herkunft zusammenführt. Es ist die Freude, sich miteinander als Gemeinde erfahren zu dürfen. Es ist die Freude an der Kirche, die trotz ihrer Not, ihrer Spaltungen und all ihrer Wunden die eine, heilige, katholische und apostolische Kirche ist. Wir dürfen in ihr leben; wir dürfen dort sein, wo die Taten Gottes auch heute sichtbar werden. Und wir können davon erzählen.

Die Geburt des messianischen Volkes
(Lk 2,1–20; Mt 2,1–12; Joh 1,1–18)

Die Weihnachtsgeschichte des Lukas ist kein Rokoko-Idyll mit Hirten- und Schäferszenen, sondern eine hochverdichtete Erzählung, in der sich die spätere Geschichte Jesu widerspiegelt. Wie schon damals in der Herberge kein Platz für seine Geburt war (Lk 2,7), so machte man ihm auch später den Platz in Israel streitig. Das ging bis zu dem Widerstand der eigenen Verwandten, die während seines öffentlichen Auftretens kommen, um ihn in häuslichen Gewahrsam zu nehmen. Sie sagen: »Er ist nicht bei Sinnen« (Mk 3,20-21).

Die Hirten, von denen Lukas erzählt, gehören nicht zu den Vornehmen und Reichen. Um sie ist auch nicht ein Hauch von Hirtenromantik. Möglicherweise sind sie die Besitzer des Viehstalls, in dem Jesus geboren wird. Denn dreimal wird in der Erzählung die Futterkrippe erwähnt, in der das Kind liegt (Lk 2,7.12.16) – und die Hirten kennen offensichtlich den Ort. Dass gerade sie zu dem Kind kommen, will daran erinnern, dass dreißig Jahre später vor allem einfache Leute Jesus nachgefolgt sind, oft sogar Außenseiter.

Das Weihnachtsbild, das Lukas zeichnet, nimmt schon die spätere Sammlung des Gottesvolkes vorweg. Was wäre ein König ohne Volk? Messias sein kann nur einer, dessen Leben und Sterben die Kraft hatte, sich ein gläubiges Volk zu sammeln. Die Weihnachtsgeschichte des Lukas ist also transparent für die Folgezeit, und deshalb nehmen in ihr die Hirten breiten Raum ein. Nicht weniger als 2/3 der Weihnachtserzählung handeln von ihnen. Sie stehen für das gläubige Israel, das Jesus nachfolgen wird. Das Kind in der Krippe bleibt nicht allein.

Ähnliche Mehrschichtigkeit finden wir im Matthäusevangelium. Dort wird die Geburt Jesu ja nicht einmal erzählt, sondern nur indirekt erwähnt: »Als Jesus in den Tagen des Königs Herodes in Betlehem in Judäa geboren war ...« (Mt 2,1). Breiten Raum hingegen gewährt Matthäus den Sternkundigen, die aus dem Osten kommen, um dem neugeborenen König Israels zu huldigen (Mt 2,1-12). Repräsentieren bei Lukas die Hirten das Gottesvolk Israel, dem die Geburt seines Messias verkündet wird, so verdichtet sich in den Weisen aus dem Osten bereits das Herzuströmen der Heidenvölker in die Kirche.

Die kirchliche Liturgie, die viel besser und genauer ist als das, was im Lauf der Jahrhunderte aus den christlichen Festen gemacht wurde, hat als Lesung für das Fest der Epiphanie – also für das ursprüngliche Weihnachtsfest – mit sicherem Instinkt Jes 60,1-6 gewählt, einen alttestamentlichen Text von der Wallfahrt der Heidenvölker zum Zion. Die frühe Kirche erkannte in dem für sie überraschenden Geschehen des Entstehens so vieler heidenchristlicher Gemeinden, dass sich Jes 60 bereits erfüllte. Auch Matthäus muss so gedacht haben.

Während die lukanische Weihnachtsgeschichte der Christmette ihren spezifischen Akzent gibt, wird im Gottesdienst »am Tag« der Anfang des Johannesevangeliums verlesen. Anscheinend befinden wir uns hier in einer anderen Welt, weit entfernt von dem Futtertrog und den Hirten, den Sternkundigen aus dem Osten und ihren Geschenken. Und doch wird auch hier wie bei Matthäus und Lukas die spätere Geschichte Jesu gedeutet:

Jesus ist der wahre Exeget, der wahre Ausleger Gottes (Joh 1,18). In ihm ist das Wort Gottes Fleisch geworden (Joh 1,14) und hat endgültig eine dramatische Geschichte in der Welt ausgelöst – zwischen denen, die ihn ablehnen, weil sie in der Finsternis bleiben wollen, und denen, die ihn als die Wahrheit Gottes aufnehmen und an ihn glauben:

Allen aber, die ihn aufnahmen, gab er Macht, Kinder Gottes zu werden, allen, die an seinen Namen glauben, die nicht aus dem Blut, nicht aus dem Willen des Fleisches, nicht aus dem Willen des Mannes, sondern aus Gott geboren sind. (Joh 1,12–13)

Das ist, in hochtheologischen Begriffen, eine Beschreibung der Kirche, der »neuen Familie« Gottes. Dass sich Menschen zu dieser neuen Familie sammeln lassen, ist mit menschlichen Mitteln nicht herzustellen. Wo Kirche wahrhaft Kirche ist, ist sie ›jungfräulich‹, das heißt aus Gott geboren und nicht von Menschen gemacht. Die neue Familie der Kirche ist etwas völlig anderes als Verwandtschaft, Stamm oder Clan. Deshalb darf Führung in der Kirche oder in den Gemeinden auch niemals über leibliche Verwandtschaft, also in der Form des Kalifats geschehen.

Die Weihnachtstexte aus dem Lukas-, dem Matthäus- und dem Johannesevangelium zeigen uns also in einer erstaunlichen Übereinstimmung, was zum Kern von Weihnachten gehört: selbstverständlich die Menschwerdung des Sohnes Gottes – aber zugleich als deren Folge und Frucht die Sammlung der neuen messianischen Familie, in welcher jener Friede entsteht, den die Engel bei Lukas verkünden.

Wenn nun aber Weihnachten in unserer Gesellschaft gerade zum Fest der natürlichen oder sagen wir besser der bürgerlichen Familie geworden ist, in der sich die Familie versammelt, die verwandtschaftlichen Beziehungen gepflegt werden und man nicht die Heilsgeschichte, sondern die eigene Familie feiert, dann haben sich die Gewichte elementar verschoben, ja dann ist der Kern des Weihnachtsfestes verloren gegangen.

Helfen könnte in dieser Situation nur die Erkenntnis, dass die Weihnachtstexte der Bibel von Anfang an *Gegengeschichten* waren. Sie wollten zeigen, dass Gott einen ganz anderen Weg gegangen ist als den, den alle erwarteten. Er war bei den Hirten, die ihre Herden verlassen haben, um dem Engel zu folgen – und er war bei den Heiden, die sich auf den langen Weg zu dem Messias Israels gemacht haben.

Bei uns kann es nicht anders sein: den Sinn von Texten erkennt man nicht theoretisch. Man muss ihren Sitz im Leben suchen, den Ort, der sie ermöglichte. Die Weihnachtstexte sind eben nicht nur *erträumte* Vision neuer Gesellschaft. Als sie geformt wurden, gab es diese neue Gesellschaft schon längst in vielen nachösterlichen Gemeinden. In ihnen sind unsere Weihnachtstexte entstanden. Sie schildern nicht nur die Geburt des Messias Jesus, sondern ebenso die Geburt seines messianischen Volkes. In Gemeinden *wie damals* wollen sie gelesen und gelebt werden – und dann, wenn das im Mittelpunkt steht, natürlich auch in der Familie.

Eine Begegnung im Tempel
(Lk 2,22–39)

Am 2. Februar, also 40 Tage nach der Feier der Geburt Jesu, begeht die Kirche die ›Darstellung des Herrn‹. Früher hatte dieser Tag bei uns den Namen ›Mariä Lichtmess‹. Die Kirche hält sich dabei an das, was uns Lukas im Anschluss an die Geburt und an die Beschneidung Jesu erzählt. Das Fest ist übrigens sehr alt. Wir wissen aus dem Reisebericht der Egeria, die gegen Ende des 4. Jahrhunderts neugierig und aufmerksam durch das Heilige Land pilgerte: Schon damals feierte man in Jerusalem das Fest der »Begegnung« des greisen Simeon und der Prophetin Hanna mit dem Jesuskind. Egeria schreibt, es sei dort »mit gleicher Freude wie Ostern begangen worden«. Wir feiern es noch heute. Das Evangelium des Festes beginnt mit den Sätzen:

Als die Tage ihrer Reinigung erfüllt waren gemäß dem Gesetz des Mose, brachten sie ihn nach Jerusalem hinauf, um ihn dem Herrn darzustellen – wie im Gesetz des Herrn geschrieben steht: Alles Männliche, das den Mutterschoß öffnet [das heißt: jede männliche Erstgeburt], soll dem Herrn für heilig erklärt werden. (Lk 2,22–23)

Gerade in den beiden ersten Kapiteln seines Evangeliums schreibt Lukas in einem Stil, der auch den Erzählungen des Alten Testaments eigen ist. Er will damit deutlich machen, dass die Geschichte Gottes mit Israel in Jesus weitergeht, ja sogar ihre Erfüllung findet. »Als die Tage erfüllt waren« meint in dieser von Lukas bewusst gewählten altertümlich-ehrwürdigen Sprache: Die Tage sind abgeschlossen, ein bestimmter Zeitraum ist vorbei – nämlich für Maria die vierzig Tage der von der Tora vorgeschriebenen »Reinigung«.

Das »ihrer« in »ihrer Reinigung« ist im Griechischen ein Plural. Es ist also nicht nur Maria gemeint. Will Lukas damit sagen, dass die »Reinigung« auch für Jesus galt – entgegen dem Wortlaut der Tora (vgl. Lev 12,2), für die sich die Reinigung nur auf die Mutter bezieht? Ist Lukas dabei vielleicht von bestimmten griechischen Vorstellungen beeinflusst? Lassen wir es offen.

Als die 40 Tage abgelaufen sind, bringen »sie«, nämlich Maria und Josef, den Säugling, der bereits beschnitten ist und den Namen Jesus erhalten hat (Lk 2,21), nach Jerusalem zum Tempel. Weshalb? Der Text verweist – ohne genau zu zitieren – auf Ex 13,2. Dort sagt Gott zu Mose:

Heilige mir alle Erstgeburt! Alles bei den Söhnen Israels, das zuerst den Mutterschoß öffnet: unter den Menschen und unter dem Vieh – mir gehört es.

»Mir gehört es« – das heißt: Jede männliche Erstgeburt muss Gott geheiligt werden für den Dienst am Heiligtum (vgl. Ex 13,12; 22,28; 34,20; Num 3,13; 8,17). Da selbstverständlich nicht alle erstgeborenen Söhne in Israel am Heiligtum tätig sein konnten, hatten die Eltern ihren Erstgeborenen auszulösen – und zwar mit einem Geldbetrag von 5 Schekeln. Dieses Geld war dann Teil des Lebensunterhaltes der Priester und Leviten (Num 18,15–16). Für diese »Auslösung« brauchte man nun allerdings nicht eigens nach Jerusalem zu kommen. Maria und Josef hätten sie auch anderswo bei jedem beliebigen Priester im Land vornehmen können. Ihr Hinaufgehen nach Jerusalem muss also einen anderen Grund gehabt haben. Er wird in unserer Erzählung an zweiter Stelle genannt:

Auch wollten sie ihr Opfer darbringen, wie es das Gesetz des Herrn vorschreibt: ein Paar Turteltauben oder zwei junge Tauben. (Lk 2,24; vgl. Lev 12,8)

Durch dieses Opfer wurde damals in Israel die »Unreinheit« der Wöchnerin beendet. Infolge der Blutungen bei der Geburt war sie rituell unrein geworden. Die Dauer der Unreinheit war bei der Geburt eines Kindes auf 7 Tage festgesetzt. Danach war die Mutter aber noch immer kultunfähig. Sie durfte nach der Geburt *eines männlichen Kindes* noch einmal 33 Tage lang das

Haus nicht verlassen, keine Opferspeise anrühren und den Tempelbereich nicht betreten.

Diese 40 Tage der Unreinheit (bei einem Mädchen waren es sogar 80 Tage) wurden von den Gutgestellten durch das Opfer eines einjährigen Lammes und einer jungen Taube oder einer Turteltaube, von den Ärmeren durch das Opfer von zwei Turteltauben oder zwei jungen Tauben im Tempel beendet (Lev 12,1–8). Die Opfergabe wurde am Nikanor-Tor an der Ostseite des Vorhofs der Frauen von einem diensthabenden Priester entgegengenommen, und dort wurde dann auch die Mutter für rein erklärt.

Unsere Erzählung nennt also die »Heiligung« des Erstgeborenen vor Gott, die mit der Institution seiner »Auslösung« verbunden war, und sodann die Beendigung der Unreinheit der Mutter (und ihres Kindes) als Grund für den Aufbruch nach Jerusalem.

Worum ging es Lukas mit dieser Einleitung zu der im Ganzen ja viel längeren und uns verständlicheren Erzählung, in deren Zentrum die Begegnung mit Simeon und Hanna steht? Lukas wollte wohl herausstellen, dass sich Josef und Maria genauestens an die Bestimmungen der Tora hielten. Vor allem aber hebt er mittels des indirekten Hinweises auf die ›Auslösung des Erstgeborenen‹ hervor: Dieses Kind gehörte von Anfang an ganz Gott. Es war für Gott »geheiligt« (Lk 2,23). Das steht wohl hinter dem Begriff der »Darstellung«. Angespielt wird deutlich auf Ex 13,2.12. Allerdings: Für einen wirklich vergleichbaren Vorgang einer »Darstellung« gibt es im Alten Testament und im Judentum keinen Beleg. In Betracht käme höchstens die Erzählung von dem jungen Samuel und seiner Mutter in 1 Sam 1,9–28. Aber Samuel ist ja kein Säugling mehr, und er wird von seiner Mutter *aufgrund ihres Gelübdes* zu einem lebenslangen Dienst in den Tempel gebracht.

Soviel zur Erklärung dieser – was die äußeren Abläufe angeht – bei Lukas etwas undurchsichtigen Erzähleinleitung. Wir erfahren ja nicht einmal, ob die Familie sich schon wieder in Nazaret befunden hatte oder ob sie von Betlehem her nach Jerusalem gekommen war. Lk 2,39 lässt das offen. Aber die wirklichen Schwierigkeiten, die Lk 2,21–39 uns Heutigen macht, liegen nicht in der äußeren Rekonstruktion der damaligen Abläufe, vor allem der kultischen Abläufe. Sie liegen in dem *Sinn*, den sie haben. Was sollen wir mit einer solchen Erzählung überhaupt anfangen? Ich formuliere dazu drei Fragen:

Erstens: Warum nur muss sich die junge Maria nach der Geburt ihres Sohnes durch ein Tieropfer am Rande des Jerusalemer Tempelbezirks reinigen? Wozu braucht sie ein Reinigungsopfer und eine priesterliche Bestätigung, dass sie jetzt rein ist? Gut, die Kulturanthropologen erklären uns, in vielen alten Kulturen habe es eine strikte Trennung zwischen der weiblichen und der männlichen Sphäre gegeben. Restlos alles, was mit der Menstruation oder mit der Geburt zusammenhing, sei für den Mann ein absolutes Tabu gewesen. Der Mann musste bei der Geburt möglichst weit weg sein. Mit Körperfeindlichkeit hatte das ganz sicher nichts zu tun. Es ging vielmehr darum, dass sich die beiden fundamentalen Sphären, das Weibliche und das Männliche, gegenseitig nicht schädigten.

Gemäß der Tora Israels war die Frau, die entbunden hatte, durch ihre Blutungen und ihre späteren Ausflüsse unrein, und das war zu respektieren (Lev 12,1–5). Wenn der Mann seine Frau in dieser Situation berührte, wurde er selbst unrein – genauso wie er sich an seiner menstruierenden Frau unrein machte, wenn er sie auch nur berührte (Lev 15,19–27; 18,19). Er musste ihr also 40 Tage lang fernbleiben. Nach der Geburt einer Tochter waren es sogar 80 Tage.

Was sollen wir heute, in unserem ›aufgeklärten‹ Zeitalter, mit solchen Reinheits-Vorstellungen und mit der Aufteilung der Welt in sexuelle Machtsphären anfangen? Bleibt uns da nur das ungute Gefühl von, Gott sei Dank, für immer vergangenen Zeiten?

Zweitens: Wie wir sahen, kommen der Erzählintention zufolge die Eltern Jesu nicht nur wegen der »Reinigung« Marias nach Jerusalem: Es geht an erster Stelle um Jesus. Seine Eltern wollen wahr machen, dass er Gott gehört, dass er Eigentum Gottes ist. Sie wollen ihn vor das Angesicht Gottes bringen. Sie wollen ihn heiligen. Wieder wehrt sich etwas in uns: Ein unmündiges Kind Gott heiligen – darf man das überhaupt? Wird

da dem Kind nicht etwas übergestülpt? Einem Kind, das sich nicht wehren kann. Wird es auf diese Weise nicht gesteuert und in eine bestimmte Richtung gepresst?
Drittens: Simeon, spricht bei der Begegnung mit dem Säugling ein Dankgebet, das ›Nunc dimittis‹:

Nun lässt du, Herr, deinen Knecht,
wie du gesagt hast, in Frieden scheiden.

Denn meine Augen haben dein Heil gesehen,
das du bereitet hast vor allen Völkern –

[dein Heil ist] Licht zur Offenbarung für die Heiden
und [dein Heil ist] Herrlichkeit für dein Volk Israel.
(Lk 2,29–32)

»In Frieden scheiden« – »meine Augen haben dein Heil gesehen« – »bereitet vor allen Völkern« – »Licht für die Heiden«: dieses Vokabular des ›Nunc dimittis‹ ist uns vertraut, es ist Teil des täglichen Abendgebets der Kirche. Wir mögen diese Sprache und glauben, sie zu verstehen. Aber gibt es da bei uns nicht dennoch manchmal einen kleinen Widerstand – einen Hauch Antijudaismus bei der Wendung »Herrlichkeit für dein Volk Israel« – einen gewissen Widerwillen gegen jede Form eines behaupteten Erwählt-Seins? Warum diese ständige Hervorhebung des eigenen Kollektivs? Darf eine Gemeinschaft von Glaubenden wirklich Gott unablässig dafür danken, dass sie gesehen, wahrgenommen, erhoben, erhöht und verherrlicht wird? Ich höre an dieser Stelle einmal mit meinen Fragen auf und versuche eine Antwort.
Erstens – zum Thema ›Unreinheit der Mutter‹: Natürlich spielen hier Urängste der Männer früherer Kulturen vor dem Blut der Frau hinein. Auch noch in Israel. Aber man kann die Tage der damals sogenannten »Unreinheit« auch positiv sehen: nämlich als Schonzeit für die Frau. Ihr Organismus kann sich regenerieren; sie kann sich auf das Neugeborene einstellen; sie erhält einen Freiraum für ihre neue Rolle als Mutter. Übrigens entsprechen die 40 Tage zeitlich ziemlich genau dem sogenann-

ten ›Wochenfluss‹ der ›Wöchnerin‹, der nach 4 – 6 Wochen langsam versiegt. Die Bestimmungen der Tora sind bei weitem menschlicher, sachgerechter und aufgeklärter, als wir normalerweise denken.

Gerade die Treue seiner Eltern zur Tora hat es Jesus später möglich gemacht, eben dieser Tora in Gehorsam und Freiheit zugleich zu begegnen. Jesus hat sich an die Reinheits-Tora Israels gehalten (Mk 1,44), er hat sie aber auch in souveräner Freiheit neu ausgelegt, wenn es um das Heil des Menschen ging (Mk 3,1–6).

Zweitens – zum Thema ›Heiligung des erstgeborenen Sohnes vor Gott‹: Wird da dem Kind wirklich etwas übergestülpt? Nein! Es ist genau umgekehrt. Stellen die Eltern ihr Kind nicht in den Herrschaftsraum Gottes, so wird es gerade seiner Freiheit beraubt. Noch bevor das Kind den Mutterleib verlässt, ist es nicht selten schon halb erdrückt von seinen Eltern – von ihren Ängsten und Sorgen, von ihren Plänen und Wünschen für ihr Kind und den damit verbundenen Vorstellungen, Vorsätzen und Vorhaben.

Außerdem wird das Kind dann ja in gar keinen neutralen Raum hineingeboren, sondern in eine Welt, in der die Luft bereits an vielen Stellen von Gier, Geltungssucht, Gewaltphantasien und vielem anderen vergiftet ist. Wenn Eltern ihr Kind vor Gott bringen, entreißen sie es Mächten, die nur allzu oft Unfreiheit und Chaos bedeuten, und sie befreien es auch von den Belastungen, die von ihnen selbst herrühren.

Indem sie ihr Kind Gott übergeben – bei uns geschieht das heute in der Taufe, bekennen sie sich dazu, dass ihr Kind Geschöpf Gottes ist, von Gott geliebt und deshalb unantastbar. Es ist ihnen anvertraut, aber es ist nicht ihr Eigentum, das sie zur Erhöhung ihres eigenen Lebens missbrauchen dürfen. Die Eltern haben so wenig wie jeder andere das Recht, über ihr Kind zu verfügen. Sie haben nicht das Recht, es nach ihrem eigenen Bild und nach ihren privaten Wünschen zu formen. Sie haben weder das Recht, es zu ihrem Götzen, noch das Recht, es zu ihrem Werkzeug zu machen.

Diese Unantastbarkeit des Kindes, seine Freiheit, die es von Gott her hat, wurde in Israel gerade in der Gottgehörigkeit des Erstgeborenen zum Ausdruck gebracht. Und Jesus wäre niemals das geworden, was er für uns geworden ist, wenn ihn seine Eltern nicht schon von der ersten Sekunde seines Lebens an für Gott freigegeben und ihn so bald wie möglich in die Mitte des Gottesvolkes hineingestellt hätten.

Damit sind wir bereits bei der *dritten* Anfrage an unseren Text: Was ist dort mit der »Herrlichkeit für dein Volk Israel« gemeint? Man sollte hier nicht, wie eine Reihe von Auslegern es tut, in Vers 32 b mit »Verherrlichung deines Volkes Israel« übersetzen. Das ist zwar vom griechischen Text her gesehen nicht einfachhin falsch. Aber mit »Verherrlichung« wird eben doch verunklart, dass es hier um die »Herrlichkeit *Gottes*« geht, die jetzt in Israel erscheint, die Israel also geschenkt wird – und zwar in dem kleinen Kind Jesus. »Herrlichkeit für dein Volk Israel« ist genauso wie »Licht zur Offenbarung für die Heiden« Apposition zu dem vorangegangenen »dein Heil«. Es geht also nicht nur um Israel, sondern Israel wird zum Werkzeug Gottes für die Heimholung der Völker. Israel bekommt dafür *in Jesus* Anteil an der Gott eigenen »Herrlichkeit«. Im Hintergrund des Gebetes Simeons stehen dabei Texte aus dem Jesaja-Buch wie Jes 42,6 und 49,6 – vor allem aber Jes 60,1–3:

Steh auf, werde licht, [Jerusalem], denn es kommt dein <u>Licht</u>,
und die <u>Herrlichkeit</u> des HERRN *geht strahlend auf über dir.*

Denn siehe: Finsternis bedeckt die Erde und Dunkel die <u>Völker</u>.
doch über dir geht strahlend der HERR *auf,*
seine <u>Herrlichkeit</u> erscheint über dir.

<u>Heiden</u> wandern zu deinem <u>Licht</u>,
und Könige zu deinem strahlenden Glanz.

Wenn im ›Nunc dimittis‹ von der »Herrlichkeit für Israel« die Rede ist, geht es also nicht um Erwählungsstolz oder gar um Selbstverherrlichung und nationalen Chauvinismus, sondern um das Gnadenlicht über und in Israel, das die Völker aus ihrer Not herausführen soll. Das Gottesvolk Israel ist Werkzeug für den Plan Gottes mit der Welt. Gerade die Vorstellung, dass der männliche Erstgeborene Gott gehört, stellte Israel ja immer neu vor Augen, wie notwendig es ist, die massiven Privatinteressen der natürlichen Familie, die den Menschen unablässig von der Sache Gottes wegziehen, von Generation zu Generation zu durchbrechen. Israel lebt nicht für die eigene Verherrlichung, sondern für das Heil der Welt. Das ›Nunc dimittis‹ und die gesamte Erzählung Lk 2,22–39 sind also viel offener und viel aufgeklärter, als sie auf den ersten Blick erscheinen.

Dabei gilt: Eine Gesellschaft, die zum »Licht für die Heiden« werden soll, ist nicht von Menschen machbar. Das zu glauben wäre eine ungeheuerliche Anmaßung. Die »neue Gesellschaft«, von der die Bibel spricht, steckt nicht in unseren Genen und sie übersteigt all unsere menschlichen Möglichkeiten. Sie wird von Gott gemacht, und wenn sie Realität wird, ist sie unverdientes Geschenk. Wir können nur die Hände aufhalten.

Das Geschenk der neuen Gesellschaft verdichtet und verkörpert sich in dem kleinen Kind, in Jesus. Dieses Kind ist mehr als nur ein Einzelner, mehr als nur eine Privatperson: Jesus ist der Messias Gottes, das wahre Licht des messianischen Gottesvolkes. Das *Neue* kommt also nicht als Programm, nicht als verbessertes System des Bisherigen, nicht als Erlösungs-Lehre, nicht als theologische Kopfgeburt, sondern als lebendige Person in die Welt. Dieses Neue konnte nicht geplant und nicht organisiert werden, es konnte nur erhofft und erwartet werden.

Die Verkörperungen dieses Wartens sind Simeon und Hanna. Simeon ist in unserer Erzählung ganz der Wartende und der Empfangende – genauso wie dann Hanna. Die Einheitsübersetzung überträgt voreilig und viel zu plump: »Er nahm das Kind in seine Arme«. Das griechische *dechomai* heißt aber zunächst einmal ›empfangen‹ und erst in zweiter Linie ›sich nehmen‹. Also: Simeon nimmt sich nicht das Kind, sondern er empfängt es in seine Arme. Das Neue, das von Gott kommt, können wir nur empfangen. Wir können es uns nicht selbst nehmen.

Man könnte nun der Genauigkeit und der Tiefe dieser Erzählung noch lange nachgehen. Aber was hilft uns die schönste Erzählung, wenn sie sich nicht in unser Heute hinein fortsetzte? Deshalb steht am Ende die alles entscheidende Frage:

Werden auch wir, wenn wir heute Christus begegnen, Gott preisen wie Simeon und Hanna – und in tiefer Freude annehmen, was uns da geschenkt ist? Und wenn wir ihm in seinem Leib, der Kirche, begegnen und dem Neuen, das Gott dort immer wieder schafft? Dieses Neue beginnt stets klein, hilflos und schutzbedürftig, ausgesetzt und ausgeliefert, und ist immer und überall »ein Zeichen, dem widersprochen wird« (Lk 2,34).

Für die kulturanthropologischen Hinweise, aber auch für den alttestamentlichen Hintergrund, habe ich in diesem Kapitel dankbar zurückgegriffen auf: ERHARD S. GERSTENBERGER, Das 3. Buch Mose. Leviticus (ATD 6), Göttingen 1993. Vgl. dort besonders 134–140.180–182.189–193.

Anlässlich der Taufe Jesu
(Mt 3,13–17; Mk 1,9–11; Lk 3,21–22)

Johannes verlangte von Israel eine »Taufe der Umkehr« (Mk 1,4). Von überall her zogen die Menschen zu ihm an den Jordan, ließen sich von seiner Predigt erschüttern, bekannten ihre Sünden (Mk 1,5) und wurden dann von ihm in das Wasser des Jordan getaucht. Was Johannes da tat, war so ungewöhnlich, dass man ihn den *baptistēs* nannte – wörtlich: den, »der (andere) untertaucht«. Diesen Beinamen bezeugen nicht nur die synoptischen Evangelien, sondern auch der jüdische Schriftsteller Josephus (Antiquitates XVIII 116). Wir sind es seit langem gewohnt, dass Johannes »Täufer« genannt wird. Aber *baptizō* meinte eben ursprünglich ›hineintauchen‹, ›untertauchen‹.

Weshalb tauchte Johannes die Umkehrwilligen, die zu ihm kamen, in den Jordan? Mit den häufigen jüdischen Tauchbädern zur Wiederherstellung der rituellen Reinheit hatte seine Taufe nichts zu tun. Dieses rituelle Baden vollzog jeder an sich selbst, wann immer es notwendig war. Dazu brauchte man keinen ›Untertaucher‹. Johannes vollzog im Blick auf den von ihm angekündigten endzeitlichen Feuerrichter etwas völlig Neues. Er hatte von diesem kommenden Feuerrichter gesagt: »Er wird euch in Sturm und in Feuer [das heißt: in einen Feuersturm] hineintauchen« (rekonstruiert aus Mt 3,11/ Lk 3,16). Das Untergetaucht-Werden im Wasser des Jordan war also eine wirkmächtige Symbolhandlung. Sie sollte gegen den Feuersturm des bevorstehenden Endgerichts schützen.

So kann es nicht falsch sein, anlässlich der Erzählung von der Taufe Jesu über das Thema ›Sakramente‹ nachzudenken. Auch die kirchlichen Sakramente sind ja wirkmächtige Symbolhandlungen – vergleichbar dem, was der Täufer am Jordan tat. Ich werde aber aus all dem, was hier zu sagen wäre, nur einen einzigen Punkt herausgreifen – und zwar etwas, das beim Tun des Täufers eben besonders deutlich zutage tritt. An seiner Symbolhandlung, dem Vorbild der urchristlichen Taufe, wird nämlich sichtbar, dass man sich ein Sakrament *nicht selbst spenden kann.* Man kann es nur empfangen. Sogar Jesus, der sich damals dieser Symbolhandlung unterzog, musste sich vom Täufer im Jordan untertauchen lassen.

Und auch Jesus muss sich auf den Weg machen – von Nazaret bis an jene Stelle gegenüber von Jericho, wo Johannes taufte. Er reiht sich dort ein in die Schar der Sünder (obwohl er ohne Sünde war – Mt 3,14) und lässt sich untertauchen. Er kann das, was der Täufer tut, nicht an sich selbst vollziehen – etwa am Dorfbrunnen von Nazaret. Warum ist das eigentlich so? Übertragen in unsere kirchliche Situation: Warum kann ich mir ein Sakrament nicht selber spenden? Warum brauche ich einen anderen, der das Zeichen an mir vollzieht und die begleitenden Worte spricht? Wäre es denn nicht vorstellbar, dass ich mir – zum Beispiel – das Bußsakrament selbst spenden könnte?

In Wirklichkeit würde das niemand von uns wirklich wollen. Denn wir ahnen: Eine solche Art von Beichte könnte nur allzu schnell zur Leichtfertigkeit führen, zum Selbstbetrug, zur Verharmlosung, zum billigen Spiel. Etwas bekennen kann ich nur, wenn ich ein Gegenüber habe, jemanden, den ich anschaue und der mich anschaut. Einen, der mir allein schon dadurch, dass er ein Gegenüber ist, ermöglicht, aus mir selbst und dem Kreisen um mich selbst herauszutreten.

Vor allem aber: Jede Sünde eines Getauften verdunkelt den Glanz, den die Schöpfung haben sollte, und verhindert, dass die Kirche mitten in der Welt zu dem wird, was sie von Gott her sein soll: Stadt auf dem Berg, Zeichen unter den Völkern. Insofern nimmt jede Sünde etwas von dem weg, was Gott mit der Welt will, und insofern trifft jede Sünde Gott. Also muss *Gott* mir vergeben, und ich kann mich nicht selbst lossprechen. Ich kann es so wenig, wie wenn in einer Ehe der eine den anderen tief verletzt hätte und dann in einem *Selbstgespräch* den Partner um Verzeihung bäte. So geht es eben nicht. Er muss zu dem Anderen hingehen, ihn anschauen und ihm sagen: »Bitte, vergib mir. Was ich gemacht habe, war eine Gemeinheit.«

Im Sakrament der Buße brauche ich also ein Gegenüber – und dieses Gegenüber ist nach dem Willen Gottes einer, der im Namen Gottes zu mir sprechen kann, der zur Vergebung gesandt und beauftragt ist. Sonst läuft es eben fast zwangsläufig auf ein Sich-selbst-Freisprechen, auf ein Sich-selbst-Lossprechen hinaus.

Man kann sich das Ganze auch klarmachen an der oft gebrauchten Formel »Ich entschuldige mich« Diese Formel ist zutiefst verräterisch. Es muss heißen: »Ich bitte dich um Entschuldigung.« Nicht ich selbst nehme mir die Schuld weg, sondern ich bitte den Anderen, mir zu verzeihen.

Was für das Bußsakrament gilt, gilt für alle Sakramente. Es gibt kein einziges Sakrament, das ich mir selbst spenden kann. Ich kann mich nicht selbst taufen. Nicht einmal nottaufen kann ich mich selbst. Ich kann mir nicht selbst die Schuld vergeben. Ich kann mir bei der Priesterweihe nicht selbst die Hände auflegen. Ich kann mich nicht selbst firmen. Vom Ehesakrament sagen die Kirchenrechtler zwar mit Recht, die Brautleute würden sich das Sakrament selber spenden. Aber eben nicht jeder der beiden sich selbst. Es geht nur gegenseitig. Also: Jedes Sakrament braucht einen Spender, und dieser Spender kann ich nicht für mich selbst sein.

Warum gilt das alles nicht nur für die Beichte, sondern für alle Sakramente? Es hängt damit zusammen, dass uns in den Sakramenten das Heil Gottes begegnet. Unser Leben wird herausgeholt aus der Verwüstung, dem Unheil und dem Elend, in dem wir oft leben. Unser Leben wird auf ein anderes Fundament gestellt. Wir werden hineingenommen in eine Geschichte, die mit Abraham begonnen hat und die in Jesus ihr Ziel schon erreicht hat. Dieses neue Leben, mit dem wir da beschenkt bzw. in dessen Dienst wir da berufen werden, können wir nicht aus eigener Kraft herstellen. Es kommt nicht aus uns selbst. Wir müssen es uns schenken lassen.

Genau hier tut sich heute eine tiefe Kluft auf zu dem Lebensgefühl von immer mehr Menschen. Sie vertrauen allein auf ihre eigenen Erfahrungen. Sie möchten sich ihr eigenes Glück schaffen. Sie möchten dafür alles, restlos alles, ausprobieren – und sie bestehen darauf, dass ihnen dabei niemand in die Quere kommt. Vor allem wollen sie ihr Leben selbst formen und bestimmen – am Ende sogar noch ihren Tod. Inzwischen existiert für diese Zielsetzung eine ganze Semantik. Vokabeln wie Selbsthilfe, Selbstfindung, Selbstentfaltung, Selbstverwirklichung, Selbstoptimierung, Selbstbestimmung, Sich-selbst-neu-Erfinden spiegeln diese große Leitidee.

In den Buchhandlungen stehen die Regale voll mit Selbsthilfe-Literatur. Von dem harmlosen »Bewerben Sie sich mit Erfolg!« über »Essen Sie sich gesund!« oder »Jetzt habe ich endlich eine Wohlfühlfigur« bis zu dem lächerlichen »Tu, was Dir gefällt!« Ein paar Schritte weiter warten die Regale mit ›Esoterik‹. Dort geht es um Selbsthilfe zur Selbstfindung – nun sogar in Form von Selbsterlösung. Nicht nur Heilungstechniken, sondern Bedienungsanleitungen für eine neue Religion werden da angeboten: Strahlenableitung, Bio-Rhythmik, Hypnose-Therapie, kreatives Träumen, Geistheilung, Reinkarnations-Therapie, Aroma-Therapie, Bio-Resonanz, Craniosacral-Balancing, Mondmystik, Mondorakel, Arbeit mit Heilsteinen und Engel-Essenzen.

Bei all dem geht es niemals um die Not der Welt, niemals um die Geschichte, niemals um das, was um uns herum geschieht, sondern immer nur um »die Urkräfte, die in uns selbst schlummern« oder um »Bio-Essenzen, von denen Kundige schon immer gewusst haben«, oder um »kosmische Schwingungen, in deren Rhythmus wir einschwingen und so endlich heil werden«.

Dagegen sagen die Sakramente der Kirche: Nein, wir können uns das wahre Leben nicht selbst spenden. Es ist nicht in uns, und wir können es uns in keiner Weise selbst verschaffen. Es ist für uns dort, wo Gott handelt, wo er mitten in der Welt Neues schafft, wo er sein Volk sammelt, damit es in der Welt einen Raum gibt, in dem das Heil Realität wird – nämlich der Friede mit Gott, die Freiheit zum Guten, die Versöhnung untereinander, das Ende der Gewalt.

Um dieser Sache willen ruft der Täufer ganz Israel zur Umkehr, zieht er Scharen von Menschen an den Jordan und führt sie an genau der gleichen Stelle durch das Wasser, an der einst das Gottesvolk aus der Wüste in das verheißene Land einzog, damit das Ersehnte und nicht Erreichte noch einmal neu beginnen kann. Und Jesus hört von dieser Bewegung, die durch ganz Israel geht, er verlässt sein Elternhaus in Nazaret, er muss einfach dort sein, wo Gott jetzt handelt. Er wird zum »Knecht Gottes«, er lässt sich taufen und gibt damit Gott die Möglichkeit, jenes Neue zu beginnen, wo selbst der Kleinste noch größer ist als der Täufer (Mt 11,11). Wenn Jesus in Nazaret geblieben wäre, hätte die Geschichte Gottes nicht weitergehen können.

Sakramente sind von Gott gesetzte, wirksame Zeichen, in denen wir uns hineinnehmen lassen in diese große und atemberaubende Geschichte, die Gott in der Welt wirkt. Sie war schon lange vor uns da, und sie ist viel größer und umfassender als unser eigenes Leben. Wir können diese Geschichte und das Volk, an das sie gebunden ist, nicht selbst machen. Sie wird uns geschenkt und wir können sie nur dankbar empfangen.

Vielleicht verstehen wir jetzt etwas besser, warum die Kirche immer daran festgehalten hat, dass sich kein Mensch, auch kein Priester, ein Sakrament selber spenden kann. Deshalb werden die Sakramente an uns vollzogen. Das Heil kommt nicht aus uns. Es ist auch nicht in uns. Wir können es auch nicht selbst erzeugen. Das Heil kommt »von außen«. Es wird uns angeboten.

Die Figur des Narren
(Ps 94,1–15)

In ehedem katholischen Ländern geht den vierzig Tagen der Fastenzeit der Karneval voraus. Ohne die Fastenzeit wäre der Karneval nie entstanden. Er ist geradezu ein Portal zur Fastenzeit. Den Zusammenhang zeigt bereits die Terminologie: Das Wort ›Karneval‹ ist schon im 13. Jahrhundert für Italien bezeugt, und sein erster Bestandteil ist *carne* (= Fleisch). Es geht in diesem Wort also auf jeden Fall um den bevorstehenden Fleischverzicht in der Fastenzeit – wie immer man das umstrittene *val* dann erklärt. Steht dahinter: »Fleisch, lebe wohl«? Das bleibt umstritten.

Im Mittelhochdeutschen ist seit 1206 das Wort ›Fastnacht‹ *(vastnaht)* belegt – und heute in Varianten wie Fassenacht, Fasnet, Fasching oder Fastelovend gebräuchlich. Gemeint war damit ursprünglich der Vorabend bzw. der Vortag vor der Fastenzeit, also der Dienstag vor dem Aschermittwoch.

Wie eng Fastnacht und Fastenzeit zusammenhängen, wird aber auch von vielen Bräuchen her klar. Nur ein einziges Beispiel: Vor der Fastenzeit wird in vielen Gegenden Deutschlands Schmalzgebäck gebacken (Krapfen bzw. Kräppel, Schmalzkuchen, Schmalzgreben usw.) Der Grund: In der Fastenzeit war jahrhundertelang nicht nur das Fleischessen, sondern auch fettes Essen verboten. Deshalb wurden vor dem Aschermittwoch die Schmalzgefäße leer gemacht. Dazu diente Fettgebackenes, vor allem die in Fett gebackenen Krapfen. In Frankreich heißt Fastnacht deshalb ›Mardi gras‹ (= Fetter Dienstag). Und im schwäbisch-alemannischen Raum gibt es den ›Schmotzigen Donnerstag‹. Natürlich hat ›Schmotz‹ mit Schmutz nichts zu tun. Es ist das schwäbische Wort für Schmalz. An diesem Tag essen die Schwaben Schmalzgebackenes.

Übrigens haben die Ostereier einen ähnlichen Ursprung: In der Fastenzeit durften keine Eier gegessen werden. Die Hühner haben aber trotz der Fastenzeit weiterhin ihre Eier gelegt. Also mussten die in den vierzig Tagen angesammelten Eier nach dem Ende der Fastenzeit schleunigst verbraucht werden – und so kam es zu den Ostereiern.

Allerdings gibt es auch Karnevalsbräuche mit anderen Herkünften. So bietet etwa die schwäbisch-alemannische Fasnet ein völlig anderes Bild als die Mainzer Fassenacht oder gar als der Kölner Karneval. Und eben deshalb kennt die Fastnacht bei ihren Sitzungen, Umzügen und dem bunten Treiben auf der Straße auch so viele Figuren. Vom Teufel über die Hexe, die Jungfrau, den Prinzen, die Prinzessin, den Bauern und den Soldaten (bzw. die Garde) bis zum Narren. Natürlich ist für den Theologen der Narr besonders aufschlussreich. Es lohnt sich, ihm genauer unter die Narrenkappe zu schauen.

Im Kölner und Mainzer Karneval tritt er vor allem in der ›Bütt‹ auf. Dort trägt er zwar ein Narrengewand aus bunten Flicken und hat eine Narrenkappe auf dem Kopf mit zwei großen Zipfeln, an denen kleine Glöckchen hängen. Aber damit tarnt er sich nur. In Wirklichkeit ist er ein kluger Mensch, ein Weiser, der sich hinter seiner Narrheit versteckt. Durch Narrensprüche hindurch sagt er den versammelten ›Närrinnen und Narrhallesen‹ die Wahrheit.

Sein wichtigstes Instrument trägt er in der Hand: den Spiegel. Ihn hält er den Menschen vor, damit sie endlich ihr wahres Gesicht sehen. Er sagt ihnen, was sie in Wirklichkeit sind: Narren! Aber er sagt es mit Witz und versteckt sich dabei hinter seinem Narrengehabe. Weil er auftritt wie seit dem 14. Jahrhundert der ›Hofnarr‹, hat er das Recht, moralisch zu werden. Redete er nur als Mahner und Moralist, so wäre er unerträglich. Dem Narren hingegen erlaubt man die Moral. Keine Frage: Der Narr ist nicht nur weise, er ist sympathisch.

Das Aufregende ist nun aber, dass der Narr keineswegs schon immer diese sympathische Figur war. Es hat lange gedauert, bis er zu dem wurde, was er jetzt zumindest bei Fastnachtssitzungen darstellt. Ich möchte im Folgenden zeigen, was der Narr in seinem Ursprung einmal war, bevor er über die Rolle des Hofnarren einen völlig anderen Charakter annahm.

Noch im Mittelalter war er eine absolut negative, ja eine apokalyptische Figur – nahe der Figur des Teufels. Er war die Verkörperung absoluter Dummheit und bösartiger Ignoranz. Schon sein Gewand zeigte die Perversion seiner Existenz. Es war ja aus bunten Flicken zusammengesetzt, und zwischen die Stoff-Stücke mischten sich Fellteile. Das gestückelte Gewand signalisierte die Zerrissenheit seines Denkens, denn die Wahrheit ist einfach und ungeteilt. Der Narr aber fügte sich sein Bild der Welt aus tausend Flicken aneinander, die nicht zusammenpassten. Seine Sicht der Wirklichkeit war so verworren und chaotisch wie sein Gewand. Die Zipfel an seiner Narrenkappe standen ursprünglich steil in die Höhe. Es waren Eselsohren, die zeigten: Da hat sich einer selbst zum Esel gemacht. Und den Spiegel, den der Narr in der Hand hielt, war ursprünglich ein Narrenzepter. Die Spitze dieses Zepters (die Marotte) war nichts anderes als der kleine, aus Holz geschnitzte Kopf des Narren selbst. An die Stelle des Zepters konnte aber auch ein Spiegel treten. Den hielt der Narr ursprünglich nicht den anderen vor, sondern er brauchte ihn, um selbst hineinzuschauen. Den ganzen Tag blickte er in den Spiegel, weil er – in sich selbst verliebt – immer nur sich selbst betrachten wollte. Er kannte nur sich.

Das ist die Figur des Narren, wie das Mittelalter ihn sah. Mit dieser Figur mahnte die Kirche einst vor dem Beginn der Fastenzeit ihre Gläubigen: Seid keine Narren! Pervertiert nicht die Wahrheit! Hört auf, um euch selbst zu kreisen! Wendet euch ab von eurem Unglauben und eurer Bosheit!

Allerdings stammt diese Figur des Narren nicht aus dem Mittelalter. Sie hat ihren Ursprung im Alten Testament. Nur werden in unseren Bibelausgaben die entsprechenden hebräischen Wörter *(nabal, k^{e}sil, ba'ar)* oft nicht mit ›Narr‹, sondern mit ›Tor‹ übersetzt. Vom Narren bzw. vom Toren ist im Alten Testament besonders häufig in der Weisheitsliteratur die Rede – also im Buch der Sprichwörter, im Buch der Weisheit, im Buch

Jesus Sirach, bei Kohelet und einer Reihe von Psalmen. Oft werden dort der Tor und der Weise einander gegenübergestellt. So zum Beispiel in Ps 94,1–15:

1 *Gott der Vergeltung, o* HERR,
du Gott der Vergeltung, erscheine!

2 *Erhebe dich, Richter der Erde,*
vergilt den <u>Stolzen</u> *ihr Tun!*

3 *Wie lange noch dürfen die* <u>Frevler</u>, *o* HERR,
wie lange noch dürfen die <u>Frevler</u> *triumphieren?*

4 *Sie geifern und führen freche Reden,*
die <u>Übeltäter</u> *brüsten sich alle.*

5 HERR, *sie zertreten dein Volk,*
sie unterdrücken dein Erbteil.

6 *Die Witwe und den Fremdling bringen sie um,*
die Waisen ermorden sie.

7 *Sie sagen: »Der* HERR *sieht es nicht,*
der Gott Jakobs merkt es nicht.«

8 *Merkt es doch, ihr* <u>Toren</u> *im Volk,*
ihr <u>Narren</u>, *wann werdet ihr weise?*

9 *Der das Ohr gepflanzt hat, sollte nicht hören?*
Der das Auge gebildet, sollte nicht sehen?

10 *Der die Völker erzieht, sollte nicht zurechtweisen,*
er, der die Menschen Erkenntnis lehrt?

11 *Der* HERR *kennt die Gedanken des Menschen:*
Sie sind nur ein Windhauch.

12 *Selig der Mensch, den du, o* HERR, *erziehst,*
den du mit deiner Weisung belehrst,

13 *ihm Ruhe zu schaffen vor bösen Tagen,*
bis dem <u>Frevler</u> *das Grab geschaufelt ist.*

14 *Denn der* HERR *lässt sein Volk nicht im Stich
und sein Erbe verlässt er nicht.*

15 *Ja, zur Gerechtigkeit kehrt zurück das Recht,
und ihm folgen alle, die redlichen Herzens sind.*

Der Psalm beginnt mit einer Eingangsbitte (Verse 1–2): Gott soll zum Gericht erscheinen und endlich in Israel (und in der Welt) für Recht sorgen. Er wird dabei zweimal hintereinander, also in bewusster Betonung, als »Gott der Vergeltung« bezeichnet. Eine breite Übersetzungstradition seit Martin Luther spricht hier sogar vom »Gott der Rache«. Diese Übersetzung war zu Luthers Zeiten berechtigt, denn »Rache« konnte damals in genau umrissenen Fällen noch ein Mittel zur Durchsetzung des Rechts sein. Bei uns hingegen wird »Rache« längst mit Willkür und Hass assoziiert. Und sie geschieht *gegen* die Rechtsordnung. Die alte Übersetzung verbietet sich also. Aber auch »Vergeltung« trifft noch nicht wirklich das, was hier gemeint ist. Vorausgesetzt wird nämlich: Durch die »Frevler« wird das Recht in Israel auf das Schwerste gebeugt. Und Gott soll den Rechtszustand wiederherstellen. Er soll endlich den Armen und Unterdrückten *Recht verschaffen*. Genau das ist in Ps 94,1 mit »Gott der Vergeltung« gemeint – und das Gleiche gilt auch für andere »Rache«-Texte im Psalter (vgl. Ps 18,48; 58,11; 79,10; 149,7). Es wäre Zeit, dass unsere Übersetzer diesen Sachverhalt endlich einmal berücksichtigten.

Nach dieser Eingangsbitte kommt das Hauptstück des Psalms – und dieses Hauptstück besteht deutlich aus zwei Teilen: Der 1. Teil schildert das verheerende Tun der Frevler. Sie vernichten das Leben der Witwen, der Waisen und der Fremden im Land (V. 6) und sehen diese Korrumpierung des Rechtswesens (V. 21) sogar noch als ehrenvolle Tat an, deren sie sich brüsten dürfen (V. 4). Mit all dem zerstören sie die Grundlagen des Gottesvolkes (V. 5). Denn die Witwen, die Waisen und sogar die Fremden zu schützen, gehört zu den Grundforderungen der Tora (vgl. Lev 19,18.33–34).

Für diese Verbrechen, die sich nicht nur gegen die Armen und Hilfsbedürftigen im Gottesvolk richten, sondern gegen Gott selbst, den Schützer der Rechtsordnung, haben die Frevler und Narren sogar eine lächerliche Ausrede: Gott sieht ja nicht, was wir tun; er merkt es nicht einmal (V. 7). Viele Ausleger bezeichnen das als »praktischen Atheismus«. In der Theorie werde Gott keineswegs geleugnet – aber praktisch würden die Narren so leben und handeln, als ob es Gott nicht gäbe. Man kann darüber streiten, ob diese Auslegung wirklich das Gemeinte trifft. »Gott sieht ja nicht, was wir tun«, scheint mir eher ein Zynismus zu sein. Die Betreffenden glauben keineswegs mehr an Gott (vgl. Ps 14,1; 53,2).

Für unseren Zusammenhang ist nun entscheidend, wie in Ps 94 die Menschen, die das Volk Gottes zerstören, benannt werden. Sie heißen in der Reihenfolge der Verse 1–8: Stolze, Frevler, Übeltäter, Toren *(bo'arim)* und Narren *(kesilim)*. Diese Reihung zeigt, dass zwischen den Frevlern und den Narren offenbar kein Unterschied besteht. Es handelt sich um die gleiche Gruppe im Gottesvolk: Menschen, die gottlos, dumm, unbelehrbar und in ihrer Unbelehrbarkeit hochgefährlich sind. Die deutschen Übersetzungen von Psalm 94 sprechen meistens von »Toren« und »Narren«. Das trifft zwar gut die *Dummheit* der Toren (vgl. den sogenannten ›Torenspiegel‹ in Spr 26,1–12). Doch trifft es noch längst nicht im Ganzen, worum es in Ps 94 geht. Die Reihung mit »Frevlern« und »Übeltätern« zeigt: Es sind gemeine und niederträchtige Menschen. Wichtig ist eben auch, dass diese ganze Gruppe, die da in Ps 94,2–8 geschildert wird, die Allwissenheit Gottes und sein Handeln in der Welt und damit letztlich die Existenz Gottes selbst bestreitet. Denn gerade das ist typisch für die *weisheitliche* Charakterisierung des Narren (vgl. Sir 16,17–23).

Entscheidend aber ist, dass im 2. Teil des Hauptstücks von Ps 94 diesen »Frevlern« der »Weise« gegenübergestellt wird. Der missachtet nicht die Existenz Gottes, sondern lässt sich von Gott »belehren« und »erziehen«. Der Weise hält sich an das Gesetz (Verse 12–15). Und er setzt darauf, dass Gott sein Volk nicht verlässt, sondern eingreift. Der Weg der Narren findet dann sein Ende, und Recht und Gerechtigkeit werden wiederhergestellt. »Alle, die redlichen Herzens sind«, können dann wieder in einem Raum des Rechts leben und handeln (V. 15).

Somit wird in Ps 94 nach der Eingangsbitte in den Versen 3–15 die klassische *Gegenüberstellung* der alttestamentlichen Weisheitsliteratur aufgebaut: auf der einen Seite das bösartige, ja verbrecherische Handeln der Narren, auf der anderen Seite das kluge und auf Gott vertrauende Handeln der Weisen, die nach dem Willen Gottes leben.

Noch in vielen anderen Texten der Weisheitsliteratur findet sich diese *Gegenüberstellung* mit all ihren Facetten: Der Weise ist der Gottesfürchtige. »Gottesfurcht ist der Anfang der Weisheit, nur Narren verachten Weisheit und Zucht« (Spr 1,7; vgl. Ijob 28,28; Ps 111,10; Spr 9,10; 15,33). Der Weise richtet sich nach dem Rat erfahrener Menschen im Gottesvolk (Spr 10,21; 13,20). Er geht dorthin, wo sich die Gottesfürchtigen versammeln und über das Gesetz Gottes reden (Ps 52,11; Spr 15,31). – Der Narr hingegen lässt sich von denen, die gläubig sind und Erfahrung mit Gott haben, nichts sagen (Spr 15,12). Er schlägt ihren Rat in den Wind. Er sitzt im »Kreis der Spötter« (Ps 1,1), dort, wo man die anderen verachtet und Verleumdungen ausstreut (Spr 10,18).

Der Weise hält sich an die Ordnungen Gottes. Er lebt nach den Geboten (Ps 1; 119). Er weiß, dass ihn die Weisungen der Tora nicht einengen, sondern ihm überhaupt erst die wahre Freiheit schenken. Die Tora ist seine ganze Freude (Ps 119,16. 24.47.92.111.174). Deshalb gibt es im Leben dessen, der sich an die Weisheit der Gebote hält, Klarheit, Festigkeit, Sicherheit und kluges Urteil. – Der Narr hingegen kümmert sich nicht um die Gebote Gottes, er missachtet die Schöpfungsordnung, die Gott der Welt gegeben hat. Deshalb wachsen in seinem Leben Chaos und Durcheinander, was man im Mittelalter dann mit dem Flickengewand symbolisiert hat. Der Narr ändert sich wie der Mond. Er ändert seine Meinung so, wie der Mond sich ständig wandelt (Sir 27,11). Welchen Weg der Narr auch einschlägt – es ist immer der falsche Weg. Ihm fehlt einfach der

Verstand, obwohl er von allen anderen Menschen sagt, *ihnen* fehle der Verstand (Koh 10,2–3).

Weil sich der Weise an die Ordnungen Gottes hält, weil er die Sozialordnung Gottes liebt und sie verwirklicht, baut er das Gottesvolk auf. – Die Narren hingegen richten das Gottesvolk, wie wir sahen, zugrunde. Sie stellen sich gegen die Gemeinschaft Israels. In Ps 14,4 muss Gott von ihnen sagen: »Sie fressen mein Volk, als äßen sie Brot.« Der Narr ist also keine harmlose Figur. Er ist kein Hofnarr. Er schafft in Israel und in der Welt verheerendes Unheil.

Der Weise kennt seine Grenzen, er kennt seine Endlichkeit. Er weiß, dass er nicht der Schöpfer ist, sondern Geschöpf. Er erkennt Gott an als den Herrn über sein Leben. Er weiß, dass seine Lebenszeit kurz ist und dass sein Leben ein Geschenk ist, das er ausschöpfen muss (Koh 11,9 – 12,7). – Der Narr hingegen ist sich selbst sein eigener Gott (Ps 12,4–5). Auf ihn trifft der Anfang der Psalmen 14 und 53 wirklich zu: »Der Tor sagt in seinem Herzen: Es gibt keinen Gott«. Im lateinischen Psalter lautet das: *Dixit insipiens [stultus] in corde suo: Non est deus.*

In das große **D** von »Dixit«, also in die Initiale der Psalmen 14 und 53, haben die Hersteller mittelalterlicher Psalterien stets den Narren mit Narrengewand, Eselsohren, Glöckchen und Narrenzepter hineingemalt. Er war ihnen die Figuration des Gottlosen schlechthin. Die Bildgebung des Narren hat also eine lange Tradition, die über acht Jahrhunderte reicht. Ihre theologische Wurzel jedoch ist noch viel älter. Sie reicht zurück bis in das Alte Testament.

Im Mittelalter wurden aber nicht nur Initialen ausgemalt. Zwischen Mittelalter und Neuzeit wurde die alte Gegenüberstellung von dem Weisen und dem Narren in ein berühmtes Bildgefüge gebracht, das uns in vielen Holzschnitten und Kupferstichen überliefert ist – beginnend mit den Illustrationen zu dem Buch von Sebastian Brant, »Das Narrenschiff«, das 1494 erschien. Dieses Buch war ein Bestseller zu Beginn der ›frühen Neuzeit‹ – immer wieder nachgedruckt, immer wieder neu bebildert.

Die wichtigsten Bilder zeigen zwei Schiffe: Das eine Schiff ist das Narrenschiff. Es ist buchstäblich voller Narren. Es hat keine Segel gesetzt. Es treibt in den Strömungen der Zeit. Es kommt nicht nur nie ans Ziel, sondern auf dem Schiff hauen sich die Narren gegenseitig die Schädel ein. Das Gegenstück dazu bildet ein anderes Schiff. Es ist das Schifflein des Petrus. Es ist die Kirche. Dieses Schiff wird mit sicherer Hand gesteuert. Es wird von Engeln geleitet, und es erreicht seinen Hafen.

Zwei Versuchungsgeschichten
(Gen 2,4b–17; 3,1–24; Mt 4,1–11)

Es gibt in der Heiligen Schrift zwei Erzählungen, die beide von einer Versuchung mit weitreichenden Folgen handeln. Betrachtet man ihren Ort im Gesamt der Bibel, so stehen sie weit voneinander entfernt. Blickt man aber auf ihre Theologie, so stehen sie sich nahe – wenn auch antithetisch. Deshalb werden sie in der Liturgie einander gegenübergestellt. In Lesejahr A der Katholischen Kirche und anderer Kirchen bestimmen sie die Liturgie des 1. Fastensonntags. Es handelt sich um die Erprobung des ersten Adam im Paradies (Gen 2,4b–17; 3,1–24) und um die Erprobung des zweiten Adam in der Wüste (Mt 4,1–11/ Lk 4,1–13; vgl. Mk 1,12–13).

In der Figur des »ersten Adam« (zu dieser Terminologie vgl. 1 Kor 15,45–47) verdichtet sich die Untreue des Gottesvolkes, darüber hinaus aber der Ungehorsam der gesamten Menschheit. In Jesus, dem »endzeitlichen« Adam, zeigt sich, was sein Gehorsam und seine Treue gegenüber Gott bewirken: Das Paradies steht wieder offen – mitten in der Wüste der Welt.

Beide Versuchungsgeschichten sind kunstvolle Kompositionen. Beide Male werden jeweils weitgespannte Erfahrungen in der Kürze einer einzigen Erzählung zusammengeholt. Man darf ruhig sagen: Beides sind fiktive Geschichten. Aber gerade die Verwendung des Fiktiven bot die Möglichkeit, in einer Form zu erzählen, die gefüllt war mit vielfältiger Erfahrung.

Wie schon gesagt: In der Erzählung von Paradies und Sündenfall spiegelt sich der Ungehorsam gegen Gott, der in der Geschichte der Menschheit immer wieder durchbricht. Die Erzählung will den Einbruch des Bösen in das Gesamt der Geschichte veranschaulichen. Was mit dem Ungehorsam von Eva und Adam beginnt, geht weiter. Schon in der nächsten Generation, bei Kain und Abel, geschieht der erste Mord. Es ist sogar ein Brudermord (Gen 4,1–16). Und von da an wird erzählt, wie sich die Gewalt in der Welt immer weiter ausbreitet (Gen 4,23–24; 6,5.13; 8,21). Wir dürfen das Paradies der Genesis nicht eine Art Schlaraffenland am Anfang der Menschheitsgeschichte deuten. Und wir sind auch nicht ermächtigt, aus dieser Erzählung historisch einen noch unschuldigen »Urstand« der Menschheit *vor* einem »Sündenfall« abzuleiten, der diesen »Urstand« dann beendet hätte. Sagen wir stattdessen lieber: Das Bild vom Paradies zeigt uns, wie die Welt geworden wäre, wenn es den Ungehorsam gegen Gott und die daraus folgende Gewaltgeschichte nicht gegeben hätte.

Aber wie sollen wir uns diesen Ungehorsam gegen Gott im Rahmen der außerordentlich langen Entwicklung des Menschen zum *homo sapiens* eigentlich vorstellen? Mit anderen Worten: Wie können wir Evolution und Sündenfall zusammendenken?

Im Zuge der Menschwerdung des Menschen muss allmählich – zunächst noch in sehr beschränktem Ausmaß – die Möglichkeit der Freiheit entstanden sein. Das heißt, die Möglichkeit, dass sich dieses Wesen, das aus dem Tierreich kam, nicht mehr einfach nur von seinen Instinkten leiten ließ, sondern wählen konnte: wählen zwischen verschiedenen Möglichkeiten – und wählen zwischen einem grundlegenderen Ja oder Nein.

Der langsam Mensch werdende Mensch übersteigt im Erkennen das sich ihm vordergründig Darbietende. Er ist das neugierigste Lebewesen, das es gibt. Sein Erkennen drängt immer mehr über das Vorhandene hinaus. Damit aber eröffnen sich ihm unablässig neue Möglichkeiten. Der Mensch kann sich transzendieren auf Neues hin. Er kann langsam und in winzigen Schritten mehr und mehr ergreifen, was in der Welt an Großem, an Gutem, an Schönem für ihn bereit liegt. Er kann sich – über die reine Wahlfreiheit hinaus – immer mehr dem annähern, was die eigentliche Freiheitstat ist: das Sich-selbst-Bestimmen auf das Gute hin.

Vor solchem Hintergrund ist dann die sogenannte ›Ursünde‹ als *Verweigerung* zu denken – nämlich als Verweigerung von Schritten, die in den langen Phasen der Hominisation und der kulturellen Evolution des Menschen möglich geworden waren. Diese Schritte gaben dem Menschen neue Möglichkeiten, sich der Wahrheit und dem sittlich Guten zu öffnen, auf diese Weise Gott näher zu kommen und Gottes Weg in der Geschichte mitzugehen. Dort, wo diese Schritte nicht gegangen wurden, entstand ein erster Ansatz zu Sünde und Schuld.

Die Ursünde wäre dann eine zunehmende *Nichtverwirklichung* von neuen, positiven Möglichkeiten, die auf den Menschen zukamen. Der Sündenfall wäre ein *Zurückbleiben* hinter der Berufung des Menschen, die Herrlichkeit Gottes widerzuspiegeln. Vor dem Hintergrund unseres heutigen Wissens über die Evolution des Menschen aus dem Tierreich müssten wir deshalb statt von einem ›verlorenen‹ eher von einem ›versäumten Paradies‹ reden. So viel zu der Möglichkeit und zugleich zu der Notwendigkeit, Sündenfall und Evolution zusammenzudenken!

Doch die Erzählung Gen 2,4b – 3,24 will, wie schon gesagt, nicht nur den Einbruch des Bösen in die Geschichte der Menschheit insgesamt veranschaulichen. Denn sie ist ja von ihrer Gattung her eine *Stammvatergeschichte*. Eine Stammvatergeschichte aber fasst in einer ›Anfangsfigur‹ das zusammen, was von all den Späteren gilt, die sich diese Geschichte erzählen. Und wer ist die ›Gruppe‹, die sich diese Geschichte erzählt? Natürlich Israel. In der Stammvatergeschichte vom Sündenfall werden also wesentliche Elemente aus der Geschichte *Israels* erzählt:

Wie nämlich Israel »ein gutes, weites Land« anvertraut wird, das von »Milch und Honig überfließt« (Ex 3,8). Wie ihm aber auch eine Sozialordnung gegeben wird, die sein Leben sichern soll: die Tora. Das Geschenk der Tora wird in Gen 2,9.17 chiffriert dargestellt durch den »Baum des Lebens und der Erkenntnis von Gut und Böse«, der in der Mitte des Gartens steht (möglicherweise sind nicht zwei verschiedene Bäume gemeint; doch das ist in der Exegese umstritten). In dem anschließend erzählten Sündenfall wird dann wie in einem Zeitraffer komprimiert dargestellt, wie Israel seinem Gott immer wieder misstraut, die ihm geschenkte Tora ständig übertritt, deshalb das Land verliert und ins Exil muss. Adam und Eva stehen dabei für das Kollektiv ›Israel‹. In Form einer Erzählung wird hier also dasselbe gezeigt, was Israel im Buch Deuteronomium innerhalb einer Mose-Rede vor Augen gestellt wird: Segen und Fluch, Leben und Tod:

> *Hiermit lege ich dir heute vor: das Leben und das Glück, den Tod und das Unglück. Wenn du auf die Gebote des* HERRN, *deines Gottes, auf die ich dich heute verpflichte, hörst, indem du den* HERRN, *deinen Gott, liebst, auf seinen Wegen gehst und auf seine Gebote, Gesetze und Rechtsvorschriften achtest, dann wirst du leben und zahlreich werden, und der* HERR, *dein Gott, wird dich segnen in dem Land, in das du hineinziehst, um es in Besitz zu nehmen.*
> *Wenn du aber dein Herz abwendest und nicht hörst, wenn du dich verführen lässt, dich vor anderen Göttern niederwirfst und ihnen dienst – heute erkläre ich euch: Dann werdet ihr ausgetilgt werden; ihr werdet nicht lange in dem Land leben, in das du jetzt über den Jordan hinüberziehst [...]. Wähle also das Leben, damit du lebst, du und deine Nachkommen. (Dtn 30,15–19)*

Das Paradies der Genesis steht also nicht nur für die Welt, wie sie geworden wäre, wenn sich Sünde und Gewalttat nicht ausgebreitet hätten, sondern in einer kühnen Ambivalenz ist zugleich das Land gemeint, das Abraham und seinen Nachkommen geschenkt wurde.

Dieses Geschenk des Landes ist im Neuen Testament keineswegs hinfällig geworden. Es tritt vielmehr in das Stadium seiner vollen Verwirklichung: Jesus verheißt denen, die ihm nachfolgen, schon für die Gegenwart das Hundertfache von dem, was sie um seinetwillen verlassen haben: »Häuser, Brüder, Schwestern, Mütter, Kinder und Äcker« – »und in der kommenden Welt das ewige Leben« (Mk 10,30). Die Landverheißung und die Landgabe des Alten Bundes finden also ihre Erfüllung in der Jüngergemeinde, die Jesus um sich sammelt und die nach Ostern in der Kirche weiterlebt. Es ist natürlich kein Zufall, dass hier über die aufgezählten Glieder der Neuen Familie hinaus auch von Äckern die Rede ist. Sie stehen für die Erfüllung der Landverheißung.

Das Paradieses-Thema von Gen 2,8–17 kehrt in der Versuchungsgeschichte des Matthäus- und des Markusevangeliums wieder, wenn es heißt: »Engel kamen und dienten ihm« (Mt 4,11; vgl. Mk 1,13). Diese Notiz erweist sich als Rückgriff auf die Paradiesesgeschichte; offenbar gab es schon in neutestamentlicher Zeit jüdische Legenden, die erzählten, dass die ersten Menschen im Paradies Engelspeise erhalten hätten (Vita Adae 4,2).

Der zweite Adam tut das, was der erste nicht getan hat: Er traut Gott. Er hat keine Angst, dass ihm etwas entgeht, wenn er den Willen seines himmlischen Vaters tut. Er entscheidet sich mit seiner ganzen Existenz für den Willen Gottes. In dem Augenblick, da er sich gegen den Versucher gestellt hat, kommen Engel und dienen ihm. Das heißt: In diesem Augenblick beginnt in ihm und mit ihm das Paradies.

Doch vorher wird Jesus erprobt, wie jeder erprobt wird, der Gott dienen will. Der Teufel will ihn in allen drei Versuchungsgängen dazu treiben, nicht dem Plan des Vaters zu dienen, sondern sich selbst; nicht für die Sache Gottes zu leben, sondern für die eigene Sache. Die Erprobungen Jesu wurden von den Evangelisten ganz bewusst zwischen seiner Taufe durch Johannes und seinem ersten öffentlichen Auftreten verortet. Genau in dem Augenblick, da einer in der Welt anfängt, den Willen Gottes ganz und mit letzter Eindeutigkeit zu tun, erscheint der Versucher.

Die Erprobungen Jesu drängen sich gleichsam in drei ›Augenblicken‹ zusammen. Bei Lukas heißt es sogar ausdrücklich: » ... der Teufel zeigte ihm *in einem einzigen Augenblick* alle Reiche der Erde« (Lk 4,5). Sören Kierkegaard hat dazu in seinen Tagebüchern notiert:

Die Versuchung hat ihre Macht im Augenblick. Furchtbare Kräfte hat sie, zu ängstigen und gleichsam alles in einem einzigen Augenblick zu verdichten, aber im nächsten Moment ist sie machtlos.

Es ist dies eine Erfahrung, die schon viele gemacht haben: Die Versuchung wühlt im Menschen mit der schrecklichen Kraft, von der Kierkegaard spricht. Doch in dem Augenblick, in dem der Glaubende sagt: »Ich halte das Gebot Gottes heilig, und ich will nichts anderes tun als seinen Willen«, wird es in ihm ruhig, und Friede zieht in sein Herz ein. Die Versuchung kann zwar von neuem kommen, aber für diese Stunde hat sie keine Macht mehr.

Im Zentrum der neutestamentlichen Versuchungserzählung – bei Matthäus in der Mitte, bei Lukas am Ende – tritt der Teufel als frommer Bibelausleger auf. Er sagt zu Jesus:

Wenn du Gottes Sohn bist, so stürz dich da hinab! Denn es heißt doch in der Schrift: »Seinen Engeln befiehlt er um deinetwillen«, und: »Sie werden dich auf ihren Händen tragen, damit dein Fuß nicht an einen Stein stößt.« (Mt 4,6)

Das Diabolische dieser Rede besteht gerade darin, dass ein Gotteswort – nämlich Ps 91,11–12 – aus seinem Zusammenhang gerissen und gegen Gott und seinen Plan verwendet wird. Jesus widersteht dem Verwirrer hier wie in den beiden anderen Erprobungen, indem er die Schrift *sachgerecht* liest. Er hält dem Versucher jeweils einen zentralen Satz aus der Tora entgegen. Es ist jedes Mal ein Text aus dem Buch Deuteronomium. Jesus lebt also ganz aus dem Gehorsam gegenüber der Weisung vom Sinai. Bei Matthäus endet die dreifache Abweisung des Versuchers darin, dass sich Jesus rückhaltlos zur Alleinverehrung JHWHs bekennt: »Vor dem Herrn, deinem Gott, sollst du dich niederwerfen und ihm allein dienen« (Mt 4,10; vgl. Dtn 5,9). Bei Lukas steht dasselbe in der Mitte der Erzählung, ist also genauso betont (Lk 4,5–8). Wahrscheinlich hat Lukas die Episoden umgestellt, und Matthäus bietet die ursprüngliche Reihenfolge.

In diesem Augenblick, da sich Jesus als der erweist, der in letztem Gehorsam und in Einheit mit dem Willen Gottes lebt, lässt der Versucher von ihm ab. Er hat keine Macht mehr über ihn. Engel kommen und dienen ihm. Wie wir schon sahen, heißt das: Die neue Schöpfung, das Paradies, beginnt. Man könnte auch sagen: Nun ist die österliche Gemeinde grundgelegt; der Ort, wo alle einander dienen und einander zu Engeln werden können.

Die beiden Versuchungsgeschichten konzentrieren also jeweils in einer einzigen Erzählung, was sich in der realen Geschichte in einem längeren Zeitraum zugetragen hat. Gen 2–3 verdichtet wesentliche Erfahrungen aus der frühen Geschichte des Gottesvolkes, vor allem die Erfahrung des Exils. Mt 4,1–11/ Lk 4,1–13 fassen zusammen, was die Jünger immer wieder erlebt haben: Jesus ist versucht worden wie sie selbst, sogar noch viel schrecklicher. Und sie haben gesehen: Er widerstand der Versuchung, weil er dem, den er seinen Vater nannte, ganz vertraute.

Die Erzählung von der Erprobung in der Wüste zeigt Jesu absolute Eindeutigkeit. In einer Gesellschaft, in der alles mehrdeutig zu werden droht und deshalb alles gleich-gültig wird, müssen wir zutiefst dankbar sein für diese Eindeutigkeit. Die Erzählung weist aber auch hin auf das, was Paulus in Röm 5,19 formuliert: »Durch den Gehorsam des einen werden die vielen zu Gerechten gemacht werden.«

Dieses Kapitel geht davon aus, dass die Erzählung Gen 2,4b–17; 3,1–24 schon Exilserfahrungen voraussetzt. Bei der klassischen Quellenscheidung, wie sie etwa Julius Wellhausen vertrat, wäre das unmöglich, denn dort wird Gen 2,4b–17; 3,1–24 als Teil der jahwistischen Quelle im 9. Jahrhundert angesetzt. In der gegenwärtigen Forschung werden allerdings diese älteren Quellenscheidungen in ihrer klassischen Form kaum noch vertreten. Ich verweise auf ERICH ZENGER u. a., Einleitung in das Alte Testament, Stuttgart u. a. ²1996, 114–115. Hier ist Gen 2,4b – 11,10 »in der exilischen/frühnachexilischen Epoche gut vorstellbar«. — Für den Text von Sören Kierkegaard siehe DERS., Die Tagebücher 1834–1855, Leipzig ²1941, 402. — Die Frage, wie man Evolution und die Erzählung von Paradies und Sündenfall zusammendenken kann, wird ausführlich und viel gründlicher, als es hier möglich war, in dem folgenden Buch behandelt: GERHARD LOHFINK/LUDWIG WEIMER, Maria nicht ohne Israel. Eine neue

Sicht der Lehre von der Unbefleckten Empfängnis, Freiburg i. Br. 2008 (Neuausgabe 2012), 65–99.

Ein fatales Bußgebet
(Hos 6,1–6)

Im 6. Kapitel des Buches Hosea gibt es einen Text, der jetzt über zweieinhalbtausend Jahre alt ist – und der damals so verkehrt und gefährlich war, wie er es auch heute noch ist. Es sind Sätze aus einer Bußliturgie des Gottesvolkes. Dem Text zufolge betete das Volk einst folgendermaßen:

> *Auf, lasst uns zum* HERRN *zurückkehren!*
> *Denn er hat gerissen, er wird uns auch heilen;*
> *er hat verwundet, er wird uns auch verbinden.*
>
> *Nach zwei Tagen wird er uns neu beleben,*
> *am dritten Tag richtet er uns wieder auf,*
> *dass wir vor seinem Angesicht leben.*
>
> *Lasst uns ihn erkennen,*
> *ja lasst uns nachjagen der Erkenntnis des* HERRN.
>
> *Er kommt so sicher wie das Morgenrot;*
> *er kommt zu uns wie der Herbstregen,*
> *und wie der Frühjahrsregen, der die Erde tränkt.*
> (Hos 6,1–3)

Was ist an diesem Text fatal? Ist es nicht ein eindrucksvoller, ein schöner Text? Die ihn beteten, sehnten sich offenbar nach Umkehr, ja sogar nach Gotteserkenntnis, und sie waren voll Zutrauen zu ihrem Gott. »Auf, lasst uns zum HERRN zurückkehren!« Kann man besser beten?

Und doch folgt im Buch des Propheten Hosea nach diesem Bußgebet kein Zuspruch, dass JHWH dieses Gebet erhören würde. Im Gegenteil! Der Text wird nur zitiert, damit er sofort in Frage gestellt werden kann. Die sich anschließende ›Stimme‹, die unverkennbar die Stimme Gottes ist, entlarvt die anscheinend so frommen Umkehrrufe. Fast ratlos und in unsäglicher Trauer setzt in Vers 4 sofort die Gegenrede ein:

Was soll ich dir tun, Efraim,
was soll ich mit dir tun, Juda?

Eure Liebe ist wie der Morgennebel
und wie der frühe Tau, der bald vergeht.

Darum habe ich durch die Propheten zugeschlagen,
habe sie [Efraim und Juda] erschlagen durch die Worte meines Mundes.

Dann wird mein Recht hervorbrechen wie das Licht.
Denn an Liebe habe ich Gefallen, nicht an Schlachtopfern,
an Gotteserkenntnis mehr als an Brandopfern.
(Hos 6,4–6)

Damit wird die zitierte Bußliturgie Stück für Stück demaskiert: Es stimmt ja gar nicht, dass Gott dem Volk Wunden gerissen hat, die schnell wieder zu heilen wären. Unmittelbar zuvor – in Hos 5,14 – war ein viel schrecklicheres Bild gemalt worden. Da hatte Gott von sich selbst gesagt:

Ich bin für Efraim wie ein Löwe,
wie ein junger Löwe für das Haus Juda.

Ich reiße und mache mich davon,
ich schleppe [die Beute] fort,
und keiner kann sie mir entreißen.

Gott hat also nicht nur verwundet. Er hat nicht nur Wunden gerissen. Nein, er schleppt seine Beute davon. Und da das Bußgebet gesagt hatte, die Hilfe des Herrn komme »so sicher wie das Morgenrot«, wird auch dieses Bild entlarvt. Nein, er kommt nicht so sicher wie das Morgenrot, sondern die Gottesliebe Israels ist wie Morgennebel, der sich in Nichts auflöst, wenn die Sonne hochsteigt.

Gerade die Aussage, dass Gott so zuverlässig wie das Morgenrot komme und »wie der Frühjahrsregen, der die Erde tränkt«, zeigt, wes Geistes Kind der ganze Bußruf ist. Hier weht der Geist der Religion Kanaans. Der Anklang an den Baalskult ist unverkennbar: In der Baalsreligion lässt man sich tragen von den Fruchtbarkeits-Rhythmen der Natur. Der Frühjahrsregen ist der Segen des Baal, der jedes Jahr von neuem die Erde tränkt. Mit ähnlichem Automatismus soll nun auch Jhwh helfen. Das zeigt: Der Jhwh-Glaube ist unterwandert. Er ist längst kanaanisiert.

Gegen Ende des 2. Weltkriegs gab es in Deutschland einen Schlager, gesungen von Lale Andersen. Der Schlager wollte Hoffnung machen, als sich der Untergang des ›Dritten Reiches‹ immer deutlicher abzeichnete. Er tat es exakt mit jener billigen, völlig geschichtslosen Haltung, die einst hinter Hos 6,1–3 stand:

Es geht alles vorüber.
Es geht alles vorbei.
Nach jedem Dezember
kommt wieder ein Mai.

Begreift man erst einmal, in welchem religiösen Erfahrungsraum der anscheinend so ergreifende Bußtext angesiedelt ist, erkennt man das eigentliche Defizit, das diesen Text prägt: Er enthält auch nicht die Spur eines Schuldbekenntnisses, sondern stattdessen eine gehörige Portion Selbstbeschwichtigung. Und das ist kein Wunder. Wer Heilung nach dem Muster jahreszeitlicher Natur-Rhythmen erwartet, hat keinen Blick für die Geschichte, und wer für die Geschichte keinen Blick hat, weiß nicht, was Schuld ist.

Die Bußliturgie, die hinter Hos 6,1–3 steht, hatte einen geschichtlichen Anlass. Der Schatten Assurs schob sich immer dunkler über das Nordreich. Im Jahre 733 war Tiglat-Pileser III.

von Norden her in den oberen Jordangraben eingefallen und hatte von dort aus die ostjordanischen Gebiete Israels und das galiläische Bergland mitsamt der Jesreel-Ebene erobert.

Hosea hatte dem Volk daraufhin seine wahre Aufgabe vor Augen geführt. Er hatte es – weg von politischem Taktieren – zur Umkehr zu der göttlichen Rechts- und Lebensordnung gerufen. Doch der Umkehrwille des Volkes blieb an der Oberfläche. Man machte schöne Worte, feierte Buß-Liturgien, redete groß von Erneuerung – und ließ alles beim Alten. Das Volk hatte seinen Gott, der es aus Ägypten befreit hatte, zugunsten einer einschmeichelnden Fruchtbarkeitsreligion verraten. Das Land war voll von sozialem Unrecht, Ausbeutung und politischer Korruption.

In dieser Situation klingt die Parole »Der Herr wird's schon heilen!« wie Hohn. Hier kann Gott nur zuschlagen wie ein reißender Löwe. Heute müssten wir diese erschreckende Aussage über Gott folgendermaßen übersetzen: Das Gottesvolk schlägt sich seine Wunden selbst, denn jede Sünde ist eine Wunde am Leib Israels. Aus der Sicht Gottes aber ist die Schrecklichkeit dieser Wunden das einzige Mittel, mit dem er seinem Volk doch noch helfen kann. Gott lässt die Katastrophe zu, damit Israel endlich begreift. Er möchte sein Volk nicht verderben, sondern es retten.

Wenn wir einen großen geschichtlichen Bogen schlagen, dürfen wir sagen: Die Katastrophe Israels ist sogar noch weit größer geworden, als es Hosea zu seiner Zeit ahnen konnte. Nicht nur das Nordreich wurde verschlungen. Im Jahre 586 traf es auch das Südreich. Die staatliche Existenzform des Gottesvolkes, die vor allem David und Salomo geschaffen hatten, fand ihr Ende.

Aber diese abgrundtiefe Krise Israels sollte sich als produktive Krise erweisen. Sie führte über das Exil zu einer neuen Geburt des Gottesvolkes, zu einer geläuterten Theologie und damit zum Großteil des heutigen alttestamentlichen Kanons.

Sind wir in einer ähnlichen Lage wie damals? Haben die Christen in Deutschland aus den furchtbaren Katastrophen des 20. Jahrhunderts gelernt? Hat es bei uns nach 1945 *echte* Buß-liturgie, hat es wahre Umkehr gegeben? Teilweise schon. Manches ist tatsächlich anders geworden. Die Kirche hat ihr Verhältnis zu Israel neu durchdacht. Das 2. Vatikanische Konzil war der staunenswerte Versuch, Kirche und Welt von der Heiligen Schrift und von den Erfahrungen einer langen Geschichte her tiefer zu verstehen.

Aber ist dieser staunenswerte Versuch wirklich schon gelungen? Geschieht, zumindest in Deutschland, im Augenblick nicht auch das Gegenteil? Sind wir nicht alle in der Gefahr, den Geist der Zeit und die Leitbilder der Gesellschaft zum Maßstab unserer Umkehr zu machen? Sagen wir nicht wie damals: »Lasst uns umkehren«, meinen aber mit Umkehr nur allzu oft Anpassung und mit Erneuerung »Anschlussfähigkeit« an die Gesellschaft?

Geschieht bei uns nicht eine Kanaanisierung unseres Glaubens wie damals im Nordreich? Die biblischen Texte werden im Wortgottesdienst zwar vorgelesen (was die Lesung aus dem Alten Testament angeht, oft nicht einmal das). Doch aus der Botschaft dieser Texte wird in der Predigt immer häufiger Lebenshilfe oder ein vager Humanismus.

Und die Sakramente? Sie werden zwar empfangen. Aber sie bleiben allzu oft bloßes Ritual oder ›Lebenshilfe‹. Und weil das Gesamtsakrament ›Kirche‹ bzw. ›Gemeinde‹ fehlt, geraten die Sakramente in die Nähe bloß religiöser Riten, die das Leben nicht wirklich verändern und formen. Sind wir nicht Kanaan viel näher, als wir ahnen? Was würden uns die Propheten heute sagen? Müssten sie nicht auch unser Land mit ihrer Gerichtspredigt erschüttern?

Betört und verführt
(Jer 20,7–10; Röm 12,1–2; Mt 16,21–27)

Der Text Jer 20,7–10 ist eine herzzerreißende Klage: Der Prophet Jeremia vergleicht sich mit einem Mädchen, das verführt und vergewaltigt wurde. Der Verführer hat die Unerfahrenheit und Einfalt des Mädchens mit schönen Worten ausgenutzt.

*Du hast mich betört, o HERR,
und ich ließ mich betören.
Du hast mich gepackt und überwältigt.*

In der gleichen Situation sieht sich der Prophet. Gott hatte ihm das Prophetenamt in Israel angetragen (Jer 1,4–10), und Jeremia hatte schließlich zugestimmt. Er war dabei frei. Er hatte sich in Freiheit »betören« lassen – und jetzt kommt er sich vor wie einer, der missbraucht und ausgenutzt wird. Sein Amt ist ihm unerträglich geworden. Weshalb?

Jeremia muss in Jerusalem als Unheilsprophet auftreten. Er kann dem Volk keine herrliche Zukunft prophezeien. Denn das Land ist voll Unrecht und Unglaube. So muss er unablässig rufen: »Gewalt! Unterdrückung!« Weil im Innern des Gottesvolkes Gewalt und Unterdrückung herrschen, wird nun auch von außen die Gewalt Babylons über Jerusalem hereinbrechen.

Das Volk will davon nichts hören. Es will Glückspropheten, die ihm wunderbare Zeiten ausmalen (Jer 23,17). Deshalb wird Jeremia nicht anerkannt. Er wird verspottet, verhöhnt, sozial isoliert, ja sogar verfolgt – offenbar auch von der eigenen Familie (Jer 12,6). Seine schlimmste Not sind aber nicht Spott und Verfolgung, sondern die Wirkungslosigkeit seines Auftretens. Er hatte gedacht, er könne durch sein prophetisches Wort das Volk zur Umkehr führen. In Wirklichkeit führt er es ins Gericht.

Deshalb bäumt sich in Jeremia alles auf. Sein Reden mit Gott wird zur tiefen Klage. Er möchte nichts lieber, als dem Auftrag Gottes ausweichen. Mehr noch: Er verflucht den Tag, an dem er geboren wurde (Jer 20,14–18). Aber er kann sich gegen seine Berufung nicht wehren. Gott ist stärker. Wenn er aufgeben will, brennt es in seinem Innern wie Feuer (Jer 20,9). Es ist das Wissen, dass er sich Gott nicht entziehen darf, weil es um Israel geht – und weil Gott im Recht ist.

Jeremia ist seinem prophetischen Dienst treu geblieben. Während der Belagerung Jerusalems durch die Babylonier 587/586 v. Chr. wird der Prophet des Hochverrats verdächtigt, verhaftet und im Wachhof des Königspalastes gefangen gesetzt.

Selbst dort schweigt er nicht (Jer 20,1–6). Als dann Jerusalem erobert worden ist, wird er von seinen Gegnern im eigenen Volk nach Ägypten verschleppt (Jer 43,4–7). Dort ist er verschollen. Ein Prophetenschicksal in Israel.

In Jesus summiert sich das Schicksal aller Propheten. Auch er steht unter dem »Muss« eines Auftrags, dem er nicht ausweichen kann. Der Kampf, der sich in Jesus abgespielt hat, wird in der Ölbergsszene geschildert (Mt 26,36–46). In einem anderen Text, in Mt 16,21–25, wird die Versuchung, dem Auftrag zu entfliehen, von außen an Jesus herangetragen. Petrus, der gerade erst feierlich bekannt hat, dass Jesus der Messias sei, und dafür seliggepriesen wurde (Mt 16,13–20), hat noch keineswegs verstanden, was dieses messianische Amt in Wahrheit bedeutet. Er hat noch nicht begriffen, dass Jesus nach Jerusalem gehen muss, um das ganze Gottesvolk, repräsentiert in der Hauptstadt, vor die Entscheidung zu stellen. Petrus will Jesus von dem Gang nach Jerusalem abbringen. Und da hört er von Jesus das unglaublich harte Wort:

Tritt hinter mich! (= Geh mir aus den Augen!), du Satan! Ein Ärgernis bist du mir (= Du willst mich zu Fall bringen). Denn du hast nicht das im Sinn, was Gott will, sondern was die Menschen wollen. (Mt 16,23)

Weshalb reagiert Jesus derart scharf? Petrus hatte doch nur auf Jesus eingeredet, um ihn zur Vorsicht zu mahnen. Er hatte nur ausgesprochen, was wir alle wollen: Gott in bürgerlichem Frieden auf unserer Seite haben. Irgendwie, hoffen wir, lässt sich alles versöhnen. Irgendwie, denken wir, lässt sich alles arrangieren, so dass wir Gott dienen können und zugleich unsere Ruhe haben.

Jesus aber zeigt mit seinem Wort und seinem Weg, dass dieses Sowohl-als-auch nicht möglich ist. Er führt uns vor Augen: Der Plan Gottes mit der Welt ist in den meisten Fällen etwas ganz anderes als das, was wir uns für die Geschichtsabläufe erträumen und was wir mit unserem eigenen Leben vorhaben. Der Unterschied zwischen dem Willen Gottes und dem, was wir wünschen und wollen, darf nicht verwischt werden. Das Verwischen des Unterschieds nennt Jesus schlichtweg satanisch.

Oft geschieht dieses Verwischen sogar unter dem Deckmantel des Religiösen. Petrus will Jesus ja nicht nur aus menschlicher Fürsorge von Jerusalem fernhalten. Er tut es auch noch mit einer frommen Formel. »Gott bewahre!« sagt er, bzw. »Da sei Gott vor!« (Mt 16,22). Er will also im Namen des Glaubens vor dem wahren Anspruch des Glaubens schützen.

Die Situation des Petrus ist die Situation von uns allen. Wenn Gott konkret in unser Leben eindringen will, wenn er unseren Träumen und Zukunftsplänen den Platz streitig macht, zeigt sich schnell, wie fest wir uns an unsere eigenen Vorstellungen klammern. Es ist wirklich ein Kampf mit »Mächten und Gewalten« in uns selbst, der dann geführt werden muss.

Der Weg Jesu war kein Sowohl-als-auch. Er war absolut eindeutig. Und diese Eindeutigkeit wollten die Menschen nicht. Deshalb haben sie Jesus ans Kreuz gebracht. Jesus sagt, wer mit ihm Gemeinschaft haben wolle, müsse seinem Weg nachgehen und ebenfalls das Kreuz auf sich nehmen (Mt 16,24). Das heißt, er dürfe der schmerzlichen Entscheidung nicht ausweichen, der Entscheidung gegen die Bequemlichkeit, gegen die Gewohnheit, gegen die Meinung der Gesellschaft, gegen das Beispiel der vielen. Paulus drückt dieselbe Sache im Römerbrief so aus:

Gleicht euch nicht dieser Welt an, sondern lasst euch verwandeln durch die Erneuerung eures Denkens, damit ihr prüfen und erkennen könnt, was der Wille Gottes ist. (Röm 12,2)

Genau an dieser Stelle hätte das Kreuz in unserem Leben seinen Ort. Wir reden oft schon vom Kreuz, wenn uns ein harter Schlag trifft – ein Todesfall oder eine Krankheit. Aber auch schon, wenn es um den täglichen kleinen Ärger geht oder um die Banalität des immer Gleichen. Doch das alles bereits als Kreuz zu bezeichnen, ist leichtfertig. Mit diesen Dingen muss ohnehin jeder Mensch fertig werden, ob er an Jesus glaubt oder nicht.

Das Kreuz hingegen ist die notwendige Folge der Entscheidung für die Sache Jesu. Es ist die zwingende Konsequenz, wenn man sich für die Wahrheit entschieden hat, denn die Wahrheit ist unbeliebt. Das Kreuz wird also freiwillig, in freier Wahl auf die Schultern genommen. Und wir tragen unser Kreuz nicht schon, wenn wir die harten Schläge des Lebens oder die kleinen Quälereien des Alltags geduldig auf uns nehmen – das tut jeder Stoiker –, sondern erst, wenn wir Jesus nachfolgen.

Dann allerdings erweist sich dieses Kreuz nicht nur als ein Erleiden, sondern als Erlösung und Befreiung. Von uns selbst und dem Chaos unseres Lebens werden wir dann erlöst, denn alle Dinge und Werte erhalten nun ihren Platz – und die Wichtigkeit, die ihnen zukommt. Der erste Platz aber bleibt dem Willen, dem Plan Gottes vorbehalten.

So ist die Welt noch immer die gleiche, aber sie erhält die Ordnung, die allein sachgerecht ist. Nichts ist mehr heilig außer Gott. Oder besser: Alles ist heilig, wenn es Gott dient. Unser ganzes Leben wird dann zum Gottesdienst – zum aufgeklärten, vernünftigen Gottesdienst (Röm 12,1).

Verweile doch! du bist so schön!
(Mk 9,2–10)

Der Mensch ist nie zufrieden. Er will das haben, was er noch nicht hat. Hat er es endlich, möchte er schon wieder etwas anderes. Auch will er immer dort sein, wo er im Augenblick gerade nicht ist. Und ist er dann doch zu dem Ort seiner Sehnsucht gekommen, träumt er schon bald von einem anderen Ziel.

Auch mit der Zeit, in der er lebt, ist er nicht einverstanden. Er malt sich vergangenes Glück aus oder entwirft sich eine bessere Zukunft, aber der Gegenwart, der einzigen Zeit, in der er wirken kann, gibt er nicht die Hand.

Selbstverständlich gibt es von all dem auch das Gegenteil: Menschen, die satt sind, die weder an die Vergangenheit noch an die Zukunft denken und nichts anderes wollen als endlich ihre Ruhe. Aber sie sind genauso rastlos wie die anderen – nicht, weil sie die Veränderung suchen, sondern weil sie ständig darum kämpfen, dass man sie in Ruhe lässt.

Faust wettet mit dem Teufel – und er wettet um seine Seele –, dass es in seinem Leben keine einzige Stunde geben werde, die ihn vollkommen glücklich sieht:

Werd ich zum Augenblicke sagen:
Verweile doch! du bist so schön!
Dann magst du mich in Fesseln schlagen,
Dann will ich gern zugrunde gehn!

Faust ist also überzeugt, dass es diese Stunde ruhenden Glücks für ihn niemals geben werde – doch zugleich sucht er sie. Das ist das Paradox seiner Existenz. Offenbar hat der Mensch eine unausrottbare Sehnsucht, in seinem Leben an den Punkt zu gelangen, wo alle Wege zusammenlaufen, wo alle Wünsche zur Ruhe kommen und wo er in einer Gegenwart leben darf, die bis zum Rand gefüllt ist.

Die drei Jünger, die mit Jesus den Berg der Verklärung erstiegen haben, sind offenbar an diesem Punkt angekommen. Denn Petrus sagt ja:

Meister, es ist gut, dass wir hier sind. Wir wollen drei Hütten bauen, eine für dich, eine für Mose und eine für Elija. (Mk 9,5)

Nur um das Laubhüttenfest zu feiern? Unwahrscheinlich! Hier geht es um mehr. Was Petrus da redet, heißt doch wohl: »Wir wollen hier nicht mehr fort. Wir wollen nirgendwo sonst mehr hin. Wir wollen nichts anderes mehr sehen. So, wie es jetzt ist, soll alles bleiben. Endlich ist alles da.« Petrus ist ganz außer sich vor Glück und sagt von dem Augenblick, in dem er die Herrlichkeit Christi schaut, genau das, was sich alle Menschen erträumen: Der jetzige Augenblick soll bleiben, er soll nie mehr vergehen, er soll zur Ewigkeit werden.

Wenn wir glauben, dass sich jedes Evangelium, das wir im Gottesdienst hören, an uns genauso erfüllen kann wie an den damaligen Augenzeugen, dann wird uns mit diesem Text gesagt: Es gibt für uns schon hier in dieser Welt den Ort, an dem wir alles haben, was wir brauchen, und an dem wir alles finden, nach dem wir verlangen. Es gibt schon jetzt die Ewigkeit im Augenblick.

Vorsichtiger formuliert: Es gibt für uns schon heute immer wieder von neuem die festliche Stunde, die Angeld der Vollendung ist, wo die Tür bereits geöffnet ist zu dem Neuen und ganz Anderen, wo der Himmel schon die Erde berührt und die Ewigkeit die Zeit. Aber wie kommen wir an diesen Ort und wie finden wir diese Stunde? Das Evangelium von der Verklärung Jesu formuliert dafür drei Bedingungen:

Zunächst einmal: Man muss eintreten in die lebendige Geschichte zwischen Gott und seinem Volk. Bild für diese Geschichte sind Mose und Elija, die vor den Augen der Jünger erscheinen und mit Jesus reden. Beide sind Repräsentanten entscheidender Phasen der Geschichte Israels. Mose steht für den Exodus aus Ägypten und den Empfang der neuen Gesellschaftsordnung vom Sinai – Elija für die vielen Propheten Israels, die das Volk immer wieder mit Leidenschaft auf JHWH als seinen einzigen Herrn hingewiesen haben. Eli-Jah heißt ja übersetzt: »Mein Gott ist (ganz allein) JAHWE (und kein anderer).

Die beiden »redeten mit Jesus« heißt es (Mk 9,4). Damit ist gemeint: Die Erlösung der Welt erwächst nicht aus der Geschichtslosigkeit, nicht aus dem Vergessen, nicht aus den eigenen Lebensentwürfen, sondern aus der Erinnerung und dem unaufhörlichen Gespräch mit der Geschichte. Auch Jesus darf niemals isoliert gesehen werden. Er ist die Frucht einer langen Glaubensgeschichte. Er wäre ohne Mose und Elija nicht denkbar.

Aber wenn man ein so großes Wort ausspricht wie »Gespräch mit der Geschichte«, muss man es sofort konkretisieren: »Gespräch mit der Geschichte« – das heißt für uns, die wir diese Erzählung im Gottesdienst hören: der Vereinzelung entgegenwirken, das Gespräch untereinander suchen, vor allem mit denen, die in der Lage sind, uns die aktuelle Geschichte Gottes mit der

Welt zu deuten. Und es heißt: immer wieder zurückschauen in die Geschichte der Kirche, auf die großen Weichenstellungen, die richtigen und die falschen, auf die großen Theologen, die großen Heiligen, auf die großen Erneuerungsbewegungen, die der Geist Gottes in der Kirche entfacht hat – und aus all dem lernen. Und es heißt natürlich auch: Immer wieder zurückschauen auf die Geschichte Gottes mit Israel.

Die zweite Bedingung, dass wir den ersehnten Ort finden, an dem sich unser Leben erfüllen kann, wird in der Stimme formuliert, die aus der Wolke kommt: »Das ist mein geliebter Sohn, auf ihn sollt ihr hören« (Mk 9,7). Die Geschichte Gottes mit seinem Volk hat in Jesus ihren absoluten Höhepunkt erreicht und ihre letzte Klarheit erhalten. Bei ihm ist endgültig der Ort gefunden, wo die Welt geheilt und erlöst werden kann. Glauben wir wirklich an Christus? Hören wir auf ihn? Machen wir sein Evangelium zum Gesetz unseres Lebens? Suchen wir es zu verstehen? Lieben wir den Ort, an dem es uns verkündet wird? Oder glauben wir letztlich doch nur an uns selbst und hören wir letztlich nur auf uns selbst und leben in Wahrheit doch nur für uns selbst?

Auch die dritte Bedingung wird im Evangelium überaus deutlich formuliert: Mose und Elija reden mit Jesus über das Leiden, das ihn in Jerusalem erwartet. So jedenfalls deutet Lukas ihr Gespräch (Lk 9,31). Diese Deutung ist auf jeden Fall richtig, denn die gesamte Verklärungsgeschichte ist eingebettet in Passionstheologie – auch schon bei Markus (vgl. Mk 8,31–33.34–35; 9,30–32). Wer mit Jesus den Weg in die Herrlichkeit gehen will, muss zugleich mit ihm den Weg der Passion gehen. Das heißt nicht nur, dass man ihn um der Sache Jesu willen verleumden oder sogar verfolgen wird, sondern es heißt auch, dass er die Sache Jesu für wichtiger halten wird als alles andere in der Welt und dass er eben deshalb ständig seinen eigenen Wünschen und Plänen sterben muss.

Davor haben wir Angst. Davor hatten auch damals die Jünger eine elementare Angst. Deshalb hat Lukas es gewagt – redaktionell in den Markus-Text – die kommentierende Bemerkung einzuschieben: »Sie bekamen Angst, als sie in die Wolke hineingerieten« (Lk 9,34).

In diesem uralten Symbol der Wolke ist alles verdichtet: die Führungsgeschichte Israels, das ja im Schutz der Wolke in das gelobte Land zog (Ex 13,21–22; 14,20; 40,36–38; Num 9,17; Dtn 1,33; Ps 78,14), aber auch das verzehrende Feuer der Nähe Gottes, von dem Jesus gesagt hat:

Wer mir nahe ist, ist dem Feuer nahe,
und wer mir fern ist, ist dem Reiche fern.
(Thomasevangelium Nr. 82)

In dem biblischen Symbol der Wolke ist alles verdichtet: der Glanz auf dem Angesicht Christi und das Dunkel des Leidens, das keinem erspart bleibt, der Jesus nachfolgt. Und nur wer im Schatten der Wolke lebt, wer auf den geliebten Sohn hört und sich in die Geschichte Gottes mit seinem Volk hineinbegibt, wird schon jetzt, mitten in dieser Zeit, den Augenblick erleben, den die Erzählung von der Verklärung schildert: die Stunde, die ganz Gegenwart ist, weil in ihr alle Vergangenheit zusammenläuft und alle Zukunft schon angefangen hat – die Stunde, in der wir nichts mehr zu ersehnen brauchen, weil wir schon »in Christus« sind – die Stunde, in der wir schauen dürfen, was Propheten und Könige schauen wollten (Lk 10,24), was die Philosophen nur erdacht und die Dichter nur erträumt haben, was aber den Armen und Kleinen in der Nachfolge Jesu jetzt schon zuteil wird.

Ich schließe mit einem Blick auf die Eucharistie: In ihr feiern wir, was uns Jesus in der Stunde seines Abschieds hinterlassen hat. In diesem Sakrament haben wir den Ort, der die Mitte des Kosmos ist. Hier sind wir mit Jesus und den drei Jüngern und auch mit Mose und Elija auf dem heiligen Berg. Dieses Sakrament ist die Mitte aller Zeit. Hier ist alle Vergangenheit gesammelt, hier ist die Zukunft vorweggenommen, denn hier sind wir unmittelbar bei Jesus – und mehr Nähe zu Gott kann es in alle Ewigkeit nicht geben. Nur ist diese Nähe noch eine Nähe im Glauben. Aber was wir jetzt im Glauben festhalten, wird einmal offenbare und uns überwältigende selige Nähe werden.

Der Esel des Messias
(Lk 19,28–40)

Eine Wallfahrt kann mehrere Höhepunkte haben. Einer von ihnen ist auf jeden Fall der Augenblick, an dem das Ziel der Wallfahrt nach langer, anstrengender Wanderung endlich in Sicht kommt. Für die Leute aus Galiläa, die an den großen Wallfahrtsfesten nach Jerusalem zogen, war dieser Augenblick besonders eindrucksvoll: Sie kamen auf den Höhenrücken des Ölbergs und sahen dann über das Kidrontal hinweg den von Gold strahlenden Tempel und neben und hinter ihm die Heilige Stadt vor sich auftauchen.

Die Ankunft Jesu in Jerusalem zu dem Pascha-Fest, das ihm Hinrichtung und schmählichen Tod bringen sollte, war keineswegs eine private, wenig beachtete Angelegenheit. Jesus kam mit seinen Jüngern, und er kam in einem beständigen Fluss von Festpilgern, die ihn entweder schon von Galiläa her kannten oder doch schon Aufregendes über ihn gehört hatten. Außerdem hatte Jesus am Ortsausgang von Jericho den blinden Bettler Bartimäus geheilt. Bartimäus hatte Jesus als den ›Sohn Davids‹ angefleht, das heißt aber, als den ›Messias‹ (Mk 10,47.48). Nicht wenige von denen, die mit Jesus vor Jerusalem ankamen, müssen Zeugen seiner Heilung gewesen sein. Deshalb spricht einiges dafür, dass damals Galiläer, die in Jesus den ersehnten Messias sahen, für ihn einen triumphalen messianischen Einzug in die Heilige Stadt inszenierten und dabei viele in ihrer Begeisterung mitrissen. So jedenfalls stellt es Mk 11,8–10 dar.

Freilich können wir die damaligen Vorgänge nicht mehr in all ihren historischen Details rekonstruieren. Wir können aber zeigen, auf welche Weise die Evangelisten, zum Beispiel Lukas, den Einzug Jesu in die Stadt von einem politisch eingefärbten messianischen Auftritt unterscheiden wollten. Offenbar ging es auch schon Jesus selbst um diese Unterscheidung.

Was sofort auffällt: Über die Hälfte der Einzugs-Erzählung des Lukas (bei Markus ist es nicht anders) beschäftigt sich mit einem Esel: Da wird erzählt, wie Jesus auf einem (Esels)fohlen in die Stadt einziehen will – wie er deshalb zwei seiner Jünger mit genauen Anweisungen in das Dorf schickt, das vor ihnen liegt – wie die beiden Jünger den Jungesel finden und ihn losbinden – wie die Eigentümer protestieren – wie ihrem Protest mit einem Jesuswort begegnet wird – wie die Jünger den Esel zu Jesus bringen – wie sie eine Reitdecke aus Kleidern improvisieren und Jesus auf dem Esel aufsitzen lassen (Lk 19,29–35).

Wozu das Ganze? Und weshalb wird das Auffinden des Esels so ausführlich erzählt? Kritische Exegeten sprechen mit größter Selbstverständlichkeit von einer »Findungslegende« mit märchenhaften Zügen. Dann wäre die Geschichte vom Auffinden des Esels eine erfundene Geschichte, welche die Hoheit Jesu und sein wunderbares Wissen darstellen wollte. »Weil der Herr den Esel braucht«, sagen die Jünger den Besitzern ja auftragsgemäß, als sie das Tier für Jesus in Beschlag nehmen (Lk 19,31.34).

Handelt es sich hier aber wirklich um eine fromm erdichtete Legende? Man sollte sich da nicht zu sicher sein. Im Zusammenhang des Abendmahls bringt Markus nämlich eine vergleichbare »Findungserzählung«: Jesus schickt zwei seiner Jünger in die Stadt und sagt ihnen, sie würden dort einem Mann mit einem Wasserkrug begegnen. Dem sollten sie folgen. Sie kämen dann zu einem Haus, wo der Hausherr bereits Bescheid wisse. Er werde ihnen ein mit Liegepolstern hergerichtetes Obergemach zeigen, das schon für ihre Feier des Pascha-Mahls bereitstehe (Mk 14,12–16; Lk 22,7–13; Mt 26,17–19). Also auch hier eine »Findungslegende«?

Wohl kaum. Jesus musste damit rechnen, dass er in Jerusalem jederzeit verhaftet werden konnte. Und er wollte das Pascha-Mahl mit den Zwölfen ungestört und ohne jeden Zugriff durch die Tempelpolizei feiern. Das Gesetz gebot nun aber den Pilgern, das Pascha-Mahl in der Stadt selbst zu begehen. Offenbar hatte Jesus deshalb rechtzeitig mit einem Hausbesitzer in der Stadt eine geheime Absprache getroffen, von der nicht einmal die Zwölf wussten. Der Krug auf dem Kopf eines Mannes muss ein vorher abgesprochenes Erkennungszeichen gewesen sein – denn Wasser in Tonkrügen auf dem Kopf zu tragen war typisch für Frauen; Männer verwendeten Lederschläuche. Der Betreffende war also leicht zu identifizieren. Ihm folgend kamen die beiden zu dem richtigen Haus und dort zu dem Hausherrn, der sein Obergemach bereits für Jesus und die Zwölf zugerüstet hatte. Die beiden Jünger konnten dann das Mahl selbst vorbereiten. In ähnlicher Weise könnte Jesus auch abgesprochen haben, dass ihm ein Jungesel zur Verfügung gestellt werde. Die Strategie der »Findung« des Esels, die in ihrer jetzigen Fassung eher das übernatürliche Wissen Jesu betont, könnte also durchaus einen historischen Hintergrund haben.

Doch warum ein Esel? Offenbar wollte Jesus bewusst auf einem Esel in die Stadt einreiten. Und zwar deshalb, weil der Heiligen Schrift zufolge das Reiten auf einem Esel zum *Auftreten des Messias* gehört. Das zeigen in Gen 49,1–27 die Sprüche über die zwölf Stämme Israels, die dort dem Patriarchen Jakob in den Mund gelegt werden. In dem Spruch über Juda ist von einem kommenden Herrscher die Rede, der seinen Esel an die Edelreben eines Weinstocks anbindet (Gen 49,11). Das würde in der Realität natürlich nie jemand tun, denn dann würde der Esel die Rebzweige abfressen. Es handelt sich also um ein Bild, das sagen will: Aus dem Stamm Juda wird ein Herrscher hervorgehen, unter dessen Herrschaft es so überreiche Traubenernten geben wird, dass man selbst einen fressbegierigen Esel ruhig an einen Weinstock anbinden kann – ein Bild somit für den königlichen Segen und den überfließenden Reichtum, mit dem jener kommende Herrscher das Land überschütten wird. Gen 49,11 wurde bereits zur Zeit Jesu mit Sach 9,9 zusammengebracht und entsprechend *messianisch* verstanden. Jesus muss Gen 49,11 und Sach 9,9 im Ohr gehabt haben. Indem er auf einem Jungesel in die Stadt einzog, deutete er seinen Einzug als messianisches Geschehen und sich selbst als den erhofften Messias.

Der Esel signalisierte in diesem Fall aber noch mehr: Er konnte nicht nur zum Hinweis auf den Messias werden. Er war eben auch das Lasttier der Armen. So entstand ein unübersehbarer Kontrast zu den Pferden der Mächtigen. Matthäus und Johannes weisen zu Recht in ihrer Einzugs-Erzählung auf die gerade genannte Stelle bei Sacharja hin (Mt 21,4–5; Joh 12,14–15).

Bei Sacharja wird von dem kommenden Messias-König gesagt, dass er zum Zeichen seiner Demut und Friedensbereitschaft auf einem Esel in die Stadt Jerusalem einziehen werde (Sach 9,9).

Juble laut, Tochter Zion, jauchze Tochter Jerusalem!
Denn siehe, dein König kommt zu dir.
Recht ward ihm und Rettung wurde ihm zuteil,
demütig ist er und reitet auf einem Esel –
auf einem Esel, dem Jungen einer Eselin.

Kombiniert wird diese Prophetie bei Sacharja mit dem folgenden Gottesspruch:

Ich rotte aus die Streitwagen aus Ephraim und die Rosse aus Jerusalem. Ausgerottet wird der Kriegsbogen. Er [der kommende König] wird den Nationen den Frieden verkünden […]. (Sach 9,10)

Hier ist vom Handeln Gottes die Rede. Gott wird, wenn er seinen Messias offenbart, in Israel sämtliche Waffen mitsamt dem Schießgerät und den Kampfwagen vernichten. Das heißt natürlich, dass der Messias ein König des Friedens ist. Er kommt in Demut und nicht mit der Arroganz derer, die Kriege anzetteln. Dass er auf einem Esel kommt und nicht auf einem Pferd, malt das Friedensmotiv weiter aus. Denn mit Eseln konnte man keinen Krieg führen. Sie waren viel zu gescheit, als dass sie sich vor einen Kriegswagen spannen ließen.

Damit haben wir bereits in Sach 9,9–10 eine eigentlich unüberhörbare Stimme, dass der kommende Messias auf absolute Gewaltlosigkeit setzen werde. Leider missachteten in Israel viele diese Prophetie des Sacharja-Buches. Sie erwarteten, dass der kommende Messias die Gegner Israels mit Gewalt vertreiben würde und dass man sich schon jetzt auf diesen kommenden Krieg vorbereiten müsse. Anders sind die Bestrebungen der Zeloten, der damaligen »Gotteskämpfer«, nicht zu verstehen. Auch die in Qumran gefundene Kriegsrolle 1 QM zeigt, wie realistisch man sich damals in Israel, wenn auch nur für eine bestimmte Gruppe bezeugt, den endzeitlichen Kampf gegen die Feinde Gottes vorstellen konnte.

Genau hier machen nun die Evangelisten eine scharfe Unterscheidung. Sie sind überzeugt und zeigen es mit den verschiedensten Textsignalen: Mochte die messianische Erwartung der Masse auf einen Messias hinauslaufen, der die Römer aus dem Land jagen und seine Herrschaft mit Gewalt durchsetzen werde – Jesus selbst hat die Aufgabe des Messias anders verstanden. Er hat gegen landläufige Messias-Vorstellungen auf Texte des Alten Testaments zurückgegriffen, die bereits eine völlig andere Sichtweise vertraten.

Lukas bringt in seine Einzugs-Erzählung neben dem Esel als Zeichen messianischer Gewaltlosigkeit noch eine zweite Unterscheidung ein: Die preisenden Zurufe kommen bei ihm nicht aus dem Mund der »Vorauslaufenden« und der »Hinterherlaufenden« (Mk 11,9), sondern von der »gesamten Schar der Jünger«, die freudig und mit lauter Stimme Gott loben wegen all der Machttaten Jesu, die sie erlebt haben (Lk 19,37). Lukas will damit sagen: Was hier geschieht, können nur die begreifen, die Jesus nachgefolgt sind und die all die Wunder gesehen haben, die Gott durch ihn getan hat.

Außerdem formulieren die Jünger bei Lukas in ihren Jubelrufen ausdrücklich das Thema des messianischen Friedens. In der Einzugs-Erzählung des Markusevangeliums hatte die Menge gerufen:

Hosanna!
Gepriesen sei, der da kommt im Namen des Herrn!
Gepriesen sei das Reich unseres Vaters David, das jetzt kommt.
Hosanna in den Höhen! (Mk 11,9–10)

Das konnte durchaus im Sinne politischer Befreiung von der Römerherrschaft mit einem die Macht ergreifenden Messias als Führer missverstanden werden. Lukas hat deshalb diese Akklamationen der Menge, von der er im Markusevangelium las, bewusst verändert. Das zweimalige »Hosanna« hat er weggelassen, weil es für seine griechischen Leser ein Fremdwort war. Aber auch das »jetzt kommende Reich Davids« hat er beseitigt, weil die Formulierung eben missverständlich war. Er knüpft stattdessen an die Formulierung »in den Höhen« von Mk 11,10 an und verbindet sie mit der Friedens-Proklamation der Engel bei der Geburt Jesu (Lk 2,14).

Am Ende seiner Einzugs-Erzählung greift Lukas dann das Friedensthema erneut auf und erweitert dabei seine Markus-Vorlage beträchtlich: Die Pilger sind auf dem Höhenrücken des Ölbergs angekommen und sehen Jerusalem vor sich liegen. Da weint Jesus über die Stadt und sagt:

Wenn doch auch du an diesem Tag erkannt hättest, was zum Frieden führt. Jetzt aber ward es vor deinen Augen verborgen. Denn es werden Tage über dich kommen, in der deine Feinde rings um dich eine Palisadenschanze errichten, dich einschließen und dich von allen Seiten bedrängen. Sie werden dich dem Erdboden gleichmachen und deine Kinder in dir. Und sie werden in dir keinen Stein auf dem anderen lassen, weil du die Zeit der Gnade nicht erkannt hast. (Lk 19,42–44)

Der messianische Friede war also der Stadt angeboten. Doch weder die Zeloten, die ihn mit den Waffen erzwingen wollen, haben ihn erkannt, noch der Hohe Rat, der den wahren Friedensbringer dem Pilatus ausliefern wird.

So ist die Einzugs-Erzählung bei Lukas ein Kapitel Friedenstheologie. Sie spricht von einem Frieden, der durchaus die gesellschaftlichen Verhältnisse in dieser Welt meint, der aber nicht mit Waffengewalt erzwungen werden kann, sondern nur möglich wird in der Nachfolge Jesu und in der Hingabe an seine Botschaft. Diesen Frieden hat auch der historische Jesus verkündet und für ihn ist er gewaltlos in den Tod gegangen. Der Esel, der den Herrn tragen durfte, spielte dabei eine nicht unbedeutende Rolle.

Unser ältestes Osterlied
(Gotteslob Nr. 318/319)

*Christ ist erstanden
von der Marter alle.
Des solln wir alle froh sein;
Christ will unser Trost sein.
Kyrieleis.*

*Wär er nicht erstanden,
so wär die Welt vergangen.
Seit dass er erstanden ist,
so freut sich alles, was da ist.
Kyrieleis.*

*Halleluja, Halleluja,
Halleluja.
Des solln wir alle froh sein;
Christ will unser Trost sein.
Kyrieleis.*

Mit diesem Lied hat es eine besondere Bewandtnis. Es ist nicht *irgendein* Lied. Es ist der älteste christliche liturgische Gesang in deutscher Sprache. Es stammt aus dem Mittelalter. Aber ich muss genauer sein. Das Lied ist zum ersten Mal im Jahre 1160 bezeugt; wahrscheinlich ist es sogar noch älter. Einiges spricht dafür, dass dieses Lied zum ersten Mal in Passau gesungen wurde. Allerdings bestand es ursprünglich nur aus der ersten der uns geläufigen drei Strophen. Die zweite und die dritte Strophe wurden im 15. Jahrhundert hinzugefügt.

Natürlich fragt sich jeder, der hört, hier handle es sich um das älteste deutschsprachige Kirchenlied: Wie kam es denn überhaupt zu Kirchenliedern in deutscher Sprache? Die Sprache der Liturgie war im Mittelalter ja noch das Latein. Und der liturgische Gesang war Sache von Klerikern und Klosterleuten. Diese sangen lateinischen Choral und auch lateinische Hymnen. Sowohl der lateinische Choral als auch die lateinischen Lieder hatten fast immer eine hohe Qualität, sowohl textlich wie musikalisch. Das Volk hörte zu, wenn die Kleriker und die Mönche sangen. Es hatte kaum eine Möglichkeit, sich dabei zu beteiligen.

Aber eine winzige Tür für die Beteiligung gab es doch: Es gab eine Akklamation, also einen liturgischen Zuruf, bei dem das Volk mitmachen konnte: das Kyrie eleison. Es erklang bei den verschiedensten Gelegenheiten, auch bei Prozessionen und Wallfahrten. Und aus dem Zuruf des Kyrie eleison bildeten sich die ersten deutschen Kirchenlieder. Sie malten das Kyrie eleis(on) aus; deshalb nannte man sie »Leisen«. Nicht weil sie *leise* gesungen wurden, sondern weil sie alle mit dem Ruf »Kyrieleis« endeten.

Unsere ältesten und auch besten Kirchenlieder enden tatsächlich alle mit dem Kyrieleis. Ich erinnere nur an die Lieder: »Nun sei uns willkommen, Herre Christ«, »Nun bitten wir den Heiligen Geist«, »Mitten wir im Leben sind mit dem Tod umfangen« und eben vor allem an das »Christ ist erstanden«.

Dieses älteste Kirchenlied in deutscher Sprache entstand im Anschluss an die Ostersequenz »*Victimae paschali laudes*«. Deren letzte Strophe lautet:

> *Scimus Christum surrexisse a mortuis vere.*
> *Tu nobis, victor rex, miserere.*

> *Wir wissen: Christ ist erstanden wahrhaft von den Toten.*
> *Du Sieger, du König, erbarme dich unser.*

Unser Lied greift diese letzte Strophe der Ostersequenz auf: sowohl das »Christi ist erstanden« als auch das »Erbarme dich« *(= miserere = eleison)*. Es greift sogar Melodiefragmente dieses abschließenden Rahmenverses auf und wandelt sie um. Das Lied ist also eine Antwort des Volkes auf die lateinische Ostersequenz. So entstand das älteste Kirchenlied in Deutsch.

Die Faszination und die Unverwüstlichkeit dieses Liedes liegt vielleicht auch darin, dass wir dann, wenn wir es singen, jedes Mal, bewusst oder unbewusst, den Geburtsvorgang des deutschen Kirchenliedes miterleben – den Geburtsvorgang eines Liedes in Deutsch aus einer alten lateinischen Sequenz.

Und welche Kraft besaß diese Antwort der Gemeinde auf die vorangehende Sequenz! Die Melodie beginnt wie ein Fanfarenstoß, ist dann aber auch wieder vertrauensvoll verhalten. Die musikalische Linienführung sagt uns mit einer tiefen Sicherheit: »Christ ist erstanden. Daran kann es gar keinen Zweifel geben.« So ist »Christ ist erstanden« nicht nur *irgendein* Osterlied. Es ist *das* Osterlied. Nicht umsonst steht es in unseren Gesangbüchern an der ersten Stelle sämtlicher Osterlieder.

Mich bewegt aber nicht nur die Melodie jedes Mal aufs Neue. Auch der Text ist groß und bewegend. Ganz am Anfang, im frühen Mittelalter, lautete die erste Zeile: »Christ der ist erstanden.« Auch das hatte schon seinen sprachlichen Reiz. Glücklicherweise ließ man dann später das »der« weg und sang einfach: »Christ ist erstanden«. Dadurch bekam »Christ« musikalisch eine größere Länge und wurde stärker betont. Das hat die erste Zeile noch wuchtiger gemacht.

Ich finde es auch bemerkenswert, dass unser Lied nicht einfach sagt: »Christ ist erstanden *von den Toten*«, sondern dass es sagt: »von der Marter alle«. »Marter« – das ist mehr. Das ist Qual, Folter, Krankheit, Kümmernis, Plage, Sorge, Mühsal, Elend, Schmerz und Tod. Marter – das ist die dunkle Seite unseres Lebens, das ist das unendliche Leid der Welt – und all das hat Christus besiegt. »Christ ist erstanden von der Marter alle« – wie schön und schmiegsam ist dieses alte Deutsch! Und dann geht es weiter:

Des solln wir alle froh sein;
Christ will unser Trost sein.

Auch bei dem Wort »Trost« müssen wir – genau wie bei »Marter« – heraushören, was da alles mitschwingt. Trost: das ist Zuversicht, Vertrauen, Sicherheit, Geborgenheit und Zukunft. »Christ will unser Trost sein«: Wenn wir so singen, staunen wir vor diesem ungeheuren Geschehen der Auferstehung Jesu, das unser gesamtes Leben verwandelt und unendliche Horizonte aufreißt.

Deshalb auch die theologisch so mitreißende Formulierung: »Wär er nicht erstanden, so wär die Welt vergangen.«

Dieser Satz hat mich schon als Kind nicht losgelassen. Ich habe damals natürlich noch nicht verstanden, was damit gemeint ist. Aber gerade deshalb kam ich nicht davon los. Ich habe es leise vor mich hingesagt wie eine Beschwörung: »Wär er nicht erstanden, so wär die Welt vergangen.«

Heute weiß ich, was damit gemeint ist: Die Auferstehung Jesu hat alles verändert. Mit seiner Auferstehung hat die Verwandlung und Vollendung der Welt schon begonnen, und deshalb ist auch unsere Welt nicht mehr die alte. Ohne die biblische Botschaft wäre sie längst in Verzweiflung oder in ihrem eigenen Hochmut geendet. So aber trägt sie eine unbesiegbare Hoffnung in sich. Es kann für Christen eigentlich keine Mutlosigkeit geben. Erst recht keine Verzweiflung mehr.

Das war die zweite Strophe. Und die dritte Strophe ist dann fast nur noch ein sich fortzeugendes Halleluja – allerdings nicht ohne das »Herr, erbarme dich« am Ende. Auch das ist theologisch vollkommen richtig. Das Halleluja gehört einfach zum Osterfest. Und Ostern ist ohne den Jubel des Halleluja gar nicht zu denken. Das Wort kommt aus dem Hebräischen. Es heißt übersetzt: »*Preiset Jah(we)!*« Aber daran muss man nicht jedes Mal denken, wenn man das Halleluja spricht oder singt. Das Wort ist für uns einfach Ausdruck reiner Freude geworden – einer Freude, die von Gott kommt.

Dass die Kirche dieses Wort in seiner hebräischen Ursprache beibehalten hat, obwohl es die Kirchenbesucher gar nicht mehr verstehen, zeigt, dass den ganz großen Freuden etwas innewohnt, was die Vernunft übersteigt. Es drückt die überströmende, nicht mehr artikulierbare, unsagbare Freude aus, die nur Gott schenken kann und sein Heiliger Geist.

Und doch – trotz allem Osterjubel – bleibt am Ende das Kyrieleis, das »Herr, erbarme dich.« Denn die Welt ist zwar anders geworden, sie ist schon eingetaucht in das Osterlicht. Doch die Gefahr zum Verräter zu werden, den Glauben in sich langsam sterben zu lassen und sich in der Pflege des eigenen Selbst zu verlieren, diese Gefahr ist noch immer da und sie erfordert selbst an Ostern das »Herr, erbarme dich!« Sogar das Halleluja des Liedes hat deshalb eine gewisse Verhaltenheit. Es ist zart, ohne jeden Stolz. Es weiß, dass die Auferstehung nicht das Ergebnis unserer Kraft ist, sondern reine Gnade.

Dieses Osterlied will gesungen werden in tiefer Dankbarkeit gegen Gott, der uns den Ostertag geschenkt hat. Er ruft uns mit Christus in die Auferstehung hinein. Gott allein gibt uns die wahre Osterfreude und mit ihr Kraft und Bewährung.

Für die Interpretation dieses Liedes verdanke ich viel den Ausführungen von Hansjakob Becker in dem großartigen Band: Geistliches Wunderhorn. Große deutsche Kirchenlieder, hrsg. und erläutert von HANSJAKOB BECKER u. a., München ²2003, 29–41.

Der Geist gegen den Leib?
(Lk 24,36–43; 1 Joh 2,3–5)

Wenn man ein Museum mit antiken Skulpturen besucht, zum Beispiel die Glyptothek in München oder das Liebighaus in Frankfurt am Main, kommt man aus dem Schauen in seinem tieferen Sinn nicht heraus. Man staunt über die feingebildeten Gestalten, die da vor uns aufleuchten. Ich denke etwa an die Grabstele der Mnesarete in München oder an die Athena des Myron in Frankfurt. Es sind herrliche Leiber, die uns dort anblicken. Sie sind schön, weil sie voll Seele und voll Geist sind. Der Marmor ist lebendig geworden. In den Gesichtern der Figuren spiegeln sich Trauer und Wehmut, Leichtigkeit und Adel.

Nun darf man allerdings nicht denken, wie diese Skulpturen sei die ganze Antike gewesen: eine Gesellschaft, geformt durch Menschlichkeit, Geist, Sitte und Maß, eine Gesellschaft, die in einer wunderbaren Harmonie von Körper und Geist gelebt habe. In Wirklichkeit war die antike Gesellschaft auf weite Strecken hin zerrissen. Sie war zerrissen durch eine oft maßlose Vergötterung des Leibes – und durch die Gegenreaktion darauf: Seelenkult bis zur Verachtung des Leibes.

Diese Ambivalenz des Menschenbildes wird erkennbar an den Gräbern. Die Grabmonumente mit ihren Inschriften standen oft dicht an den Straßen, so dass jeder, der dort vorbeiging, die entsprechenden Texte lesen konnte. Da gibt es auf der einen Seite prallen Materialismus. Einen Materialismus, der die Götter und alles Göttliche leugnete, der nur den Bauch kannte, nur die Gier und den Genuss. So heißt es auf dem Grabmal eines gewissen Tiberius Claudius Secundus in Rom:

Bäder und Liebe und Wein – sie richten uns freilich zugrunde.
Aber Leben ist nur: Bäder und Liebe und Wein.

Grabinschriften können den Verstorbenen aber auch mit Spott überschütten – mit jenem maliziösen Spott, den die Antike liebte. So steht auf einem spätantiken Grabstein:

Was hast du nun davon,
dass du so viele Jahre einwandfrei gelebt hast?

Der Sarkasmus dieser Grabinschrift galt fast noch mehr den Vorübergehenden als dem Verstorbenen. Solche Skepsis, solche Verachtung des Jenseits, solche Verächtlichmachung von Zucht und Maß war aber nur die *eine* Seite der Antike. Es gab eben auch die andere Seite: den Glauben an die Unsterblichkeit der Seele. Viele Menschen der Antike stellten sich das so vor: Die Seele steigt nach dem Tod zum Himmel auf und wird zu einem leuchtenden Stern am Firmament. Ich zitiere auch hierfür eine entsprechende Grabinschrift – es gäbe noch viele andere. Auf dem Grabstein eines gewissen Philostorgos steht Folgendes:

Mein Name war Philostorgos,
meine Mutter Nike zog mich auf,
die Sicherheit für ihr Alter sollte ich werden,
doch nur zwanzig Jahre durfte ich leben.
Des plötzlichen Todes Beute wurde ich

Der Geist gegen den Leib?

*und erfüllte, was der Schicksalsfaden
der Gottheit für mich gesponnen.*

*Mutter, weine nicht über mich! Was hilft es?
Nein, schaue in Andacht nach oben,
denn ein göttlicher Stern bin ich geworden,
der früh am Abendhimmel aufgeht.*

Man kann sich denken, wie es zu derartigen Vorstellungen kam. Der Verstand ist blitzschnell. Der Gedanke eilt überall hin. Der Geist erobert sich Welten. Der Leib hingegen bewegt sich viel langsamer. Oft ist er sogar hinderlich, vor allem, wenn man älter wird. Wie oft möchte dann der Mensch noch auf Reisen gehen. Aber der Leib will nicht mehr. Am Ende wird er zum Gefängnis.

Das wurde in der Antike, vor allem im Gefolge von Pythagoras und Platon, auch ganz ausdrücklich formuliert: *Soma – sēma* sagten gebildete Griechen. »Der Leib – ein Grab«. Das Eigentliche des Menschen sei die Seele. Sie sei das Göttliche im Menschen. Der Körper behindere nur. Im Tod werde die Seele wie aus einem Grab, ja wie aus einem Kerker befreit. Denn der Leib sei Materie, und die Materie sei unrein und voller Zwänge.

In diese Zerrissenheit der Antike drang nun das Christentum vor. Das Evangelium musste sich in eine Gesellschaft inkulturieren, die zwischen Leibvergötterung und Leibverachtung hin- und hergerissen war. Und es ist wohl klar: Das Evangelium den Griechen so zu verkünden, dass sie es verstehen konnten – und dabei doch keine Abstriche an der Botschaft zu machen: das war außerordentlich schwer.

Schon nach wenigen Jahrzehnten gab es die ersten Verzerrungen der christlichen Lehre. Sie gingen in die Richtung einer falschen Geistigkeit, einer Geistigkeit, die den Leib verachtete und die Materie als etwas Unreines ansah. Unmöglich, dass sich Christus, der wahre Logos, mit irdischer Substanz vermischt haben könnte. Nein, er war nur *scheinbar* Mensch geworden. Er hatte nur *scheinbar* gelitten. Er war nur *scheinbar* am Kreuz gestorben. Der christliche Irrlehrer Markion soll ausgerufen haben:

*Schafft endlich die Krippe fort
und die eines Gottes unwürdigen Windeln!*

Wir werden in einem späteren Kapitel (»Zum Fest Allerheiligen«) noch sehen: Markion schaffte in seinen Gemeinden das Alte Testament als Heilige Schrift ab, weil es ihm zu fleischlich war. Er schaffte aber nicht nur das Alte Testament ab, sondern strich auch den Evangelienkanon rigoros zusammen. Folgerichtig ließ er das Leben Jesu erst mit dessen Auftreten in der Synagoge von Nazaret beginnen.

Erlösung war für diesen Typ von Irrlehrern etwas rein Geistiges. Und deshalb konnte es auch keine Auferstehung des Fleisches geben. An die Stelle der leiblichen Auferstehung setzten sie die *Erlösung vom Leib,* den Aufstieg der Seele in die wahre Welt des Geistes, die Rückkehr der Seele in die rein geistige Sphäre des Göttlichen, also dorthin, von woher sie angeblich einst gekommen war.

Vor diesem Hintergrund griechischen Denkens muss man den skandalösen Realismus in Lk 24,36–43 verstehen. Der Auferstandene wird eben nicht als reiner Geist geschildert, sondern er »hat Fleisch und Knochen«. Er »zeigt« den Jüngern »seine Hände und Füße«. Er fordert sie auf, ihn »anzufassen«. Ja, er bittet sie, ihm etwas zu essen zu geben. Und dann verspeist er vor ihren Augen »ein Stück gebratenen Fisch«. Das ist selbst für uns anstößig.

Aber auf diese Weise lehnt Lukas jede falsche Spiritualisierung ab. Auf diese Weise hält die christliche Botschaft daran fest, dass Erlösung mehr ist als ein rein geistiges Geschehen. Der ganze Mensch soll zu Gott gelangen, nicht nur sein Geist. Nicht nur eine blutleere Seele soll erlöst werden, sondern unsere gesamte Lebensgeschichte, alles, was wir gewesen sind.

Als diese Ganzheit erfuhren schon die ersten Jünger den österlichen Christus. Sie erfuhren den Auferstandenen als den, mit dem sie durch Galiläa gewandert waren, der sie gelehrt und geführt hatte. Sie erfuhren den Auferstandenen als den, der am Kreuz hingerichtet worden war.

So machen die Evangelien deutlich: Der Leib ist mehr als nur Hülle für die Seele. Erst recht ist er nicht das Gefängnis des Geistes. Der Leib vermittelt Kommunikation. Er ist unablässige Kommunikation mit der Welt. Er ist untrennbar verbunden mit unserer Existenz in Raum und Zeit, und – das ist entscheidend – mit unserer Geschichte. In unseren Leib, vor allem in unser Gesicht, prägt sich allmählich unsere ganze Geschichte ein.

Deshalb trägt der österliche Christus auch die Wunden der Passion an seinem Leib. Sie bleiben ihm als verklärte Wunden erhalten, denn Auferstehung heißt, dass jeder Augenblick, den ein Mensch gelebt hat, in das ewige Leben mit Gott hineingezeitigt wird.

Und nun noch einmal ein Blick zurück auf jene griechische Geistigkeit, die mit der Fleischwerdung des Erlösers nicht fertig wurde. Die Irrlehrer, von denen ich sprach, haben nicht nur die Materie als unrein verachtet, sie haben auch den *Vorgang* der Erlösung verkannt. Sie haben ihn als etwas rein Geistiges angesehen.

Erlösung war für sie in erster Linie ein *Erkenntnisvorgang,* ein Begreifen, woher der Mensch kommt. Erlösung war für sie die *Erkenntnis,* dass der Mensch schon immer Anteil gehabt hätte an der Sphäre des rein Geistigen, dass er schon immer Anteil gehabt hätte am Göttlichen. Wer das »erkannte«, der war ihrer Meinung nach eben durch diese Erkenntnis schon erlöst, der hatte sich bereits von allem Fleischlichen gelöst, der stand schon über der Welt. Er konnte die Welt verschmähen und verachten. Er konnte sie fliehen oder sie als völlig unwichtig ansehen.

Auf diese höhere »Erkenntnis« waren die frühen Irrlehrer äußerst stolz. Sie nannten sie mit einem griechischen Wort »Gnosis«. Die Gebote zu halten, war ihnen weniger wichtig. Für ihr Verständnis hing alles davon ab, die richtige Gnosis, die richtige »Erkenntnis« zu haben.

Auch dagegen musste die Kirche Einspruch erheben. Sie sagte: Erkenntnis ist gut. Gegen die richtige Erkenntnis ist nichts einzuwenden. Aber es gibt ein sehr hartes Kriterium, ob einer wirklich die richtige Erkenntnis hat. Dass er nämlich an den Geboten und vor allem am Gebot der Liebe festhält.

Damit bin ich bei einem anderen Text, bei 1 Joh 2,3–5. Auch dieser Text setzt sich mit Irrlehrern auseinander, die letztlich nur von griechischer Geistigkeit her zu verstehen sind. Nicht weniger als viermal spielt der Text auf das Schlüsselwort dieser Irrlehrer an, nämlich auf die »Erkenntnis«. Er sagt mit größter Nüchternheit:

Nur wenn wir die Gebote [Christi] halten, erkennen wir, dass wir ihn erkannt haben. Wer sagt: »Ich habe ihn erkannt«, aber seine Gebote nicht hält, der ist ein Lügner, und die Wahrheit ist nicht in ihm. Wer sich aber an sein Wort hält, in dem ist die Gottesliebe wahrhaft vollendet. Wir erkennen daran, dass wir in ihm sind.

Hört man Lk 24,36–43 und Joh 2,3–5 vor dem Hintergrund der scharfen Auseinandersetzungen schon der ersten kirchlichen Jahrzehnte, so ahnt man: Für die frühen Gemeinden war es entscheidend, dass sie fest auf dem Boden Israels standen. Dass sie eingebunden waren in den jüdischen Realismus, der aus der Nüchternheit der Tora lebte und für den Erlösung niemals Weltflucht bedeutete, sondern Verwandlung der Welt. »Erkenntnis« gibt es nur, wenn man die Gebote Gottes hält, vor allem, wenn man das Gebot der Gottes- und Nächstenliebe lebt.

Die beiden Texte, denen man noch viele hinzufügen könnte, lassen uns aber auch ahnen, wie viel Sehnsucht in den wunderbaren Skulpturen der Griechen steckt: Sehnsucht nach einer Welt, in der Leibliches und Seelisches, Fleisch und Geist, Glaube und Leben nicht mehr getrennt, sondern für immer vereint sind. Die großen mittelalterlichen Bildhauer konnten deshalb auf die Formenwelt der Griechen zurückgreifen – aber sie konnten noch etwas hinzufügen, das es bei den antiken Skulpturen noch nicht gab: die österliche Freude wahrer Erlösung, in der Fleisch und Geist eins geworden sind.

Mein Hirt ist der Herr
(Ps 23)

Bereits im Vorwort dieses Buches wurde darauf hingewiesen, wie genau man Psalmen lesen muss – und welch ungeahnte Horizonte sich dann öffnen können. Es gäbe im Buch der Psalmen noch viele andere Beispiele. Ich greife eines heraus: Psalm 23 und seine Nachbarpsalmen. Ps 23 ist vielen Christen wohlvertraut. Vor allem sein Anfang »Der Herr ist mein Hirt«. Immanuel Kant, der berühmte deutsche Philosoph, vor dessen endlosen Schachtelsätzen viele zurückschrecken, hat von Psalm 23 gesagt:

Alle Bücher, die ich gelesen habe, haben mir den Trost nicht geben können, den mir dieser Psalm gegeben hat.

An Psalm 23 kann man sehr schön die neueste Entwicklung der Psalmenforschung demonstrieren, die einer stillen Revolution gleicht. Die neuere Exegese hat nämlich der Auslegung der Psalmen ganz neue Räume erschlossen. Aber führen wir uns zunächst den gesamten Psalm vor Augen:

Mein Hirt ist der HERR, *nichts kann mir fehlen,*
auf Grünplätzen lässt er mich lagern.

Er führt mich zur Ruh an frische Wasser,
lässt mir die Lebenskraft zurückkehren.

Auf rechten Pfaden leitet er mich,
getreu seinem Namen.

Und muss ich gehen in dunkler Schlucht –
ich fürchte kein Unheil.

Du bist ja bei mir.
Dein Stock und dein Stab – die geben mir Mut.

Du deckst mir den Tisch
vor den Augen meiner Widersacher.

*Du salbst mit Öl mein Haupt,
bis zum Rand ist mein Becher gefüllt.*

*Nur Glück und Güte werden mich verfolgen
alle Tage meines Lebens.*

Und wohnen darf ich im Hause des HERRN
bis in die fernsten Tage.

Weshalb spricht uns gerade dieser Psalm so an? Es ist wohl die Schönheit und die poetische Kraft seiner Bilder – gepaart mit der Erfahrung tiefer Geborgenheit, die dieser Psalm schenkt.

Sein erster Bildbereich stammt aus der Welt der Hirten – genauer: der Welt der Halbnomaden, die zwar irgendwo wohnen, aber für einen Teil des Jahres mit ihren Herden von Weideplatz zu Weideplatz ziehen. Selbst in der Wüste regnet es. Aber die Stellen, an denen es regnet und wo dann innerhalb weniger Tage alles grün wird, sind lokal begrenzt. Man muss wissen, wo sie gerade sind. Gott weiß es, und er führt den Hirten mit seiner Herde genau an die richtigen Plätze – mitten in sonst ausgetrocknetem Land.

Nun hat die Welt der Hirten in der Literatur schon immer eine große Rolle gespielt. Wenn die Dichter mit der Hirtenwelt liebäugelten, waren sie schnell bei bukolischen Schäferspielen und einem sentimentalen »Zurück zur Natur«. Doch von solchen Attitüden ist Psalm 23 weit entfernt. Er gehört viel eher in die Hirten-Bildwelt der altorientalischen Königsideologie.

Was ist das – altorientalische Königsideologie? Jeder weiß, dass in der Politik Reklame genauso wichtig ist wie in der Wirtschaft. Ein beträchtlicher Teil von dem, was Politiker öffentlich von sich geben, ist Reklame für sie selbst oder für die eigene Partei. Selbstverständlich hat auch schon im Alten Orient jeder König für sich und seine Regierungskunst geworben. Wir brauchen das nicht einmal rein negativ zu sehen. Damit wurde für die betreffende Gesellschaft eine ›Sinnwelt‹, ein ›Überbau‹ konstruiert, ohne den keine Gesellschaft leben kann.

Die Thronbesteigung eines neuen Königs spielte in der ›Konstruktion‹ einer solchen Sinnwelt eine besonders wichtige

Rolle. Ich zitiere im Folgenden eine Passage aus einem Brief an den neuassyrischen Großkönig Assurbanipal. Diesen Brief hat bald nach dessen Thronbesteigung irgendein Provinzbeamter geschrieben. Assurbanipal regierte von 668–632 v. Chr. Der Briefschreiber will sich bei dem neuen Herrscher einschmeicheln. Der Brief spiegelt aber sehr gut die Vorstellungen, die man für einen neuen Herrscher hatte. Der Brief ist ein signifikantes Stück orientalischer Königsideologie.

Tage der Gerechtigkeit [sind nun angebrochen],
Jahre des Ausgleichs,
der Regen strömt,
die Flüsse sind hochgefüllt,
der Handel blüht.

Die Götter sind versöhnt,
überall wird der Kult vollzogen,
die Tempel sind reich geworden, [...]
Die Alten tanzen, die Jungen singen,
die Frauen und Mädchen sind glücklich und lachen.

Man heiratet ohrringgeschmückte Bräute,
zeugt Söhne und Töchter,
die Jugend wird ausgebildet.

Dem zum Tod verurteilten Verbrecher
hat der König das Leben geschenkt,
wer schon viele Jahre im Kerker saß,
ist wieder in Freiheit.

Wer lange krank darniederlag,
ist gesund geworden.
Der Hungrige ist satt geworden,
der Verlauste mit Öl gesalbt.
Der ehedem Nackte trägt schöne Kleider.
(ANET Suppl. 627)

Der König, der gerade seine Herrschaft angetreten hat, strahlt also Segensfülle aus über das ganze Land, die besonders den Armen und Deklassierten zugutekommt. Solche Propaganda, solche Sinnkonstruktionen sind mit dem Stichwort ›Königsideologie‹ gemeint. Natürlich war die Wirklichkeit anders. Aber die Propaganda malte schöne Bilder, um den Untertanen vorzugaukeln, dass sie nun in der besten aller Welten leben würden. Wer das glaubte, machte so schnell keinen Aufstand.

Zu dieser Königsideologie gehörte nun vor allem auch, dass sich die Könige als die Hirten ihres Volkes darstellen ließen, die ihr Volk hüteten und schützten. Solche Bilder, solche Sprache, war im ganzen Alten Orient verbreitet. Der König lässt sich als der Hirte seines Volkes feiern, ja sogar als der *göttliche* Hirte seines Volkes.

Genau an dieser Stelle setzt unser Psalm ein. Seiner ersten Zeile geht es nicht darum, dass JHWH als *Hirte* gepriesen wird, sondern dass der Beter ihn als seinen *einzigen* Hirten bekennt. Gemeint ist: »*Mein* Hirt ist JHWH und kein anderer.«

Es gibt nämlich Götter, will der Text sagen, mit denen man besser nichts zu tun hat. Und es gibt königliche Hirten, denen man sich besser nicht anvertraut. »Die Könige vergewaltigen ihre Völker, und ihre Machthaber lassen sich Wohltäter nennen«, hat Jesus gesagt (Lk 22,25). In dem Anfang von Psalm 23 steckt also ein massives Stück Kritik an den selbsternannten königlichen Hirten und Autokraten dieser Welt. Ihnen darf man nicht vertrauen. Sie sind Betrüger, und sie sind gefährlich.

Der Beter weiß, dass dies bei JHWH, dem Gott Israels, anders ist: Wer ihn zum Hirten hat, dem kann nichts fehlen. Er wird dorthin geführt, wo Regen niedergegangen ist und wo die Steppe über Nacht grün wurde. Er wird dorthin geleitet, wo Wasser fließt oder wo es Brunnen gibt, die noch nicht ausgetrocknet sind und an denen die Herde ohne Hast trinken und sich ausruhen kann. »Er führt mich zur Ruh an frische Wasser« hat für uns, die wir alle (vorläufig noch!) fließendes Wasser im Haus haben, wenig Bedeutung. In den ariden Gebieten des vorderen Orients hatte dieser kleine Vers ein völlig anderes Gewicht.

Es geht aber nicht nur um frisches und sauberes Wasser. Selbst der Weg durch tief eingeschnittene und steile Schluchten, in denen die Tiere abrutschen können oder in denen Überfälle drohen, jagt bei diesem einen Hirten keine Angst ein.

Mit Vers 5 wechselt der Bildbereich. Der Beter gehört nun nicht mehr zu den Behüteten, die hinter ihrem Hirten herziehen, sondern er ist Gast bei einem Festmahl. J$_{HWH}$ selbst hat ihn eingeladen und ehrt ihn durch die Einladung in sein Haus. Diese Ehrung wird ihn in Zukunft gegen alle feindlichen Neider schützen. Er darf Mahl halten inmitten der bösen Blicke seiner Feinde.

Der Gastgeber hat ihm zu Beginn des Mahls als zusätzliche Ehrung die Haare mit Parfüm besprengt (das ist mit dem Öl gemeint: das damalige Parfüm hatte eine Ölbasis). Wahrscheinlich haben wir uns die »Salbung mit Öl« sogar noch viel subtiler vorzustellen: Ägyptische Bilder bezeugen nämlich die Sitte, dass den Gästen bei festlichen Mählern parfümierte Fette und Öle in sogenannten ›Salbkegeln‹ auf dem Kopf befestigt wurden. Diese Salbkegel waren oft sogar mit Blumen geschmückt. Im Lauf des Mahles zerflossen sie dann auf der Wärme des Kopfes, träufelten das Haupt herunter und verbreiteten Wohlgeruch. Das jedenfalls ist der Hintergrund eines anderen Psalms, nämlich von Ps 133. Dort werden Israeliten, die in Eintracht beieinander wohnen, mit edlem Öl verglichen, das auf den Bart und die Gewänder Aarons herabläuft:

Seht doch, wie gut es ist und wie schön,
wenn Brüder beieinander wohnen in Eintracht.
Es ist wie köstliches Öl auf dem Haupt,
das niedertrieft auf den Bart, den Bart des Aaron,
das niedertrieft auf den Saum seiner Gewänder.
(Ps 133,1–2)

Öl auf Kleider herabtriefend? Für uns zunächst einmal eine unappetitliche Angelegenheit! Wenn es sich aber um Parfümtropfen handelt, die duften und kühlen, könnten sich wohl sogar abendländische Frauen mit diesem Ritual versöhnen. Doch zurück zu Ps 23: Auch dort hat der Gastgeber seinen Gast mit duftendem Parfüm versehen. Darüber hinaus hat er ihm selbst den Tisch gedeckt und ihm dabei mit Wein den Becher randvoll gefüllt. Dieser Gastgeber aber ist Gott selbst.

Im letzten Teil des Psalms wird dann sogar dieses Bild noch einmal überschritten: »Nur Glück und Güte werden mich verfolgen alle Tage meines Lebens«. Nicht die Feinde verfolgen ihn mehr, sondern die Gnade Gottes verfolgt ihn. Ein wunderbares Bild: Die Güte Gottes *verfolgt* uns geradezu. Und der Beter ist nicht nur Gast bei einem Festmahl, sondern er wird zum Mitbewohner im Haus seines Gastgebers: »Wohnen darf ich im Hause des Herrn bis in die fernsten Tage.« Das Haus des Festmahls hat sich in den Tempel Gottes verwandelt.

Möglicherweise meint das »bis in die fernsten Tage« (wörtlich: »für die Länge der Tage«) eine Zeit, die kein Ende mehr kennt. Die Psalmen spielen sehr häufig mit dem Gedanken an ein Leben über den Tod hinaus, ohne es doch schon eindeutig zu formulieren.

Ich habe bisher immer von »dem Beter« des Psalms gesprochen. Der ganze Psalm spricht ja in der Ich-Form. Aber wer ist dieses »Ich«? Als moderner Mensch denkt man da natürlich an sich selbst, an den Einzelnen, an die individuelle Person. Aber ist das richtig? Liest man den 23. Psalm genauer, so stellt man fest, dass fast ständig auf die Geschichte Israels angespielt wird. Dass Gott sein Volk Israel wie eine Herde aus Ägypten herausführte, ist ein festes Bild. Man vergleiche etwa Psalm 78,52–54:

*Er ließ sein Volk aufbrechen wie Schafe
und führte sie durch die Wüste wie eine Herde.*

*Er leitete sie sicher, sie mussten nichts fürchten,
während das Meer ihre Feinde bedeckte.*

*Er brachte sie in sein heiliges Land,
zu diesem Berg, den seine Rechte erworben hat.*

Auch die Führung zum Ruheplatz am Wasser spielt auf die Wüstengeschichten an: Gott hat sein Volk mit Wasser aus dem Felsen getränkt und hat ihm Manna zu essen gegeben. Der Begriff der »Ruhe« taucht in der Theologie Israels immer wieder auf. Die »Ruhe« ist Inbegriff des Gelobten Landes. Dort ist endlich Ruhe nach den langen Märschen Israels durch die Wüste.

Wenn die Christen für ihre Toten um die »ewige Ruhe« bitten, wissen die meisten gar nicht mehr, dass am Ursprung dieses Begriffs die Ruhe im Land gemeint ist, das Endlich-angekommen-Sein in der von Gott geschenkten Fülle nach den langen Wegen durch die Wüsten des Lebens.

Auch der zweite Bildbereich des Psalms spielt auf die Geschichte Israels an. Das Öl auf dem Haupt des Eingeladenen und der Wein in seinem Becher stehen für den Reichtum des Gelobten Landes: für das Öl der Olivenbäume und die Kostbarkeit seiner Reben. Anders als die Wüstengeneration, die sich Gott stets von neuem verweigerte und immer wieder in ihre alte Skepsis zurückfiel (»Kann Gott uns denn den Tisch decken in der Wüste?«– Ps 78,19), sagt Israel nun hier in diesem Psalm: »Du deckst mir den Tisch vor den Augen meiner Widersacher. Du salbst mit Öl mein Haupt, bis zum Rand ist mein Becher gefüllt.«

In Psalm 23 betet also nicht nur ein Einzelner. Das »Ich« ist – wie oft in den Psalmen– auch das »Ich« Israels. Und zwar hier das »Ich« eines geläuterten Israels. Nicht mehr das ungläubige, zweifelnde, sich verweigernde und das Land verleumdende Gottesvolk der Wüstengeschichten, sondern ein glaubendes, im Glauben schon sehendes und in die Erfüllung bereits eintretendes Israel.

Wer ist also der Beter von Psalm 23? Ist es ein Einzelner, ist es Israel? Die heutige Exegese hat noch eine dritte Möglichkeit erschlossen. Hier zeigt sich die schon erwähnte stille Revolution in der Psalmenforschung. Wir dürfen die einzelnen Psalmen nicht isoliert lesen. Sie gehören zusammen. Sie bilden ein einziges Buch: den Psalter. Und viele Psalmen sind miteinander verkettet. Zum Beispiel durch die gleichen Stichwörter, die gleichen Begriffe. Eine solche Verkettung führt dazu, dass ein Psalm den anderen auslegt. Anders formuliert: Ein bestimmtes Thema kann von einem Psalm zum nächsten weitergereicht und von ihm weiter entfaltet werden. In welchem Textzusammenhang steht Psalm 23?

Voran geht Psalm 22 (»Mein Gott, mein Gott, warum hast du mich verlassen?«). Dieser Psalm ist nicht nur Klage. Er endet mit einer großen Hoffnung: Alle Völker machen sich auf zu dem Gott Israels. Alle Enden der Erde werden ihm huldigen. Die Mächtigen der Welt halten Mahl mit dem Gott Israels, und selbst die Toten werden ihn verehren (Ps 22,28–32).

Sollte der sich anschließende Psalm 23 von dieser universalen Perspektive wieder absehen und nur von Israel oder gar nur von einem einzelnen frommen Beter sprechen? Wie, wenn die Völkerwallfahrt zum Zion, die am Ende von Psalm 22 zum Thema wird, in Psalm 23 geschildert würde? Dann repräsentierte der Sprecher von Psalm 23 die Heiden, die zum Zion unterwegs sind. Probieren wir einfach einmal aus, ob der Psalm so funktioniert!

»*Mein* Hirt ist JHWH«: das passte in einem solchen Zusammenhang ausgezeichnet. »Ich vertraue nicht mehr meinen alten Göttern, sondern nur noch ihm, dem Gott Israels«, würde dann der Beter sagen. Und dann würde er schildern, wie er sich von diesem Gott führen lässt. Von Wasserstelle zu Wasserstelle, aber auch durch gefährliche Schluchten. Er würde aber zugleich schildern, wie man bei dieser langen Wallfahrt den wahren Gott findet. Der Weg ist lang. Er ist unübersichtlich und gefährlich. Und doch werden die Wanderer zwischen zwei Welten – der Welt des Heidentums und der Welt des wahren Gottes – sicher geführt.

Schließlich kommen sie an, und dann beginnt das Festmahl auf dem Berg Zion. Das Gastmahl hätte kein Ende. Die Völker bekämen für immer Anteil an der Erwählung Israels, »sie würden wohnen im Hause des HERRN bis in die fernsten Tage«. Die Brücke zwischen Psalm 22 und Psalm 23 ist also ziemlich stabil. Sie trägt. Man kann sie begehen.

Aber führt der Weg dann vielleicht sogar noch bis zu Psalm 24? Dann würde die Psalmenverkettung noch einmal ein Stück weitergehen. Psalm 24 spiegelt in seinem Mittelteil (Verse 3–6) ein sogenanntes ›Tempel-Einlass-Ritual‹. Wallfahrer sind von weither nach Jerusalem gekommen und begehren Zutritt zum

Tempelbezirk. Doch bevor ihnen das Tor geöffnet wird, werden sie befragt, ob sie würdig sind. Erst dann öffnen sich ihnen die Torflügel. Die katechismusartige Befragung beginnt in Vers 3:

Wer darf hinaufsteigen auf den Berg des HERRN,
wer darf sich aufstellen an seiner heiligen Stätte?
Der unschuldige Hände hat und ein reines Herz,
der seine Seele nicht erhoben hat zu <u>Nichtigem</u>
und der dem <u>Trug</u> *keinen Eid geschworen hat.*
Er wird Segen empfangen vom HERRN
und Gerechtigkeit von dem Gott, der ihn rettet.
(Ps 24,3–5)

Wenn die Völker zum Zion wallfahren, müssen selbstverständlich auch sie sich dieser Befragung stellen. Die Eintrittsbedingungen sind in Psalm 24 (im Gegensatz zu Ps 15) dergestalt formuliert, dass sie speziell Heiden betreffen: Diese müssen sich von dem »Nichtigen« und dem »Trug«, das heißt, von ihren falschen Göttern getrennt haben. Dann stehen auch sie unter dem Segen des HERRN, also unter dem Segen JHWHs. Die Modifikation der Eintrittsbedingungen bestätigt bereits, dass hier das Thema der Psalmen 22 und 23 weitergeführt wird. Die endgültige Bestätigung kommt dann in Vers 24,6. Er lautet:

Dies ist das Geschlecht derer, die nach ihm fragen,
die dein Antlitz suchen, o J a k o b.
(Ps 24,6)

In vielen alten Übersetzungen lautet dieser Vers:

Dies ist das Geschlecht derer, die nach ihm fragen,
die dein Antlitz suchen, G o t t J a k o b s.

Nach dieser Lesart handelt es sich bei der Wallfahrt natürlich um Israeliten, um Söhne Jakobs, die nun Einlass in den Tempel begehren. Sie suchen das Antlitz ihres Gottes. Doch das ist eine glättende und erleichternde Deutung, die aus der Septuaginta stammt, der griechischen Bibelübersetzung. Der hebräische Text hat die sperrigere Lesart: Die da zum Tempel kommen, suchen Jakob. Das heißt: Sie suchen das Antlitz des wahren Israel. Sie suchen die richtige Gesellschaft, wie Gott sie will, um durch und über diese Gesellschaft den wahren Gott zu finden.

Dann aber können diese Wallfahrer nur Menschen aus den Völkern sein, die Einlass begehren ins Gottesvolk. Schon Psalm 23 hatte ihre gefahrvolle Wanderung und ihre endgültige Ankunft gezeigt. Psalm 24 greift aus der Szene ihrer Ankunft in Jerusalem ein ganz bestimmtes Detail heraus: ihr Durchschreiten des Tores zum Tempelbezirk. Im Ritual der Einlass-Zeremonie hat möglicherweise ein Priester, sobald ein Zug von Wallfahrern an diesem Tor eingetroffen war, von draußen gerufen:

Erhebt, ihr Tore, eure Häupter,
erhebt euch, ihr uralten Pforten,
dass Einzug halte der König der Herrlichkeit.
(Ps 24,7)

Für mich sind diese Verse das Bewegendste des gesamten theologischen Gefüges der Palmen 22–24. Denn sie besagen ja dann, dass der König der Herrlichkeit nicht erst im Tempel auf die einziehenden Heiden wartet, sondern dass er *zusammen mit ihnen* in seinen Tempel einzieht. Er war also schon immer bei ihnen. Er war schon längst mit ihnen unterwegs gewesen auf ihrem langen Weg von den vielen Göttern zu dem einen, wahren Gott. Welch eine Zusage ist das für alle, die in unserer neuheidnischen Gesellschaft nach der Wahrheit suchen, aber noch gar nicht wissen, wie diese Wahrheit eigentlich aussieht! Und welche Zusage auch an uns, die Heidenchristen, die wir noch immer unterwegs sind zur »Würde Israels«!

Eine Frage ist bei unserem Gang durch die Psalmen 22–24 noch offen geblieben: Wenn in Psalm 23 (»Mein Hirt ist der HERR«) der Beter für die zum Zion wallfahrenden Heiden steht, was ist dann mit Israel? Wir hatten ja gesehen, dass Psalm 23 immer wieder auf die Wüstengeschichte Israels anspielt. Gelten diese Anspielungen nun nicht mehr? Ist jetzt Israel aus Psalm 23 draußen? Auf keinen Fall! Der Psalm spricht weiter *auch* von Israel. Ihm ist nur ein zusätzliches Subjekt unterlegt.

Theologisch bedeutet das: Die Heiden, die an der Erwählung Israels teilhaben wollen, können sich nicht von der Geschichte Israels dispensieren. Sie müssen den Weg Israels nachgehen. Auch sie müssen den Exodus wagen, sich durch die Wüste führen lassen und zusammen mit Israel Gottesvolk werden. Der ursprüngliche Sinn von Psalm 23 ist durch die Verkettung mit den Psalmen 22 und 24 also nicht zerstört worden, sondern hat eine neue Dimension hinzugewonnen.

So zeigt unsere Auslegung von Psalm 23 und seine Verkettung mit seinen Nachbarpsalmen: Die Psalmen öffnen gewaltige Räume. Räume in die Vergangenheit und in die Zukunft, Räume der Not und der Freude, des Leids und des Trostes. Sie umfassen die gesamte Weite der menschlichen Existenz.

Sie entwerfen dabei eine neue Gesellschaft. Eine Gesellschaft, wie Gott sie will. Eine Gesellschaft, die das Ziel aller gesellschaftlichen Entwicklung sein wird, die Spitze der Evolution. Noch ist sie nicht da. Aber dort, wo die Psalmen gesprochen werden, zeichnet sie sich schon ab. Es ist eine Gesellschaft, in der das Böse keinen Platz mehr hat, eine Gesellschaft, die in Gerechtigkeit und Frieden lebt.

Viele in Israel haben die Psalmen gebetet. Jesus hat sie gebetet. Die ersten christlichen Gemeinden haben sie gebetet und aus ihnen ihre Kraft geschöpft. Wenn in der frühen Kirche die Katechumenen in der Osternacht zur Taufe geführt wurden und zum ersten Mal die Eucharistie empfangen durften, beteten sie vorher Psalm 23: »Mein Hirt ist nun künftig der Herr.« Kein Buch des Alten Testaments wird im Neuen Testament so oft zitiert wie der Psalter. Die Kirche hält die Psalmen für so grundlegend, dass sie den Psalter zu ihrem Basis-Gebetbuch gemacht hat. Unsere schönsten Kirchenlieder zitieren ständig Psalmen – viel häufiger als wir ahnen.

Die Sprache der Psalmen ist immer jung – obwohl sie alt ist. Wer die Psalmen betet, betritt einen Raum, in dem die gesamte Geschichte Gottes versammelt ist. Wer sie betet, zieht mit Israel aus Ägypten, sitzt an den Kanälen von Babel, steht unter dem Kreuz und hört Jesus schreien: »Mein Gott, mein Gott, warum hast du mich verlassen?« Er spricht aber auch mit allen, die Gott befreit:

Als der Herr das Los der Gefangenschaft Zions wendete,
da waren wir alle wie Träumende.
Da war unser Mund voll Lachen,
und unsere Zunge voll Jubel. (Ps 126,1–2)

Wer die Psalmen betet, ist von Gott behütet unterwegs, ja er ist schon in der Heimat angekommen.

Der wahre Weinstock
(Jes 5,1–7; Ps 80; Ez 15; Joh 15,1–8)

Immer wieder begegnet in der Heiligen Schrift der Weinstock – oder weiträumiger, aber theologisch gleichbedeutend: der Weinberg.

In Jes 5,1–7 schlüpft der Prophet Jesaja in die Rolle eines »Freundes des Bräutigams« und beginnt – wahrscheinlich in Jerusalem und vor vielen Zuhörern – ein Lied von einem Weinberg zu singen. Genauer: Er singt von seinem Freund, der sich unter hohen Kosten einen Weinberg angelegt hatte, aus dem er reiche Ernten erwarten durfte:

Einen Weinberg hatte mein Freund
auf einer fruchtbaren Anhöhe.

Er grub ihn um, entfernte die Steine
und bepflanzte ihn mit Edelreben.

Er baute in seiner Mitte einen Turm,
und hieb in ihm sogar eine Kelter aus.

*Dann hoffte er,
dass der Weinberg Trauben brächte ...*

Einiges an diesem Versen bedarf der Erklärung. *Zunächst einmal:* Ein Turm mitten im Weinberg wurde gebaut für die Wächter, die in der Erntezeit die Trauben vor Vögeln und Dieben schützen sollten. Die Wächter brauchten eine gute Sicht über das ganze Gelände.

Sodann: Die geernteten Trauben wurden nicht zum Gehöft gebracht, sondern sofort zwischen den Rebstöcken gekeltert. Zu diesem Zweck pflegte man an einer felsigen Stelle des Weinbergs zwei rechteckige Vertiefungen in den Boden zu hauen: ein höher liegender Trog, in dem die Trauben durch Zertreten mit bloßen Füßen ausgepresst wurden, und ein tiefer liegender, in den der Traubensaft abfloss und dort geschöpft werden konnte.

Weiterhin: Es ist natürlich kein Zufall, dass sofort am Anfang des Liedes von dem »Freund des Bräutigams« (vgl. Joh 3,29) die Rede ist. Er hatte damals eine wichtige Funktion: Weil die direkte Begegnung zwischen Bräutigam und Braut vor der Hochzeit nicht gestattet war, hatte er die Aufgabe, zwischen beiden zu vermitteln. Er handelte offiziell im Namen des Bräutigams und hatte auch noch wichtige Aufgaben bei der Hochzeit selbst.

Aber nun das Entscheidende, das man wissen muss, wenn man das Weinbergslied von Jes 5,1–7 wirklich verstehen will: Der Weinberg bzw. der Weinstock waren in der Liebessprache der damaligen Welt Symbole für die Braut – und zwar für ihren Liebreiz, ihre Tüchtigkeit und ihre künftige Fruchtbarkeit. Im ›Hohenlied‹ ist der Weinberg oder der Weinstock geradezu Teil einer erotischen Bildsprache (Hld 1,6.14; 2,15; 7,8–9.13; 8,11–12). »Deine Brüste sind mir wie Trauben am Weinstock«, sagt dort der Liebende (Hld 7,9). Selbstverständlich war die Bedeutung entsprechender Liebes-Metaphern den Zuhörern Jesajas vertraut. Sie erwarteten deshalb von dem Sänger, sobald das Thema ›Weinberg‹ auftauchte, ein pikantes Liebeslied mit der entsprechenden Symbolik.

Doch nach dem verlockenden Anfang, in dem alles geschildert wird, was zu einem mustergültigen Weinberg gehörte, kippt das Lied plötzlich. Der Freund des Bräutigams wird zum Ankläger, und spätestens von Vers 4 an spricht gar nicht mehr der Freund des Bräutigams, sondern der Bräutigam selbst und – wie sich dann schnell zeigt – in der Figur des Bräutigams Gott. Das anscheinende Liebeslied wird zur Gerichtsrede Gottes. Und der Grund der Anklage? Der Weinberg lieferte dem Bräutigam keine süßen Trauben, die er an seiner Geliebten pflücken konnte, sondern nur faulig-stinkende Beeren.

Und dann wird den Zuhörern ins Gesicht gesagt: Ihr, das Haus Israel, seid dieser Weinberg! Gott hatte von euch einen guten Ertrag erwartet, fruchtige Trauben, einen entsprechenden Wein – und ihr bringt nur schlechte Beeren hervor. Deshalb reißt Gott nun die Umzäunung seines Weinbergs nieder, Dornen und Disteln sollen in ihm wachsen, kein Regen soll mehr auf ihn fallen und in Ödland soll er sich verwandeln.

Soweit das Lied vom Weinberg in Jes 5,1–7. Es arbeitet mit einem unheimlichen Verfremdungseffekt: Jesaja beginnt wie ein Zitherspieler, dem alle gern zuhören – und am Ende hat er plötzlich die Axt in der Hand.

Gehen wir zu einem anderen Text: zu Ps 80. Er ist keine Gerichtsrede wie Jes 5,1–7, sondern ein ausgesprochener Klagepsalm. Während in Jes 5,1–7 Gott sein Volk anklagt, weil die Rechtlosigkeit in ihm überhandnimmt und die Armen zu Gott schreien, wird in Ps 80 Gott selbst angeklagt, weil er sich um sein Volk nicht kümmert. Er hatte es doch einst aus Ägypten befreit, hatte ihm ein Land geschenkt, ihm Raum geschaffen und große Verheißungen gegeben. Und nun? Das Nordreich (Efraim, Benjamin und Manasse) ist vernichtet, Juda auf das Schwerste bedroht, das Gottesvolk zum Spott seiner Feinde geworden.

Psalm 80 macht Gott für all dieses Unheil verantwortlich. Von der Schuld Israels wird in diesem Psalm überhaupt nicht gesprochen (sie kommt erst durch die Verkettung mit Ps 81 ins Spiel). Es geht um ein Ringen mit Gott, der an seine Bundeszusage erinnert und zur Treue ermahnt wird. Die Wucht von Ps 80 beruht aber nicht nur auf dem Vorwurf der anscheinenden Pflichtvergessenheit Gottes, sondern auch darauf, dass dieser

Vorwurf im Bild eines von Gott selbst preisgegebenen Weinstocks formuliert wird:

Einen Weinstock hobst du aus in Ägypten,
du hast Völker vertrieben und ihn eingepflanzt.

Du schufst ihm Raum;
er konnte Wurzeln schlagen und das Land überziehen.

Berge wurden bedeckt von seinem Schatten,
von seinen Rebzweigen die Zedern Gottes.

Er streckte seine Ranken bis zum Meer [zum Mittelmeer],
seine Schösslinge bis hin zum Strom [des Eufrat].

Warum rissest du nun seine Mauern ein,
dass alle, die des Weges kommen, ihn plündern,

dass der Eber aus dem Wald ihn umwühlt,
dass ihn abweiden die Tiere des Feldes?

Gott der Scharen, kehre doch zurück,
blicke vom Himmel herab, sieh hin
und nimm dich dieses Weinstocks an!

Beschütze, was deine Rechte gepflanzt hat,
den Sprössling, den du dir großzogst! (Ps 80,9–16)

Auch hier bedarf es eines Wortes zu den Realien – in diesem Fall zu agrartechnischen Details: Weinstöcke wurden damals in Israel nicht an ›Spalieren‹ erzogen (erst recht natürlich nicht wie heute an ›Drahtrahmengerüsten‹), sondern Stamm und Sommertriebe lagen einfach auf dem Boden (,kriechende Erziehung‹). Das war möglich, weil es im Sommer und im Herbst kaum Niederschläge gab. Erst so verstehen wir, warum es im Text heißt: Der Weinstock konnte »das Land überziehen« (Ps 80,10) – und die Tiere des Feldes konnten »ihn abweiden« (Ps 80,14). Es gab dazu im damaligen Weinbau allerdings eine Alternative: Man ließ den späteren Rebstamm an passend zugestutzten Bäumen einfach hochklettern. Deshalb: »von seinen Zweigen wurden die Zedern Gottes bedeckt« (Ps 80,11). Noch ein Detail: Die Wildschweine aus dem Wald fressen nicht die Zweige ab, sondern sie wühlen nach Wurzeln und zerstören auf diese Weise den Weinstock von Grund auf. Aber dies alles nur nebenbei. Entscheidend ist: Der »Weinstock« ist in Ps 80 nicht nur Bild für das ganze Gottesvolk, sondern darüber hinaus für die *Geschichte* Gottes mit seinem Volk.

Gehen wir weiter zu einem dritten Text: zu Ez 15. Dort erhält der Prophet von Gott den Auftrag, seinen Zuhörern eine Frage zu stellen. Er soll sie fragen – und er fragt sie mit ätzender Schärfe: ›Was kann man eigentlich mit dem Holz eines Weinstocks anfangen?‹ Gedacht ist dabei natürlich an das ›Stammholz‹. Und zwar an das Stammholz von Weinstöcken, die keine Frucht bringen und die deshalb mitsamt ihrem Wurzelstock aus dem Weinberg entfernt werden müssen. Kann man dieses Holz noch zu irgendetwas verarbeiten? Könnte man es vielleicht noch für einen hölzernen Aufhänger im Haushalt verwenden? ›Nein‹, muss der Prophet sagen. ›Das Holz eines Weinstocks ist zu nichts nütze. Es taugt nur als Brennmaterial.‹ Und dann folgt der Gottesspruch:

[...] Genauso gebe ich auch die Bewohner Jerusalems preis.
Ich richte mein Angesicht gegen sie.

Dem Feuer sind sie entkommen,
das Feuer wird sie verzehren. (Ez 15,6–7)

»Dem Feuer sind sie entkommen« kann nur auf ein konkretes Ereignis der Geschichte anspielen, das wir nicht mehr mit Sicherheit verifizieren können. Das ist aber auch nicht notwendig. Entscheidend ist: Wie in Ps 80 wird auch hier mithilfe einer Rebstock-Bildrede ein Teil der Geschichte Israels gedeutet. So viel zu Ez 15.

In all diesen Texten – man könnte sie noch vermehren – ist Israel der Weinstock oder der Weinberg (vgl. auch Jer 2,21; Hos 10,1). Und immer ist es so: Der Weinberg bringt keine Frucht. Deshalb wird er sich selbst überlassen, ausgeraubt, abgeweidet, zertreten, verwüstet, vom Feuer gefressen und schließlich zum Ödland.

Diesen biblischen Hintergrund muss man kennen, wenn man die Weinstocksrede im Johannesevangelium (15,1–8) verstehen will. Denn hier, in dieser Rede, geschieht nun etwas Unerwartetes, ja Ungeheuerliches. Der Weinstock, der bisher immer Israel war, ist nun plötzlich Jesus. All das, was Gott mit Israel unternommen hatte, all die schwere Weinbergsarbeit – das Umgraben – das Steine-Entfernen – das Einpflanzen von Edelreben – das Einzäunen – den Bau eines Turmes für die Weinbergswächter – das Aushauen der zwei Kelterbecken in felsigem Boden – all das war eben doch nicht umsonst.

In Jesus hat Gott trotz so vieler Misserfolge sein Ziel erreicht – trotz der mühsamen Wege und trotz aller Treulosigkeiten seines Volkes. Nun gibt es ihn doch: den »wahren Weinstock«, den Gott sich immer ersehnt hatte, den Weinstock, der gute Frucht bringt, den Weinstock, der süße Trauben trägt. Dieser Weinstock ist Jesus. Mit ihm ist endlich das wahr geworden, worum es in der langen Geschichte Israels ging: ein Weinstock, ein Weinberg, dessen Früchte die Völker entzücken.

Aber nun die entscheidende Frage: Ist aus dem Weinstock am Ende nur Jesus geworden – und er ganz allein? So dass aus dem Volk von einst eine einzige Person wurde? Ja und nein!

Nur in ihm, dem Einen, dem geliebten Sohn, hat Gott sein Ziel mit der Welt erreicht. Nur in seinem Namen ist Heil. Nur durch ihn können alle das Heil erlangen. Nur durch ihn kann es Befreiung und Rettung geben. Und doch war der Weinstock in Israel schon immer Bild für das ganze Volk. Er ist auch jetzt Bild für das endzeitliche Gottesvolk. Jesus ist der Weinstock, er allein – aber diejenigen, die an ihn glauben, sind die Rebzweige.

Welch kühnes Bild! Man muss sich ja nur einen Weinstock ohne die Rebzweige vorstellen – dann ist man mitten im Winter. Zwischen Jesus und denen, die an ihn glauben und in der Taufe mit ihm verbunden wurden, ist eine unabdingbare Einheit wie zwischen dem Weinstock und seinen Zweigen – und erst die vielen Triebe machen die Fülle des Weinstocks aus.

Das müssen wir uns vor Augen führen, damit wir sehen, wie komplex, wie gewagt und wie hintersinnig die Weinstocksrede des Johannesevangeliums ist. Was wäre der Strunk des Weinstocks ohne die Rebzweige, die ihn füllig und schön machen und an denen die süßen Trauben hängen. *Wir* sind diese Rebzweige. Was für eine Auszeichnung, was für ein Glück und welch ein Anspruch! Zugleich aber sind wir, die Rebzweige, nichts ohne den Weinstock, der tief in den Boden hinein seine Wurzeln ausstreckt und die belebenden Säfte in die Zweige hinaufschickt.

Am Ende bleibt noch eine letzte Frage: Können wir nun die Texte aus dem Alten Testament vergessen, weil durch Jesus alles anders geworden ist? Ist jetzt das Ziel erreicht? Der Weinstock blüht, trägt Frucht, liefert einen Spitzenwein und dem Weinberg kann nichts mehr passieren?

Nein, die scharfsichtige Kritik der Propheten am Gottesvolk, aber auch die Klagen des Gottesvolkes vor Gott in Ps 80 bleiben. Die Kritik der alttestamentlichen Weinstocksgleichnisse gilt genauso der Kirche, dem endzeitlichen Israel. Auch das neutestamentliche Gottesvolk muss Frucht bringen, so wie Gott von Israel Frucht verlangt hatte und noch immer verlangt. Und auch das neutestamentliche Gottesvolk darf vor Gott klagen und ihn fragen, wie es geschehen kann, dass Gewalthaber anfangen dürfen, ganze Völker zu vernichten.

Siebenmal ist in der Bildrede Joh 15,1–17 vom »Fruchtbringen« der Rebzweige die Rede. Siebenmal – eine Form der antiken Rhetorik. Das, worauf es ankommt, wird siebenmal gesagt. Bringen die Reben keine Frucht, werden sie abgeschnitten und im Feuer verbrannt (Joh 15,6). Die Gerichtsansage, die im Alten Testament fast unlöslich mit dem Bild vom Weinstock verbunden war, bleibt also. Immer wieder ist es in der Kirchengeschichte geschehen: faulige Trauben, ausgetrocknete Zweige, verwüstete Teile des Weinbergs, das Gericht Gottes an seinem Weinstock ›Kirche‹. Und doch tritt nun neben die Gerichtsansage eine Aussage, die ebenso wichtig ist und die verhindert, dass Joh 15,1–17 zur reinen Gerichtsrede wird:

*Wer in mir bleibt, und in wem ich bleibe,
der bringt reiche Frucht. (Joh 15,5)*

Damit ist das Bild vom Weinstock, dem die Zerstörung droht, weil er keine Frucht bringt, in einem entscheidenden Punkt verändert: Der Weinstock Israel ist nun endgültig gesichert. Nichts wird ihn mehr definitiv verwüsten, nichts kann ihn mehr endgültig zerstören. Die Frage ist jetzt nur noch: Bringen auch all seine Rebzweige Frucht? – und damit sind *wir* gefragt. Haben wir begriffen, dass alles, was wir tun, völlig umsonst ist, wenn wir nicht an dem Weinstock ›Christus‹ bleiben und aus ihm leben? Und haben wir begriffen, dass wir Gott nicht wegen der Gewalt in der Welt anklagen dürfen, solange wir nicht zuerst einmal auf unsere eigenen Rücksichtslosigkeiten und Gewaltexzesse geblickt haben? Auch auf die mörderische Gewalt von Getauften gegen Israel!

Soviel zu den Weinstocks- und Weinbergstexten der Bibel. Und jetzt erlaube ich mir, zum Schluss noch eine kleine Geschichte zu erzählen. Es ist noch einmal die Geschichte eines Weinstocks, und sie hat den Vorzug, dass mein Bruder und ich sie selbst erlebt haben. Sie steht mir lebendig vor Augen.

Wir sind in Frankfurt am Main aufgewachsen, und unsere Eltern wohnten in einer Siedlung am Rande der Stadt – nicht weit entfernt von einem Gelände, das noch heute ›Rebstock‹ heißt. Diese Siedlung war nach 1920 von dem berühmten Architekten Ernst May geplant und gebaut worden. Hinter langen Häuserzeilen, in der jeder Mieter ein eigenes Teilstück mit Keller, Parterre, 1. Stock und Speicher hatte, war jeweils ein Gartenstreifen mit einer kleinen Wiese, mit Gemüsebeeten und Obstbäumen. So war es bei sämtlichen Wohnungen dieser vorbildlichen Siedlung.

Zwischen Haus und Garten hatte unser Vater eine kleine Terrasse angelegt. Eines Tages kam ihm der Gedanke, an den Rand dieser Terrasse mehrere Weinstöcke zu pflanzen, die sie überwölben sollten. Die Weinstöcke wurden eingesetzt, an Stangen gebunden, ein wenig beschnitten, gegossen und dann warteten wir ungeduldig, dass sie über die Terrasse bis zu dem Schieferdach des Hauses emporwachsen würden. Unser Vater hatte bereits ein raffiniertes Gebilde von dünnen Rohren und Drähten konstruiert, von dem gestützt die langen Rebzweige die gesamte Terrasse überschatten sollten.

Wir warteten. Ich wartete. Aber nichts geschah. Die Weinstöcke trugen Blätter, verloren sie wieder, trugen im nächsten Jahr wieder Blätter, verloren sie wieder, blieben im Saft, entwickelten aber keine Ranken und erst recht keine Trauben. Was war da nur? Was hatte der Vater falsch gemacht? Ratlos strich ich um die Weinstöcke. Ich wartete – und verstand nicht.

Und dann, im dritten Jahr, passierte es. Plötzlich trieben die Weinstöcke lange Rebzweige, die in einem einzigen Sommer bis zum Dach hinaufwuchsen. Sie trugen auch schon die ersten Trauben. Im Sommer darauf lag bereits die ganze Terrasse im Schatten kräftiger Rebzweige mit fett grünendem Laub, und im Herbst konnten wir, wenn wir auf unserer Terrasse saßen, die herrlichsten blauen Trauben einfach über unseren Köpfen abschneiden und zum Nachtisch verspeisen.

Für mich, den damals Achtjährigen, waren diese Weinstöcke ein kleines Wunder. Allerdings hat mir mein Vater dann erklärt, warum sie zwei Jahre lang mit dem Wachsen gezögert hatten: Sie mussten mit ihren Wurzeln erst das Grundwasser erreichen, das in Frankfurt wenige Meter unter dem Humus und einer dicken Schicht gelben Main-Sandes überall da ist. In dem Augenblick, da ihre Wurzeln das Wasser erreicht hatten, legten die Weinstöcke los.

Ich hatte aber keine Gelegenheit mehr, noch lange von ihren saftigen Trauben zu essen. Einer der Bombenangriffe, die meine Heimatstadt verwüsteten, zerstörte auch die ›Kuhwaldsiedlung‹, in der wir wohnten. Unser Haus wurde zuerst von Brandbomben, dann beim nächsten Angriff von einer schweren Sprengbombe getroffen. Die Terrasse mit den Weinstöcken lag nun unter einer meterhohen Trümmerschicht.

Den Garten durften wir nach dem Ende des Krieges zunächst noch weiter bewirtschaften. Salat, Gemüse und Obst konnten wir in dieser dürftigen Zeit gut gebrauchen. Und dann geschah das zweite Wunder. Mitten aus den Trümmern brachen im nächsten Frühjahr, es muss 1946 gewesen sein, Rebzweige hervor und bedeckten bald das gesamte Trümmerfeld des Hauses. Einer der Weinstöcke hatte sich durch die schweren Trümmer buchstäblich hindurchgearbeitet. Seine ersten Trauben habe ich fast mit Andacht gegessen.

Die ganze Geschichte geht meinem Bruder und mir bis heute nach, und wir haben ihr natürlich schon längst eine Deutung gegeben. Die zunächst unscheinbaren Stöcke, ihre Wurzeln, das Grundwasser, das plötzliche Austreiben der Rebzweige, die Zerstörung, die Schuttdecke, der wunderbare Durchbruch eines Weinstocks durch die schweren Schuttmassen spielen in dieser Deutung eine wichtige Rolle. Auch Sie können, wenn Sie wollen, die Geschichte dieses Weinstocks deuten. Sie können sie auf die Kirche beziehen oder auf Ihr eigenes Leben im Glauben. Doch das überlasse ich Ihnen.

Dieses Kapitel geht auf eine unveröffentlichte Predigt meines Bruders Norbert zu Joh 15,1–8 zurück, die von mir überarbeitet und erweitert wurde. Erlebt haben wir die Geschichte von dem unverwüstlichen Weinstock, die am Ende steht, beide. Sie ist uns zum Gleichnis geworden. In der Familie wurde sie immer wieder erzählt.

Erhöht über alle Mächte
(Eph 1,17–23)

Christi Himmelfahrt – viele sind dieser Bezeichnung längst überdrüssig. Wenn sie Deutsche sind, sprechen sie lieber vom »Vatertag« oder sagen einfach: »Da haben wir ja dieses Mal ein langes Wochenende.« Mit »Himmelfahrt« können sie nichts anfangen, und den Namen »Christus« möchten sie nicht aussprechen.

Wir, die Christen, deren Zahl in Europa dahinschmilzt und die deshalb näher zusammenrücken müssen, sollten uns der christlichen Festbezeichnung nicht schämen und erfüllt sein von dem, was da gefeiert wird.

Die Fülle des Festes zeigt sich bereits in dem je verschiedenen Ansatzpunkt der liturgischen Texte. Die Lesung aus der Apostelgeschichte (1,1–11) schildert die Himmelfahrt Christi als Abschiedsszene. Jesus spricht letzte Worte, entzieht sich dann den Aposteln und wird »in den Himmel aufgenommen« (Apg 1,11). Das Ganze wird von Lukas in Szene gesetzt mithilfe einer in der Antike verbreiteten und selbst im Alten Testament verwendeten Erzählform (vgl. 2 Kön 2,11–12), der sogenannten »Entrückung«. Ähnliches gilt für die Evangelien in den Lesejahren B und C. Auch dort wird Jesus, nachdem er seinen Jüngern letzte Weisungen erteilt hat, in den Himmel entrückt (Mk 16,15–20; Lk 24,46–53).

Anders ist das im Evangelium des Lesejahrs A (Mt 28,16–20). Auch Matthäus erzählt eine abschließende Erscheinung Jesu. Hier aber ist es nun ganz eindeutig, dass der Auferstandene, der da hoheitlich redet, bereits der zum Vater Erhöhte ist. Denn er sagt: »Mir ist alle Macht gegeben im Himmel und auf Erden« (Mt 28,18).

Noch einmal anders die 2. Lesung! Sie ist in allen drei Lesejahren dem 1. Kapitel des Epheserbriefs entnommen (Eph 1,17–23). Der Höhepunkt dieses Kapitels ist so etwas wie ein erweitertes Glaubensbekenntnis der Urkirche. Hier wird keine Entrückung Jesu geschildert, sondern es geht um seine Erhöhung zur Rechten Gottes – und diese wird in ihren Auswirkungen beschrieben:

[Gott] ließ [seine Macht] wirksam werden in Christus, den er von den Toten auferweckt und hingesetzt hat zu seiner Rechten in den Himmeln – hoch über jede Herrschaft und Macht und Gewalt und Hoheit und über jeden Namen, der nicht nur in diesem, sondern auch im kommenden Äon genannt wird. Alles hat er ihm zu Füßen gelegt und ihn, der Haupt

über alles ist, der Kirche [als Haupt] gegeben. Sie ist sein Leib, die Fülle dessen, der alles in allem erfüllt. (Eph 1,20–23)

Herrschaften und Mächte und Gewalten und Hoheiten in den Himmeln – das klingt für uns seltsam. Aber gerade deshalb lohnt es sich, diesen Text aus dem Epheserbrief genauer in den Blick zu nehmen. Er entfaltet eine erregende Theologie der Erhöhung Christi.

Wir müssen uns dazu allerdings in das Weltbild der damaligen Zeit hineinversetzen. Wenn in Eph 1,20 und genauso in Eph 3,10 und 6,12 von »den Himmeln« *(ta epourania)* die Rede ist, so ist das nicht einfach das, was die spätere christliche Tradition mit »dem Himmel« meint. Es sind die ›Himmel der Welt‹ – das heißt, es sind jene kosmischen ›Räume‹, in denen sich verdichtet, was auf der Erde geschieht. Für viele Menschen der spätantiken Gesellschaft waren diese ›Himmel der Welt‹ beherrscht von dämonischen Mächten und Gewalten. Alles, was den Menschen ängstigte, was ihn beherrschte und sein Leben verdüsterte, was ihm die Freiheit nahm, ihn überfiel, verführte und bedrohte, hatte seine letzte Ursache in den Sphären, die über der Erde lagen.

Wir haben keinerlei Grund, solche Vorstellungen zu belächeln. Sie deuten in mythischer Sprache die ›Innenseite‹ der Gesellschaft. Wir würden heute diese gefährliche Innenseite bildlich in die *Tiefe* der Welt verlegen und von den ›Abgründen der Gesellschaft‹ sprechen. Die Spätantike verortete diese Abgründe der Gesellschaft in den *Höhen* über der Welt. Der Epheserbrief gibt uns selbst einen Fingerzeig zum Verstehen. In Eph 2,2 wird der Herrscher dieser Welt ein »Herrscher des Machtbereiches der Luft« genannt. Das Böse und Dämonische ›liegt also in der Luft‹, in der Atmosphäre, es umgibt den Menschen gleichsam von oben und von allen Seiten. Die Gewalten und Mächte, die dem Verfasser des Epheserbriefs vor Augen stehen, sind ohne Frage vor allem gottfeindliche Mächte (vgl. Eph 6,10–12).

Das verstehen wir. Es gibt eine Atmosphäre des Bösen, die uns umlagert, die wir einatmen, die unablässig unser Denken und Handeln bestimmen möchte. Es gibt einen Zeitgeist, der uns mit fast unwiderstehlicher Macht in Beschlag nimmt. Es gibt viele Arten gesellschaftlicher Leitideen, die uns beeinflussen – das heißt, sie ›fließen‹ in unsere Köpfe und Herzen, ohne dass wir überhaupt merken, was da mit uns geschieht. Wenn diese aus Sünde und Schuld entstehenden Machtpotentiale in der Luft angesiedelt werden, so soll das ausdrücken: Sie sind unsichtbar, aber rund um uns herum.

Der Epheserbrief nennt diese »Mächte« nicht nur »Herrschaften, Mächte, Gewalten und Hoheiten«, sondern er spricht in diesem Zusammenhang auch von »jedem Namen, der nicht nur in diesem, sondern auch im kommenden Äon genannt wird« (Eph 1,21). Das heißt: Es gibt zahllose Mächte, die über den Menschen Gewalt ausüben. Man kann sie gar nicht alle aufzählen. Das Böse ist als Verführung, Verschleierung und Verleumdung, als Hass-Rede gegen andere Menschen und als Hass gegen Gott allgegenwärtig. Und die Dämonie des Bösen, die ›über‹ der Gesellschaft liegt, setzt sich als Heimtücke, Lüge, Unfreiheit, Gier und Gewalt immer wieder durch.

Vor diesem Hintergrund spricht nun der Epheserbrief von der »Erhöhung« Christi. Seit Christus gewaltlos und in absoluter Treue zur Sache Gottes starb und Gott ihn durch Auferweckung und Erhöhung zu seiner Rechten in seinem Handeln bestätigt hat, gibt es in der Welt eine Macht, die mächtiger ist als all diese scheinbar unüberwindlichen Mächte und Gewalten. Es ist die Macht des Gekreuzigten. Seine Erhöhung durch Gott brachte Umwälzung in die Machtbereiche der Luft, von denen gerade die Rede war. Indem Gott den Gekreuzigten über alle Mächte erhoben hat, wurden sie entmachtet. Das heißt nicht, dass es sie nicht mehr gibt. Aber sie können von jedem überwunden werden, wenn er »in Christus« ist.

Die getauften Christen, die der Epheserbrief anredet, erleben das so: Es gibt in der Welt nun nichts mehr, was sie ernsthaft bedrohen könnte; nichts mehr, was sie noch ängstigen könnte; nichts mehr, was ihr Leben sinnlos und verloren machen könnte – keine sich allmächtig gebärdende Staatsgewalt kann das mehr fertigbringen, keine brutale Verfolgung, keine bösartige

Krankheit, ja nicht einmal der Tod. Dadurch, dass Christus alle Mächte der Welt überwunden hat, ist den Christen eine unüberwindbare Hoffnung geschenkt (Eph 4,4).

Die Erhöhung des gekreuzigten Christus an die Seite Gottes hat den Christen aber nicht nur unverlierbare Hoffnung geschenkt. Der Epheserbrief geht noch viel weiter. Gott hat der Macht des Gekreuzigten mitten in der Welt einen Ort gegeben: die Kirche (Eph 1,22). Sie ist seit der Erhöhung Christi der sichtbare Raum in der Welt, durch den die Entmächtigung der Mächte und Gewalten offenkundig wird.

Nicht weil die Menschen in der Kirche besser wären, also von sich aus nicht zu Verschleierung, Lüge und Gewalt neigten – auch nicht, weil für sie nun alle Not und alles Leid der Welt nicht mehr existieren würde, sondern weil es in den Gemeinden *von Christus her* die Möglichkeit zu Gewaltlosigkeit, Versöhnung und Frieden gibt.

Der Epheserbrief nennt dieses Neue, das kein Verdienst der Kirche, sondern reine Gnade ist, »die Fülle Christi« (Eph 1,23). Sie ist die ständige und unablässige Gabe des Erhöhten an seine Kirche. Durch sie wird es möglich, dass der Leib der Kirche in Liebe aufgebaut wird und hinwächst zu Christus, seinem Haupt – und über die Kirche der ganze Kosmos (Eph 1,10.23; 2,21–22; 4,12.16).

Und so setzt der Epheserbrief die Glaubensformel von der Erhöhung Christi fort mit dem Satz:

Alles hat er [Gott] ihm [dem Erhöhten] zu Füßen gelegt und ihn, der Haupt über alles ist, der Kirche [als Haupt] gegeben. Sie ist sein Leib, die Fülle dessen, der alles in allem erfüllt. (Eph 1,22–23)

Die Erhöhung Christi zur Rechten Gottes ist also ein umfassendes und alles bis in die Tiefe veränderndes Geschehen: Sie ist Entmächtigung der Mächte und Stiftung einer unermesslichen Hoffnung (Eph 1,18; 4,4). Ort dieser Hoffnung ist die Kirche. Weil sie »in Christus« ist, kann sie vom Bösen niemals mehr zerstört werden.

Geistesgeschichte
(1 Kön 19,11–13; Röm 8,9; 1 Kor 14,1–4; Joh 16,13–15)

Wie es in der Geschichte Israels ein wachsendes Begreifen der *Einzigkeit* Gottes gibt, so gibt es auch ein immer tieferes Begreifen des *Geistes* Gottes. Ich nenne es ›Geistesgeschichte‹ im besten Sinn des Wortes. Selbstverständlich verwende ich damit den Begriff ›Geistesgeschichte‹ fernab seines ursprünglichen Sinns. Der Begriff geht auf Friedrich Schlegel (1772–1829) zurück; er atmet die Luft des deutschen Idealismus und der Romantik, wurde zu Beginn des 20. Jahrhunderts vor allem als Kontrastbegriff zu ›Naturwissenschaft‹ verwendet und ist inzwischen äußerst umstritten.

Mir geht es hier um die *biblische* Geistes-Geschichte. Wenn eine solche Geschichte einmal mit all ihren Facetten geschrieben würde (den immerhin 123-seitigen Artikel von Eduard Schweizer über *pneuma* im »Theologischen Wörterbuch zum Neuen Testament« fortschreibend), müsste gezeigt werden, wie der Heilige Geist im theologischen Gespür des Gottesvolkes immer klarer hervortritt. Hier können nur einige wenige Aspekte dieser Geschichte herausgestellt werden.

Pneuma, das griechische Wort für ›Geist‹, meint zunächst einmal – genau wie seine hebräische Entsprechung *ruach* – neben dem Atemhauch auch das Wehen des Windes von einer sanften Brise bis zum Sturm. Und die ursprünglichen Geist-Erfahrungen Israels laufen eher auf Sturm hinaus als auf Wind. Blicken wir an erster Stelle auf 1 Kön 19,11–13. Was dort erzählt wird, setzt bereits eine lange Geschichte von Gotteserfahrungen voraus. Elija, der in Israel mit leidenschaftlichem Eifer für die Alleinverehrung JHWHs eingetreten ist, flüchtet zum Berg Horeb (= Sinai) und versteckt sich dort in einer Höhle (1 Kön 19,9). Er klagt Gott seine Not: Ahab, der König des Nordreichs und seine heidnische Frau Isebel wollen ihn beseitigen (1 Kön 19,1–3). Und da begegnet Gott dem Propheten folgendermaßen:

Dem HERRN *voraus ging ein starker, gewaltiger Sturm, der die Berge zerriss und die Felsen spaltete. Doch der* HERR *war nicht in dem Sturm. Nach dem Sturm kam ein Erdbeben. Doch der* HERR *war nicht in dem Erdbeben. Nach dem Beben kam ein Feuer. Doch der* HERR *war nicht in dem Feuer. Nach dem Feuer kam die Stimme eines leisen Wehens. Als Elija sie hörte, verhüllte er sein Gesicht mit seinem Mantel, ging hinaus und stellte sich an den Eingang der Höhle.*
(1 Kön 19,11–13)

Und dort spricht dann Gott zu Elija. Uns interessiert hier allerdings nur das, was dem Gespräch Gottes mit Elija vorausgeht – nämlich der gerade zitierte Text. Er arbeitet mit dem weit verbreiteten Schema 3 + 1. Bei diesem Schema werden stets die drei ersten Glieder von dem vierten Glied übertroffen, zu ihrem Ziel gebracht oder auch verneint. Das 4. Glied trägt also jeweils das ganze Gewicht der Erzählung. Da Gott in den vorangegangenen Elija-Erzählungen schon durch Feuer (1 Kön 18,38) und Sturm (1 Kön 18,45) gesprochen hatte, wird nun hier zum Ausdruck gebracht: Was vorausgegangen war, hatte noch nicht alles von Gott gezeigt, schon gar nicht das Innerste Gottes. Sein Innerstes ist leise und zart. Martin Buber übersetzt »die Stimme eines leisen Wehens« mit »eine Stimme verschwebenden Schweigens«.

Das Geschehen vor der Höhle am Horeb greift aber nicht nur auf die vorangegangenen Elija-Erzählungen zurück und rückt sie zurecht. Innerhalb der biblischen Gesamterzählung blickt der Text auch zurück auf den Bundesschluss am Sinai. Die Theophanie Gottes in Ex 19,16–19 ist begleitet von Blitzen, Donner und Feuer. In Dtn 4,11–12 rekapituliert Mose diese Theophanie folgendermaßen:

Der Berg aber brannte im Feuer bis ins Herz des Himmels, [und da war] Finsternis, Gewölk und Dunkel. Und der HERR *sprach zu euch mitten aus dem Feuer. Ihr hörtet den Donner der Worte, aber eine Gestalt habt ihr nicht gesehen. Ihr habt nur den Donner gehört.*

Auch auf dieses Geschehen wird in der Elija-Erzählung angespielt. Doch eben nur angespielt, um dann deutlich zu machen: Gott kann auch ganz anders kommen: nämlich in Sanftheit und Zartheit. Und diese Sanftheit ist noch viel mächtiger als Feuer, Erdbeben und Sturm. Die eigentliche Wirkweise des göttlichen Geistes kündigt sich an.

※

Ursprünglich jedoch redete man in Israel vom Geist Gottes, wenn Propheten in Ekstase gerieten (vgl. etwa 1 Sam 10,6.10–12; 11,6; 19,20.23) oder charismatische Gestalten übermenschliche Krafttaten vollbrachten (vgl. Ri 13,25; 14,19; 15,14–15). Ganz auf dieser Linie erzählt das ›Buch der Richter‹ von dem Helden Simson Folgendes:

> *Simson ging mit seinem Vater und seiner Mutter nach Timna hinab. Als sie bei den Weinbergen von Timna waren, siehe, ein Junglöwe [sprang] ihm brüllend entgegen. Da kam der Geist des* Herrn *über Simson, und er zerriss den Löwen mit bloßen Händen, so als würde er ein Ziegenböcklein zerreißen.*
> *(Ri 14,5–6)*

Nehmen wir ruhig einmal an, hier werde ursprünglich ein Heldenmärchen erzählt, das den Philistern Angst machen und ihnen beweisen sollte, wie kraftstrotzend die Recken Israels waren – oder, vielleicht richtiger, das den Israeliten Mut machen sollte bei ihrem Kampf gegen die Macht der Philister. Für uns ist diese Geschichte aufschlussreich, weil sie zeigt, wie man den Geist Jhwhs lange Zeit erfuhr: eben in phänomenalen Kraftleistungen von Stammesführern, in den Machttaten von Charismatikern, in den ekstatischen Worten von Propheten. Der Geist Gottes kommt über Einzelne, ergreift sie und legitimiert sie vor dem Volk. Er macht Dinge möglich, die sonst nicht möglich wären.

So wie die Erzählung von Simson heute in der Bibel steht, darf man allerdings nicht übersehen: Es geht in dieser Geschichte letztlich um die Verteidigung Israels gegen die übermächtigen Philister. Der Geist wird gegeben, um das Gottesvolk zu retten. Insofern geht es auch hier nicht einfach um Kraftprotzerei.

※

Doch gehen wir innerhalb der Bibel vom Buch der Richter noch einmal zurück zum Buch Exodus! In Ex 35–40 wird der Bau des Heiligen Zeltes in größter Ausführlichkeit beschrieben. Das Entscheidende liegt dabei in Folgendem: An der Herstellung dieses Zeltes sollen möglichst alle beteiligt sein. Aber das muss in vollkommener Freiheit geschehen. Der Kontrast zu der Welt der schuftenden israelitischen Arbeitssklaven in Ägypten wird bewusst herausgearbeitet. Mithelfen und spenden dürfen nur diejenigen, die »ihr Herz dazu bewegt« (Ex 35,5.21.22.29; 36,2). Auffällig oft in der Erzählung ist von der Begabung der ausführenden Handwerker und Künstler die Rede. Mehrfach wird sogar gesagt: Ihr Können ist Gabe des *Geistes Gottes* (Ex 35,31.34–35; 36,1; vgl. 31,3).

Das Zeltheiligtum wird aus den kostbarsten Materialien wie Gold, Silber, Purpur, Karmesin und Byssus errichtet. Am Ende ist es vollendet schön. Seinen eigentlichen Glanz erhält es aber durch die »Herrlichkeit des HERRN«, die sich niederlässt und das Heiligtum erfüllt (Ex 40,34–35). Wie Gott am Ende seines Schöpfungswerkes ruht, sein Schaffen betrachtet und Sabbat feiert (Gen 2,1–3), so kann nun auch Israel ruhen und seinen Sabbat feiern. Die Erzählung von der Arbeit am Heiligen Zelt will sagen: Dort, wo Menschen am Werk Gottes *in Freiheit* mitarbeiten, sind Arbeit und Muße endlich befreit und erlöst. Die Welt wird vollendet und findet ihre Sabbatruhe.

Betrachtet man die gesamte Erzählung vom Bau des Heiligen Zeltes, so ist klar: Der »Geist Gottes« ist hier nicht der Urheber von Krafttaten. Er ist derjenige, der Menschen, die Schönheit schaffen, erfüllt. »Schönheit schaffen« ist allerdings noch zu wenig. Es geht ja nicht um Schönheit in einem rein ästhetischen Sinn. Im Buch Exodus geht es um das Heiligtum, in dem sich die

Welt vollendet und um das herum Israel seine Sabbatruhe findet. Der Geist ist hier also nicht eine vage Energie in der Welt, keine esoterische Kräftezone, kein kosmisches Kraftfeld, sondern die Macht Gottes, die das Angesicht der Erde verwandelt (vgl. auch Gen 1,2). Das Bild des »Geistes Gottes« geht in dieser Erzählung schon weit über das der Simson-Geschichte hinaus.

✣

Es brauchte also eine lange Geschichte, bis Israel mehr und mehr begriff, dass sich der Geist Gottes letztlich nicht im Sturm, nicht im Erdbeben und nicht im Feuer zeigt, sondern vor allem dort, wo das menschliche Herz zwar entschieden und eindeutig, aber doch sanft und in die Freiheit führend von Gott bewegt wird. Ein besonders wichtiger Abschnitt dieser Entdeckungsgeschichte war die Zeit, die sich in der alttestamentlichen Weisheitsliteratur spiegelt, vor allem im ›Buch der Weisheit‹.

Die personifizierte Weisheit, die dort als ›Frau Weisheit‹ auftritt, steht in vielerlei Hinsicht dem Geist Gottes nahe. Sie ist Abbild Gottes selbst, Abglanz seines Wesens, Geist, der vom Geist Gottes ausgeht. Für die spätere Christologie und die kirchliche Lehre vom Heiligen Geist war die jüdische Weisheitstheologie (auch im Buch der Sprichwörter und im Buch Jesus Sirach) von großer Bedeutung. Von dieser Weisheit, diesem »menschenfreundlichen Geist« heißt es in Weish 7,22 – 8,1, einem geradezu hymnischen Lobpreis:

> *In ihr [der Weisheit] ist nämlich ein Geist [pneuma], vernunftvoll und heilig – einzigartig, mannigfaltig und zart – beweglich, durchdringend und unbefleckt – klar, keinen Schmerz zufügend, das Gute liebend und schnell bereit – nicht aufzuhalten, wohltätig und menschenfreundlich – verlässlich, sicher und sorgenfrei – allgewaltig, alles überschauend und alle vernunftvollen, reinen und zarten Geister durchdringend.*
>
> *Die Weisheit ist beweglicher als alle Bewegung. Durch ihre Reinheit durchdringt und durchwaltet sie alles. Sie ist nämlich*

ein Hauch [atmis] der Kraft Gottes und eine klare Ausströmung der Herrlichkeit des Allherrschers; deshalb dringt nichts Unreines in sie ein. Widerschein ist sie des ewigen Lichts, der ungetrübte Spiegel der Wirkkraft Gottes und Bild seiner Güte. Sie ist nur eine und vermag doch alles; und bei sich bleibend erneuert sie alles. Von Generation zu Generation tritt sie in heilige Seelen ein und schafft Freunde Gottes und Propheten. Gott nämlich liebt nur den, der mit der Weisheit zusammenwohnt. Schöner ist sie als die Sonne und übertrifft jedes Sternbild. [...] Voll Kraft spannt sie sich aus vom einen Ende [der Erde] bis zum anderen und durchwaltet voll Güte das All.

Es ist klar: Dieses Abbild Gottes ist nicht Gott selbst. Die Weisheit hat die Welt nicht erschaffen, aber sie durchwaltet das All. Sie ist nicht das ungeschaffene Licht selbst, aber sie ist Widerschein des ewigen Lichtes. Es ist also keine Frage, dass hier an der scharfen Trennung festgehalten wird, die Israel zwischen Schöpfer und Geschöpf in einem langen Lernprozess begriffen und immer wieder formuliert hat.

Das ändert aber nichts daran, dass sich in der Sprache dieses Hymnus schon vieles findet, was dann in der christlichen Rede vom Heiligen Geist seinen Ort gefunden hat. Hier wird spätere christliche Geisterfahrung und Geisttheologie geradezu vorbereitet. Man braucht ja nur an die Liturgie zu denken. Der Introitus des Hohen Pfingstfestes beginnt mit den Sätzen:

Der Geist des Herrn erfüllt den Erdkreis.
In ihm hat alles Bestand.
Nichts bleibt verborgen vor ihm.

Dieser Introitus basiert auf Weish 1,7 – und er spricht genau die Sprache, die auch den Hymnus auf die Weisheit in Weish 7,22 – 8,1 geformt hat. In der biblischen Weisheitstheologie geht es allerdings nicht nur um die Weisheit als Widerschein des göttlichen Geistes, sondern auch um praktische Erfahrung, um die untrügliche Erkenntnis der Dinge, um die Unterscheidung zwischen ›richtig‹ und ›falsch‹. Wie verhält sich der gottesfürchtige Mensch? Was ist vor Gott wohlgefällig, was nicht? Was fördert das Leben, und was zerstört es? All das sind Fragen, die dann auch bei Paulus eine wichtige Rolle spielen. Er hat dabei aus dem ›Buch der Weisheit‹ viel gelernt (vgl. etwa Röm 1,18–25 mit Weish 13,1–5).

*

Freilich spricht Paulus nicht mehr von der ›Frau Weisheit‹, sondern an ihrer Stelle nun unmittelbar vom Heiligen Geist. Aber wie die alttestamentliche Weisheit zu unterscheiden sucht – genau so macht sich Paulus auf den langen und geduldigen Weg des Unterscheidens. Und auch dabei zeigt sich wie bei der alttestamentlichen Weisheit trotz aller Entschiedenheit und Eindeutigkeit, die das Leben »im Geist« verlangt, die Zartheit, Wohltätigkeit und Menschenfreundlichkeit des Geistes Gottes. Denn Paulus beschreibt die »Früchte des Geistes« als Liebe, Freude, Friede, Langmut, Freundlichkeit, Güte, Treue, Sanftmut und Selbstbeherrschung (Gal 5,22).

Zu diesen 9 Substantiven wäre natürlich viel zu sagen. Liebe (im Griechischen *agapē*) ist nicht das, was die Illustrierten unter Liebe verstehen. Freude ist nicht dasselbe wie Vergnügen – Friede nicht Kirchhofsstille – Geduld nicht Phantasielosigkeit – Treue nicht Langeweile – Freundlichkeit nicht Nettigkeit – Güte und Sanftmut nicht dasselbe wie Harmlosigkeit – Selbstbeherrschung nicht dasselbe wie Haltung-Bewahren.

Paulus stellt den Früchten des Heiligen Geistes eine lange Negativliste gegenüber, in der vorkommen: Ausschweifung, Unzucht, Götzendienst, Streit, Spaltung und Feindschaft (Gal 5,19–21). Die Christen in Galatien sollen lernen zu unterscheiden. Was führt zum Frieden und was zum Streit; wie unterscheiden sich im Herzen Güte und Egoismus; was bewirkt Geduld in uns und was Jähzorn? Es gibt also eine ›Unterscheidung der Geister‹ (1 Kor 12,10). Man kann wahrnehmen, was aus dem Geist Gottes kommt und was der eigene Ungeist ist. Es gibt vielerlei Arten von Geist, und bei weitem nicht jeder Geist kommt von Gott.

Für diese »Unterscheidung der Geister« ist wichtig, dass jeder, der aus dem Heiligen Geist Gottes leben will, über die Art dessen Wirkens Erfahrungen sammelt. Und da kommt nun eben zum Zug, was wir schon in der Theophanie Gottes in 1 Kön 19,11–13 oder in dem Lobpreis der Weisheit in Weish 7,22 – 8,1 kennengelernt haben: die Verhaltenheit, die Behutsamkeit, die Menschenfreundlichkeit, die Güte, mit welcher der Heilige Geist in den Herzen der Glaubenden trotz seiner Kraft und Eindeutigkeit redet. Der Heilige Geist rührt uns leise und verhalten an, er nimmt uns nicht unsere Freiheit und lässt uns dabei trotzdem erkennen, dass wir ihm nicht ausweichen dürfen – ein nicht auflösbares Geheimnis von Freiheit und Hingerissen-Werden wie in jeder wahren Liebe. Das »Betrübt nicht den Heiligen Geist Gottes, den ihr als Siegel empfangen habt« (Eph 4,30), redet von dieser Dialektik der Liebe.

Woran kann man den Heiligen Geist erkennen? Paulus spricht von einem weiteren, überaus wichtigen und eindeutigen Kriterium: *Der Geist Gottes baut die Gemeinde auf.* Paulus arbeitet dieses Thema durch am Beispiel der Glossolalie. Was ist damit gemeint?

In der christlichen Gemeinde von Korinth spielten ekstatische Phänomene eine große Rolle. Es gibt ja nicht nur eine Ekstase des Leibes, sondern auch eine Ekstase der Sprache. Dann gerät die Sprache aus den Fugen. Sie wird unartikuliert. Und das ist zunächst einmal ein rein naturales Phänomen. Jeder kennt solche Phänomene: vor Freude vor sich hin trällern, tief ergriffen schluchzen oder vor Lachen schreien. Kinder können vor Vergnügen krähen. Und nicht nur Kinder können das. Auch Erwachsene können so ergriffen sein, dass ihnen die Sprache entgleist.

Dieses zunächst naturhafte Phänomen kann nun aber auch religiös besetzt sein. Es kann zur Basis *religiöser* Ekstase werden. Unartikuliertes, ekstatisches Reden gibt es in fast allen Religionen – und auch auf christlichem Boden. Die frühen Christen nannten es Glossolalie – Zungenrede. Besonders in der Gemeinde von Korinth war die Glossolalie beliebt. Sie galt dort als der eigentliche Erweis dafür, dass jemand vom Geist Gottes erfüllt war (vgl. auch Apg 10,44–48). Hier musste Paulus die Korinther Unterscheidung lehren. Und er wurde dabei sehr deutlich. Er sagt:

Jagt der Liebe nach! Strebt aber auch nach den Geistesgaben, vor allem nach der prophetischen Rede! Denn wer in Zungen redet, redet nicht zu Menschen, sondern zu Gott. Keiner versteht ihn: Im Geist redet er geheimnisvolle Dinge. Wer aber prophetisch redet, redet zu Menschen: Er baut auf, ermutigt, spendet Trost. Wer in Zungen redet, erbaut sich selbst; wer aber prophetisch redet, baut die Gemeinde auf. (1 Kor 14,1–4)

Dieser Text zeigt: Paulus ist nicht grundsätzlich gegen geisterfüllte Ekstase in der gottesdienstlichen Versammlung. Er sieht jedoch die Gefahr: Derjenige, der im Gottesdienst seine eigene Ekstase pflegt, baut sich selber auf – vielleicht auch seine eigene Gottesbeziehung. Es geht aber vor allem darum, dass die *Gemeinde* aufgebaut wird, das heißt, dass sie zum Leib Christi wird, in der alle in Liebe einander dienen und zur Ehre Gottes leben. Der Aufbau von Gemeinde, das Gestaltwerden neuer Schöpfung in ihr und so das Sichtbarmachen des eigentlichen Zieles Gottes mit der Welt ist für Paulus das wahre Werk des Heiligen Geistes. Der Geist Gottes führt zusammen. Er schenkt die Agape, die immer verbindet und niemals trennt. Und diese Agape ist mächtiger als äußere Krafttaten. Vertrauen zueinander fordert mehr Kraft, als Löwen zu zerreißen.

Doch auch damit ist noch längst nicht alles zur Geistesgeschichte gesagt. Dem wahren Geheimnis des Heiligen Geistes kam das Gottesvolk erst wirklich nahe, als es erkannte: *Der Geist Gottes*

ist der Geist Jesu Christi. Für Paulus ist das überhaupt keine Frage. Wie selbstverständlich dies für ihn ist, zeigt Röm 8,9. Dort schreibt Paulus:

Ihr aber seid nicht im Fleisch, sondern im Geist, wenn denn Gottes Geist in euch wohnt. Wenn aber einer den Geist Christi nicht hat, so gehört er ihm nicht an.

Natürlich meint Paulus hier wie auch an anderen Stellen mit »Fleisch« nicht einfach nur die Hinfälligkeit der menschlichen Existenz (so etwa 1 Kor 15,50 oder 2 Kor 4,11), sondern menschliches Leben, das unter der Herrschaft der Sünde steht (Röm 7,5; 8,7; Gal 5,16 u. ö). Dem »Fleisch« in diesem Sinne kann Paulus in scharfem Kontrast den Herrschaftsbereich Gottes gegenüberstellen. Diejenigen, die in diesem Herrschaftsbereich leben, lassen ihr Leben von Gott bestimmen. Sie haben in der Taufe den »Geist Gottes« empfangen, so dass sie »im Geist sind«, weil er in ihnen »wohnt«. Leider lebt aber nicht jeder in den christlichen Gemeinden gemäß dem »Geist Gottes« – und da sagt Paulus ganz unvermittelt: Dann hat der Betreffende nicht den »Geist Christi« und gehört somit Gott nicht an.

Dieser rasche und selbstverständliche Wechsel vom »Geist Gottes« zum »Geist Christi« ist aufregend – und deshalb müsste Röm 8,9 in der Christologie eigentlich als einer ihrer Spitzentexte besprochen werden. Der Geist Gottes ist zugleich der Geist Christi und der Geist Christi der Geist Gottes. Auch hier eine untrennbare Einheit!

Entsprechend nebeneinander stehen bei Paulus »in Christus« (Röm 8,1) und »im Geist« (Röm 8,9) sowie Geist, Kyrios (= Christus) und Gott (vgl. 1 Kor 12,4–6; Röm 5,1–5 u. ö.). Dieses Nebeneinander ist selbstverständlich bei Paulus kein Zufall, sondern weist auf ein Begreifen hin, das aus realer Geschichtserfahrung stammt:

Als aber die Zeit erfüllt war, sandte Gott seinen Sohn, geboren von einer Frau und dem Gesetz unterstellt, damit er die *loskaufe, die unter dem Gesetz stehen und damit wir die Sohnschaft empfangen. Weil ihr aber Söhne seid, <u>sandte Gott den Geist seines Sohnes</u> in unsere Herzen, der da ruft: Abba, Vater. (Gal 4,4–6)*

»Geist Gottes« und »Geist Christi« stehen nicht nur nebeneinander. Sie sind ein unlösliches Ineinander. Noch ausführlicher und unter einem anderen Aspekt wird diese tiefe Einheit zwischen dem Vater, dem Sohn und dem Geist dann im Johannesevangelium meditiert werden. Dort sagt Jesus:

Wenn aber jener kommt, der Geist der Wahrheit, wird er euch in der ganzen Wahrheit leiten. Denn er wird nicht aus sich selbst heraus reden, sondern er wird reden, was er hört, und euch kundtun, was kommen wird. Er wird mich verherrlichen; denn er wird von dem, was mein ist, nehmen und es euch kundtun. Alles, was der Vater hat, ist mein; darum habe ich gesagt: Er nimmt von dem, was mein ist, und wird es euch kundtun. (Joh 16,13–15)

Der Heilige Geist führt also das Werk Jesu fort. Genauer: Er wird in Zeiten, die mit neuen Situationen und neuen Herausforderungen kommen werden, eben das *auslegen*, was Jesus einst gesagt hat (vgl. Joh 14,26). Der Verfasser des 4. Evangeliums denkt dabei selbstverständlich auch an alles, was Jesus war und was ihn ausgemacht hat. Er verdeutlicht es aber anhand des gesprochenen Wortes. Deshalb spielen »reden«, »kundtun«, »in der Wahrheit leiten« und »hören« in diesem Text eine so große Rolle. Der Heilige Geist ist die Stimme Jesu. Er redet nicht aus sich selbst. Er bringt Christus zur Sprache und mit Jesus Christus Gott. Ausgedrückt wird das in dem Bild der Teilhabe: Alles, was dem Vater eigen ist, gehört Christus, und alles, was Christus eigen ist, vermittelt der Heilige Geist der Kirche.

✳

Damit sind wir im Grunde bereits bei der wichtigsten, ja entscheidenden Einsicht der biblischen ›Geistesgeschichte‹ angekommen. Die schönste und tiefste Frucht der langen Geschichte des immer tieferen Begreifens dessen, was der Geist Gottes ist, war die Einsicht, dass der Heilige Geist nicht eine anonyme Macht ist, nicht eine Art Ausstrahlung oder Fluidum oder Kraftzone, sondern dass er ›Person‹ ist – die personale Liebe, die den Vater mit dem Sohn verbindet, so dass Gott Gemeinschaft ist, *communio*, geteiltes Leben. Hier muss nun freilich unbedingt ein Wort zu dem Begriff ›Person‹ gesagt werden, damit keine Missverständnisse entstehen.

Was meint innerhalb der christlichen Lehre vom Heiligen Geist (und vom dreieinen Gott) überhaupt der Begriff ›Person‹? Doch nicht univok zu unserer Normalerfahrung eine in sich selbst ruhende und auf sich selbst gestellte Wirklichkeit! Wenn es so wäre, würden die Christen an drei Götter glauben. Nein! Selbst in unserer Normalerfahrung ist ›Person‹ immer auch schon ein Wesen mit vielerlei Beziehungen, vor allem geistigen Beziehungen, zu anderen Menschen und zur Welt überhaupt. Am stärksten sichtbar wird das alles in der Liebe, in dem Sich-Hinwenden zu einem anderen Du, im Sich-Anvertrauen, im Sich-selbst-an andere-Hergeben.

Jede menschliche Person ist also Eigenstand, ist aber auch in einem außerordentlichen Maß ›Beziehung‹. Es gibt uns im Grunde gar nicht ohne die Beziehungen, die uns ausmachen. Streichen wir doch einmal hypothetisch aus der Geschichte unseres Lebens sämtliche Menschen, die uns je begegnet sind und mit denen wir jemals zu tun hatten: die Mutter, den Vater, die Gattin, den Gatten, die Geschwister, die Freunde, die Bekannten, die Nachbarn, all unsere Lehrer, sämtliche Zufallsbegegnungen, die uns dennoch geprägt haben. Streichen wir darüber hinaus auch noch alle Bücher, die wir je gelesen haben, alle Filme, die wir gesehen haben, alle Medien, durch die wir belehrt wurden, alle Auseinandersetzungen, die wir geführt haben, alle Dinge, die uns jemals entzückt haben – kurz, alles an Welt, das uns im Leben begegnet ist.

Was bliebe da von uns noch übrig? Fast nur noch ein Torso, eine leere Hülle, ein Skelett. Personsein heißt also ganz wesentlich: In-Beziehung-Sein. Ohne das Beziehungsgeflecht, in dem wir bisher gelebt haben und in dem wir noch immer leben, wären wir nicht mehr der Mensch, der wir jetzt sind, ja, wir wären überhaupt nicht.

Und nun sagt die Theologie von dem dreieinen Gott: Der Vater, der Sohn und der Geist sind reine ›Relationen‹, also reine ›Beziehungen‹. Sie sind gerade keine in sich geschlossenen Wirklichkeiten, sondern, insofern sie Person sind, nichts anderes als absolutes ›Mit-Sein‹. Gott Vater ist reines Sich-Mitteilen und Sich-Verschenken an den Sohn. Der Sohn ist reines Ausgehen aus dem Vater und reines Hören auf ihn. Der Geist ist reines Hervorgehen und Empfangen vom Vater und vom Sohn. Insgesamt: Der eine Gott ist ein für uns unvorstellbares, absolutes »Wir«.

So wird vom Geheimnis des dreieinen Gottes her deutlich: Nicht das Bei-sich-selbst-Sein ist das Letzte und Höchste, sondern das Sein-für-einen-Anderen und das Sein-mit-einem-Anderen.

Damit diese entscheidende Differenz im Personbegriff des dreieinen Gottes noch deutlicher wird, müssen wir freilich den Menschen noch schärfer in den Blick nehmen. Ich selber, mein Ich, mein Selbst, *tut* etwas. Ich stehe, ich sitze, ich laufe, ich denke. »Ich selbst« tue das alles. Aber ich bin nicht einfach identisch mit dem, was ich tue. Ich bin nicht einfachhin mein Stehen. Ich bin nicht einfachhin mein Sitzen, mein Laufen oder mein Denken. Da bleibt immer ein Tätigkeits-Zentrum, das bestimmte Dinge tut oder nicht tut.

Nun sagt aber die Theologie über die drei göttlichen Personen, dass es bei ihnen diese Differenz gerade nicht gibt. Gott der Vater ist nicht zuerst einmal Gott der Vater – und dann tut er noch zusätzlich etwas: Er liebt. Nein, die Heilige Schrift sagt: »Gott *ist* Liebe« (1 Joh 4,8). Das heißt: Die Liebe ist nicht etwas Zweites, das bei ihm noch hinzukommt, sondern er ist nichts anderes als das Geschehen reiner Liebe. Und genauso ist der Sohn nichts anderes als reines Hören, reines Empfangen, reines Weitergeben dessen, was er vom Vater hört (Joh 15,15). Und entsprechend ist der Heilige Geist nichts anderes als reines Empfangen und Band der Liebe zwischen dem Vater und dem Sohn.

Ich denke, es ist deutlich geworden: Wenn wir bei Gott von drei Personen sprechen, so ist der Personbegriff, den wir hier verwenden, von dem Personbegriff, den wir für uns selbst verwenden, völlig verschieden. Wir können uns das Person-Sein des Vaters und des Sohnes und des Heiligen Geistes nicht mehr positiv vorstellen.

An dieser Stelle angekommen, müsste eigentlich schon deutlich geworden sein: Solche Einsicht und solches Verstehen des Vaters, des Sohnes und des Heiligen Geistes sind nicht beliebig möglich, sondern nur dort, wo das Gottesvolk selbst als *communio* lebt – wo die Glaubenden aus sich selbst herausgehen, einander vertrauen, sich gegenseitig in der *agapē* annehmen und ihr Leben miteinander verbinden. Die Einsicht, dass Gott dreieine *communio* ist, setzt die *communio* der Gemeinde voraus. Die Einsicht, dass Gott in sich selbst heiliger Austausch der Liebe ist, setzt Gemeinden voraus, in denen jeder den Anderen immer wieder annimmt – nicht gezwungenermaßen, sondern voll Güte und Vertrauen.

Im Grunde haben die Atheisten und die Marxisten mit ihrer Projektionstheorie etwas Richtiges gesehen, wenn sie sagten, jedes Gottesbild sei ein Spiegel der gesellschaftlichen Verhältnisse: Eine Gesellschaft voller Gewalt wird sich ihren Gott oder besser ihre Götter nur als gewalttätige Wesen vorstellen können. Und für eine Gesellschaft, in der es keine Religionsfreiheit gibt, sondern Zwang zu einer bestimmten Religion, wird auch Gott ein Despot sein – und bei solchen Gottesbildern entsteht Gottesvergiftung. Nur in einer Gesellschaft, die im Miteinander freien Vertrauens und freier Einmütigkeit lebt, kann der wahre, der dreieine Gott aufleuchten. Nur dort kann der Heilige Geist als personales Band der Liebe erkannt werden.

Deshalb ist die Geschichte der immer tieferen Erfahrung des Geistes Gottes zugleich ein langes Stück menschlicher Gesellschaftsgeschichte. Erst in dem Augenblick, da innerhalb der Evolution gesellschaftlicher Gebilde in der Urgemeinde von Jerusalem jene Form von *communio* erreicht war, in der eine soziale Gruppe nicht mehr durch Macht und Herrschaft, sondern durch Hingabe und Vertrauen zusammengehalten wurde, konnte der Geist Gottes als göttliche Person und konnte Gott als der dreieine Gott erkannt werden. Denn im Gefolge des Pfingstfestes konnte ja nun erzählt werden:

Alle, die gläubig geworden waren, bildeten eine Gemeinschaft und hatten alles gemeinsam. [...] Tag für Tag verharrten sie einmütig im Tempel, brachen in ihren Häusern das Brot, hielten miteinander Mahl in Freude und Einfalt des Herzens und lobten Gott. (Apg 2,44.46–47)

So wie alles Suchen nach dem wahren Gott seinen endgültigen Ort in Jesus Christus gefunden hat, findet also alles Suchen nach dem Geist Gottes seinen endgültigen Ort in der pfingstlichen Gemeinde.

Genau das, was ich jetzt gesagt habe, hat sich im Apostolischen Glaubensbekenntnis niedergeschlagen. Es hat ja drei Teile: Das Bekenntnis zu Gott dem Vater, das Bekenntnis zu Jesus Christus und das Bekenntnis zum Heiligen Geist. Das Bekenntnis zum Heiligen Geist aber ist unmittelbar verknüpft mit dem Bekenntnis zu der einen, heiligen, katholischen und apostolischen Kirche. Der Heilige Geist und die Kirche stehen also in einer unlöslichen Verbindung.

Dass diese Evolution zu einer neuen Art von Gesellschaft und damit der entscheidende qualitative Sprung in der ›Geistesgeschichte‹ überhaupt stattfanden, war allerdings nicht das Verdienst jener kleinen Gruppe von Jüngern, die voll Angst und Kleinmütigkeit in Jerusalem versammelt waren. Es war das Verdienst dessen, der sein Leben für das Volk Gottes und damit für die Welt dahingegeben hatte – in einem letzten Vertrauen zum

Vater und in einer letzten Liebe zu den Menschen. Allein aus der Lebenshingabe Jesu ist die Kirche als neue Gesellschaft möglich geworden, und aus seiner Lebenshingabe heraus ist uns der Heilige Geist geschenkt, der allein Menschen in wahrer Liebe miteinander verbinden kann.

Geteilte Hostie – geteiltes Leben
(Joh 6,22–59)

Das 6. Kapitel des Johannesevangeliums spricht im Anschluss an die Erzählungen von der Speisung der Volksscharen (Joh 6,1–15) und Jesu Seewandel (Joh 6,16–21) über Jesus als das »wahre Brot vom Himmel« (Joh 6,22–59). Für das richtige Verständnis dieser ›Brotrede‹ ist wichtig, dass die Eucharistie *erst am Ende* zu ihrem Thema wird (Joh 6,51c-59). *Zunächst* ist immer wieder vom »Brot« die Rede, »das vom Himmel herabkommt« oder schon »herabgekommen ist«. Nicht weniger als achtmal begegnet diese Formel.

Was ist da mit dem »Brot« gemeint? Die Zuhörer Jesu verstehen darunter Brot, das ihnen von oben in den Schoß fällt und eine neue, herrliche Zeit herbeiführt – eine Zeit, in der es keine Not mehr gibt, weil der Messias ja für alles sorgen wird (Joh 6,26–27). Sie erhoffen sich ein biblisches »Tischlein-deck-dich«.

Die Wünsche der damaligen Hörer Jesu sind heute keineswegs passé. Im Gegenteil. Sie sind bei uns – in säkularisierter Form – noch immer lebendig, sogar lebendiger denn je. Es gibt Kulturkritiker, die behaupten, der heutige Mensch sei nichts anderes als ein nimmersatter Säugling, der ständig danach schreit, an die Brust gelegt und gestillt zu werden. Die Brust – das sind die sozialen Medien, das sind die Filme, die man sich herunterlädt, das ist die Zigarette, das Rauschmittel, die Flasche und – so paradox es klingt – der Vater-Staat. Denn der Staat soll für alles sorgen: zuerst für den Platz in der Kita, dann für die Tagesheimschule, dann für den garantierten Arbeitsplatz, nebenbei auch noch ständig für die Gesundheit, schließlich für Rente und Pflege und am Ende auch noch für einen sanften Tod durch die vom Staat legalisierte Spritze.

Das alles sind Säuglings- und Mutterbrustträume, die bei uns immer häufiger und immer mächtiger geträumt werden – nicht nur von eingefleischten Sozialisten. Es ist der weitverbreitete Traum vom totalen Sozialstaat, der alles macht, für alles sorgt, alles regelt, alles in die Hand nimmt und sofort herbeigelaufen kommt, wenn ein Bürger jammert. Es ist die Ideologie vom Staat als dem Messias, an dem man alle Eigenverantwortung delegieren kann.

Aber es ist ein falscher Messias. Jesus redet von etwas ganz anderem. Er bietet Speise an für das »ewige Leben« (Joh 6,54). Das kann falsch verstanden werden. Das »ewige Leben« ist in Joh 6 gerade nichts absolut Weltjenseitiges, das erst nach dem Tod anfinge, sondern ist Leben unter der Gottesherrschaft. Es beginnt für den Glaubenden schon jetzt, in der Begegnung mit Jesus und vollendet sich in der Ewigkeit.

Das Brot, das Jesus schenkt, ist auch nicht Abhilfe in dieser oder jener Not, ist nicht das Einspringen Gottes, um das scheinbar schlechte Funktionieren seiner Schöpfung zu korrigieren, sondern ist eine Gabe, die der Welt den Glanz und die Fülle bringt, die sie nach dem Plan Gottes haben soll. Bei der Hochzeit zu Kana (Joh 2,1–12) und bei der Speisung der Fünftausend (Joh 6,1–15) ist der Überfluss, den Gott will, schon zum Vorschein gekommen.

Der Weg zu dieser Welt in Fülle ist *Jesus selbst* mit seiner ganzen Geschichte, mit den Worten, die er spricht, und mit den Zeichen, die er setzt. Es ist der Jesus, der Jünger in seine Nachfolge ruft, um Israel zu sammeln. Es ist der Jesus, der die Menschen heilt, der sie von ihren Zwängen befreit, der sie in ein neues Miteinander führt. Dem entsprechend sagt dieser Jesus in Joh 6,51 von sich selbst:

Ich bin das lebendige Brot,
das vom Himmel herabgekommen ist.

Jesus vergleicht also sich selbst und sein ganzes Leben für die anderen mit Brot. Und entsprechend redet die große johanneische Brotrede zunächst vom *Glauben* an Jesus. Das »Werk Gottes«, das der Welt die endzeitliche Fülle schenken will, kann nur dann beginnen, wenn die Zuhörer Jesus *glauben*, dass er der Gesandte Gottes ist, die einzige Lösung für die Not der Welt.

Genauso häufig wie vom Glauben ist in diesem ersten Teil der Brotrede aber auch vom *Kommen zu Jesus* die Rede. »Wer *zu mir kommt,* wird nie mehr hungern, und wer an mich glaubt, wird nie mehr Durst haben« (Joh 6,35). Damit wird deutlich: Das »Brot vom Himmel« ist kein Schlaraffenland, wo man nur den Mund aufsperrt – und es ist keine Droge, die man nur zu schlucken braucht. Es ist ein Anspruch und es ist eine Verheißung, die das ganze Leben verwandeln will. Es meint: zu Jesus kommen und ihm glauben, mit ihm leben, mit ihm die versprengten Kinder Gottes sammeln, Gemeinde aufbauen, dem Willen Gottes Raum schaffen.

Erst am Ende dieser Meditation, nämlich ab 6,51c verdichtet sich die Rede vom »Brot des Lebens« zu ihrem eucharistischen Sinn. Nun sagt Jesus:

Amen, amen, ich sage euch: Wenn ihr das Fleisch des Menschensohnes nicht esst und sein Blut nicht trinkt, habt ihr das Leben nicht in euch. (Joh 6,53)

Dieser Satz und ähnliche Formulierungen des eucharistischen Teils sind dem vorangegangenen Teil der Brotrede freilich nicht künstlich aufgesetzt, sondern sind die Zuspitzung alles dessen, was vorher gesagt wurde. Die Gemeinschaft mit Jesus, die schon durch den Glauben und das Zu-ihm-Kommen eröffnet ist, erreicht ihre letzte Verdichtung im eucharistischen Mahl.

Hatte schon der erste Teil der Brotrede deutlich gemacht: Glaube zielt darauf ab, das ganze Leben in Bewegung zu setzen, so zeigt ihr eucharistischer Fortgang erst recht: Es genügt nicht, das Brot des Lebens als eine Art Droge zu empfangen. Man muss es im *Miteinander der Glaubenden* essen.

»Das Fleisch Christi essen und sein Blut trinken« ist drastische Rede – aber wie notwendig sie ist, zeigt die Geschichte der eucharistischen Frömmigkeit. Josef Andreas Jungmann schildert in seinem Werk »Missarum sollemnia« [Die Feier der Messe] die Verengungen und Verkürzungen, die das Sakrament der Eucharistie im Lauf der Jahrhunderte erfuhr:

Bei der Wandlung die heilige Hostie schauen, wird im späteren Mittelalter bei vielen zum Um und Auf der Messandacht. Wenn man den [hocherhobenen] Leib des Herrn bei der Wandlung gesehen hatte, war man befriedigt. In den Städten lief man wohl auch von Kirche zu Kirche, um möglichst oft die erhobene Hostie zu sehen, weil man davon reichen Gewinn erhoffte. Prozesse wurden geführt, um sich in der Kirche einen günstigen Ausblick auf den Altar zu sichern. Es werden auch Beispiele von Gemeinden berichtet, in denen ein Großteil der Gläubigen erst beim Zeichen zur Wandlung in die Kirche eintraten und sie dann wieder fluchtartig verließen. (1952: Bd. 1, 159–160)

Es ist klar, dass hier das »Brot des Lebens« zu jenem magischen Heilmittel verkommen ist, das Jesus in Kafarnaum gerade ablehnt. Unser heutiges Problem ist zwar nicht mehr einfach das, was Jungmann schildert. Aber es ist ähnlich gelagert.

Wenn es heute allgemeine Gewohnheit ist, zur Kommunion zu gehen, so wie es früher allgemeine Gewohnheit war, nicht zur Kommunion zu gehen, dann hat sich gegenüber dem späten Mittelalter noch nicht allzu viel geändert. Von dem, was uns das 6. Kapitel des Johannesevangeliums sagen will, sind wir noch immer weit entfernt.

Der Sakramentsrealismus, der mit der Wendung »mein Fleisch essen und mein Blut trinken« formuliert ist, kommt erst dann zu seinem Ziel, wenn der Empfang der Eucharistie zu einer wirklichen Begegnung mit Christus wird – zu einer Begegnung, in der wir auf sein Wort hören und ihm unser Leben anbieten. Und der Empfang der Eucharistie wird erst dann zu einer wirklichen Begegnung mit ihm, wenn die Glaubenden in ihrer gemeinsamen Jesus-Nachfolge selbst zu einem »Leib« werden. Der menschliche Leib ist eine Einheit, ist sichtbar und greifbar, ist gegliedertes, verbundenes Leben. Und ›Leib‹ ist angelegt auf Kommunikation. Wer mit anderen die Hostie teilt, muss deshalb auch sein Leben mit ihnen verbinden. Augustinus formulierte es in meisterhafter Prägnanz:

Die Gläubigen kennen den [eucharistischen] Leib Christi nur dann, wenn sie es nicht versäumen, der Leib Christi zu sein. Sie müssen der Leib Christi werden, wenn sie vom Geiste Christi leben wollen. (Augustinus, In Iohannis Evangelium tract. 26,13)

Aber was heißt das konkret? Ich möchte es an einem Beispiel verdeutlichen. Das Folgende hat sich vor einigen Jahren genau so zugetragen, wie ich es schildere. Es war am Abend eines Aschermittwochs. Eine Frau hatte den Aschermittwochsgottesdienst in der Kirche St. Michael in München besucht. Nicht nur die Predigt, sondern der gesamte Gottesdienst hatte sie tief ergriffen. Sie trug noch das Aschenkreuz auf ihrer Stirn. Als sie am Stachus in die S-Bahn einstieg und zum hinteren Wagen ging, stieß sie auf eine Frau, die ebenfalls deutlich sichtbar das Aschenkreuz auf ihrer Stirn hatte. Da überströmte sie Freude. Sie konnte gar nicht anders, als sich neben die ihr völlig fremde Frau zu setzen und ein Gespräch mit ihr zu beginnen. Und da zeigte sich:

Sie waren beide im selben Gottesdienst gewesen. Sie waren beide bewegt von der Predigt, die sie gehört hatten, und auch davon, dass sie in den Bänken rundum so viele junge Menschen gesehen hatten, die den Gottesdienst mit großem Ernst mitfeierten. Sie hatten beide die hl. Kommunion empfangen. Jetzt redeten sie miteinander und wussten, dass sie in einer S-Bahn mit vielen fremden Gesichtern einander keine Fremden waren. Nach fünf Stationen mussten sie sich trennen. Doch sie hatten vorher ihre Handy-Nummern ausgetauscht.

Sie treffen sich bis heute (inzwischen sind noch zwei weitere Familien hinzugekommen). Seitdem hat es zwischen diesen Familien nicht nur viel Erfahrungsaustausch gegeben, sondern auch gemeinsames Lesen in der Schrift, gemeinsames Gebet, gemeinsame Feste und immer wieder gegenseitige Hilfe. Die beiden Frauen haben mir vor kurzem schmunzelnd erzählt, wie sich vor Jahren die beiden »Aschenkreuze« in der Münchner S-Bahn begegnet sind und was daraus geworden ist.

Entscheidungen
(Jos 24,1–24; Joh 6,60–69)

Wenn Glaube wirklich Glaube ist, drängt er zu Entscheidungen – zu Entscheidungen für Gott und für die Sache Gottes. Wenn ein Säugling getauft wird, kann er sich noch nicht entscheiden. Vorläufig haben sich nur seine Eltern dafür entschieden, dass ihr Kind im Lebensraum der Kirche, also im Bereich der Gnade, der Hilfe, des Erbarmens und der Verheißungen Gottes aufwachsen soll. Aber irgendwann muss das, was da in der Taufe geschah, in freier Entscheidung angenommen und bezeugt werden.

Die kirchlichen Gemeinschaften, in denen die Kindertaufe üblich ist, erwarten, dass dies im Zusammenhang mit der Firmung beziehungsweise der Konfirmation geschieht. Geschieht es nicht – bleiben also Firmung oder Konfirmation nur die Feier eines neuen Lebensabschnitts – dann fehlt der Taufe etwas Entscheidendes. Sie ist immer noch Sakrament gewesen, aber es fehlt ihr die freie Annahme und Realisierung.

Der christliche Glaube verlangt also eine Grundentscheidung. Aber nicht nur der *christliche* Glaube verlangt sie. Die freie Entscheidung für Gott hat bereits ihre Wurzeln, ja ihre gesamte Basis im Leben Israels. Immer wieder werden uns im Alten Testament Grundentscheidungen vor Augen gestellt. Abraham glaubt der Verheißung Gottes und verlässt sein Land, seine

Verwandtschaft, sein Vaterhaus – und damit die Religion seiner Väter (Gen 12,1–5). Mose begibt sich zum Pharao, dem Gottkönig Ägyptens, um das Volk Israel aus der Knechtschaft zu befreien – voll Widerstreben und Angst, aber am Ende tut er es (Ex 3–4). Das Volk Israel zieht mit Mose vierzig Jahre lang durch die Wüste, oft zweifelnd, sich oft zurückwünschend nach Ägypten, immer wieder murrend, aber es spricht sein Ja, als ihm Gott am Berg Sinai den Bund anbietet (Ex 19,8; 24,7), und es folgt Mose und Josua zum verheißenen Land.

Allerdings lassen die Erzählungen in den ersten Büchern der Bibel einen tiefen Einschnitt erkennen: Als Israel noch durch die Wüste zieht, bricht es jeden Tag wieder auf und bekommt von Gott alles, was es jeweils braucht. Es lebt ganz von der Führung Gottes, den es als *Gott ständigen Auszugs* erfährt. Es muss lernen, täglich neu auf die Fürsorge Gottes zu vertrauen.

Als Israel jedoch in das verheißene Land einzieht, ändert sich seine Situation grundlegend. Von da an muss es sesshaft leben – und zwar keineswegs in einem menschenleeren Gebiet. Das Land ist bereits besetzt. Es ist besetzt von vielen Göttern und Mächten, von tief sitzenden heidnischen Leitbildern und oft unmenschlichen Ritualen. Israel lebt nun wieder in der Machtsphäre von Göttern, die zu dem »Blut und Boden« eines jeden Landes gehören. Und je länger es im ›Land‹ lebt, desto mehr passt es sich seiner Umgebung an. Es beteiligt sich an den Festen, an den Gebräuchen, am Götterwesen Kanaans.

So erzählt es die Bibel. Und so dürfte es auch in der Geschichte selbst gewesen sein. Die Götter des Landes waren verlockend. Sonst wäre ihnen Israel nicht immer wieder verfallen. Sie waren so verlockend, wie auch heute bei uns die ungebundene Sexualität verlockend ist, der Rausch, die Naturmystik, der Machtmissbrauch, die hemmungslose Aufdeckung des Privaten und die peinliche Absicherung aller Lebensbedürfnisse.

Aber zurück zu den Erzählabläufen der Bibel! In ihnen bildet das 24. Kapitel des Buches Josua eine entscheidende Markierung. Kurz vor seinem Tod versammelt der Heerführer Josua in Sichem alle Stämme Israels und verlangt Klarheit. Das Volk soll sich endlich entscheiden, wem es dienen will: dem Gott, der es herausgeführt hat aus der alten Gesellschaft, aus Unfreiheit und Knechtschaft, also dem Gott, der Geschichte macht und dabei nicht an ein Land gebunden ist – oder ob es den an ihr Land gebundenen Göttern dienen will, die erneut Dämonenfurcht, Götzendienst und Unfreiheit bedeuten. Es soll eine freie Entscheidung sein. Das Volk soll »wählen« (Jos 24,15.22). Es kann sich für oder gegen JHWH entscheiden. Aber eines kann es nicht: Ihm *neben* den Göttern des Landes dienen wollen. Und so spricht Josua zu dem versammelten Volk:

Schafft die Götter fort, denen eure Väter jenseits des Stromes [= Eufrat] und in Ägypten gedient haben, und dient dem HERRN*! Wenn es euch aber nicht gefällt, dem* HERRN *zu dienen, dann entscheidet euch [wörtlich: wählt euch] heute, wem ihr dienen wollt: den Göttern, denen eure Väter jenseits des Stromes dienten, oder den Göttern der Amoriter, in deren Land ihr [jetzt] wohnt. Ich aber und mein Haus – wir wollen dem* HERRN *dienen. (Jos 24,14–15)*

An der Rede des Josua – ich habe nur ihren Schluss zitiert – fallen zwei Dinge auf: Bevor Josua die Stämme in die Entscheidung ruft, blickt er bewusst zurück in die Vergangenheit. Ausführlich zählt er auf, was Gott an seinem Volk getan hat – von der Berufung Abrahams und der Nachkommenschaft, die er ihm geschenkt hat, über alle Stationen eines langen Weges bis hin zu den »Weinbergen und Ölbäumen«, von denen Israel jetzt zehrt – von Weinbergen und Ölbäumen, die es nicht gepflanzt hat. Immer wieder hat Gott ihm geholfen, es geheilt, es gerettet und beschenkt. Die Entscheidung, die jetzt gefordert ist, geschieht also nicht aus einem leeren Raum heraus. Eine lange Geschichte der Befreiung und Errettung, des Erbarmens und der Treue Gottes ist vorausgegangen.

Was bedeutet das für uns heute – für uns, die wir uns ebenfalls für Gott zu entscheiden haben, falls wir das Evangelium und die Sakramente ernst nehmen, aus denen wir leben? Heißt das nicht, dass auch unsere Entscheidung nicht aus einem leeren Raum heraus erfolgt? Wir leben als Christen aus einer langen Geschichte und essen von deren Früchten.

Auch wir leben vom Auszug Abrahams, vom Gehorsam des Mose und von der Befreiung Israels aus Ägypten. Wir leben von den Unterscheidungen der Propheten und schließlich von dem größten Wunder der Welt, das Jesus heißt. Und diese lange Rettungs- und Unterscheidungsgeschichte ist in der Kirche weitergegangen – in ihren Propheten, ihren Märtyrern, ihren Lehrern, ihren Heiligen und den unzähligen Frauen und Männern, die Jesus bis heute nachgefolgt sind.

Es gab in der Geschichte der Kirche bis heute Blindheit und Torheit, Unglaube und Treulosigkeit, Bosheit und Verbrechen. Aber es gab eben auch die Klarheit der Unterscheidung, ständige Hilfe für die Armen, den Kampf um wahre Humanität, das Ringen um »Freiheit, Gleichheit und Brüderlichkeit«, um das es schon in der Tora geht, das treue Festhalten an den Geboten, die tröstende Hoffnung auf Gottes Verheißungen. Die immer wieder beschworenen »Werte«, deren sich der Westen mit Recht rühmt, sind überhaupt nicht erklärbar ohne die Geschichte Israels und die Geschichte der Kirche. Müssten wir denen, die wir für den Glauben an Gott gewinnen wollen oder von denen wir eine Entscheidung für den Glauben erwarten, nicht viel mehr von dieser langen Geschichte erzählen? Josua hat es getan, bevor er das Volk zur Entscheidung rief. Erzählen wir noch genügend von der biblischen Geschichte und wagen wir es noch, von der Geschichte der *heiligen* Kirche zu berichten?

Doch der Text Jos 24,1–24 macht noch ein Zweites deutlich. Ich meine dieses klare, eindeutige, fast stolze: »Entscheidet euch heute, wem ihr dienen wollt – *Ich aber und mein Haus – wir wollen dem* HERRN *dienen.*« Hier wird eine weitere Voraussetzung von Glaubensentscheidungen sichtbar: Unsere Entscheidungen brauchen Vorbilder.

Wenn ich in mein eigenes Leben zurückblicke, kann ich ziemlich genau, oft bis auf das Jahr und den Tag, sagen, wo wichtige Entscheidungen für meinen Glauben gefallen sind. Als ich 21 Jahre alt war, kam so ein Jahr – und dann als ich 52 war. Da hat sich mir jeweils ein neuer Weg geöffnet. Und ich hätte ihn niemals allein gefunden. Andere haben mir den Weg gezeigt und mir gesagt, was jetzt, in dieser bestimmten Situation, Glauben für mich bedeuten könnte. Wir brauchen andere, die uns vorausgehen, wir dürfen uns den Weg zeigen lassen, ja, wir dürfen uns führen lassen. Allerdings: Die Entscheidung dazu muss in Freiheit geschehen – so wie auch Josua dem Volk die freie Wahl zumutet.

Auch in Joh 6 wird diese Grundstruktur des Glaubens sichtbar. In der langen Rede zu Kafarnaum hat Jesus sich selbst als das »Brot des Lebens« offenbart (Joh 6,35.48). Die Unbedingtheit seiner Rede führt unter seinen Zuhörern eine Entscheidung herbei, und zwar bis in den Jüngerkreis hinein. Der Text hebt ausdrücklich hervor, dass selbst die Jünger über die Rede Jesu »murren«. Es geschieht also genau das Gleiche, was einst beim Zug Israels durch die Wüste geschehen war: Wie sie damals vor Mose »gemurrt« hatten, wie ihr Aufstand aber in Wirklichkeit Gott selbst galt (Ex 16,6–8), so murren sie jetzt vor Jesus – und der Aufstand gilt Gott. Und dann die Konsequenz: »Viele seiner Jünger zogen sich zurück und begleiteten ihn nicht mehr« (Joh 6,66).

Da wendet sich Jesus an die Zwölf, die Mitte seiner endzeitlichen Sammlung des Gottesvolkes. Er lässt auch dem Zwölferkreis volle Freiheit. Er sagt: »Wollt auch ihr weggehen?« Jesus redet vom »Gehen«. Das ist wichtig. Es handelt sich nicht um die Zustimmung zu einer bloßen Lehre. Es handelt sich nicht um eine abstrakte Entscheidung zwischen theologischen Theorien oder diversen Weltanschauungen. Es handelt sich um das Kommen und Bleiben bei Jesus. Man muss sein ganzes Leben in Bewegung setzen. Wenn man zu Jesus *kommt*, kommt man zum Glauben. Und wenn man von ihm *weggeht*, verliert man seinen Glauben.

In diesem Sinn also fragt Jesus die Zwölf: »Wollt auch ihr weggehen?« (Joh 6,67) Eher beginnt er neu, als dass er mit Jüngern weitermacht, die durch ihre Halbheit das Werk Gottes zu Fall bringen. Besser nur wenige bleiben und zeigen durch ihren

Glauben und ihr Miteinander, wie das umstürzend Neue aussieht. Und wie einst Josua, so ist es jetzt Simon Petrus, der den anderen den Weg ebnet, der vorangeht und sagt:

Herr, zu wem sollen wir gehen? Du hast Worte des ewigen Lebens. Wir sind zum Glauben gekommen und haben erkannt: Du bist der Heilige Gottes. (Joh 6,68–69)

Auch wir sind heute in einer Situation, wo viele zweifeln, ihren Glauben aufgeben und der Kirche und damit Jesus den Rücken kehren. Diese Situation zwingt uns, den eigenen Glauben neu zu überdenken. Was wollen wir mit unserem Leben? Wem wollen wir dienen? Den Göttern der Gesellschaft oder dem wahren Gott? Wollen wir uns selbst dienen oder Jesus und seiner Sache? Dem Tod oder dem Leben? Wir müssen uns entscheiden.

Dabei ist nun allerdings noch Folgendes zu bedenken: So wichtig und unersetzbar diese Grundentscheidung für das ist, was in der Taufe an uns geschehen ist – sie kann sehr verschieden aussehen. Nicht immer stehen wir gleichsam mit ganz Israel am Berg Sinai oder mit den zwölf Stämmen bei Josua in Sichem. Es gibt auch die vielen kleinen Entscheidungen, die ganz unscheinbar aussehen, sich aber mehr und mehr zu einer Grundentscheidung verdichten können: dem, der uns verletzt hat, nichts nachzutragen – unser Morgengebet zu sprechen, obwohl wir immer noch schrecklich müde sind – einem, der die Kirche verhöhnt, zu widersprechen – es gibt unzählige anscheinend nur geringfügige Schritte, die zu einem Weg werden können – ja am Ende zu einer Straße.

Und bei all dem sollten wir nicht vergessen, dass es Jahr für Jahr einen Zeitpunkt gibt, an dem wir unsere Grundentscheidung öffentlich bekennen. Ich meine die Osternacht mit der Erneuerung unseres Taufversprechens – jene Nacht, die alles Dunkel der Sünde durchbricht und uns mit Christus in das helle Licht der Auferstehung führt.

Jesus und seine Jünger im Sturm
(Ijob 38,1.8–11; 2 Kor 5,14–17; Mk 4,35–41)

Es ist ganz unwahrscheinlich, dass wir eines Tages in Seenot geraten – so wie Jesus und seine Jünger in der Erzählung Mk 4,35–41: Sie sind von einem bösen Unwetter überrascht worden, ihr Boot wird von den Wellen umhergeworfen, ist schon halb voll Wasser und kurz vor dem Zerbrechen. Sollen wir also diese Geschichte vom Sturm auf dem See einfach nur als interessanten Erzählstoff betrachten, der mit unserem Leben nichts zu tun hat? Sehen wir genauer hin, in welchem Zusammenhang uns Markus diese Geschichte erzählt!

Jesus redet am Westufer des Sees Gennesaret zum Volk. Eine große Menschenmenge ist um ihn versammelt (Mk 4,1). Es sind so viele, dass er in ein Boot gestiegen ist und vom See her redet. Das Wasser trägt bekanntlich den Schall. Jesus redet lange. Vor allem erzählt er Gleichnisse. Dann schickt er die Menge weg. Allerdings: Die Arbeit geht weiter. Jünger, die ihn begleiten, und die Zwölf haben Fragen zu den Gleichnissen. Jesus muss also weiterreden. Und auslegen. Und Zusammenhänge erklären. Am Ende ist er müde. Er bleibt im Boot und lässt sich von seinen Jüngern in Richtung Ostufer rudern. Andere Boote fahren mit. Sie verschwinden allerdings bald aus der Erzählung. Und dann kommt der Sturm.

Im Erzählzusammenhang des Markusevangeliums geht es danach folgendermaßen weiter: Auch auf dem Ostufer gibt es für Jesus keine Ruhe. Er begegnet einem Tobsüchtigen und befreit ihn in spektakulärer Weise von seinen Zwängen (Mk 5,1–20). Hierauf lässt er wieder zurückrudern auf die Westseite des Sees, wo sich sofort erneut eine Menschenmenge zusammenballt. Jesus heilt eine blutflüssige Frau und erweckt die kleine Tochter des Synagogenvorstehers Jaïrus zum Leben (Mk 5,21–43). Immer geht es um das Evangelium, das nicht nur in Worten, sondern auch in der Tat verkündet werden muss.

Jesus fährt also in der Erzählphase, in der ihn seine Jünger zum Ostufer rudern, keinem Feierabend entgegen. Die Überfahrt über den See ist vom Anfang bis zum Ende eingebettet in seinen Auftrag. Jesus ist bei allem, was er tut, auch bei dieser Überfahrt, umgeben von den Erfordernissen der Gottesherrschaft. Er und seine Jünger arbeiten vom Morgen bis zum Abend und noch in die Nacht hinein für das Neue, das jetzt begonnen hat. Und eben da, in dieser Arbeit, in dieser Erfüllung ihres Auftrags, geraten sie in den Sturm – in gefährliche, plötzlich auftretende Fallwinde, wie sie am See Gennesaret entstehen können.

Genau darin liegt nun für uns die *Aktualität* der Erzählung, nach der ich am Anfang dieses Kapitels gefragt hatte. Heute bei Jesus zu sein und ihm nachzufolgen, heißt, in einen Sturm hineinzufahren. Wir müssen damit rechnen, dass sich dann in unserem Leben einiges verändern wird, vielleicht sogar sehr viel, möglicherweise sogar alles. Es wird unruhig, ja stürmisch werden. Denn die beruhigende Grenzziehung, die wir in unserem Leben vorgenommen haben – hier Beruf und Familie und dann zusätzlich noch mehr oder weniger Mithilfe in der Gemeinde – diese saubere Trennung wird dann nicht immer durchzuhalten sein. Wer das Evangelium von der Gottesherrschaft in sein Herz aufnimmt, sieht die Not der Kirche und das Elend der Gesellschaft mit neuen Augen. Und dann kann es in seinem Leben unruhig werden.

Wenn wir uns der Botschaft Jesu von der Gottesherrschaft wirklich öffnen, kann es sogar geschehen, dass wir schon bald in einen Sturm geraten, bei dem uns die Wellen hin- und herwerfen und wir feststellen müssen, dass wir eigentlich hoffnungslos überfordert sind. Das Evangelium zeigt aber, dass wir uns diesem Sturm dennoch getrost aussetzen dürfen, weil wir nicht allein sind. Dass Jesus, während das Boot zu sinken droht, auf einem Kissen schläft, ist auch Bild dafür, dass seine Nachfolger trotz aller Bedrängnisse ohne Angst sein können. Sie sind mitten im Sturm sicher. Sie sind gehalten durch die Hand dessen, der Himmel und Meer geschaffen und den Chaosmächten ihre Grenze gesetzt hat.

Das Buch Ijob spricht von dieser Grenzsetzung. Für den antiken Menschen war das Meer eine schreckliche Macht, Sinnbild des abgründigen Chaos der Welt. Auf dem Mittelmeer fuhren die Schiffe meistens die Küsten entlang, weil die Seeleute es nicht wagten, die See in gerader Linie zu überqueren. In Ijob 38,8–11 hingegen wird das Meer seiner mythischen Tiefe beraubt und geradezu ironisch in den Blick genommen: Für den Gott Israels ist es nicht der Urmeerdrache, mit dem auf Leben und Tod gekämpft werden muss, so, wie es die orientalischen Mythen von ihren Göttern schildern, sondern ein Riesenbaby, das er wie ein hilfloses Kind in seine Windeln wickelt – es nämlich in Dunst und Wolken hüllt. Gott ist der absolute Herr seiner Schöpfung.

Er ist aber genauso der Herr der Geschichte. Die Mächte der Geschichte erscheinen uns Heutigen noch dämonischer als die Mächte der Natur. Immer wieder brechen Kriege aus – oft in unserer nächsten Nähe – in Gang gebracht und unerbittlich fortgeführt von machtsüchtigen Autokraten, für die Menschenleben Kehricht sind.

Es sind aber nicht nur politische Mächte, die uns bedrohen. In allen Bereichen der Gesellschaft – und leider auch in der Kirche – gibt es unmittelbar neben dem vielen Schönen und Heiligen die Gier, die infame Lüge, die schamlose Verleumdung, den menschenverachtenden Missbrauch. Aus vielen einzelnen Quellen bilden sich Potentiale des Unheils, ja des Bösen. Sie bedrohen jeden von uns. Vor allem aber erleben wir heute in einem unvorstellbaren Ausmaß die Erosion des überkommenen Glaubens. Unheimliche Kräfte sind da am Werk. Wie schwer ist es geworden, Menschen für das Evangelium zu sammeln und Glauben neu zu wecken!

Es war aber schon damals so, wie es heute ist. Und Jesus muss die Macht des Bösen noch viel stärker wahrgenommen haben als wir. Trotzdem schläft er im Boot. Er hat keine Angst vor seinem Auftrag, vor der anscheinenden Unmöglichkeit seiner Sammlungsbewegung, vor der Trägheit des menschlichen Herzens, vor der Verbissenheit seiner Gegner. Er weiß, dass er getragen ist von seinem Vater im Himmel. Das Einzige, worauf es ihm ankommt, ist, bei seinen Jüngern den Glauben zu entzünden, damit in der Welt ein Ort entsteht, an dem die Macht

Gottes sichtbar wird und der Friede seiner Herrschaft. Deshalb seine Frage an die Jünger: »Warum nur habt ihr solche Angst? Habt ihr noch keinen Glauben?«

Es war von der Not die Rede, die uns überfallen kann, wenn wir uns dem Evangelium von der Gottesherrschaft öffnen und heute mit Christus Gemeinde sammeln und aufbauen. Aber es gibt mitten in aller Not und Unruhe – das will uns die Geschichte vom Sturm auf dem See zeigen – eben auch das Ruhigwerden des Sturms, die tiefe Windstille, den Frieden des Vertrauens, die Freude derer, die sich Gott ausgeliefert haben, die unendliche Sicherheit, dass uns von der Liebe Gottes nichts trennen kann, wenn wir bei Jesus Christus sind.

Dieses »bei Jesus Christus sein« ist allerdings mehr als Privatfrömmigkeit und mehr als die Mitgliedschaft in einem Verein mit religiösen Zielsetzungen. Paulus beschreibt es in 2 Kor 5,14–17 als ein Sterben mit Christus, das neues Leben schenkt, ein Leben freilich, in dem wir nicht mehr uns selbst leben, sondern dem, der für uns gestorben ist und auferweckt wurde. Das ist so ungeheuerlich, dass Paulus die Existenz der Christen nur als eine neue Schöpfung benennen kann: »Das Alte ist vergangen, Neues ist geworden.«

Diese Sätze betreffen nicht nur den Einzelnen, sondern genauso und sogar vor allem die neue Gesellschaft der Kirche, die aus dem Tod und der Auferweckung Jesu entstanden ist: Dort, wo sie lebt, schätzt niemand mehr den Anderen nach menschlichen Maßstäben ein, sondern sieht ihn im Licht der Liebe Christi, die alles neu macht.

Irdisch-himmlische Liturgie
(Jes 6,1–11; Lk 5,1–11)

In Jes 6,1–11 wird uns eine Vision erzählt, die so beeindruckend ist, dass sie in der kirchlichen Liturgie noch immer weiterlebt – und zwar nicht irgendwo am Rand, sondern an zentraler Stelle, nämlich im Sanctus der Eucharistiefeier. Der Prophet Jesaja befindet sich plötzlich im Jerusalemer Tempel. Wahrscheinlich stand er nicht selbst im Tempel, sondern sah sich in einer Vision in den Tempel versetzt. Er sieht dort Gott – und sieht ihn doch auch wieder nicht. Denn Gott wird nicht beschrieben. Was Jesaja schaut (er sieht sich wohl im Eingang des eigentlichen Tempelgebäudes stehen), ist ein hoher Stufenthron, von dem herab der Saum des göttlichen Gewandes fließt. Schon allein dieser Saum füllt den Tempel. Jesaja sieht die Serafim. Sie bedecken ihr Gesicht mit zweien ihrer Flügel, weil selbst sie die Herrlichkeit Gottes nicht ertragen würden. Er hört das Dreimal-Heilig, das die Serafim sich *gegenseitig* zurufen – so laut zurufen, dass die Tür-Zapfen in den Schwellen des Heiligtums beben:

Heilig, heilig, heilig ist der HERR *der Heerscharen.*
Erfüllt ist die ganze Erde von seiner Herrlichkeit.
(Jes 6,3)

Aber das alles ist nur Einleitung, nur Vorspiel für das, was sich anschließt: Der Prophet Jesaja wird ausgesandt – nicht in die weite Welt, sondern zu Israel, zu dem Volk, das sich Gott erwählt hatte, damit auf dem Weg über dieses Volk die Welt ins Heil kommt. Jesaja hört die Stimme Gottes, und was er hört, ist erschreckend:

Geh und sag diesem Volk:
»Hören sollt ihr, hören, aber nicht verstehen.
Sehen sollt ihr, sehen, aber nicht erkennen.«

Verfette das Herz dieses Volkes,
verhärte seine Ohren, verkleb seine Augen,
damit es mit seinen Augen nicht sieht,
mit seinen Ohren nicht hört,
damit sein Herz nicht zur Einsicht kommt
und es nicht umkehrt und heil wird!
(Jes 6,9–10)

Das ist die Ansage eines Gerichts, angesichts dessen es keine Umkehr und kein Entkommen mehr gibt. Allerdings: Eine Prophetenrede, die geradezu den Zweck hat, jede Einsicht und Umkehr des Volkes zu verhindern, widerspricht so sehr dem in der Bibel Üblichen, dass wir diesen Text entschlüsseln müssen.

Dazu blicken wir zunächst kurz auf den tatsächlichen Ablauf der Geschichte. Das Nordreich Israel wurde von den Assyrern überwältigt und als eigenes Staatswesen vernichtet. Im Jahre 733 machte Tiglat-Pileser III., der Großkönig von Assyrien, die Gebiete rund um Samaria zu assyrischen Provinzen. Schließlich wurde dann 722 unter dem Großkönig Salmanassar V. auch die Stadt Samaria selbst erobert. Vor allem die Oberschicht des ehemaligen Nordreichs und wichtige Berufsgruppen wurden deportiert: die Beamten, die Priester, die Großgrundbesitzer, die Gutsverwalter, die Handwerker. Fremdbevölkerung aus anderen Teilen des assyrischen Reichs wurde auf dem Gebiet des ehemaligen Nordreichs angesiedelt.

Jesaja, der etwa zwischen 740 und 700 v. Chr. in Jerusalem wirkte, hat also den Untergang des Nordreichs von weitem miterlebt. Im Südreich Juda verlief die Geschichte zunächst für lange Zeit noch anders. Zwar hatte der assyrische König Sanherib im Jahre 701 die judäischen Festungsstädte erobert, konnte aber Jerusalem noch nicht einnehmen. Erst im Jahre 586 wurde dann von der inzwischen an die Stelle Assyriens getretenen Großmacht Babylon auch Juda verwüstet, die Stadt Jerusalem zerstört und auch hier die Oberschicht in den Osten deportiert. Nur verschwanden in diesem Fall die Deportierten nicht wie bei der Zerstörung des Nordreichs aus der Geschichte. Denn sie wurden als Gruppe angesiedelt und konnten so ihr Miteinander, ihre Traditionen und ihren Glauben retten.

Doch von der Historie zurück zu dem Text Jes 6,9–11. Man kommt nicht daran vorbei: Hier ist von einer definitiven »Verstockung« die Rede, die Gott selbst an »diesem Volk« bewirkt. Sie ist nichts anderes als ein furchtbares Gericht über das Gottesvolk. Indem Jesaja die Verstockung als »Verhärtung« der Herzen, als »Verstopfung« der Ohren und »Verklebung« der Augen vollzieht, beginnt bereits das Gericht. Der Prophet kündigt also die Verstockung nicht nur an. Er führt sie im Auftrag Gottes selbst herbei. Allerdings wird Gott gerade diese Verstockung mit ihren schrecklichen Folgen dazu benutzen, um seine Ziele mit dem Gottesvolk zu erreichen: Der tiefe Schock über das Ende des Nordreichs und das spätere babylonische Exil vieler Judäer aus dem Südreich sollte für die Theologie Israels und damit für sein tieferes Verstehen Gottes von außerordentlicher Bedeutung werden. Weite Teile des Alten Testaments setzen die Erfahrungen beim Untergangs des Nordreichs und vor allem die Erfahrungen des babylonischen Exils voraus. Im Nachhinein, aus viel späterer Perspektive, dürfen wir also sagen: Gott hat mit der Verstockung, die Jesaja aussprechen musste, ein ganz bestimmtes Ziel erreicht.

Damit ist aber längst nicht alles Notwendige zu dem schwierigen Begriff der Verstockung gesagt, der ja dann auch noch im Neuen Testament eine wichtige Rolle spielt (vgl. Mk 4,10–12; Joh 12,39–40 und vor allem Röm 11,7–8). Entscheidend ist zunächst einmal Folgendes: Biblische Verstockungstexte nach Art von Jes 6,9–11 schließen keineswegs aus, dass die Möglichkeit einer freien Entscheidung zur Umkehr gegeben war. Allerdings kehrt derjenige, der umkehren sollte, *faktisch* nicht um, und Gott benutzt dessen Nicht-Hören und Nicht-Umkehren dazu, seine noch größeren und viel weiter reichenden Ziele herbeizuführen.

Diese für uns nur äußerst schwer nachvollziehbare Art biblischer Sprache kann man an der Verstockung des Pharao im Buch Exodus (Ex 3–11) noch anschaulicher und klarer beobachten: Es ist eine Dialektik von *Verstockung durch Gott* (vgl. etwa Ex 4,21; 7,3; 9,12; 10,20.27; 11,10) und zugleich – sehr deutlich herausgearbeitet – von *Selbstverstockung des Pharao* (Ex 7,13.14.22; 8,11.15.28; 9,7.34). Diese Dialektik liegt selbstverständlich auch Jes 6,9–11 zugrunde – aber dort wird knapper und einseitiger formuliert, so dass hier leichter als in Ex 3–11 Missverständnisse auftauchen können.

Unsere Schwierigkeiten beschränken sich allerdings nicht nur auf die Verstockungsaussagen von Jes 6,9–11 (in der Lesung vom 5. Sonntag im Jahreskreis / Lesejahr C sind sie bewusst weggeschnitten). Unsere Schwierigkeiten beginnen schon bei der Schilderung der Vision selbst. Wenn wir von einem riesigen Stufenthron hören, von einem den Tempel füllenden Saum des göttlichen Gewandes und von Serafim, die sechs Flügel haben – zwei zum Fliegen und vier ihr Gesicht und ihre Geschlechtsteile zu bedecken – dann geraten wir in Verlegenheit. Hat Jesaja diese Vision in dieser Form wirklich gehabt? Oder ist das Ganze nur ein konstruierter Text, der eine theologische Aussage machen will? Weshalb gibt es heute solche Visionen nicht mehr?

So etwa reagieren wir auf einen derartigen Text. Doch diese Skepsis müssen wir überwinden. Wir leben in einem rationalen Zeitalter, das uns viel tiefer prägt, als wir es wahrhaben wollen. Andere Gesellschaften und andere Kulturen rechneten durchaus mit Visionen. Wer nicht mit Visionen rechnet und sie für unmöglich erklärt, hat auch keine. Es wäre unsachlich, ja geradezu unwissenschaftlich, wenn wir aus unserem eigenen sehr beengten Erfahrungshorizont anderen Kulturen die Möglichkeit des Visionären absprächen.

Außerdem ist zu bedenken: Die in Jes 6 geschilderte Vision des Propheten wird genau datiert. Sie geschah im Todesjahr des Königs Usija. Das war im Jahre 739 (oder 736 v. Chr.). Der Prophet muss die erschütternde Erfahrung dessen, was er da sah und hörte, schon bald danach in einer Art ›Denkschrift‹ festgehalten haben (vgl. Jes 8,16–18; 30,8).

Etwas anderes kommt noch hinzu: Das, worauf der ganze Text hinausläuft, gibt es ja wirklich. Wir erleben es ständig: Große und maßgebende Gruppen einer Gesellschaft können sich in einem unglaublichen Ausmaß verhärten, ihren Ideologien folgen, die Realität nicht mehr wahrnehmen und eben deshalb gegen jede Vernunft handeln. Damit aber beschwören sie gesellschaftliche Katastrophen geradezu herauf. Es sind dann oft nur Einzelne oder kleine Gruppen, die Widerstand leisten.

Ähnliches gilt für die Kirche. Auch in ihr gibt es Verfinsterungen und Verhärtungen, die ganze Gruppen erfassen können. Und auch in der Kirche kann es geschehen, dass Menschen, die hochbegabt wären, an der Sache Gottes mitzuarbeiten, nur für die eigenen Ideen leben wollen (oder für das, was sie für die Sache Gottes halten). Ihre Herzen sind wie aus Stein. Gott findet oft nur Wenige, die sich senden lassen, und selbst diese wenigen müssen wie Jesaja von sich sagen: »Weh mir, ich bin ein Mensch mit unreinen Lippen« (Jes 6,5).

In all diesen Dingen ist Jes 6,1–11 unglaublich genau. Mit verletzender Schärfe trifft dieser Text die Realität – um uns herum und in uns selbst. Und weil der Text in seiner Wiedergabe der Realität so genau ist, glaube ich ihm auch alles andere, was er sagt. Ich glaube diesem Text, dass es Gott gibt und dass er heilig ist, unfassbar heilig – und dass *seine* Pläne nicht *unsere* Pläne sind und *seine* Wege nicht *unsere* Wege (Jes 55,8) – und dass dieser Gott sich einem Menschen zeigen kann – was als Medium dieses Sich-Zeigens zeitgenössische Bilder und Mythologeme natürlich keineswegs ausschließt. Dieses Sich-Zeigen Gottes kann so aufwühlend sein, dass jeder, der Gott in derartiger Weise erfährt, nur sagen kann: »Weh mir, ich bin verloren« (Jes 6,5).

Übrigens macht Petrus nach dem reichen Fischfang genau die gleiche Erfahrung. Er erkennt in Jesus den »Heiligen Gottes«, er erkennt in der Begegnung mit dem absolut Heiligen die Wahrheit über sich selbst – und muss sagen: »Herr, geh weg von mir, ich bin ein sündiger Mensch« (Lk 5,8).

Allerdings ist die Erfahrung der erschreckenden Heiligkeit Gottes und der sich dabei offenbarenden Unheiligkeit des Menschen nicht das Letzte. Dem Propheten Jesaja wird gesagt: »Deine Schuld ist getilgt, deine Sünde gesühnt« (Jes 6,7), und Petrus wird gesagt: »Fürchte dich nicht. Von jetzt an wirst du Menschen fangen« (Lk 5,10).

Das heißt: Gott sind diejenigen, die sich für seine Sache in Dienst nehmen lassen, so kostbar, dass er ihnen ihre Schuld vergibt. Vielleicht darf man sogar sagen: Jeder Dienst an der Sache Gottes, und wenn es auch der kleinste und unscheinbarste Dienst wäre, ist in sich schon Heilung, ist Vergebung, ist Heiligung durch das Erbarmen Gottes.

Die Kirche hat das Dreimal-Heilig sehr früh in den Ablauf der Eucharistiefeier hineingenommen – zunächst in Syrien und Palästina. Erste Belege stammen aus dem 4. Jahrhundert. Wir singen oder sprechen es heute mitten im Hochgebet, nach der Präfation. Dieser Teil der Eucharistiefeier ist also sehr alt. Wahrscheinlich hat das Dreimal-Heilig auch schon in der Jerusalemer Tempelliturgie eine Rolle gespielt (vgl. das dreimalige »Er ist heilig« in Ps 99,3.5.9). Es gibt in der ganzen Welt keine Institution, die Derartiges aufzuweisen hat: einen Text, der aus dem 8. Jahrhundert v. Chr. stammt und der noch heute so lebendig ist wie damals – und zwar international, in der ganzen Welt, in unzähligen Gemeinden.

Aber wichtiger als sein Alter ist etwas anderes: Das Sanctus ist ja der bekennende Lobpreis der Engel um den Thron Gottes. Wenn die Kirche es wagt, diesen Lobpreis in ihrem Gottesdienst anzustimmen, will sie damit sagen: In dem Augenblick, in dem sich die irdische Gemeinde versammelt und Gott für seine Taten preist, sind Himmel und Erde verbunden. Das Gotteslob der Gemeinde verschmilzt mit dem Gotteslob der Engel. Der Himmel ist dann schon mitten unter uns. Die irdische Liturgie der Kirche verbindet sich mit der himmlischen Liturgie.

So tun die Gläubigen, wenn sie am Sonntag zusammenkommen und Gott in heiliger Versammlung preisen, das Größte, was sie überhaupt tun können. Größeres und Besseres als den Lobpreis Gottes gibt es nicht. Wenn wir das Sanctus singen oder feierlich sprechen, stehen wir schon mit einem Fuß in der Ewigkeit, denn die Ewigkeit ist nichts anders als reine Preisung Gottes zusammen mit vielen Anderen, voll Selbstvergessenheit und Glückseligkeit. Unsere Ewigkeit wird unfasslich tiefe Freude sein – weil es nichts Größeres geben kann, als dem heiligen Gott nahe zu sein und in dieser Nähe selbst heilig geworden zu sein.

Und doch ist damit immer noch nicht alles gesagt. Wir haben ja gesehen: Der Text bei Jesaja läuft auf die Aussendung des Propheten hinaus. Das Gleiche gilt für uns. Wenn wir das Dreimal-Heilig wörtlich nehmen, heißt das notwendig, dass wir uns bereit erklären, mitzuhelfen, dass der Name Gottes geheiligt wird, dass also die Welt zum Raum seiner Herrschaft wird. Gott preisen heißt deshalb immer auch, sich von Gott in Dienst nehmen zu lassen. Jedenfalls, wenn wir ehrlich und konsequent sind.

Wir müssen also sagen: In jeder unserer Eucharistiefeiern geschieht das, was damals im 8. Jahrhundert v. Chr. bei Jesaja geschehen ist: Wir stehen vor dem heiligen Gott. Wir erkennen, wer wir in Wahrheit sind. Aber Gott nimmt uns, trotz unserer Schuld, in seinen Dienst. Und gerade so werden wir heil, kommt unser Leben und mit ihm ein Stück Welt wieder in Ordnung und verkündet die Ehre Gottes.

Schildert Jesaja also eine irreale Szenerie? Ist der Text eine Konstruktion? Er ist dichteste Gegenwart – unter der Voraussetzung, dass auch wir uns versammeln, um Gott die Ehre zu geben.

Und noch etwas könnte uns Jes 6,1–11 lehren mit seinem Hintergrund der Vernichtung des Nordreiches (und später des Südreichs): Ja, es gibt Katastrophen, verheerende Katastrophen – in der Welt und in der Kirche. Wir haben sie in diesen Monaten und Jahren unmittelbar vor Augen. Aber Gott kann diese Katastrophen mit all ihren schrecklichen Seiten benutzen, um seinen Plan mit der Welt und mit der Kirche weiterzuführen.

Die Dialektik zwischen Verstockung durch Gott und Selbstverstockung in der Exoduserzählung wird meisterhaft beschrieben von HELMUT UTZSCHNEIDER, Gottes langer Atem. Die Exoduserzählung (Ex 1–14) in ästhetischer und historischer Sicht (SBS 166), Stuttgart 1996, 62–66.

Maria, Urbild der vollendeten Kirche
(Lk 1,39–56; 1 Kor 15,20–27)

Das Fest der Aufnahme Marias in den Himmel will uns daran erinnern, dass Schöpfung und Erlösung, Leib und Seele, Erde und Himmel zusammengehören. Gott will den ganzen Menschen erlösen und mit ihm die gesamte Schöpfung. Der Ort, wo diese erlösende Verwandlung der Welt jetzt schon beginnt, ist die Kirche. Das Fest, um das es hier geht, zeigt uns Maria als das Urbild der vollendeten Kirche – aufgenommen in die himmlische Herrlichkeit, ganz schön geworden, ganz heilig, reiner Lobpreis Gottes. Und weil Maria Urbild ist, feiert dieses Fest zugleich die Herrlichkeit unserer eigenen Berufung.

Wenn man das Fest der Aufnahme Marias in den Himmel in seiner Tiefe verstehen will, ist es allerdings gut, alle Fragen beiseite zu lassen, die vom Festgeheimnis wegführen. Wegführen würde zum Beispiel eine falsch gestellte Frage nach dem ›Wann‹. Der Glaube der Kirche sagt: »Maria wurde nach Ablauf ihres irdischen Lebens mit Leib und Seele in die himmlische Herrlichkeit aufgenommen.« Diese Glaubensaussage betont mit Recht die *Tatsächlichkeit* der Aufnahme Marias in den Himmel. Maria ist wirklich und wahrhaftig in den Himmel aufgenommen. Die Definition schließt damit natürlich auch ein ›Schon‹ ihrer Aufnahme in den Himmel mit ein. Sie verlangt aber keinesfalls, sich einen himmlischen Kalender vorzustellen, auf dem man dann gemäß unserem gewohnten Zeitschema Daten eintragen könnte – im Sinne eines irdisch-zeitlichen Früher und Später. Etwa folgendermaßen: *Maria jetzt schon auferstanden – die Heiligen auch schon früher als wir – wir dann erst am Ende der Welt.*

Ein solches Zeit-Schema dürfen wir in das Festgeheimnis nicht hineinbringen. Denn jenseits des Todes gibt es nicht mehr unsere ›irdische‹ Zeit – so wenig, wie der Himmel innerhalb eines irdischen Raum-Schemas lokalisiert werden kann. Denn dann läge er irgendwo jenseits der Milchstraße. So zu denken, wäre natürlich lächerlich. Genauso lächerlich wäre es aber, sich das *Geschehen* im Jenseits innerhalb eines irdischen Zeit-Schemas vorzustellen. Wir können also nur sagen: Maria ist wahrhaft mit Leib und Seele in den Himmel aufgenommen. Aber alle zeitlichen Ausmalungen müssen wir uns versagen. Die ›verklärte‹ Zeit bei Gott und ihr ›Ineinander‹ können wir uns nicht mehr positiv vorstellen.

Entsprechend ist es mit der *Leiblichkeit* der Auferstehung. Auch hierüber können wir nur in Bildern sprechen. Paulus versucht im 15. Kapitel des 1. Korintherbriefs, dem die Festtagslesung entnommen ist, zur Andersartigkeit des Auferstehungsleibes hinzuführen. Er sagt: Das Samenkorn, das ausgesät worden ist, hat noch nicht die Gestalt der Pflanze, die aus ihm entstehen wird. So ist auch der Leib, den Gott auferweckt, von ganz anderer, unvorstellbarer Gestalt. Paulus bezeichnet ihn in paradoxer Sprache als »Geist-Leib« (1 Kor 15,44). Damit zerschlägt er all unsere Vorstellungsversuche.

Im Grunde brauchen wir nur eines festzuhalten: Der Leib der Auferstehung ist wahrhaft ›Leib‹. Das heißt: Das Leben bei Gott ist gerade nicht Entweltlichung, sondern Einholung alles dessen, was unser Leben, unsere Geschichte, unsere irdische Existenz ausgemacht hat. Nur eben verwandelt, eingesammelt in die Herrlichkeit Gottes.

Auferstehung bedeutet also ein umfassendes Eingeholt-Werden unserer persönlichen Geschichte: Das heißt dann aber auch, dass unsere Geschichte mit ihrer gesamten sozialen Dimension eingeholt und verwandelt wird. Auferstehung betrifft eben nicht nur eine welt-und geschichtslose Seele, sondern den ganzen Menschen mit all seinen Bezügen, mit dem, was er durch andere geworden ist und mit dem, *was er für andere war.*

Wer aber könnte Jesus, insofern er wahrhaft Mensch ist, tiefer geprägt haben als seine Mutter? Sie war Teil seines Lebens und Teil seiner Geschichte. Nun gibt es leider zwischen Müttern und ihren Kindern – genauso wie zwischen Vätern und ihren Kindern – auch Missverständnisse, ja, nicht nur Missverständnisse, sondern unter Umständen schwere Störungen oder sogar unheilbare Zerwürfnisse. Gerade davon aber kann zwischen Maria und Jesus nicht die Rede sein. Ganz im Gegenteil.

Maria spricht in Lk 1,38 sozusagen vorausgreifend und alles Spätere vorwegnehmend ihr gläubiges »Ja« zu dem, was ihr der Engel verkündet hat: »Siehe, ich bin die Magd des Herrn, mir geschehe nach deinem Wort.« Bei der Hochzeit zu Kana sagt sie zu den Dienern, ihre eigene Hingabe an das Tun Jesu widerspiegelnd: »Was er euch sagt, das tut« (Joh 2,5). Und am Ende steht sie unter dem Kreuz Jesu, seine Schmerzen bis in deren Tiefe miterleidend (Joh 19,25).

Insofern war ihr Leben nicht nur biologisch mit ihrem Sohn verbunden, und zwischen beiden gab es auch nicht nur seelisch jenes geheimnisvolle und nicht auszumessende Miteinander, das Mütter mit ihren Kindern verbindet. Nein, da war mehr: Da war die Teilnahme Marias an der Sendung und an dem Weg Jesu. Die gerade zitierten Texte wollten genau das ausdrücken. Maria war eben nicht nur Jesu leibliche Mutter, sondern auch diejenige, die heilsgeschichtlich gesehen durch ihr »Ja« Jesus überhaupt erst ermöglicht hatte. Auf diese Weise ist sie allen, die Jesus später nachgefolgt sind, vorgeordnet.

Von hier aus erhält auch noch eine andere Aussage des Paulus in 1 Kor 15 einen Sinn, der über das erste Lesen hinausreicht. Paulus sagt, dass es bei der Auferweckung der Toten im Zusammenhang der Wiederkunft Christi eine bestimmte Reihenfolge gibt: »Erster ist Christus, dann folgen, wenn Christus kommt, alle, die zu ihm gehören« (1 Kor 15,23). Dass Christus der Erste ist, ist klar. Die Auferstehung der Toten erfolgt eben nicht aus einer naturhaften Anlage im Menschen. Es gäbe für uns keine Auferstehung, wenn Gott nicht Jesus von den Toten auferweckt hätte. Insofern ist er wirklich der »Erstling der Entschlafenen« (1 Kor 15,20), der einzige ›Ort‹, wo es Auferstehung für uns geben kann.

Anteil an seiner Auferstehung haben alle, »die zu ihm gehören«, die also im Glauben ihr »Ja« zu ihm gesagt haben – oder die jeweils auf ihre Weise in seine Geschichte hineingenommen wurden. In der Geschichte Jesu hat aber Maria durch ihr »Ja« vor dem Engel und durch ihr »Ja« unter dem Kreuz noch einmal einen spezifischen Ort. Deshalb darf, ja muss die Kirche sagen: Sie hat als die ›Erste‹ Anteil an der Auferstehung ihres Sohnes –

solange wir nur dieses ›als Erste‹ nicht in einem naiv-zeitlichen Sinn verstehen.

In dem paulinischen: »Es gibt eine bestimmte Reihenfolge« darf also eine geistliche Schriftlesung mehr sehen als einen irdisch-zeitlichen Geschichts-Ablauf. Es gibt ein ›Vor‹ im Bezug auf uns in einem nicht univok-zeitlichen, sondern in einem theologischen, in einem heilsgeschichtlichen Sinn.

Wenn wir daher von Maria sagen, sie sei »schon jetzt« vollendet und ganz bei ihrem Sohn und von dort aus unsere Helferin und Fürsprecherin, so reden wir nicht von Zeitabläufen, sondern von der Stellung Marias im Heilswerk. Und wir reden dann nicht nur von jener jungen Frau namens Mirjam, sondern wir reden darüber hinaus immer auch von Maria als dem Urbild der vollendeten Kirche – also von dem, was mit der Kirche und mit uns allen geschehen soll: Teilnahme an dem ewigen Hochzeitsmahl mit Christus in der Herrlichkeit Gottes.

Auf die Frage, inwieweit man für das Leben nach dem Tod noch von ›Zeit‹ im Sinn unseres üblichen Zeitbegriffs reden kann, also über die Notwendigkeit, den Begriff ›Zeit‹ in einem analogen und nicht univoken Sinn zu verwenden, und über all die Folgen, die das hat, bin ich ausführlich eingegangen in dem Buch: GERHARD LOHFINK, Am Ende das Nichts? Über Auferstehung und Ewiges Leben, Freiburg i. Br. ^{8}2022, 228–239.

Zum Fest Allerheiligen
(Offb 7,2–14)

Es ist eigentümlich, an wie vieles man sich im Alter erinnert. Weit Zurückliegendes taucht unversehens wieder auf: bestimmte Situationen – anscheinend vergessene Gesichter – Sätze, die irgendwann jemand gesprochen hat. Als ich dieses Kapitel schreiben wollte, fiel mir plötzlich ein, wie einst unser Kaplan uns Ministranten – ich war damals etwa 8 Jahre alt – das Fest Allerheiligen erklärt hat. »Das ganze Jahr hindurch«, sagte er, »feiern wir an den Werktagen Heilige, deren Namen wir kennen und über deren Geschichte wir etwas wissen.« Und dann ließ er uns die Namen von Heiligen aufzählen. Es kamen ziemlich viele zusammen. Wir waren nämlich eine große Ministrantengruppe, und die meisten brachten ihren Namenspatron ins Spiel. »Es gibt natürlich bedeutend mehr Heilige als nur diejenigen, die im Heiligenkalender stehen«, fuhr der Kaplan nach diesem Auftakt fort, »vor allem zahllose Bekenner und Märtyrer, von denen man nichts mehr weiß. Aber auch viele heilige Mütter und Väter, die Jesus in ihrem Alltag in Geduld und Hingabe nachgefolgt sind, die aber nie heiliggesprochen wurden. Wahrscheinlich wussten sie selbst nicht, dass sie Heilige waren.« Das malte er dann noch weiter aus und schloss am Ende eindrucksvoll mit dem Satz: »All diese zahllosen unbekannten Heiligen feiern wir am Fest Allerheiligen.«

Das leuchtete mir sofort ein. Dass es unzählige namenlose Heilige gab und dass sie von der Kirche in einem eigenen Fest zusammengeholt wurden, gefiel mir. Am Allerheiligenfest gefiel mir aber noch etwas anderes. In der Lesung dieses Festes (Offb 7,2–12) gab es einen Abschnitt, der für mich einen besonderen Klang hatte. Es war eine Aufzählung mit eigentümlichen Namen, phantastischen Zahlen und vielen Wiederholungen. Gerade deshalb faszinierte mich dieser Abschnitt:

Und ich hörte die Zahl der Bezeichneten:
144.000 Bezeichnete aus allen Stämmen der Kinder Israels:

Aus dem Stamme Juda 12.000 Bezeichnete,
aus dem Stamme Ruben 12.000 Bezeichnete,
aus dem Stamme Gad 12.000 Bezeichnete,
aus dem Stamme Ascher 12.000 Bezeichnete
aus dem Stamme Naftali 12.000 Bezeichnete
aus dem Stamme Manasse 12.000 Bezeichnete ...

und das war erst die Hälfte dieser merkwürdigen Liste. Zwölf Stämme wurden da hintereinander aufgezählt. Ich hörte natürlich jedes Jahr bei der Festmesse, dass es hier um die Stämme *Is-*

raels ging, dachte aber als begeisterter Karl May-Leser trotzdem an Indianerstämme. Bei dem Wort »Bezeichnete« erschienen in meiner Phantasie farbig bemalte Krieger. Natürlich war das spannend. Aufregend war aber auch die Liste selbst – nämlich der Zauber, der von den gleichmäßigen Wiederholungen ausging. Das klang mir wie eine lange Kette von Beschwörungen. Nach der Zwölfer-Liste aber hieß es jedes Jahr:

Danach sah ich, und siehe: eine gewaltige Schar, die niemand zählen konnte, aus allen Völkern und Stämmen und Nationen und Sprachen.

»Aha«, dachte ich dann: »Das sind jetzt die unbekannten Heiligen. Der Kaplan hat recht gehabt.« Heute weiß ich es natürlich besser, obwohl ich den Gedanken von den unbekannten Heiligen nach wie vor gut finde. Ich bleibe jetzt einmal bei dieser Lesung aus der Johannesoffenbarung (Offb 7,2–12), die seit Jahrhunderten zum Allerheiligenfest gehört.

Doch zunächst noch Folgendes: Das Fest Allerheiligen wird seit dem 9. Jahrhundert (zuerst in Irland, dann in ganz Europa) am 1. November gefeiert. Das Fest ist jedoch viel älter. Schon im 4. Jahrhundert gab es in Antiochien einen »Herrentag [also einen Sonntag] aller Heiligen«, der eine Woche nach Pfingsten begangen wurde. Im byzantinischen Ritus ist das noch heute der Tag für das Allerheiligenfest. Und dieser ursprüngliche Termin, der 1. Sonntag nach Pfingsten, bringt uns auf eine wichtige Fährte.

Pfingsten ist ja das Ursprungsfest der Kirche. Der Heilige Geist kommt auf die in Jerusalem versammelten Jünger herab, und so entsteht, nachdem schon Jesus das endzeitliche Israel gesammelt hat, endgültig die Kirche. Wenn nun sofort am Sonntag darauf »alle Heiligen« gefeiert werden – muss da nicht die gesamte Kirche gemeint sein, insofern sie die heilige Kirche Gottes ist? Wir dürfen ja nicht vergessen, dass sich die frühen christlichen Gemeinden als »die Heiligen« bezeichneten (vgl. 1 Kor 1,2; Eph 1,1; Offb 8,3–4 u. ö.). Sie wollten damit ausdrücken, dass sie »durch Christus« und »in Christus« geheiligt waren.

Meint also das Fest Allerheiligen die ganze Kirche? Schauen wir uns daraufhin die für das Fest grundlegende Lesung aus Offb 7,2–14 etwas genauer an. Zunächst den größeren Textzusammenhang: Die gesamte Johannesoffenbarung redet von dem endzeitlichen Kampf, den die Kirche zu bestehen hat. Der historische Hintergrund sind Christenverfolgungen in der Zeit des römischen Kaiser Domitian (Regierungszeit 81–96 n. Chr.) und zwar in der Provinz Asia. In Pergamon war ein Christ namens Antipas getötet oder sogar hingerichtet worden (Offb 2,13). Es war offensichtlich kein Einzelfall. Denn in Offb 6,9 sieht der Verfasser des Buches in einer Vision »die Seelen aller, die hingeschlachtet worden waren wegen des Wortes Gottes und wegen des Zeugnisses, das sie abgelegt hatten«.

Wir wissen aus einem Brief, den der jüngere Plinius 111 oder 112 n. Chr. an Kaiser Trajan schrieb, was er als hoher römischer Beamter im Osten des Reiches zu tun pflegte, wenn dort Christen durch ihre Mitbürger wegen ihres christlichen Glaubens angezeigt wurden und er sie vernehmen musste. Plinius war damals Statthalter der Provinz Bithynien-Pontus:

Ich habe sie befragt, ob sie Christen seien. Die Geständigen habe ich unter Androhung der Todesstrafe (supplicium minatus) ein zweites und drittes Mal befragt. Die dabei blieben, ließ ich [zur Hinrichtung] abführen. Denn ich war der Überzeugung, dass auf alle Fälle ihr Eigensinn und ihre unbeugsame Halsstarrigkeit bestraft werden mussten – mochte das, wozu sie sich bekannten, sein wie immer es wollte. (Epistulae X, 96)

Man könnte versucht sein, *supplicium* einfach mit »Strafe« zu übersetzen, denn Todesstrafe wegen Halsstarrigkeit scheint doch wenig wahrscheinlich. Andererseits schreibt Plinius, er habe bei derartigen Fällen Angeklagte, die das römische Bürgerrecht besaßen, zur Überstellung nach Rom vorgemerkt. Das spricht eher für die Übersetzung »Todesstrafe«.

Andere Angeklagte, schreibt Plinius dem Kaiser, bestritten während solcher Vernehmungen, dass sie Christen seien. Plinius ließ sie dann die Götter anrufen, vor dem Bildnis des Kaisers Trajan Weihrauch und Wein opfern und Christus verfluchen *(male dicerent Christo)*. Taten sie dies, wurden sie entlassen.

Vor diesem zeitgeschichtlichen Hintergrund muss man die Johannesoffenbarung lesen, denn zwischen ihrer Abfassung und der Anfrage des Plinius an Trajan, ob sein Vorgehen in Ordnung sei, dürften kaum mehr als 20 bis 25 Jahre liegen. Und viele Textstellen in der Offenbarung des Johannes setzen Prüfungen und Glaubensnöte voraus – vgl. für Ephesus Offb 2,3 – für Smyrna Offb 2,10 – für Philadelphia Offb 3,8. Es handelte sich zwar noch keineswegs um systematisch durchgeführte Verfolgungen. Aber was kommen würde, muss sich damals schon deutlich abgezeichnet haben.

Das eigentliche Problem für die Kirche in Kleinasien war der Kaiserkult. Sowohl in Pergamon als auch in Smyrna befand sich neben vielen anderen Tempelanlagen auch ein Tempel für den Kult des Augustus und der Göttin Roma, und Ephesus erhielt einen neuen Tempel mit einer Kolossal-Statue des Kaisers Domitian. Da der Kaiserkult sowohl vonseiten der Provinzverwaltung, vonseiten der Städte, vonseiten der Städte-Bünde als auch privat und innerhalb der vielen Vereine gepflegt wurde, konnten Christen sehr schnell in Konfliktsituationen geraten, wenn sie bei den entsprechenden Kultritualen oder Kultveranstaltungen nicht mitmachten.

Die in der Forschung vieldiskutierte Frage, ob die Gebete beim Kaiserkult nur *fürbittend* für das Heil des jeweiligen Kaisers an die Staats- oder Stadtgötter gerichtet waren oder ob sie sich an den amtierenden Kaiser selbst richteten, ihn also anbeteten, ist überhaupt nicht entscheidend. Ein Christ durfte heidnischen Göttern nicht opfern und nicht zu ihnen beten, selbst wenn es nur in Fürbitte für den Kaiser geschah.

Wie immer sich der Kaiserkult konkret gestaltete – hinter sämtlichen Visionen der Johannesoffenbarung steht die Erkenntnis, dass sich hier eine tief in das Leben der Christen eingreifende Staatsreligion entwickelte, die mit dem biblischen Gottesglauben absolut inkompatibel war. So ist ohne den Hintergrund des gerade im Osten wachsenden Kaiserkults das letzte Buch des Neuen Testamentes überhaupt nicht zu verstehen. »Babylon« und »die große Hure« (Offb 17–18) meinen Rom und den römischen Staat. Das gesamte Buch will die Christen ermutigen, einer umfassenden Staatsideologie zu widerstehen und sich zu Christus und mit ihm zu dem allein wahren Gott zu bekennen.

Vor diesem Hintergrund muss auch Offb 7,2–17 gelesen werden. Dort blickt der Verfasser auf die gewaltige Schar von Menschen aus allen Völkern, Stämmen, Nationen und Sprachen, die vor dem Thron Gottes und dem Lamm stehen dürfen, weil sie sich vor den römischen Richtern zu Christus bekannt haben. Sie kommen »aus der großen Bedrängnis« (Offb 7,14). Dem Seher Johannes wird aber gesagt, Gott werde »alle Tränen von ihren Augen abwischen« (Offb 7,17; vgl. Jes 25,8), weil sie Christus die Treue hielten.

Wie aber konnten sie Christus trotz aller Verfolgungen und trotz allen Leids und Elends die Treue halten? Wie das möglich war, zeigt das Bild von den »Bezeichneten« – oder, wie die Einheitsübersetzung den griechischen Text widergibt, von den »mit dem Siegel Gekennzeichneten«. Die Christen haben den Namen Gottes und des Lammes »auf ihrer Stirn«, heißt es in Offb 14,1. Was ist mit diesem Bild gemeint? Oder ist es vielleicht gar kein Bild, sondern erinnert es an einen Ritus bei der Taufe? Wir können es offenlassen. Auf jeden Fall ist die »Bezeichnung« bzw. die »Besiegelung« eine Eigentumsmarkierung. In unserem Fall macht sie die mit diesem Zeichen Versehenen zum Eigentum Gottes. Das wiederum heißt: Sie standen unter seinem besonderen Schutz und wurden davor bewahrt, den Dämonen der Welt bzw. den dämonischen Mächten der Gesellschaft zu verfallen. Gott schützt seinen Plan; er schützt sein Werk – und das heißt vor allem: er schützt diejenigen, die Christus die Treue halten.

Und warum wird dabei zwischen 144.000 Bezeichneten und einer riesigen Schar aus allen Völkern, Stämmen, Nationen und Sprachen unterschieden? Beim ersten Hinhören oder beim ersten Lesen könnte einem der Gedanke kommen, es handle sich um *zwei verschiedene Gruppen*. Sind die 144.000 vielleicht Judenchristen? Sie kommen ja aus den 12 Stämmen Israels. Und handelt es sich demgegenüber bei der gewaltigen Schar, die danach genannt wird und die aus allen Völkern kommt, um Heidenchristen? Wird deshalb die zweite Gruppe mit einer Textmarkierung von der ersten Gruppe abgesetzt?

Danach sah ich, und siehe: eine gewaltige Schar ...

Doch diese Textmarkierung muss nicht unbedingt zwei verschiedene Menschengruppen unterscheiden. Sie könnte auch eine andere *Perspektive* anzeigen, unter der ein- und dieselbe Gruppe gesehen wird. Hierfür sprechen verschiedene Gründe. Der wichtigste: In Offb 14,1–5 tauchen die 144.000 erneut auf. Und an dieser Stelle werden sie nicht von der »gewaltigen Schar« abgesetzt. Hier sind die 144.000 das gesamte Gottesvolk der Endzeit, das an Gott festgehalten und das Ziel der Geschichte erreicht hat: die Teilnahme an der Vollendung der Welt in ewiger Seligkeit.

Was aber ist dann die doppelte Perspektive, mit welcher der Text Offb 7,4–10 die Kirche definiert? Zunächst einmal soll gezeigt werden: *Die Kirche kommt aus Israel und sie ist das neu gesammelte und wiederhergestellte endzeitliche Israel.* Deshalb die Liste der zwölf Stämme, deshalb die akribische Aufzählung jedes einzelnen Stammes, entnommen den Stämme-Listen des Alten Testaments. Dabei ist die Zahl 1000 Symbol der Fülle und der Vollkommenheit. Es soll deutlich werden: Gott hat sein auserwähltes Volk Israel nicht verlassen, sondern führt es zur Vollendung.

Die zweite Perspektive des Textes führt diese Aussage weiter. Sie will zeigen: Das so gekennzeichnete Israel wird am Ende alle Völker, alle Sprachen, alle Gesellschaften der Welt erreichen. So verhieß es ja auch schon die alttestamentliche Prophetie der Völkerwallfahrt.

✻

Ich hatte am Anfang dieses Kapitels erzählt, wie mich als damals Achtjährigen die stereotype Aufzählung der jeweils 12.000 »Bezeichneten« fasziniert hatte. Vor dem Hintergrund meiner damaligen Karl-May-Lektüre – etwa der Generationenfolge im Namen des Hadschi Halef Omar Ben Hadschi Abul Abbas Ibn Hadschi Dawuhd al Gossarah – langweilte mich die Aufzählung in keiner Weise. Sie war für mich eher aufregend. Der große Kulturhistoriker Jacob Burckhardt sagt zu Recht, dass es in der Antike »eine vom Gegenstand unabhängige Wonne des Aufzählens« gab. Dieses Vergnügen habe ich auch heute noch, wenn ich in Offb 7,5–8 die lange Liste der zwölf Stämme lese. Allerdings ist das bloße Vergnügen mehr und mehr zu einer stillen Freude geworden – und es verdankt sich selbstverständlich nicht nur der literarischen Form, sondern es ist darüber hinaus inhaltlich gefüllt: Auch wir, die wir Brüder und Schwestern Jesu sind, kommen aus dem Zwölfstämmevolk, und Abraham ist unser Vater.

Allerdings haben uns gescheite Liturgiker in ihren liturgischen Kommissionen um das gerade beschriebene Vergnügen gebracht. Sie haben die Liste der zwölf Stämme Israels aus der Lesung des Allerheiligenfestes herausgeworfen. Die im Hintergrund stehende Begründung lautete: Lesungen dürften nicht zu lang sein, und ein normaler Sonntagsgottesdienst dürfe eine Stunde nicht überschreiten, sonst hielten das die Gottesdienstbesucher nicht aus. Sie würden dann ungeduldig. Diese Begründung ist vom ›Geist der Liturgie‹ her gesehen geradezu erschreckend. Und sie übersieht völlig, dass Aufzählungen eben auch von der Sprache her spannend sein können, wenn sie nur sachgerecht und nicht langweilend oder gar vertrottelt vorgetragen werden. Und natürlich sollten sie in der Predigt erklärt werden – nicht unbedingt jedes Jahr, aber eben doch nach einer gewissen Zeit, damit die gottesdienstliche Versammlung versteht, was da vorgetragen wird.

Ich habe freilich die leise Befürchtung, dass hinter der erbarmungslosen Streichung der Liste von Offb 7,5–8 mitten aus der derzeitigen 1. Lesung des Allerheiligenfestes unbewusst mehr steht als nur gottesdienst-praktische Überlegungen. Denn diese Streichung steht ja nicht allein. Es gibt in der gegenwärtigen katholischen Liturgie noch viele andere äußerst seltsame Streichungen. Nur ein einziges Beispiel:

Als ich Ministrant war, feierte die Kirche am 1. Januar noch das »Fest der Beschneidung des Herrn«. Das Fest wurde aber 1969 abgeschafft. 600 Jahre lang hatte es dieses Herrenfest unter diesem Namen gegeben; es war im 6. Jahrhundert in Spanien und Gallien entstanden und dann im 12./13. Jahrhundert von Rom übernommen worden. Dort war der 1. Januar seit dem 7. Jahrhundert ein Marienfest gewesen. Warum eigentlich dieser liturgische Eingriff des Jahres 1969? Um nach 600 Jahren ein älteres Fest wieder zu restaurieren? Das kann nicht der wirkliche Grund gewesen sein, denn der Festinhalt der Beschneidung Jesu passte ausgezeichnet in den Oktavtag des Weihnachtsfestes. Jesus war ja am 8. Tag nach seiner Geburt beschnitten worden (Lk 2,21). Und an Marienfesten herrschte im Kirchenjahr kein Mangel. Ging es also nur um den Namen des Festes? War »Beschneidung« unappetitlich und den heutigen Zuhörern nicht mehr zumutbar? Oder war »Beschneidung« zu jüdisch – und war es vielleicht deshalb erst recht nicht mehr zumutbar?

In dieselbe Richtung weist, dass in Deutschland in vielen Pfarreien die alttestamentlichen Lesungen einfach nicht vorgetragen, geschweige denn ausgelegt werden. Wiederum nur aus Gründen der Zeitersparnis? Oder eben doch aus einer tiefen Abneigung gegen das Alte Testament? Sobald ich anfange, über diese Dinge nachzudenken, geht mir vieles durch den Sinn.

Auf der einen Seite geht mir durch den Sinn, dass der Häretiker Markion (gest. um 160 n. Chr.) einst einen biblischen Kanon schuf, in dem das gesamte Alte Testament preisgegeben war. Es galt Markion mitsamt der materiellen Welt als Werk eines bösen Demiurgen. Nur ein (gereinigtes) Neues Testament sollte bleiben und den wahren und guten Gott widerspiegeln. Die Gemeinde von Rom hat diesem Gewaltstreich und seiner fatalen Theologie widerstanden und Markion mit Recht als Häretiker aus der Kirche ausgeschlossen.

Mir kommt auch in den Sinn, wie die großen Kirchenväter im Alten Testament zu Hause waren und in welchem Ausmaß ihre

Theologie aus den alttestamentlichen Büchern gespeist wurde. Und mir geht durch den Sinn, wie erfolgreich die christlichen Dichter der Barockzeit aus der Sprache und der Theologie des Alten Testamentes geschöpft haben: Philipp Nicolai, Simon Dach, Paul Gerhardt, Friedrich Spee, Andreas Gryphius und viele, viele andere.

Andererseits erschreckt es mich, wie viele Theologen schon seit dem 2. Jahrhundert Israel die Berufung und Erwählung durch Gott aberkannt und sie allein der Kirche als einem »neuen Volk Gottes« zugesprochen haben – mit all den Folgen, die das hatte, letztlich bis zur Shoah.

Und deshalb denke ich mir: Die Streichung der Zwölfstämme-Liste in der heutigen 1. Lesung des Allerheiligenfestes ist keineswegs harmlos, selbst wenn sie gut gemeint war. Sie muss unbedingt rückgängig gemacht werden. Diese Lesung muss gerade mit ihrer markanten und aufregenden Zwölfstämme-Liste wieder deutlich machen: Wir sind nicht die ersten. Wir stehen nicht an erster Stelle. Gott hat mit Abraham angefangen und er hat Israel in einer langen Geschichte erkennen lassen, wer er ist. Diese Geschichte hatte ihren Höhepunkt in dem Juden Jesus, geboren aus der Jüdin Maria. Wir kamen erst danach. Wir sind Hinzugefügte. Paulus sagt: Wir sind in den edlen Ölbaum Israel eingepfropft worden (Röm 11,13–24). Wir leben vom Reichtum Israels.

Die 1. Lesung des Allerheiligenfestes zeigt also, *was die Kirche ist*. Damit zeigt sie natürlich auch, dass der eigentliche Sinn dieses Festes keineswegs vergessen gegangene Heilige sind. Es geht um die Kirche selbst mit all ihren Gliedern. Es geht um uns und um unsere Treue zu Jesus Christus. An Allerheiligen wird gefeiert, dass es die Kirche gibt und was sie ist. Allerdings feiert sich die Kirche nicht selbst. Sie feiert, dass sie berufen wurde, dass sie von Gott durch die Geschichte geführt wurde, dass sie trotz ihres tausendfältigen Versagens von Gott geheiligt wurde, dass in ihr Israel geheiligt wurde und dass wir auf den Tag hoffen dürfen, an dem das jetzt noch zögernde und von vielen Christen missachtete Israel zusammen mit der Kirche ein einziges Gottesvolk wird (Röm 11,25–36).

Zu dem Zitat von JACOB BURCKHARDT (» ... Wonne des Aufzählens«) vgl. DERS., Griechische Kulturgeschichte, Bd. 3, 73 Anm. 55, in: DERS., Gesammelte Werke, 4 Bde. Berlin o.J. — Ich verdanke diesen Hinweis MARIUS REISER, Sprache und literarische Formen des Neuen Testaments. Eine Einführung, Paderborn 2001, 164–167.

Teil III
Unterscheidungen

Der Stachel im Fleisch
(2 Kor 12,7–10)

Als Kinder sind wir im Sommer mit Begeisterung barfuß gelaufen – und zwar nicht nur auf Asphalt. Wir liebten die verwilderten Regionen am Rande der Großstadt – vor allem die Randzonen eines riesigen Güterbahnhofs. Wenn wir dort zwischen Holunderbüschen und Stapeln von ausrangierten Bahnschwellen Verstecken spielten, konnte es leicht geschehen, dass einer plötzlich einen Dorn im Fuß oder einen Holzsplitter unter einem Fußnagel hatte. Das tat höllisch weh. Man konnte nur noch nach Hause hinken, wo die Mutter dann zur Pinzette und zum Jodfläschchen griff.

Von einem solchen Dorn, von einem solchen Splitter redet Paulus in 2 Kor 12,7–10. Er sitzt ihm aber nicht im Fuß und vor allem: er ist größer. Es ist ein Pfahl, denn das ist die Grundbedeutung des griechischen Wortes, das Paulus hier gebraucht: *skolops*. Der Pfahl sitzt in seinem Leib. Er ist ihm tief ins Fleisch gestoßen worden und mit Menschenhänden nicht zu entfernen. Paulus hat Christus angefleht, er solle ihn doch von diesem »Pfahl im Fleisch« befreien. Aber der Herr hat ihn nicht von ihm befreit. Paulus muss diesen Fremdkörper sein Leben lang behalten.

Damit ist natürlich klar: Es handelt sich nicht um ein Holz, das man sich selbst wieder herausziehen kann. Paulus redet im Bild. Er redet von einer Krankheit, die ihn quält. Die Bibelausleger haben viel gerätselt, welches Gebrechen Paulus denn gehabt haben könnte – was er also mit dem »Pfahl« (so Martin Luther) oder dem »Dorn« oder dem »Stachel« oder der »Lanze« in seinem Fleisch gemeint habe. Manche vermuten, es sei eine hysterische Sehstörung gewesen. Und zwar deshalb, weil Paulus den Gemeinden in Galatien schrieb, sie hätten ihn einst so herzlich aufgenommen, dass sie sich sogar die Augen für ihn ausgerissen hätten (Gal 4,13–15):

Ihr wisst, dass ich euch beim ersten Mal [= bei meinem ersten Besuch] körperlich krank das Evangelium verkündet habe. Damals habt ihr mich trotz des Anstoßes, den mein körperlicher Zustand bei euch erregen musste, nicht verachtet und nicht [vor mir] ausgespuckt, sondern mich wie einen Engel Gottes aufgenommen – wie Christus Jesus. Wo ist nun eure [damalige] glückselige Freude geblieben? Ich bezeuge euch: Wenn es möglich gewesen wäre – ihr hättet euch damals die Augen ausgerissen und sie mir gegeben.

›Sich für jemanden die Augen ausreißen‹ war jedoch schon in der Antike eine sprichwörtliche Redensart, die sagen wollte: ›für jemanden alles tun, für ihn alles hergeben‹. Gal 4,15 beweist also kein Augenleiden des Paulus. Andere Exegeten rechnen mit regelmäßigen Malaria-Fieberschüben, wieder andere denken an Ischias oder hochgradigen Rheumatismus, andere schließlich an Migräne-Anfälle, die Paulus bei jeder größeren Anstrengung gequält hätten. Krankheiten von Malaria bis Migräne sind aber wenig wahrscheinlich. Denn es muss sich um eine für den antiken Menschen abstoßende Krankheit gehandelt haben. Paulus schreibt ja, die Galater hätten ihn damals nicht verachtet und nicht vor ihm »ausgespuckt«. Es war somit eine Krankheit, vor der man eben üblicherweise auf Abstand ging und ausspuckte – also eine *apotropäische* Geste machte, um Krankheitsdämonen von sich selbst fernzuhalten.

Fazit: Wir wissen nicht, an welcher Krankheit Paulus litt. Aber wir brauchen es auch gar nicht zu wissen. Für das Verstehen unseres Textes genügt: Paulus hatte eine Krankheit, die ihn bei der Ausübung seines apostolischen Dienstes immer wieder auf das Schwerste behinderte. Wahrscheinlich war sie auch schmerzhaft. Darauf deutet jedenfalls der »Pfahl« bzw. der »Stachel« – und darauf deutet auch, dass Paulus von einem »Boten Satans« spricht, der ihn »mit Fäusten schlagen soll«. Paulus kann die Ursache für seine Krankheit nur in einer gottfeindlichen Macht sehen, denn sie verhindert offensichtlich, dass er sich so in den Dienst am Evangelium stellen kann, wie er eigentlich gern möchte: mit vollem Einsatz und mit überschäumender Kraft.

Letzten Endes wusste Paulus, dass es Christus selbst war, der ihm dieses Leiden auferlegt hatte. Denn er schreibt, er habe den Herrn »dreimal angefleht« (dreimal wie Christus am Ölberg) – also mit seiner ganzen Existenz – dass der Bote Satans von ihm ablasse, doch der Herr habe ihn nicht erhört, sondern ihm gesagt: »Meine Gnade muss dir genügen.«

Hinter dieser Christusrede braucht nicht unbedingt eine Vision oder Audition zu stehen. Es könnte auch einfach folgendermaßen gewesen sein: Christus hat Paulus im Gebet erkennen lassen: »Meine Gnade muss dir genügen« – und Paulus hat es verstanden. Vielleicht dürfen wir diesen Satz folgendermaßen umschreiben: »Paulus, du würdest dich gern mit der ganzen Wucht, die dir eigen ist, in den Dienst des Evangeliums stellen, ja sogar mit deinem ganzen Ehrgeiz – und damit kannst du für das Evangelium nichts erreichen, damit würdest du die Gnade nur zudecken und sie sogar zerstören. Was die Welt verändert, ist nicht deine eigene Kraft. Was das Evangelium wirksam macht, ist allein die Ohnmacht des Kreuzes. Sie ist die wahre Macht, und sie kann erst siegreich hervortreten, wenn du selbst nicht mehr weiterkannst, wenn du an deine Grenzen gestoßen bist, wenn du deine ganze Schwachheit begriffen und angenommen hast.«

Paulus hat es begriffen. Er hat es begriffen wie kein anderer. Er hat von sich gesagt: »Durch Gottes Gnade bin ich, was ich bin« (1 Kor 15,10). Er hat Ja gesagt zu seiner Schwachheit und Ohnmacht. Er schreibt am Ende des Abschnitts, um den es hier geht:

Viel lieber also will ich mich meiner Schwachheiten rühmen, damit die Kraft Christi auf mich herabkommt. Deswegen bejahe ich meine Ohnmacht, alle Misshandlungen und Nöte, Verfolgungen und Ängste, die ich für Christus ertrage; denn wenn ich schwach bin, dann bin ich stark. (2 Kor 12,9–10)

Wir stehen damit vor dem größten Anstoß, den der christliche Glaube liefert: Dass nämlich nur in unserer eigenen Ohnmacht die Macht Gottes aufleuchtet – oder, wie Jesus gesagt hat – dass das Samenkorn sterben muss, damit es Frucht bringen kann (Joh

12,24). Es ist dies das eigentliche Ärgernis der christlichen wie auch schon der jüdischen Existenz. Friedrich Nietzsche hat geradezu getobt angesichts dieses Skandals des biblischen Glaubens – und dabei jedes Maß verloren. Dem erbärmlichen und dekadenten Christentum stellt er dabei als sein Wunschbild den rücksichtslosen, sich selbst bestimmenden und sich selbst feiernden Machtmenschen gegenüber. So formuliert er es schon gleich zu Beginn seines Buches »Der Antichrist«, das den Untertitel trägt: »Fluch auf das Christentum«:

Was ist gut? – Alles, was das Gefühl der Macht, den Willen zur Macht, die Macht selbst im Menschen erhöht.

Was ist schlecht? – Alles, was aus der Schwäche stammt.

Was ist Glück? – Das Gefühl davon, dass die Macht wächst – dass ein Widerstand überwunden wird.

Nicht Zufriedenheit, sondern mehr Macht; nicht Friede überhaupt, sondern Krieg; nicht Tugend, sondern Tüchtigkeit (Tugend im Renaissance-Stile, virtù, moralinfreie Tugend).

Die Schwachen und Missratenen sollen zugrunde gehn: erster Satz unsrer Menschenliebe. Und man soll ihnen noch dazu helfen.

Was ist schädlicher als irgendein Laster? – Das Mitleiden der Tat mit allen Missratnen und Schwachen – das Christentum. (Der Antichrist 2)

Solche Sätze sind schwer auszuhalten. Es gab und gibt freilich Nietzsche-Interpreten, die darauf bestehen, er sei eben der typische Aphoristiker gewesen. Deshalb: »Ein Fälscher ist, wer Nietzsche interpretiert, indem er Zitate aus ihm benutzt. […] Im Bergwerk dieses Denkers ist jedes Metall zu finden: Nietzsche hat alles gesagt und das Gegenteil von allem« (Giorgio Colli).

Solche Hermeneutik ist nicht grundsätzlich falsch. Sie ist für manche Autoren sachgerecht und teilweise wohl auch für

Nietzsche. Aber eben nicht in allem. Es gibt bei ihm Positionen – vor allem in seinem Spätwerk – die so durchgängig anzutreffen sind und die so kohärent sind mit anderen seiner Themen, dass es durchaus erlaubt ist, Urteile zu fällen.

Kohärent mit dem gerade zitierten Text ist zum Beispiel die Aussage, »die starken Rassen [!] des nördlichen Europa« hätten es nicht fertiggebracht, den christlichen Gott »von sich zu stoßen« (Antichrist 19). Und der christliche Gottesbegriff sei ja nun einmal »einer der korruptesten Gottesbegriffe, die auf Erden erreicht worden sind« (18). Kurz zuvor hatte Nietzsche einen Gottesbegriff vor Augen gestellt, der nicht die Geschmacklosigkeit des christlichen hätte. Da geht es um einen hypothetischen Gott, der »Zorn, Rache, Neid, Hohn, List, Gewalttat« kennen würde (16). Im Gegensatz dazu sei der christliche Gott »die *widernatürliche* Kastration eines Gottes«, bei dem »alles Starke, Tapfere, Herrische, Stolze« aus dem Gottesbegriff eliminiert worden sei. Er sei degeneriert »zum Symbol eines Stabes für Müde, eines Rettungsankers für alle Ertrinkenden«. Er sei reduziert worden zu einem »Arme-Leute-Gott, Sünder-Gott, Kranken-Gott« (17).

Da sind sie wieder – in einem anderen Zusammenhang: die Kranken, die Schwachen, die Missratnen. An dieser Stelle wird zwar nicht gesagt, dass sie beseitigt werden sollten. Aber es liegt nahe. So ließen sich noch viele Textverflechtungen aufweisen. Nietzsche hat durchaus gewusst, was er sagen wollte, und er hat es auch ohne die geringsten Hemmungen gesagt.

Im Übrigen hat nach der heutigen Hermeneutik die *Wirkungsgeschichte* von Texten durchaus etwas mit der Interpretation dieser Texte selbst zu tun. Und die Wirkungsgeschichte Nietzsches ist verheerend: Ernst Haeckel hat in seinem vielgelesenen Buch »Die Welträtsel« 1899 offenbar ohne die geringsten Skrupel dekretiert, Maßstab für die Ordnung der Gesellschaft sei der »Kampf ums Dasein«. Und hier siege immer der Stärkere. Für unheilbare Kranke empfiehlt er deshalb die Tötung »durch eine Gabe Morphium oder Cyankalium«. Auch schwache und kranke Kinder seien zu beseitigen. Und selbstverständlich hätten Geisteskranke kein Lebensrecht. Sie belasteten Familie und Staat durch unverantwortliche Kosten. Der Jurist Adolf Jost sprach im Jahre 1895 vom »Null- oder Minuswert« bestimmter Menschen; der Staat müsse Eigentümer des Todes sein, müsse töten, um den sozialen Organismus lebendig und gesund zu erhalten. Der Schweizer Psychiater und »Rasse-Hygieniker« Ernst Rüdin empfahl 1911 in einem Vortrag die »Ausmerze«, »Ausjätung« und »Ausschaltung« der Untüchtigen aus dem Leben der Rasse. Und der deutsche Strafrechtler Karl Binding beklagte 1920 die »ganz nutzlos vergeudete Arbeitskraft, Geduld und Vermögensaufwendung in Irrenanstalten«. Für ihn waren »Lebensunwerte« zugleich »Menschenhülsen« und »Ballast-Existenzen«. Hitler hatte viele Wegbereiter. Nietzsche hätte sich wahrscheinlich von ihm distanziert. Aber man sollte eben wissen, was man mit seinen eigenen Sätzen anrichtet.

Und das alles ist ja längst nicht vorbei. Wir erleben in diesen Jahrzehnten von neuem und in vielen Variationen den Traum von dem perfekten Menschen, der alles Schwächliche und Missratene hinter sich zurücklässt. Embryonen, die nicht die optimale genetische Ausstattung haben, werden dann einfach ausgetauscht werden, prophezeien bereits Gentechniker, die an der vordersten Front forschen.

Würde es diesem offenkundigen Trend nach dem vitalen, potenten, leistungsfähigen, überlegenen und perfekt ausgestatteten Menschen dann nicht auch entsprechen, irgendwann einmal alten Menschen, die müde und hilflos geworden sind, in taktvoller, aber eben doch dringlicher Form zu raten, ihrem Leben ein ›freiwilliges‹ Ende zu setzen? Ist es ein böse Dystopie, sich auszumalen, dass irgendwann dann doch die Reklame für einen besinnlich-schmerzlosen Tod in Sterbeanstalten staatlich erlaubt sein wird, Exit-Strategien öffentlich propagiert werden, Suicide-Bags in jedem Drogeriemarkt angeboten werden und die Zahl der freiwilligen Ausstiege aus dem Leben entsprechend ansteigt? Und ist es abwegig, davor zu warnen, dass dann langsam immer mehr hoffnungslos Kranke, Alte und Gebrechliche unter Rechtfertigungsdruck stehen würden, wenn sie noch weiterleben wollten?

Schwarzmalerei? Nein, die Entwicklung zu dem gerade Gesagten ist längst im Gang. Und das alles wird uns einmal zeigen, welches Gewicht, ja welche Wucht die Gnadentheologie des Paulus hat. Denn wenn die Herrlichkeit Gottes nicht in unserer vitalen Potenz und in unserem Leistungsvermögen zutage tritt, sondern gerade in unserer Schwachheit, dann haben die Unfertigen und die Alten, die Kranken und Geschlagenen, die Ohnmächtigen und selbst die Versager eine Würde, die ihnen keiner nehmen darf: Sie haben mehr als die Gesunden die Chance, dass sich an ihrer Schwachheit die Kraft Gottes erweist. Sie haben noch mehr als die Gesunden die Möglichkeit, Christus nahe zu sein.

Mit Verherrlichung des Leidens, mit Dekadenz und Masochismus hat das alles nicht das Geringste zu tun. Wohl aber mit der Macht unseres Gottes, der die Niedrigen erhebt und der zerstreut, die stolzen Herzens sind.

Abraham wird erprobt
(Gen 22,1–19)

Die Erzählung von der ›Erprobung Abrahams‹ – ob Abraham nämlich bereit ist, seinen Sohn Isaak zu opfern – hat tiefe Wurzeln. Sie reichen bis in eine Zeit hinein, in der Menschenopfer durch Tieropfer abgelöst wurden. Diese Ablösung spiegelt sich noch im Stoff der Erzählung: An die Stelle des Kindes Isaak tritt auf Befehl Gottes ein Widder.

Wer sich bereits hier entsetzt und sagt: Menschenopfer für die Götter – wie kann es solchen Wahnsinn je gegeben haben! – möge bitte vorsichtig sein. Sind wir heute denn zivilisierter? Im 1. Weltkrieg zogen Hunderttausende begeistert für einen Gott namens ›Nation‹ in die Schlacht und wurden auf dem ›Altar des Vaterlandes‹ buchstäblich hingeschlachtet – in einem der sinnlosesten Kriege, der je in Europa geführt wurde. Heute, auf den Straßen in Deutschland, werden Jahr für Jahr über tausend Verkehrsopfer für einen Gott namens ›Geschwindigkeit‹ dargebracht. Das Auto gehört ja längst zur ›Kult-Sphäre‹ des modernen Menschen. Und wie steht es mit den Abtreibungsopfern für den Gott ›Selbstbestimmung‹? Wir haben wenig Grund, uns über die angeblich Primitiven zu erheben.

Es wäre allerdings verkehrt, den Sinn von Gen 22,1–19 in dem Thema ›Ablösung von Menschenopfern durch Tieropfer‹ zu sehen. In der biblischen Endfassung der Erzählung geht es um etwas ganz anderes. Es geht um den Glauben Abrahams und um den Segen für die Völker, der aus seinem Glauben erwachsen wird.

Wahrscheinlich war der biblische Abraham eine historische Gestalt. Er ist aber zugleich die symbolische Verdichtung vieler Glaubensschritte, die das Gottesvolk in Jahrhunderten getan hat. Die Geschichte, die in Gen 22 erzählt wird, hat Israel immer wieder erlebt. Es konnte seine eigenen Glaubenserfahrungen anhand der Person Abrahams begreifen und ins Wort bringen. Doch was will die Erzählung nun genauerhin sagen?

Wichtig ist, dass Abraham an dieser Stelle innerhalb des Gefüges der Vätergeschichten den Exodus aus seiner Heimat und seinem Vaterhaus bereits vollzogen hat. Er hat schon auf Gott gesetzt. Er hat schon erfahren, wie gut es ist, sich ihm anzuvertrauen. Obgleich hochbetagt, hat er einen Sohn erhalten. All das ist schon vorausgegangen.

Es ist aber, sagt die Abfolge der Vätergeschichten, damit zu rechnen, dass es in unserem Leben trotz eines solchen Aufbruchs immer noch einen Bereich geben kann, den wir Gott »vorenthalten« (Gen 22,12.16). Meist befindet er sich dort, wo unsere vitalsten Eigeninteressen sitzen.

Das kann bei jedem etwas anderes sein. In unserer Erzählung ist es der heranwachsende Sohn – für Abraham das Kostbarste, was er hat, seine ganze Hoffnung und Zukunft. Isaak ist ja nicht nur die Privathoffnung Abrahams und Saras. Isaak ist Glaubens-Hoffnung. Er ist der Träger einer Verheißung, die »allen Geschlechtern der Erde« Segen zusagt.

An Isaak hängen also sämtliche Hoffnungen Abrahams. Dass Gott ihn »erprobt« – so die Erzählung sofort in ihrem ersten Satz – bedeutet: Abraham muss sich entscheiden, ob er auch noch den letzten jener inneren Bereiche, die sich der Mensch für sein Eigenstes, für seine tiefsten Wünsche und wichtigsten Lebenspläne reserviert, Gott ausliefert. Abraham hat es getan, und genau darum geht es in dieser Erzählung. Sie hat ja, deutlich abgesetzt, einen zweiten Teil, den man als theologische Deutung der Haupthandlung bezeichnen könnte. Der Engel des HERRN ruft zum zweiten Mal vom Himmel herab und interpretiert dem Leser das furchtbare Geschehen der Erprobung Abrahams:

Ich habe bei mir selbst geschworen – Spruch des HERRN: Weil du das getan hast und deinen einzigen Sohn mir nicht vorenthalten hast, will ich dir Segen schenken in Fülle und deine Nachkommen zahlreich machen wie die Sterne am Himmel und den Sand am Meeresstrand. (Gen 22,16–17)

Die frühere Verheißung an Abraham Gen 12,2–3 wird also bekräftigt – und zwar auf die feierlichste Weise. Das ist möglich, weil Abraham Gott alles preisgegeben hat, selbst seine größte Hoffnung. Deshalb kann sich die Heilsgeschichte fortsetzen in die nächste Generation hinein.

Die großen Geister der europäischen Aufklärung waren erbittert über den in ihren Augen unsittlichen alttestamentlichen Gott, der es wagt, die Schlachtung eines Kindes zu verlangen. Diese Erbitterung hat bis heute nicht aufgehört. Sie nistet noch immer in den Köpfen gar nicht so weniger Christen. Insgeheim mögen sie deshalb das Alte Testament nicht.

Die Empörung über Gen 22 ist jedoch unangebracht. Denn die Prüfung, ob Abraham bereit ist, seinen Sohn zu schlachten, ist eben Chiffre für das, was die Erzählung theologisch sagen will: Glauben kann man nur ganz, mit allem, was man hat. Alles gehört Gott. Sogar die eigenen Kinder. Und Weitergabe der Verheißung, Weitergabe des Glaubens an die nächste Generation, kann nur gelingen, wenn die Kinder erleben, dass ihren Eltern die Sache Gottes wichtiger ist als alles andere in der Welt.

Wer sich als Christ vor der Zumutung entsetzt, dass man Gott nur ganz und ungeteilt dienen kann, mag sich gegen die

Erzählung empören. Immerhin ist er dann an ihrem Kernpunkt angelangt. Vielleicht erschließt sich gerade an diesem Kernpunkt aber auch die überfließende Verheißung der Erzählung. Denn die Erzählung läuft auf eine Dialektik hinaus: Abraham gibt zwar alles her. Doch das Opfer, das zunächst so grausam aussieht, verwandelt sich: Er verliert seinen Sohn ja gar nicht, sondern gewinnt ihn endgültig als sein geliebtes Kind und als Träger der Verheißung. Man könnte das als eine ganz in Erzählung gefasste ›Theologie des Opfers‹ verstehen.

Diese Theologie zeigt neben all den anderen Linien der Erzählung: Opfer dürfen wir uns nicht künstlich schaffen. Sie werden uns abverlangt. Genauer: Sie kommen von selbst, wenn wir der Sache Gottes dienen. Nehmen wir sie in Freiheit an, so verwandeln sie sich. Sie sind plötzlich keine Opfer mehr, sondern neues Leben.

Damit sind wir unversehens im Neuen Testament. Auf Jesus kommt das furchtbarste Opfer zu, das es gibt. Er hat es sich nicht ausgesucht. Er hat bei seinem Auftreten in Galiläa keineswegs mit der Botschaft begonnen: »Ich werde am Kreuz für das Gottesvolk sterben.« Er hat vielmehr das Reich Gottes verkündet als das machtvoll Neue und doch als die Erfüllung aller Verheißungen. Er wollte nichts anderes als ganz für das Kommen des Reiches Gottes leben.

Dann aber zeigte sich mehr und mehr, dass seine Hingabe an die Gottesherrschaft wegen des Unglaubens vieler in Israel für ihn den Tod bedeutete. Jesus hat ihn angenommen. Und im Gegensatz zur Geschichte von Abraham und Isaak musste dieser Tod dann wirklich gestorben werden. Paulus wird später im Blick auf Gen 22 der Gemeinde in Rom schreiben: »Gott hat seinen eigenen Sohn nicht verschont« (Röm 8,32).

Der absolute und doch freie und aufgeklärte Gehorsam Jesu kann letztlich nur vor dem Hintergrund der langen Geschichte Israels verstanden werden. Von daher wird es verständlich, dass im 2. Buch der Chronik der Ort des Salomonischen Tempels mit dem Ort der Bindung Isaaks gleichgesetzt wird (2 Chr 3,1: »Salomo begann, das Haus des HERRN in Jerusalem auf dem

Berg Morija zu bauen ...«) und es wird ebenso verständlich, dass altkirchliche Ausleger den Ort der Kreuzigung Jesu mit dem denkwürdigen Ort Morija gleichsetzten. Die frühchristlichen Theologen wollten damit sagen: Auf Golgota wurde die »Opferung« des unschuldigen Isaak tatsächlich vollzogen und damit der Sühnekult im Tempel für immer verwandelt und – in seiner alten Form – beendet. Das aber bedeutet: Ohne die lange Geschichte, die mit Abraham begonnen hatte, wäre das Lebensopfer Jesu nicht möglich geworden: jene letzte Hingabe an den Auftrag, die das eigene Leben nicht schont – aber auch jene Freude der Erfüllung, welche die Weltgeschichte verändert hat und bis heute jedem geschenkt wird, der sich der Sache Gottes preisgibt.

Bericht vom Zeck
(Ex 34,6–7)

Am Schluss des vorangegangenen Kapitels war die Rede gewesen von einer »letzten Hingabe an den Auftrag« – einer Hingabe, »die das eigene Leben nicht schont« und »sich der Sache Gottes preisgibt«. Das waren große Worte. Hingeschrieben sind sie schnell. Doch im realen Leben? Haben wir nicht eine elementare Angst vor solcher Hingabe?

Wir möchten autonom sein. Wir möchten selbst über unser Leben bestimmen. Und wir wehren uns vehement gegen alle, die unsere eigenen Wünsche und Interessen beschneiden wollen. Sie brauchen das noch nicht einmal zu tun. Schon die bloße Vermutung, sie könnten es beabsichtigen, setzt unsere Gegenwehr in Gang.

Es kann gar nicht anders sein, als dass sich diese Gegenwehr auch gegen Gott selbst richtet. Gegen ihn erst recht! Denn über ihn wird uns ja gesagt, er sei der Allmächtige, der Herr, der Herrscher, der König, der Gesetzgeber, der Richter und damit – in unseren Augen – der Befehlende, der Fordernde, der in Anspruch Nehmende. Muss das nicht Vorsicht in uns wecken, ja sogar Misstrauen, Furcht und Empörung? Empörung darüber, dass wir nicht Herr sein dürfen über unser Leben. Furcht, dass wir hergeben, ohne Gegenleistungen zu erhalten. Misstrauen, dass wir ausgebeutet werden, ohne uns wehren zu können – dass wir zu Verlierern werden und, wie Paulus in 1 Kor 15,19 sagt, am Ende in einer erbärmlicheren Lage sind als alle anderen Menschen?

Wenn nicht alles täuscht, nimmt die Aggression gegen die Kirche in der Gesellschaft zu. Nimmt sie nur deshalb zu, weil es in der Kirche neben allem Guten und Heiligen auch Lüge und Missbrauch gibt – und weil die Medien, im Gegensatz zu früheren Zeiten, diese Dinge schonungslos aufdecken? Als letzter Grund kann das Versagen vieler Christen aber wohl kaum genügen, den wachsenden Widerwillen gegen die Kirche zu erklären. Der tiefste Grund ist die Erbitterung gegen Gott selbst.

Von dieser Erbitterung zeugt das folgende Gedicht. Es ist von Bert Brecht, und es steht innerhalb der »Hauspostille«, einer Sammlung von Texten, die der junge Brecht von 1916–1925 niederschrieb. Es lohnt sich, den »Bericht vom Zeck« zu lesen und sich mit ihm auseinanderzusetzen. Denn die Anklage gegen Gott, die Brecht hier vorträgt, hat er geschickt mit Parodien auf die Kirche vermischt. Und eben damit hat er gezeigt, wie sehr seit langem der Protest gegen die Kirche mit dem Protest gegen Gott selbst zusammenhängt.

Bericht vom Zeck

> *Er hat ein Buch geschrieben*
> *Des ich satt bin.*
> *Es stehen sieben mal sieben*
> *Gebote darin.*

1
Durch unsere Kinderträume
In dem milchweißen Bett

Spukte um Apfelbäume
Der Mann in Violett.

2
Liegend vor ihm im Staube
Sah man: da saß er. Träg.
Und streichelte seine Taube
Und sonnte sich am Weg.

3
Er schätzt die kleinste Gabe
Sauft Blut als wie ein Zeck.
Und daß man nur ihn habe
Nimmt er sonst alles weg.

4
Und gabst du für ihn deine
Und anderer Freude her;
Und liegst dann arm am Steine
Dann kennt er dich nicht mehr.

5
Er spuckt dir gern zum Spaße
Ins Antlitz rein und guckt
Daß er dich ja gleich fasse
Wenn deine Wimper zuckt.

6
Am Abend steht er spähend
An deinem Fenster dort
Und merkt sich jedes Lächeln
Und geht beleidigt fort.

7
Und hast du eine Freude
Und lachst du noch so leis –
Er hat eine kleine Orgel
Drauf spielt er Trauerweis‹.

8
Er taucht in Himmelsbläue
Wenn einer ihn verlacht
Und hat doch auch die Haie
Nach seinem Bild gemacht.

9
An keinem sitzt er lieber
Als einst am Totenbett.
Er spukt durchs letzte Fieber
Der Kerl in Violett.

Das Gedicht macht klar: »Der Zeck« ist einer, mit dem wir ständig zu tun haben. Er begleitet unser ganzes Leben: vom Kinderbett bis zum Grab. Wenn Bert Brecht nicht »die Zecke«, sondern »der Zeck« sagt, so hängt das auch mit seiner Heimat Augsburg zusammen. Dort sagt man »ein Zeck« und nicht »eine Zecke«. Außerdem benötigte er natürlich ein Maskulinum. Die Zeit der »Bibel in gerechter Sprache« mit ihren gequälten Bemühungen, Gott nicht nur in einem Maskulinum, sondern zugleich in einem Femininum darzustellen, war noch nicht angebrochen.

Für das volle Verstehen des Gedichts muss man sich vor Augen halten, was eine Zecke ist: Sie gehört in die Ordnung der Milben und ist für ihr Überleben auf das Blut von Wirbeltieren angewiesen. An jedem ihrer sechs Beine hat sie zwei kleine Krallen, mit denen sie sich an der Haut ihres Wirtes festklammert. Mit ihren Zähnen ritzt sie die Haut ein, schafft dann mit ihrem Stechrüssel eine kleine Wunde, aus der sie sich buchstäblich mit Blut vollsaugt, bis sie prall und dick ist. Innerhalb des Saugvorgangs spritzt sie zugleich Speichel in die Wunde ein, um die Blutgerinnung und damit einen Wundverschluss zu verhindern. Mit diesem Speichel überträgt sie oft Krankheitskeime – zum Beispiel Bakterien der Lime-Borreliose oder Viren der Meningoenzephalitis (Gehirnentzündung) – und eben deshalb kann ein Zeckenbiss hochgefährlich sein. Damit die Zecke an ihre Opfer herankommt, lauert sie auf Grashalmen oder niedrigen Gebüschen, krallt sich an vorüberkommenden Tieren oder Menschen fest, kriecht zu einer günstigen Stelle der Haut und beginnt dann ihre unerbittliche Blutmahlzeit. So viel zur Überschrift des Gedichts!

Unter diese Überschrift hat Bert Brecht einen Vorspruch gestellt, der im schönsten Lutherdeutsch formuliert ist. Man beachte etwa die Wendung: »des ich satt bin«. Brecht wollte mit seiner »Hauspostille« eine Kontrafaktur jener früher weit verbreiteten erbaulichen Predigtsammlungen schaffen, die zu Hause im Familienkreis gelesen wurden. Der christliche Glaube soll mithilfe seiner eigenen sprachlichen Formen geschlagen werden. Das »Buch« ist natürlich die Bibel. Sie nervt den Dichter, weil sie eine erdrückende Fülle von Geboten enthält (»sieben mal sieben«). Nach diesem Vorspruch berichtet Brecht nun in schmiegsamen und eingängigen Strophen, die formal an die Strophen von Kirchenliedern erinnern, von dem Mann, dessen viele Gebote er satthat.

1. Strophe: Dieser »Mann in Violett« durchgeisterte bereits die früheste Kindheit. Bis in die Kinderträume hinein trieb er sein Unwesen. Aus dieser Zeit bleiben noch bestimmte Bilder in fester, ja lieber Erinnerung – vielleicht das weiße Bett oder die feinen, reinen Bettbezüge, in denen man als Kind lag, oder blühende Apfelbäume draußen im Garten. Es waren helle und lichte Bilder. Doch schon in diesen ersten Bildern der Kindheit taucht der Mann als Schreckgespenst auf. Unheimlich sticht sein Violett von der milchweißen Farbe des Kinderbetts ab. Violett ist die Farbe der Buße, des Verzichts, der Trauer, der Fastenzeit. Zugleich ist es die Farbe des höheren Klerus.

In der 2. Strophe gehen die Assoziationen Brechts, der in einer Bischofsstadt groß wurde, weiter. Das Fragment eines Kirchenlieds taucht auf: Es handelt sich um das »Deutsche Hochamt« (»Hier liegt vor deiner Majestät im Staub die Christenschar«) von Michael Haydn. Während die Christenschar sich geistig in den Staub legt, sitzt sie da, die Majestät. Wahrscheinlich denkt Brecht an eine ganz bestimmte Darstellung der Dreifaltigkeit, nämlich an den Bildtypus des ›Gnadenstuhls‹. Jedenfalls taucht im Kontext, wie es auch bei dem Gnadenstuhl der Fall ist, das Symbol des Heiligen Geistes auf – die Taube. Aber das alles sind nur kurze Assoziationen; das Bild wechselt sofort wieder. Der, von dem da die Rede ist, sitzt auch an allen Wegen: man sieht ihn auf Bildstöcken, als Lüftlmalerei an Häuserwänden, in kleinen Feldkapellen – überall ist er anwesend, nichts lässt er aus.

3. Strophe: Dem Mann in Violett wird geopfert. Er sammelt Gaben, denn er ist habgierig. Er nimmt alles – auch die kleinste Spende. Und er nimmt nicht nur vom Hab und Gut der Menschen, er nimmt auch ihr Blut. Blut ist ihm sogar am liebsten. Früher hat er dieses Geschäft im Großen betrieben. Da wurden in den Tempeln Hekatomben von Tieren geopfert, und das Blut floss in Strömen von den Opferaltären. Auch jetzt fließt es noch. Nur in anderen Formen. Wenn zum Beispiel Kriege im Namen Gottes geführt werden. Noch immer gilt: Er »sauft Blut als wie ein Zeck.«

Er nimmt den Menschen alles weg, damit sie nur noch ihn haben. Offenbar ist er eifersüchtig und will immer im Mittelpunkt stehen. Um ihn soll sich alles drehen, nur ihn soll man haben, nur für ihn soll man leben. Er ist der allerheiligste Egoist.

4. Strophe: Weil er alles haben will, nimmt er den Menschen sogar noch ihre Freude. Seine Gläubigen fallen auch immer wieder darauf herein. Sie opfern ihm alles, selbst ihr Behagen, ihr Glück, ihre Lust, die Möglichkeit, ihr Leben selbst zu bestimmen und es zu genießen. Sie nehmen sogar noch den anderen die Freude und ziehen sie in ihre eigene Freudlosigkeit hinein. Am Ende sind sie freilich die Dummen. Denn wenn ihr Leben zu Ende geht, wenn sie alles geopfert haben, wenn sie arm geworden sind, ohnmächtig daliegen und der Grabstein näher rückt – »dann kennt er dich nicht mehr.«

5. Strophe: Solche Heimtücke ist schon schlimm genug. Doch schlimmer noch: Der Mann in Violett spuckt den Menschen ins Gesicht und zeigt so, dass er ein Menschenverächter ist. Mehr noch: Zeichen der Verachtung wäre, vor jemandem auf

die Erde zu spucken. Einem anderen ins Gesicht spucken ist letzte Verhöhnung.

Aber der Violette verhöhnt die Menschen nicht nur, er ist auch ein Sadist. Es macht ihm Spaß, die Menschen zu quälen. Er spielt mit ihnen wie die Katze mit der wehrlosen Maus. Er spuckt ihnen zum Spaß ins Gesicht – und dann dürfen sie nicht einmal mit der Wimper zucken. Dann müssen sie stillhalten und auch noch die andere Backe hinhalten.

6. Strophe: Der Violette ist allgegenwärtig. Nicht einmal in der Dunkelheit ist man allein. Er sorgt dafür, dass man schon dem Kind eintrichtert: »Ein Auge ist, das alles sieht, auch wenn's in finstrer Nacht geschieht.« Er achtet nicht die Intimsphäre des Menschen. Am Abend schleicht er ums Haus, steht am Fenster und späht durch die Gardinen. Jede Art von Lust und schon das kleinste Lachen beleidigen ihn.

7. Strophe: Er sorgt dafür, dass den Menschen das Lachen vergeht. Der Mensch soll nicht frei sein. Er soll nicht spielen. Er soll nicht mit Heiterkeit im Gesicht sein Leben führen. Er darf keinen Augenblick leise vor sich hin lachen. Kaum hebt ein Lachen an, so intoniert er schon eine andere Melodie – seine Melodie der Freudlosigkeit.

8. Strophe: Brecht hatte schon in der Überschrift Gott indirekt mit einem Blutsauger verglichen. In der 3. Strophe hatte er es dann auch ausdrücklich gesagt. Jetzt, in der achten, der vorletzten Strophe, kommt ein neuer Tiervergleich: »Und hat doch auch die Haie nach seinem Bild gemacht.« »Und hat doch auch …« diese Sprachfigur scheint noch abzumildern. Der Leser darf assoziieren: ›Gott hat doch auch die vielen Tiere nach seinem Bild gemacht. Sagt das nicht der Schöpfungsbericht?‹ In Wirklichkeit werden in Gen 1,26–27 nur Mann und Frau als »Bildsäulen Gottes« geschaffen, und die Erschaffung des Menschen wird von der Erschaffung der Tiere eindeutig abgesetzt (siehe das Kapitel »Zur christlichen Sicht der Ehe« in diesem Buch). Nein, Bert Brecht benutzt die Assoziation an Gen 1 und deren Aussage von der hohen Würde des Menschen, um auf indirekte, aber damit noch viel infamere Weise Gott zu erniedrigen. In der

Literatur über Bert Brecht wird oft gesagt, er habe mit seinen realistischen und harten Texten die Menschen zum Nachdenken bringen wollen. Hier geschieht jedoch etwas anderes als ein Zum-Nachdenken-Bringen. Hier erlaubt sich Bert Brecht genau das, was er Gott andichtet: Er spuckt gläubigen Menschen ins Gesicht. Er verachtet sie. Er *will* sie beleidigen.

Für die »Haie«, die wirkungsvoll am Zeilenende stehen, brauchte Brecht einen passenden Reim. Er fand ihn in der »Bläue« des Himmels. Wenn einer Gott verlacht – gedacht ist wohl an Religionskritiker – so verzieht sich Gott in die Himmelsbläue, das heißt doch wohl, in die vagen, unbestimmten, nicht fassbaren Räume der kirchlichen Lehre. Auch damit spielt Brecht – genau wie in der 2. Strophe – auf ein Kirchenlied an: nämlich auf das bekannte Lied »Himmels Au, licht und blau, wie viel zählst du Sternlein? / Ohne Zahl, sovielmal, sei gelobt das Sakrament.« An sich stand dieses im Volkston verfasste Andachtslied, das für das Jahr 1767 zum ersten Mal belegt ist, lange Zeit in keinem offiziellen kirchlichen Gesangbuch. Es gab aber zwei Ausnahmen: die Bistümer Trier und Augsburg (!).

9. Strophe: Am Ende schließt sich der Kreis. Der Violette war immer da und immer gegenwärtig: vom milchweißen Bett des Kindes bis zu dessen Totenbett. Er geisterte schon durch die Kinderträume – und er geistert noch durch die Todeskämpfe der Sterbenden. Selbst ihnen zwingt er noch die Fieberträume von Gericht, Fegefeuer und Hölle auf. Überhaupt ist ihm das Totenbett am liebsten. Da ist er ganz in seinem Element. Da zeigt er seine letzte Macht – der dunkle, violette, klerikale, menschenverachtende, freudlose Gott – der Zeck.

❖

Keine Frage! Rein handwerklich gesehen ist dieses Gedicht ein Meisterstück. Der Rhythmus, die Bilder, die Sprache – das alles sitzt. Da wird vieles verdichtet, was es an Vorwürfen gegen den biblischen Gott gibt. Da kommt vieles zum Vorschein, was als pervertiertes Gottesbild in der Gesellschaft herumgeistert. Und vieles kommt vor Gericht, was man aus Gott gemacht hat – in Kindergärten, in einer verbogenen religiösen Erziehung, in schlechter Theologie, in törichten Predigten, in leichtfertiger Rede von Gott, in der oft so wenig anziehenden Praxis christlichen Lebens.

Hinter diesem Gedicht steht vielleicht sogar Leid, das durch ein verzerrtes Gottesbild verursacht worden ist. Vielleicht! Ich würde allerdings hinzufügen: Es offenbart auch eine Menge Leichtfertigkeit, die das Entstellen, Verzerren und Verfälschen in keiner Weise scheut. Mehr noch: Hier wird nicht nur nichts gescheut. Diese Verse sind Propaganda in knüppeldicker Form – wie alles bei Bert Brecht. Die Leser sollen sich von dem Mann in Violett distanzieren. Gott wird dargestellt als gefährlicher Blutsauger, als Menschenverächter, als Sadist, als gefährliches Tier – und schließlich auch noch als ein armer Teufel, der sich beleidigt davonmacht.

Aber es geht in diesem Gedicht selbstverständlich nicht nur um Gott. Es geht genauso um die Kirche. Der von Brecht karikierte Gott und die Kirche werden als untrennbares Machwerk dargestellt. Das zeigen die verwendeten Bilder: »liegend vor ihm im Staube« – »seine Taube« – »die kleinste Gabe« – »am Steine« – die »kleine Orgel« – die »Trauerweis« – »die Himmelsbläue« – das »Totenbett« – und vor allem natürlich »der Mann in Violett«. Gott ist so infam wie die Kirche, und die Kirche so infam wie ihr Gott.

Wir sahen schon, dass Bert Brecht seinem Text einen Vorspruch vorangestellt hat, der sich gegen die Bibel wendet: Er habe dieses Buch satt, weil es voller Gebote sei. Bereits mit diesem Motto am Anfang beginnt die bewusste Verfälschung. Die Bibel kennt keineswegs nur Gebote. In ihr stehen Meisterwerke der Erzählkunst. In ihr gibt es ein umfangreiches Liederbuch, das alle nur möglichen Situationen menschlichen Lebens vor Gott bringt: von der Klage über das Leid, das sich Menschen zufügen, bis zu jubelnder Freude. Auch enthält die Bibel viele einzigartige Gleichnisse, von denen einige zur Weltliteratur zählen – zum Beispiel das Gleichnis vom verlorenen Sohn. In ihm verteidigt Jesus seine Güte zu den Gescheiterten und zeichnet dabei zugleich das Bild eines abgrundtief liebenden Gottes.

Und es gibt in der Bibel zwar viele Gebote, sogar ganze Gesetzeskorpora. Aber diese Gebote sind Teilstück einer großen Erzählung, in der es um Befreiung, um soziale Gerechtigkeit, um brüderliches und schwesterliches Miteinander geht. Wusste Brecht das nicht? War er wirklich so dumm? Die alttestamentlichen Gesetze, vor allem das Gesetz im Buch Deuteronomium, kämpfen um eine gerechte und humane Sozialordnung, die ihrer Zeit in vielem weit voraus war. Bert Brecht verschweigt nicht nur den sozialen Impetus dieser Gesetze, sondern auch, dass ihnen stets etwas Entscheidendes vorausgeht: Sie sind nichts anderes als *Antwort* auf Gottes rettendes und befreiendes Handeln.

※

Noch ein Wort zu dem menschenverachtenden und erbarmungslosen Gott in diesem Schmähgedicht Brechts. Jeder, der mit der Bibel vertraut ist, weiß, dass es im Alten Testament eine grundlegende Aussage über das Wesen Gottes gibt. Sie wird im Buch Exodus sorgfältig vorbereitet, dort in hervorgehobener Form verkündet und dann in der Bibel noch oft in immer neuen Variationen wiederholt. Es ist die sogenannte ›Gnadenformel‹:

Der HERR *ist der* HERR, *ein barmherziger und gnädiger Gott, langmütig und reich an Güte und Treue: Er bewahrt tausenden Generationen seine Gnade, vergibt Schuld, Sünde und Frevel. (Ex 34,6–7ab)*

In Ps 103,8 lautet diese Formel: »Barmherzig und gnädig ist der HERR, langmütig und groß an Güte.« – Weitere Belege der Formel in dieser Form sind Neh 9,17; Ps 86,15; 145,8; Joël 2,13 und Jona 4,2. – Anspielungen auf die Formel finden sich in Ex 33,19; Num 14,18; Dtn 4,31; 5,10; 7,9; 2 Chr 30,9; Neh 1,5; Ps 25,10; 78,38; 111,4; 112,4; 116,5; Sir 2,11; 5,4–7; Jes 54,7–8; 63,7; Jer 32,18; Dan 9,4; Mi 7,18–20; Nah 1,2–3.

Dass ich so viele Stellenbelege anführe, ist in diesem Buch eine Ausnahme. Ich gestatte mir diese Ausnahme, damit allein schon an diesem noch sehr äußerlichen Phänomen sichtbar wird: Hier macht das Alte Testament eine zentrale Wesensaussage über seinen Gott. Ex 34,6–7 ist geradezu ein Schlüsseltext der Bibel. Übrigens spricht einiges dafür, dass von der schon vorliegenden Gnadenformel her das gesamte Jona-Buch aufgebaut wurde. Der fiktive Prophet Jona will ja gerade nicht wahrhaben, dass der HERR »ein gnädiger und barmherziger Gott« ist, »langmütig und groß an Güte« (Jona 4,2). Deshalb seine Flucht vor dem Auftrag Gottes, in der heidnischen Stadt Ninive zu predigen, und deshalb sein tiefer Ärger über die Umkehr der ganzen Stadt.

Die niederträchtige Propagandaformel Bert Brechts (unterbaut durch das Motto seines Gedichts) lautet: Gott ist ein mieser, unmenschlicher, sadistischer, erbarmungsloser und erbärmlicher Quäler. Das Bekenntnis der Bibel lautet: Gott ist barmherzig. Sein Erbarmen währt über tausend Generationen – das heißt: es kennt keine Grenze, es hört niemals auf.

Allerdings muss man den Zusammenhang beachten, in dem diese zentrale Aussage über Gott im Alten Testament formuliert wird: Gott hat mit Israel einen Bund geschlossen. Er hat das Volk herausgeholt aus einem Staat, in dem es unterdrückt wurde und unter unmenschlichen Bedingungen schuften musste, ja, in dem es in einem bewusst geplanten Genozid ausgerottet werden sollte (Ex 1,22). Er hat es aus Ägypten herausgeführt, um ihm ein neues Leben zu ermöglichen – ein Leben in Freiheit, Gleichheit und Brüderlichkeit.

Als Antwort auf dieses befreiende Handeln Gottes musste sich Israel verpflichten, die Tora, die ihm von Gott gegebene Sozialordnung, zu befolgen als die Ermöglichung dieser freiheitlichen Gesellschaft. Bricht Israel diese Verpflichtung des Bundes mit Gott, wird es von Gott bestraft. Wir müssten heute formulieren, denn das verbirgt sich in der theozentrischen Formulierung: *Dann bestraft es sich selbst,* weil es dann die ihm von Gott geschenkte freiheitliche Ordnung zerstört.

In der Bibel wird also die wahre Situation des Menschen nicht verdrängt und verschwiegen. Die Bibel spricht im Zusammenhang neuer, befreiter Gesellschaft eben auch von der menschlichen Schuld und den Verbrechen im Gottesvolk selbst. Eigentlich sollten Israel und die Kirche den Völkern zeigen, wie eine gerechte Gesellschaft aussieht. Der sich immer wieder ereignende Abfall des Gottesvolkes von diesem Auftrag verdüstert Welt und Geschichte. Genau in diesem Zusammenhang sagt dann die Fortsetzung der zitierten Gnadenformel:

Er [Gott] lässt [Schuld, Sünde und Frevel] aber keineswegs ungestraft, sondern überprüft die Schuld der Väter bei den Söhnen und Enkeln – bis zur dritten und vierten Generation. (Ex 34,7cd)

Das scheint nun alles, was vorher in der Gnadenformel gesagt worden war, wieder zunichte zu machen. Also doch kein Erbarmen Gottes, doch keine Huld und Treue über tausend Generationen? Schlimmer noch: Wird da nicht gesagt, dass Gott die Schuld der Väter noch den nächsten drei Generationen anrechnet, so dass sie bestraft werden für Dinge, die sie gar nicht getan haben? Also Kollektivschuld und Kollektivstrafe über mehrere Generationen hinweg?

Ex 34,6–7 wäre damit jedoch völlig missverstanden. Zunächst einmal: Wenn wir von drei oder vier Generationen hören, haben wir natürlich unsere Kleinfamilien vor Augen. Vier Generationen sind da schon eine ziemlich lange Strecke. Im Alten Orient und in den Lebensverhältnissen des damaligen Israel wäre unsere heutige Kleinfamilie jedoch eine Ausnahme gewesen. Normalerweise lebten wenigstens drei Generationen zusammen unter einem Dach: Väter und Mütter, Söhne und Schwiegertöchter und auch noch die Enkelkinder. Es geht in Ex 34,7 also darum, dass die Söhne und Enkel den möglichen Glaubensabfall ihrer Väter, mit denen sie im gleichen Haus zusammenleben, nicht übernehmen.

Im Übrigen geht es überhaupt nicht um eine *Kollektivstrafe* über mehrere Generationen hinweg. Das hebräische Verb *pāqad*, das in den Übersetzungen meist mit ›verfolgen‹ oder ›heimsuchen‹ übersetzt wird, meint ›einer Sache genau nachgehen‹, ›sie genau überprüfen‹. Die Weiterführung der Gnadenformel will also sagen: Gott ist daran gelegen, er achtet darauf, und es ist für ihn von entscheidender Wichtigkeit, dass sich Sünde und Schuld nicht weiterfressen von Generation zu Generation.

Hier werden also Sünde und Glaubensabfall ernst genommen. Hier wird vor allem beachtet, dass sich das Böse fortzeugt. Wir haben es erlebt und erleben es täglich, dass sich die Ideologie des Nationalsozialismus nach dem Selbstmord Hitlers im Berliner Führerbunker eben nicht in Luft aufgelöst hat, sondern die Gesellschaft weiter vergiftet. Und der brutale Irrsinn des russischen Kommunismus mit den Millionen, die Stalin bewusst verhungern oder im Gulag verkommen ließ, war mit dem Tod dieses Verbrechers eben nicht zu Ende. Stalin feiert in unseren Tagen seine eigene Art von Auferstehung.

Die Gnadenformel von dem Erbarmen Gottes über tausend Generationen wird also von ihrer Fortsetzung nicht aufgehoben, sondern ganz im Gegenteil: Sie wird bestätigt. Für Gott ist es von unendlicher Wichtigkeit, dass seine Bundestreue von Generation zu Generation weitergehen kann und nicht durch Schuld und Abfall unterbrochen, ja zunichte gemacht wird.

Sünde und Schuld werden hier als schreckliche Realität ernst genommen. Denn jede Sünde zerstört etwas von der Schönheit der Schöpfung, beschädigt das menschliche Miteinander, richtet Unheil an, das sich durch die Geschichte weiterfrisst. Bert Brecht nimmt diese Zerstörungen in der Welt, die durch die *menschliche Sünde und durch nichts anderes* verursacht werden, zumindest in dem vorliegenden Gedicht überhaupt nicht ernst. So etwas wie Sünde, Schuld und menschliche Verkommenheit kommen hier mit keiner Silbe vor. Allein Gott ist der Verkommene, der Schuldige, der Verbrecher.

War es sinnvoll, in dem vorliegenden Buch einem Gedicht, das zwar hochartifiziell ist, doch die Bibel massiv verfälscht und mit der Bibel auch die Wirklichkeit des Gottesvolkes, derart viel Platz einzuräumen? Ich denke, ja. Denn die Einwände, die Bert Brecht gegen Gott formuliert, sind nicht nur die Einwände von Menschen, die Gott und der Kirche fern sind. Es sind Einwände, die auch im Herzen von gläubigen Christen aufsteigen können: nicht selten sehr leise, verschämt und verdeckt. Dann kann ein Text wie der »Bericht vom Zeck« unsere eigenen Ressentiments ans Tageslicht bringen und uns vielleicht helfen, den wahren Gott, den Gott der Bibel, zu entdecken.

Zur christlichen Sicht der Ehe
(Gen 1,1 – 2,24; Hld 8,6–7; Mk 10,6–9)

Dieses Kapitel geht auf eine Tagung zurück, bei der das Gespräch breiten Raum haben sollte. Für die Fundierung des Gesprächs wurden von mir zunächst 40 Thesen vorgetragen; die Teilnehmer hatten sie dann für das sich anschließende Gespräch zur Hand. Dies zur Erklärung für die Knappheit der folgenden Texte, die nur eine geringfügige Erweiterung der damaligen Thesen sind. Noch ein zweiter Hinweis: Bei der christlichen Sicht der Ehe haben Begründungen aus dem sogenannten ›Naturrecht‹ stets eine Rolle gespielt. Deshalb zu Beginn einiges zum Problem naturrechtlicher Argumentation!

1. Im Alten Griechenland hat man sehr viel über den Begriff des Gesetzes nachgedacht. Man wusste in den griechischen Stadtstaaten aus langer Erfahrung: Gesetze müssen gerecht sein. Waren sie ungerecht, bevorzugten sie zum Beispiel die Mächtigen und die Reichen, so entstanden in der Bürgerschaft sehr schnell Armut, Not und Streit. Aber wie macht man gerechte Gesetze? Nach welchem Muster? Aus welcher Quelle? Die Antwort der besten griechischen Philosophen lautete: Gute Gesetze dürfen nicht beliebig sein. Sie müssen am Menschen Maß nehmen. Genauer: Sie müssen der *Natur* des Menschen entsprechen. Mehr noch: Nicht nur der Natur des *Menschen*, sondern der Natur der *Welt*. Viele griechische Dichter und Philosophen waren nämlich überzeugt: Die Welt selbst birgt in sich Ordnungen und Gesetzmäßigkeiten – und der Mensch kann sie mit seiner Vernunft erkennen.

2. Es kam aber noch etwas Wesentliches hinzu: Für die meisten griechischen Philosophen waren die Ordnungen und Gesetzmäßigkeiten der Welt kein Zufall, sondern von den Göttern gege-

ben oder doch Inbegriff einer Natur, die in sich selbst göttlich und geordnet war. Handelte man aber gegen die Götter oder gegen die göttliche Natur, so geriet man ins Unheil. So wurden *die Natur mit ihrer göttlichen Ordnung und die menschliche Vernunft* als die wichtigsten Quellen jeder Rechtssetzung angesehen. Auf diese Weise ist in Griechenland der Begriff des ›Naturrechts‹ entstanden (vor allem in der Stoa). Die Römer haben diese Einsicht über die wahren Quellen des Rechts von den Griechen übernommen und sie in ihre Staatsphilosophie eingebaut (so vor allem Cicero).

3. Bereits die Frühe Kirche (da z. B. Augustinus), dann aber besonders mittelalterliche Theologen (bei ihnen vor allem Thomas von Aquin), haben den Begriff des Naturrechts aus der antiken Philosophie aufgegriffen und weitergedacht. Gott hat der Welt ein »ewiges Gesetz« *(lex aeterna)* gegeben. Es gehört zur Schöpfung. An diesem Gesetz hat die menschliche Vernunft Anteil und ist durch ihre Teilhabe in der Lage, konkrete naturgerechte Gesetze zu schaffen. Die katholische Kirche geht deshalb davon aus, dass man wichtige Normen der Sittenlehre und teilweise auch die Lehre über die Ehe *vernünftig aus der Natur des Menschen* begründen kann. Dies taten lange Zeit auch die protestantischen Kirchen – und zwar (innerhalb der heute sogenannten ›Zwei-Reiche-Lehre‹) für den Bereich des ›weltlichen Regiments‹. Selbstverständlich blieb für Katholiken wie für Protestanten die göttliche Offenbarung die entscheidende Fundierung für das christliche Ethos.

4. Die Begründung der staatlichen Gesetze anhand der *Natur des Menschen* hat dann in der Europäischen Aufklärung eine zentrale Rolle gespielt. Seit dem 19. Jahrhundert allerdings ist der Begriff des Naturrechts mehr und mehr in die Kritik geraten. Wir kommen also nicht daran vorbei, sowohl das *Positive* als auch die *Problematik* naturrechtlicher Argumentation wenigstens kurz in den Blick zu nehmen.

5. Zunächst der positive Aspekt: Das Naturrecht macht damit Ernst, dass der Mensch die ›Systeme‹ der Welt bzw. der Schöpfung nicht missachten darf. Hierfür ist in den letzten Jahr-

zehnten ein neues Verständnis gewachsen – seitdem nämlich immer offenkundiger wird, dass wir einer Klimakatastrophe entgegentreiben, wenn wir weiter bedenkenlos in die Ökosysteme der Natur eingreifen. Wir brauchen für die »Bewahrung der Schöpfung« eine weltweite Sensibilität, mehr noch: eine internationale Ökologie mit entsprechenden Gesetzen. Benedikt XVI. hat in seiner Rede vor dem Deutschen Bundestag am 22. September 2011 das Schlagwort von der »Ökologie der Natur« ausgeweitet und eine »Ökologie des Menschen« gefordert:

> *Es gibt auch eine Ökologie des Menschen. Auch der Mensch hat eine Natur, die er achten muss und die er nicht beliebig manipulieren kann. Der Mensch ist nicht nur sich selbst machende Freiheit.*

Eine weitere sehr reale geschichtliche Erfahrung kommt hinzu: Gäbe es kein Naturrecht oder doch etwas dem Naturrecht Vergleichbares, so verblieben sämtliche staatlichen Rechtsordnungen im Rahmen eines von Menschen gemachten und gesetzten Rechts. Ihre einzige Begründung wäre dann: So hat es der Volkswille bzw. so hat es der staatliche Gesetzgeber eben *nach seinem Ermessen* beschlossen (Rechtspositivismus). Damit aber wäre der Rechtswillkür breiter Raum gegeben; *Internationales* Recht wäre enorm erschwert; so etwas wie ›Völkerrecht‹ wäre in Frage gestellt; ›Grundrechte‹ oder ›Menschenrechte‹ könnte es dann gar nicht geben; Autokraten, die schwere Verbrechen begehen, dürften international nicht zur Verantwortung gezogen werden, denn sie könnten sich auf ihre selbst gesetzten Rechtsordnungen berufen; die Nürnberger Prozesse (1945–1949) gegen führende Repräsentanten des Hitler-Regimes wären juristisch höchst fragwürdig gewesen und müssten als ›Siegerjustiz‹ betrachtet werden. Denn wie will man »Verbrechen gegen die Menschlichkeit« juristisch begründen, wenn es so etwas wie Naturrecht überhaupt nicht gibt?

6. Nun aber zur *Problematik* des Naturrechts: Mit ›Naturrecht‹ kann nicht gemeint sein, dass der Mensch einfachhin dem durch die ›Natur‹ Vorgegebenen zu folgen hat. Ein Beispiel:

Biologisch gesehen wachsen bei den Männern Barthaare im Gesicht. Einfachhin der Natur folgen zu müssen und grundsätzlich alles aus ihr abzuleiten, hieße: Männer dürfen sich nicht rasieren, denn das wäre gegen die Natur!

7. Man sieht an diesem trivialen Beispiel, worin das Problem des Naturrechts besteht, *falls* es einfach aus der kruden Natur abgeleitet würde. Es besteht in dem schillernden Begriff der Natur: Was ist überhaupt ›Natur‹? Was gehört zur nicht hintergehbaren ›Natur‹ des Menschen und was nicht?

8. Zur Beantwortung dieser Frage braucht es die Einsicht, dass der Mensch eben nicht nur *Natur*, sondern immer auch *Kultur* ist. Er lebt nicht mehr in afrikanischen Urwäldern und Savannen, wie es in der Anfangsphase seiner Hominisation der Fall war. Er lebt, von Ausnahmen abgesehen, fast stets in Kulturlandschaften, die er selbst geschaffen hat und ohne die er gar nicht mehr existieren könnte. Und er lebt nicht mehr in kleinen Gruppen in einer anscheinend unbegrenzten Welt, sondern auf einem Planeten, der für ihn zu klein geworden ist. Kein Naturrecht könnte von ihm verlangen, dass die Männer halbnackt in der Savanne auf Jagd gehen müssten und die Frauen am Rande des Urwalds auf Käfer- und Kräutersuche, weil das irgendwann einmal die ›Natur‹ des Menschen war.

9. Damit ist wohl klar: Naturrecht und ›natürliches Sittengesetz‹ können nicht einfachhin aus der ›Natur‹ abgeleitet werden – also aus dem, was in der Entwicklungsgeschichte des Menschen alles einmal vorkam oder immer noch vorkommt, sondern ausschließlich aus einer durch die geistige Entwicklung des Menschen *geformten Natur*. Wäre es anders, gäbe es überhaupt keine Ehe im heutigen Sinn, sondern wir stünden noch immer in einer Phase der kulturellen Evolution, in der ein biologisch herausragendes Alpha-Tier nicht nur Leit-Tier war, sondern jedes weibliche Tier in der Horde als sein Eigentum beanspruchte und gegen seine Konkurrenten für biologisch hochwertige Nachkommenschaft sorgte.

10. Naturrecht und ›natürliches Sittengesetz‹ können also nur von der ›Geist-Natur‹ des Menschen ausgehen, die sich in

einer langen zivilisatorischen und kulturellen Evolution mit vielen Fortschritten, aber auch immer wieder mit stagnierenden Phasen oder sogar mit schrecklichen Rückschritten herausgebildet hat. Alles andere wäre primitiver ›Naturalismus‹.

11. » ... mit stagnierenden Phasen und schrecklichen Rückschritten«: Alpha-Männchen, die ihre Konkurrenten reihenweise ausschalten und versuchen, ganze Populationen unter ihre Herrschaft zu zwingen, sind noch immer am Werk. Nur sind sie leider im Besitz dessen, was die technische Intelligenz des Menschen inzwischen geschaffen hat, und verwenden zur Durchsetzung ihrer imperialen Interessen hochentwickelte Waffen.

12. Wir müssen aber gar nicht auf das blicken, was in diesen Jahren auf den Kriegsschauplätzen unseres Planeten geschieht. Stagnation und Rückschritte bezüglich der kulturellen Evolution des Menschen und seiner Geist-Natur kann es in jeder Familie geben – zum Beispiel, wenn ein Mann seine Frau wie eine Sklavin behandelt und erniedrigt – oder wenn eine Frau ihren Mann mit subtil dosierten Mitteln über viele Jahre hin terrorisiert. Die kulturelle Evolution des Menschen bzw. die Entwicklungsgeschichte seiner Geist-Natur verläuft hochkompliziert und eben oft mit schweren Rückschlägen – und dies nicht selten sogar auf breiter Front.

13. Eine entscheidende Phase der kulturellen Evolution bildet die Aufklärungsgeschichte, die im biblischen Israel stattfand – und auf der Basis des biblischen Israel in der Kirche. Die folgenden Thesen wollen nach den Hinweisen zum Begriff des Naturrechts auf wesentliche Elemente dieser Aufklärungsgeschichte hinweisen, und zwar selbstverständlich mit der Blickrichtung auf unser Thema ›christliche Ehe‹.

14. Das Alte Testament enthält Texte, die der Partnerschaft zwischen Mann und Frau eine hohe Würde zusprechen. Gleich zu Beginn der Bibel heißt es im Schöpfungsbericht:

Gott erschuf den Menschen als seine Statue.
Als Gottesstatue erschuf er ihn.
Männlich und weiblich erschuf er sie. (Gen 1,27)

15. Hinter diesem feierlich geformten Text steht eine Vorstellung, die uns völlig fremd ist. Die gesamte Welt wird hier gedacht als ein großes, bergendes Haus, ja mehr noch: sie wird gedacht als ein Tempel, nämlich als das Haus Gottes. An der Decke dieses kosmischen Hauses sind Sonne, Mond und Sterne befestigt – als eine Art Lampen. In diesem Haus leben alle Tiere, von denen vorher im Schöpfungsbericht die Rede war – geborgen und geschützt durch den Menschen. Er ist für sie verantwortlich. Der Mensch selbst steht in diesem Tempel als »Gottesstatue«, also als Mittelpunkt des Ganzen und als das Kostbarste, was es in dem Tempel ›Welt‹ überhaupt gibt.

16. Die Vorstellung vom Menschen als einer »Statue« (im Hebräischen *tselem*) geht auf die Königsideologie in Ägypten und Mesopotamien zurück. Dort ließ sich der König in seiner Eigenschaft als Hüter und Bewahrer seines Volkes als »Statue Gottes« bezeichnen. Die Bezeichnung »Gottesstatue« kam selbstverständlich nur dem König selbst zu. In Gen 1 indes – und das ist massive Machtkritik – bezieht sich die Bezeichnung auf den Menschen schlechthin. Indem der biblische Schöpfungsbericht dieses Bild aus der orientalischen Königsideologie heranzieht, es aber neu situiert, spricht er von den königlichen Aufgaben *aller Menschen*. Jeder Mensch ist von Gott dazu beauftragt, dass er die Lebewesen um sich herum, Tiere wie Menschen, hüte, berge, erhalte und schütze. Und er tut das als Mann und als Frau – die Frau dem Mann an Würde und königlicher Hoheit völlig gleich.

17. Wenn es in Artikel 1 des deutschen Grundgesetzes heißt: »Die Würde des Menschen ist unantastbar«, so geht diese fundamentale Rechtsnorm nicht etwa auf die Europäische Aufklärung zurück, auch nicht *nur* auf die Stoa, sondern vor allem auf den gerade behandelten Text der Bibel – auch wenn man Jahrhunderte lang falsch übersetzt hat und von »erschaffen zum Abbild Gottes« sprach.

18. Wenn es im Schlußsatz von Gen 1,27 heißt: »Männlich und weiblich erschuf er sie«, so ist hier nicht nur von der königlichen Partnerschaft von Mann und Frau die Rede, sondern of-

fensichtlich auch von einem grundlegenden Unterschied der beiden Geschlechter und von einer fruchtbaren Spannung zwischen ihnen, die zum Wesen menschlicher Existenz gehört. Diese Spannung ist so wichtig wie andere Gegensatzpaare in der Schöpfung – etwa wie der Gegensatz zwischen Tag und Nacht, Arbeit und Muße, Jugend und Alter, Weinen und Lachen, Leben und Sterben. Unsere gegenwärtige Gesellschaft hat sich mit geradezu beflissener Wut darangemacht, diese fruchtbaren Spannungen unter dem Titel ›Selbstbestimmung‹ zu nivellieren, sie beliebig zu machen oder sie ganz abzuschaffen: die Nacht wird vor der Spielkonsole zum Tag gemacht, alte Menschen präsentieren sich als Jugendliche, der Gedanke an den Tod wird verdrängt, »Trans« ist zum neuen Modewort avanciert. Vierzehnjährige sollen sich in Deutschland gemäß einer geplanten Gesetzesvorlage bald vor dem Standesbeamten selbst entscheiden dürfen, ob sie sich als Junge oder als Mädchen verstehen. Falls die Eltern (bzw. die Sorgeberechtigten) nicht zustimmen, entscheidet das Familiengericht. Ich werde auf die elementare Spannung ›Mann/Frau‹ in den Thesen 24–26 zurückkommen.

19. Ein Kapitel weiter wird in der Bibel die tiefe Einheit zwischen den beiden Ehepartnern folgendermaßen ausgedrückt:

Darum wird der Mann Vater und Mutter verlassen und sich an seine Frau binden, und die beiden werden ein Fleisch sein. (Gen 2,24)

Dieser Satz steht quer zu dem damals im Orient Üblichen: Dort musste die *Frau* ihre Familie verlassen und sich in die Familie des *Mannes* einfügen. Gen 2,24 räumt also der Frau nicht nur hohen Eigenstand und Freiheit ein; dieser Text spricht auch der *Verbindung* von Mann und Frau höchste Würde zu.

20. In der Sprache der christlichen Theologie werden die gerade besprochenen Texte aus Gen 1–2 als ›göttliche Offenbarung‹ bezeichnet. Sie sind also mehr als nur vernunftgeleitete Erkenntnisse über die Geist-Fleisch-Natur des Menschen und die Polarität zwischen Mann und Frau. Die Frage ist freilich,

ob man die Beziehung zwischen Vernunfterkenntnis und Offenbarung nicht enger fassen darf. Könnte es nicht sein, dass Gott seinen Schöpfungswillen gerade über die Vernunfterkenntnis des Menschen offenbart? Das würde dann ein Volk voraussetzen, welches die Kulturen seiner Nachbarvölker ständig auf das Genaueste anschaut und prüft, sie mit seinen eigenen Erfahrungen vergleicht, das jeweils Gute behält und sich bei diesem Erkenntnisprozess von Gott führen lässt.

21. Genau so hat sich das biblische Israel verstanden. Es erzählt von der Figur der ›Weisheit‹, die schon vor aller Zeit von Gott geschaffen wurde, die vor Gott spielte und bei der Schöpfung der Welt sozusagen als lebendiger Bauplan zugegen war (Spr 8,22–36; Sir 24,1–22). Die Frau Weisheit weiß also, was alles Geschaffene von Gott her sein soll, sie kennt die Identität der Dinge – und ihr ist vertraut, welche Rolle der Mensch inmitten der Schöpfung spielen soll. Deshalb lädt sie die Menschen ein, von ihr zu lernen, ihr zu folgen und dabei selbst zu erfahren, was für den Menschen gut ist und was nicht (Spr 8,1–21). Das ist, in einem mythischen Bild, eine gelungene Synthese zwischen göttlicher Offenbarung und Vernunfterkenntnis – und zwar einer Vernunfterkenntnis, die der sorgfältigen Betrachtung der Natur und der Geschichte entspringt.

22. Diese Synthese zwischen Vernunfterkenntnis und göttlicher Offenbarung braucht es tatsächlich. Nach all dem, was in den vorangegangenen Thesen über die Würde des Menschen gesagt wurde, erscheint es als ausgeschlossen, ein Kind im Mutterleib zu töten – oder wie das heute in ›korrekter Sprache‹ heißt: »die Schwangerschaft abzubrechen«. Es ist aber in Deutschland und anderswo – in klar definierten Fällen und mit klaren Grenzsetzungen – gesetzlich erlaubt und häufige Praxis.

Und nicht nur das. Es gibt in Deutschland eine immer häufiger anzutreffende Redeweise vom Recht einer »reproduktiven Selbstbestimmung« der Frau, verbunden mit Bestrebungen, die Paragraphen 218 ff StGB ersatzlos zu streichen. Mit solcher Rede und solchen Bestrebungen wird jedes Recht des Embryos und des Fötus auf Weiterleben geleugnet. Und das, obwohl in Art. 1

GG die *unantastbare* Würde des Menschen gesetzlich festgeschrieben wird. Wie ist das möglich? Hängt es vielleicht damit zusammen, dass zwar die Väter des deutschen Grundgesetzes noch naturrechtlich oder sogar christlich dachten, dass sich aber inzwischen bei vielen Juristen und Philosophen zwar verbrämt, aber doch faktisch ein Rechtspositivismus durchgesetzt hat, der letztlich bedeutet: Recht wird das, was eine Mehrheit als Recht ansieht? Es gibt zwar für Art. 1 GG die sogenannte »Ewigkeitsklausel« von Art. 79 Abs. 3 GG, die verbietet, Art. 1 und einige andere Artikel im Grundgesetz jemals aufzuheben. Aber was hilft diese Ewigkeitsklausel, wenn Grundrechte sophistisch *interpretiert* werden. Man sieht an diesem Vorgang: Die menschliche Vernunft allein schafft es nicht. Sie verfällt den gefährlichsten Selbsttäuschungen – wenn sie nicht zugleich immer auf Gott blickt. Blickt sie aber auf Gott, so vermag sie zu erkennen, was der Bauplan der Welt und des Menschen konkret verlangt.

23. Aber zurück zur Ehe! Mehrere Propheten des Alten Testaments beschreiben den Bund zwischen Gott und Israel unmittelbar mit dem Bild ehelicher Liebe. Israel hat zwar den Bund mit seinem Gott immer wieder gebrochen – doch Gott hält an seinem Volk mit einer nicht zu erschütternden Treue fest. Zitiert sei hier aus vielen biblischen Texten nur ein einziger Satz. Er ist aus Jes 54 und spricht Israel an:

Kann man denn die Frau seiner Jugend verstoßen? – spricht dein Gott. Nur für eine kleine Weile habe ich dich verlassen. Doch mit großem Erbarmen werde ich dich sammeln. (Jes 54,6–7)

24. Im Alten Testament gibt es eine Sammlung von Liebesliedern, die poetisch so schön sind, dass diese Sammlung »Hohes Lied« genannt wird. In diesem »Hohen Lied« werden die Begegnungen zwischen einer jungen Frau und ihrem Geliebten in glühenden Farben geschildert. Dort heißt es – ich greife auch hier nur einen einzigen Text heraus:

Leg mich wie ein Siegel auf dein Herz, wie ein Siegel an deinen Arm. Denn stark wie der Tod ist die Liebe, ihre Leidenschaft ist hart wie die Unterwelt. Ihre Gluten sind Feuersgluten, gewaltige Flammen. Auch mächtige Wasser können die Liebe nicht löschen, auch Ströme schwemmen sie nicht hinweg. (Hld 8,6–7)

Die Liebeslieder des Hohen Liedes gelangten freilich nur deshalb in das Alte Testament, weil man in ihnen eine Beschreibung des Bundes zwischen Gott und seinem Volk sah – mit all dem Glück, der Sehnsucht, dem Sich-Verlieren, dem Suchen und dem Sich-Wiederfinden, das der Bundesgeschichte Israels eigen war, das aber auch zu jeder wahrhaft menschlichen Liebe gehört.

25. Die Schriften des Neuen Testaments greifen diese außergewöhnliche Thematik auf. Sie vergleichen nun die Tiefe der ehelichen Liebe mit der Liebe zwischen Christus und der Kirche. So schreibt ein Paulusschüler im Brief an die Gemeinde in Ephesus unter Hinweis auf Gen 1,27:

Darum wird der Mann Vater und Mutter verlassen und sich an seine Frau binden, und die beiden werden ein Fleisch sein. – Dies ist ein tiefes Geheimnis: Ich beziehe es auf Christus und die Kirche. (Eph 5,31–32)

26. Werden der Bund zwischen Gott und Israel oder die Vereinigung zwischen Christus und der Kirche auf diese Weise mit der Ehe verglichen, dann setzt das ein unfasslich hohes Bild der Ehe und der ehelichen Liebe voraus. Die Ehe und die eheliche Zuneigung sind in ihrer Würde unantastbar. Aber eben nicht nur das! Die Übertragung der Symbolverhältnisse Geliebter/Geliebte bzw. Gatte/Gattin *auf* Gott/Israel bzw. Christus/Kirche zeigt auch, dass hier ein symbolgeladenes Spannungsverhältnis *zwischen Mann und Frau* vorliegt, das für die *christliche* Ehe auf keinen Fall beiseitegeschoben werden kann.

Das heißt allerdings nicht, dass Menschen, die in einer gleichgeschlechtlichen Verbindung leben, schief angesehen, bespöttelt, verachtet, bestraft oder gar verfolgt werden dürfen. Es gibt leider viele Länder, in denen das heute immer noch geschieht. Die Kirche darf bei solchen Ausgrenzungen auf keinen Fall und in keiner Weise mitmachen. Mehr noch: Sie muss dagegen protestieren. Sie hat aber das Recht, an ihrer eigenen Eheauffassung festzuhalten. Gleichgeschlechtliche Paare können nicht verlangen, dass die Kirche, indem sie das Sakrament der Ehe für sie öffnet, ihr eigenes, aus der Schrift erwachsenes Bild der Ehe abschafft.

27. Jesus kannte die zitierten alttestamentlichen Texte. Sie waren für ihn fundamental. Das zeigt die unerhörte Radikalität, mit der er die Ehe verteidigt und schützt! Der Ehemann, der eine andere Frau auch nur lüstern anblickt, begeht Jesus zufolge bereits Ehebruch und macht sich so eines Kapitalverbrechens schuldig (Mt 5,27–28).

28. Selbstverständlich ist das – wie oft bei Jesus – bewusst provokative Sprache, die vor allem den Mann auf die Würde der Frau hinweisen will. Es ist eine Sprache, durch die der Selbstherrlichkeit des Mannes und seiner Gier ein Riegel vorgeschoben wird. Heute, in unserer Gesellschaft, wäre zu ergänzen: Selbstverständlich hat auch die Frau ihrerseits die Verpflichtung zu Zurückhaltung und Anstand.

29. Mit der gleichen Schärfe verurteilt Jesus die Ehescheidung. Er sagt: »Wer seine Frau aus der Ehe entlässt und eine andere heiratet, begeht ihr gegenüber Ehebruch. Und wenn sie ihren Mann aus der Ehe entlässt und einen anderen heiratet, begeht sie Ehebruch« (Mk 10,11–12). Jesus begründet diese Unauflöslichkeit der Ehe mit dem Text aus Gen 2,24: »Die beiden werden *ein* Fleisch.« Er formuliert: »Sie sind also nicht mehr zwei, sondern *ein* Fleisch. Was aber Gott verbunden hat, das darf der Mensch nicht trennen« (Mk 10,8–9).

30. Das war schon damals so anstößig wie heute. Gibt es denn nicht Ehen, die nicht mehr tragbar sind? Gibt es nicht leichtfertig, vorschnell und unrealistisch geschlossene Ehen? Gibt es nicht auch veränderte Lebensumstände, die das Weiterbestehen einer Ehe fragwürdig machen? Und gibt es nicht bei der heutigen viel

längeren Lebenserwartung das Recht auf neue Beziehungen und neue Horizonte? Verurteilt die Unauflöslichkeit der Ehe, wie sie das Neue Testament lehrt, den Menschen nicht unter Umständen zu einer Unfreiheit, die zur Knechtschaft wird?

31. Ich versuche auf Fragen dieser Art, die man zu Recht stellen kann, im Geiste Jesu eine Antwort: Eine vor Gott geschlossene Ehe darf eben keine einsame und isolierte Zweierbeziehung sein. Sie ist in der Kirche geschlossen, und sie hat ein Recht auf die Hilfe der christlichen Gemeinde. Hilfe etwa beim Suchen einer Wohnung, Hilfe beim Aufziehen der Kinder, Hilfe im Fall von Krankheit, Hilfe im Alter, Hilfe in finanzieller Not. Gerade hier müsste sich Gemeinde in ihrem Miteinander und Füreinander als das erweisen, was sie von ihrem Wesen her ist.

32. Mehr noch: Eine Ehe, die vor Gott und der Kirche geschlossen wird, darf auf die Hilfe *Gottes* setzen. Die beiden Ehepartner sind niemals allein. Sie haben einen Dritten im Bund. Sie haben ein feierliches Zeichen gesetzt. Sie haben ein Gelöbnis abgelegt. Sie können miteinander beten. Sie haben die Möglichkeit, sich jeden Abend zu verzeihen. Sie haben die Möglichkeit der Umkehr. Sie haben die Möglichkeit, in den Durststrecken und Krisen ihrer Ehe immer wieder neu anzufangen, weil auch Gott mit uns immer wieder neu anfängt.

33. Im Grunde wird an dem Gebot der immerwährenden Treue zueinander deutlich, was christliche Ehe ist. Sie ist eine Bindung aneinander, die noch über alles Erotische und Sexuelle hinausgeht, obwohl beides in ihr einen festen Platz hat. Sexualität, Eros und selbstlose Liebe sollten einander durchdringen. »Selbstlose Liebe« schließt das einander verlangende sexuelle Begehren der Ehepartner in keiner Weise aus. Das »Ja«, das die beiden Partner beim Eheabschluss zueinander sprechen, sagt: »Du mit allem, was du bist!« Und es sagt: »Du allein!« Und es sagt: »Du für immer!« Es sagt aber auch: »Mit Dir in guten und in bösen Tagen!« Der Satz: »Die beiden werden ein Fleisch« meint nicht nur das leibliche Eins-Werden, sondern genauso das Sich-Öffnen und das Hingeben des eigenen Ich. Im Übrigen: Das christliche Nein zur Ehescheidung darf nicht als ein schwe-

res »Muss« gesehen werden, das unablässig auf den Schultern der Eheleute lastet, sondern als eines der großen Geschenke, an dem sichtbar wird, was christliche Ehe überhaupt ist.

34. Es gehört zum Wesen des Menschen und macht sogar seine höchste Freiheit aus, dass er eine solch radikale Bindung eingehen kann. Sie ist keine Fesselung, sondern tiefes Glück – vorausgesetzt, dass sie von beiden Seiten in voller Freiheit geschieht und jeweils den Anderen in seinem Anderssein achtet.

35. Ich hatte gesagt: Eheliche Liebe im christlichen Sinn sagt: »Du mit allem, was du bist!«, »Du allein!«, »Du für immer!« Und: »Mit Dir in guten und in bösen Tagen!« In dieser Definition fehlt aber noch ein entscheidender Punkt: Der Mensch ist keine einsame Insel. Auch zwei Menschen in ihrer Liebe leben nicht für sich in einem verzauberten Märchenschloss. Schon Aristoteles hat gesagt: Der Mensch ist ein *zōon politikon,* also ein Lebewesen in der Gemeinschaft der *polis,* des Stadtstaates (Aristoteles, Politika I, 2). Das heißt: Er ist immer auf Andere bezogen. Er lebt von der Gesellschaft und ist der Gesellschaft verpflichtet.

36. Das gilt auch für die Liebe, die sich an einen anderen hingibt. Sie schwebt nicht isoliert im Raum, sie ist keine reine Privatsache, sondern sie hat eine gesellschaftliche Dimension. Das heißt aber: Sie braucht eine gesellschaftliche Fassung und sie braucht den Schutz der Gesellschaft. Joseph Ratzinger hat das in dem knappen Satz formuliert: »Die Liebe braucht das Recht.«

37. Liebe ist als hohes Gut zugleich hochverletzlich. Sich dem Anderen mit Haut und Haaren, also mit allem, was man selbst ist, in Liebe zu schenken, braucht das Recht, und deshalb hat eine solche Bindung auch eine öffentliche Dimension. Daher die kirchliche Trauung! Sie macht die gegenseitige Hingabe zu einer rechtlichen Bindung und schützt sie so.

38. Sie schützt auch die Kinder, auf die jede Ehe ihrer Natur nach angelegt ist. Für die Kinder bedeutet die gegenseitige Treue ihrer Eltern und die rechtliche Bindung dieser Treue Sicherheit und Geborgenheit. Wie viel Ortlosigkeit und welches Elend müssen Kinder erleben, deren Eltern sich nie öffentlich gebunden haben – oder die sich getrennt haben!

39. Mir scheint die christliche Ehe etwas hoch Vernünftiges zu sein, allerdings Ergebnis einer Vernunft, die unablässig nach der Vernunft der Schöpfung, also nach der von Gott gewollten und geschaffenen Natur fragt. Sie ist mehr als Natur in einem biologistischen Sinn, obwohl sie ihre naturgegebene Basis niemals unterschlagen darf. Selbst bei Tieren kann es zwar Treue geben, einen einzigen Geschlechtspartner, Brutpflege, sogar Trauer um den Tod des Gefährten – aber es gibt dort eben auch von all dem das genaue Gegenteil – und zwar als naturhaft angelegte Instinkte. Die christliche Ehe ist demgegenüber in einem hohen Maß eine Kulturleistung, Ergebnis einer geformten, gebildeten, gereiften, sagen wir ruhig vergeistigten Natur. Sie ist Spiegelung der Treue Gottes zu seinem Volk. Sie ist schöpferische Liebe. Sie hat einen gesellschaftlichen Auftrag.

40. Leider ist diese christliche Sicht der Ehe vielen Zeitgenossen fremd geblieben. Vielen anderen ist sie verloren gegangen. Eine ganze Serie sprachlicher Neubildungen verrät das Defizit oder den Verlust: Lebensgefährte – Lebensabschnittspartner – Ehe auf Zeit – Langzeitverheiratete – offene Ehe – Dreierbeziehung – On-Off-Beziehung – One-Night-Stand – oder ganz einfach die immer häufiger zu hörende sarkastische Rede von »meiner« oder »meinem Ex«.

Mit all dem geht es heute der christlichen Ehe nicht anders als der Liebe. Für die Naturalisten ist Liebe ein hormoneller Prozess und nichts anderes. Für die Abgebrühten ist sie Selbstbefriedigung mithilfe einer anderen Person. Für die rigiden Skeptiker gibt es sie überhaupt nicht.

Doch es gibt auch andere Stimmen. Der große Philosoph und Jurist Gottfried Wilhelm Leibniz (1646–1716), der zugleich ein glänzender Mathematiker und intelligenter Techniker war (Erfindung der binären Zahlencodierung, auf der unsere Computer aufbauen; Konstruktion einer Rechenmaschine), formulierte einst: »Liebe ist die Freude am Glück des anderen.« Und es gibt eben doch viele Menschen, und ihre Zahl wird wieder wachsen, die dieses stille und tapfere Glück einfach leben.

Die Rede Papst Benedikts XVI. vor dem Deutschen Bundestag am 22. September 2011 ist dokumentiert in dem Buch: MANUEL HERDER (Hrsg.), Der Papst der Bücher. Schlüsseltexte zum Denken Benedikts XVI., Freiburg i. Br. 2023, 152–160. — Die uns ungewohnte Übersetzung »Gott erschuf den Menschen als seine Statue, als Gottesstatue erschuf er ihn« wird ausführlich begründet bei NORBERT LOHFINK, Im Schatten deiner Flügel. Große Bibeltexte neu erschlossen, Freiburg i. Br. 1999, 29–48. — Für die juristischen Angaben zur Abtreibung habe ich mich auf den folgenden Artikel gestützt: Professor Dr. Christian Hillgruber, Ein Angriff auf die deutsche Verfassungsidentität. Ein europäisches Grundrecht auf Abtreibung verstößt gegen das Grundgesetz: FAZ vom 23. März 2023, Nr. 70, S. 7.

Gegenseitige Erlösung?
(Spr 31,10–31)

Frühjahr 1904. Thomas Mann, 29 Jahre alt – aber schon bekannt geworden durch seinen großen und finanziell gerade einträglich werdenden Roman »Buddenbrooks« – wirbt in München um die sehr schöne, sehr reiche und hochbegabte Katia Pringsheim. Die ist gerade einmal 20 Jahre alt, hat schon mit 17 ihr Abitur gemacht, studiert jetzt Mathematik und Physik (Mathematik bei ihrem Vater Alfred Pringsheim, Physik bei Wilhelm C. Röntgen, beide Lehrstuhlinhaber an der Universität München) und hat noch keinerlei Lust zu heiraten. Aber Thomas Mann kann eben schreiben. Er schreibt ihr Liebesbriefe, die nicht nur glühend, sondern auch noch verteufelt geschickt sind. Anfang Juni schreibt er der immer noch Unschlüssigen:

Sie begreifen auch, dass dies kein leichtes, kein lustiges Leben sein kann. Eine Heilung von dem Repräsentativ-Künstlichen, das mir anhaftet, von dem Mangel an harmlosem Vertrauen in mein persönlich-menschliches Theil ist mir durch Eines möglich: durch das Glück; durch Sie, meine kluge, süße, gütige, geliebte kleine Königin! ... Was ich von Ihnen erbitte, erhoffe, ersehne, ist Vertrauen, ist das zweifellose Zumirhalten selbst einer Welt, selbst mir selbst gegenüber, ist etwas wie Glaube, kurz – ist Liebe ... Diese Bitte und Sehnsucht ... Seien Sie meine Bejahung, meine Rechtfertigung, meine Vollendung, meine Erlöserin, meine – Frau.

Die seltsamen Auslassungszeichen im Text rühren daher, dass der Originalbrief nicht mehr erhalten ist. Thomas Mann hatte sich jedoch von seinen Liebesbriefen an Katia Pringsheim Auszüge angefertigt, die er für seinen Roman »Königliche Hoheit« verwenden wollte. Wie all seine Romane spiegelte auch dieser dann unmittelbare Erfahrungen mit Verwandten, Freunden, Bekannten und vor allem mit Katia Pringsheim wider. Thomas Mann war eben ständig auf Stoffsuche auch in seiner nächsten Umgebung. – Aber zur Sache!

Die Frau als Heilung und Vollendung, ja als die Erlöserin ihres Mannes, aber auch als die Krönung seiner eigenen Existenz – Thomas Mann erwartete genau dies von der jungen Katia Pringsheim. Und jetzt bitte Obacht vor allzu schnellen Urteilen! Vielleicht war es doch falsch von mir, von »verteufelt geschickt« zu sprechen. Er erwartete von seiner künftigen Frau tatsächlich Erlösung und Heilung. Das Thema ›Erlösung‹ zieht sich durch sein gesamtes Werk – besonders deutlich durch den Roman »Der Erwählte« – mehr noch: das Thema zieht sich durch sein ganzes Leben. Zwei Jahre vor dem Beginn seines Werbens um Katia Pringsheim hatte Thomas Mann an einen Freund geschrieben:

Wo ist der Mensch, der zu mir, dem Menschen, dem nicht sehr liebenswürdigen, launenhaften, selbstquälerischen, ungläubigen, argwöhnischen aber empfindenden und nach Sympathie ganz ungewöhnlich heißhungrigen Menschen, Ja sagt –? Unbeirrbar? Ohne sich durch scheinbare Kälte, scheinbare Abweisungen einschüchtern und befremden zu lassen? [...] Sondern der aus Neigung und Vertrauen unverbrüchlich zu mir hält? Wo ist dieser Mensch?!?

Selbstverständlich geht es Thomas Mann hier um mehr als um bloßen Sympathiegewinn. Es geht um rückhaltlose Annahme durch den Anderen und eben dadurch um Erlösung. Das ist bemerkenswert. Bis zu diesem Punkt stoßen viele Menschen ja gar nicht vor, weil sie nicht nachvollziehen können, dass sie so etwas wie Befreiung und Erlösung überhaupt nötig haben.

Allerdings: Der künftigen Frau die Rolle einer Heilsbringerin und Erlöserin zuzuweisen, wie Thomas Mann es tat, war eine maßlose und in gewissem Sinn auch rücksichtslose Überforderung, und man kann verstehen, dass Katia Pringsheim vor dieser Rolle zurückschreckte wie ein »gehetztes Reh« – so Thomas Mann damals in einem Brief an einen anderen seiner Freunde.

Die Bibel mit ihrem Wissen von der Würde, aber auch vom Elend des Menschen ist da viel zurückhaltender. Sie sagt gleich zu Beginn, Gott habe Adam die Frau zugeführt, damit er an ihr eine »Hilfe« habe (Gen 2,18–20) – und wir müssen heute natürlich ergänzen – damit auch die Frau am Mann »Hilfe« habe. Die kirchliche Lehre von der Ehe definiert genauso sachlich als einen der Ehezwecke: *mutuum adjutorium* – gegenseitige Hilfe! Ich finde diese Nüchternheit bemerkenswert. Und doch ist selbst da die Bibel noch viel realistischer, denn sie erzählt ja kurz darauf, wie die Frau den Mann an ihrer Sünde beteiligt (Gen 3,6), wie dann der Mann – um nichts weniger rücksichtslos – alle Schuld auf seine Frau und auf Gott abwälzt (Gen 3,12), und wie schon in der nächsten Generation Kain seinen Bruder Abel totschlägt (Gen 4,8). Die in die Schöpfung eingebrochene Sünde wuchert weiter. Von gegenseitiger »Erlösung« keine Spur. Selbst die glühende Erotik des biblischen »Hohen Liedes« verwechselt ihre Ekstasen nicht mit ›Erlösung‹.

Und doch erzählt die Bibel eine Erlösungsgeschichte! Aber es ist eine Geschichte, die einen langen Atem gebraucht hat, die den Exodus und den Lebenseinsatz von vielen in Israel gefordert hat – von Abraham bis zu Johannes dem Täufer – und die schließlich dem besten und kostbarsten aller Menschen das Leben gekostet hat. Erlösung ist nicht billig zu haben. Sie ist nicht schon da, wenn zwei sich herzlich lieben. Sie braucht mehr. Sie brauchte eine lange Geschichte mit Gott. Sie brauchte ein Volk als Träger dieser Geschichte, und sie brauchte schließlich den Einen, der allein wirkliche Erlösung schaffen kann – Erlösung von den Schuldverflechtungen des Menschen.

Damit ist dann auch schon gesagt, woher Erlösung in Wahrheit kommt. Nicht aus dem ›Selbst‹, nicht aus der Tiefe des eigenen Wesens kommt sie, und auch nicht einfach vom Ehepartner her, sondern aus Gott. »Aus Gott« – das heißt aber konkret: aus jenem Raum des Heils, den Gott geschaffen hat, und in den jeder Glaubende durch die Taufe aufgenommen wird. Allerdings: Wer auf diesen Raum des Heils seine ganze Hoffnung setzt, dem kann auch der Ehepartner zur Befreiung werden: zur Befreiung aus dem Käfig der so schwer zu öffnenden zähen Selbstbezogenheit.

Von diesem Vorgang, von dieser »Hilfe« redet ein biblischer Text, der, weil er weit über 2000 Jahre alt ist, tief in der Kultur des Alten Orients wurzelt. Deshalb blickt er *ganz aus der Sicht des Mannes* auf die Frau. *Die Sicht der Frau* scheint keine Rolle zu spielen. Aber so war es ja auch in dem Brief von Thomas Mann an Katia Pringsheim. Wir lassen uns davon nicht stören. Wir lassen uns auch nicht davon stören, wenn dieser Text als ganzer sehr fremd auf uns zukommt – wir geraten da eben zunächst einmal in eine andere Welt als es die unsere ist:

Eine taugliche Frau – wer findet sie?
Sie übertrifft alle Korallen an Wert.

Auf sie vertraut das Herz ihres Mannes,
und es fehlt ihm nicht an Gewinn.

Sie tut ihm Gutes und nichts Böses
alle Tage ihres Lebens.

Sie trägt Sorge für Wolle und Flachs,
sie arbeitet voll Lust mit ihren Händen.

Sie gleicht den Schiffen der Kaufleute:
Von weither holt sie ihr Brot herbei.

*Es ist noch Nacht, da steht sie schon auf,
um Speise zu geben ihrem Haus –
   und ihren Mägden, was ihnen zusteht.*

*Sie hält Ausschau nach einem Acker und erwirbt ihn,
vom Ertrag ihrer Arbeit pflanzt sie einen Weinberg.*

*Sie gürtet mit Kraft ihre Hüften
und regt rüstig ihre Arme.*

*Sie sieht, dass ihr Unternehmen gedeiht,
auch in der Nacht erlischt nicht ihre Lampe.*

*Nach dem Spinnrocken greift ihre Hand,
ihre Finger fassen die Spindel.*

*Sie öffnet ihre Hand dem Bedürftigen
und reicht ihre Hände dem Armen.*

*Für ihr Haus fürchtet sie nicht den Schnee,
denn alle in ihrem Haus sind doppelt gekleidet.*

*Sie hat sich Decken gefertigt,
Leinen und Purpur sind ihr Gewand.*

*Ihr Mann ist in der Torhalle geachtet,
wenn er [dort] zu Rat sitzt mit den Ältesten des Landes.*

*Feine Unterkleider fertigt sie an und verkauft sie,
Gürtel liefert sie dem Händler.*

*Kraft und Hoheit sind ihr Gewand,
und sie geht lachend auf den nächsten Tag zu.*

*Ihren Mund öffnet sie zu weisheitlicher Rede,
und liebevolle Weisung [tōrāh] ist auf ihrer Zunge.*

*Sie überwacht alle Vorgänge in ihrem Haus,
niemals isst sie das Brot des Müßiggangs.*

*Ihre Söhne erheben sich und preisen sie glücklich,
ihr Mann steht auf und rühmt sie.*

*Viele Frauen haben sich schon als tauglich erwiesen,
doch du übertriffst sie alle.*

*Trügerisch ist Anmut, vergänglich ist Schönheit,
nur eine Frau, die den* HERRN *fürchtet, soll man rühmen.*

*Lasst sie den Lohn ihres Schaffens genießen,
in der Torhalle sollen ihre Werke sie rühmen.*

Dieses Lobgedicht auf die erfahrene und unermüdliche Hausfrau ist äußerst kunstvoll angelegt. Es besteht aus 22 Doppelzeilen, die das hebräische Alphabet durcheilen. Denn jede der Doppelzeilen beginnt der Reihe nach mit einem der 22 Buchstaben des hebräischen Alphabets – vom Aleph bis zum Tav. Dieses Gedicht bildet das große Finale des ›Buches der Sprichwörter‹ (Spr 31,10–31), und es müsste alle beschämen, die behaupten, im Alten Testament würde die Frau herabgesetzt, beiseite geschoben und durch den Patriarchalismus der Männer gedemütigt. Spr 31,10–31 ist nicht nur ein hoher Lobpreis der Frau, er ist geradezu eine Argumentationskette für die Notwendigkeit der Hausfrau, weil es ohne sie kein geordnetes und menschenwürdiges Hauswesen geben kann.

Man spürt ja sofort: Da ist keineswegs von einem ›Heimchen am Herd‹ die Rede. Diese Frau verkörpert genau das, was heute die maßgebenden Meinungsmacher der Gesellschaft den Frauen, die zu Hause in der Familie bleiben, mit Vehemenz absprechen: den eigenwertigen und vielseitigen *Beruf*. Diese Frau ist nicht nur die Vertraute ihres Mannes. Sie ist nicht nur Erzieherin ihrer Kinder. Sie steht nicht nur einem großen Hauswesen vor. Nein, sie ist ganz offenkundig zugleich auch Unternehmerin. Sie hat also mehrere Berufe. Sie ist hochqualifiziert, *gerade weil sie eine gute Hausfrau ist.*

Aber da ist noch mehr, und das ist entscheidend: Sie lebt das, was im Alten Testament und besonders auch im Buch der Sprichwörter an vielen Stellen »Gottesfurcht« genannt wird. Nun ist es aber so: Am Anfang des Buches der Sprichwörter steht eine öffentliche Rede der ›Frau Weisheit‹ (Spr 1,20–33). Sie wirbt auf den Straßen und auf den Plätzen. Sie wirbt drängend und mahnend um Gottesfurcht (Spr 1,29). Und diesem Anfangsteil des Buches entspricht der Schlussteil, um den es hier geht. Auch dort steht an entscheidender Stelle das Wort ›Gottesfurcht‹ (Spr 31,30). Auch noch andere Begriffe zeigen die bewusste Entsprechung.

Am Anfang wie am Schluss des Buches begegnet uns also jeweils eine Frau. Das ist natürlich kein Zufall, sondern bewusste Komposition. Die erfahrene, die tüchtige, die taugliche Hausfrau von Spr 31 wird damit zu einem konkreten Bild für die ›Frau Weisheit‹, die am Anfang des Buches die Männer mahnt und von der dann in Spr 8,22–31 gesagt wird, dass sie schon bei der Schöpfung der Welt dabei war, und zwar als Maßstab und Urbild für das, was Gott mit seiner Schöpfung plant – so wie ein guter Architekt einen Plan hat, bevor das Bauen beginnt. Mehr kann über die Hoheit und Würde der Frau überhaupt nicht gesagt werden.

Entsprechend ist das Leben dieser Frau, deren Lob am Ende des Buches ertönt, denn auch hundertfach gesegnet. Sie ist eine Mutter in Israel. Sie lebt aus der Gottesfurcht (Spr 31,30), sie beherrscht weisheitliche Rede (Spr 31,26 a), ja sie verkörpert die Figur der Weisheit und lehrt ihre Kinder, nach den Geboten Gottes zu leben (Spr 31,26 b). Hier wird uns also unendlich mehr vor Augen gestellt als nur die ideale Frau irgendeiner orientalischen Großfamilie. Selbstverständlich sind die Lebensverhältnisse, die Spr 31,10–31 voraussetzt, nicht mehr unsere Lebensverhältnisse. Deshalb muss man genau hinsehen, was dieser Text uns sagen will – und was nicht. Auf keinen Fall will er sagen, die Frau müsse die Dienerin ihres Mannes sein. Und noch etwas dürfte klar sein: Jede Form von Verachtung, Disqualifikation und gesellschaftlicher Ausnutzung einer Frau und Mutter, die einen geordneten Haushalt führt und Kinder erzieht, ist nach Spr 31,10–31 ausgeschlossen. Sie hat einen hochqualifizierten Beruf, der höchste Achtung verdient. Fällt dieser Beruf in der Gesellschaft dahin, wird die Gesellschaft zugrunde gehen.

Und da jetzt wahrscheinlich doch einigen Leserinnen und Lesern noch immer Thomas Mann im Kopf herumgeistert mit seiner Bitte an die schöne Katia Pringsheim, dass sie doch seine

Heilerin und Erlöserin werden möge – und die Betreffenden sich schon die ganze Zeit fragen, ob sie ihn denn nun tatsächlich geheiratet hat, so muss ich jetzt am Schluss noch berichten: Ja, er hat sie bekommen, sie hat ihn geheiratet. Und sie ist ihm bis zu seinem Tod und noch viele Jahre darüber hinaus eine treue und tapfere Helferin gewesen. Sie starb in ihrem 97. Lebensjahr. Sie hat nicht nur sechs Kinder geboren und zu erziehen versucht, sie hat auch einen großen Haushalt organisiert und dem Schriftsteller ruhige Arbeit ermöglicht. Vor allem hat sie unverbrüchlich zu ihm gehalten, mehr noch: Sie hat ihn ausgehalten. Sie war ihm im allerbesten Sinn des Wortes eine »Hilfe«, eine vieles ausgleichende Helferin in einer hochkomplizierten Familie. Thomas Mann, der in der Bibel besser zu Hause war als viele andere, hat wohl auch die Verbindung ihres Lebens zu Spr 31,10–31 gesehen – und wenn nicht, hätte er sie sofort bestätigt.

Anlässlich ihres 70. Geburtstags, am 24. Juli 1953, bedankte er sich öffentlich »für ihr unerschütterliches Ausharren«, für ihre »heldenhafte Geduld«, für ihre »Liebe und Treue«. Und er wird dabei ganz konkret:

> *Sie war Mutter so ganz wie sie ganz Gattin war, und um nichts überwog eine Liebessorge die andere. Da sitzt sie und tippt die Stenogramme meiner Briefdiktate, kontrolliert Verleger-Abrechnungen, arbeitet Steuererklärungen aus und schreibt zwischenein lange mütterlich beratende Briefe an entfernte Kinder. Da wehrt sie den Besuchern und lehrt sie rechtzeitig wieder zu gehen. Von tausend Geschäften belastet und überlastet, ist ihr heller Geist noch wach zu erregter Teilnahme am öffentlichen Leben, den Weltereignissen.*

Allerdings: Als ihr Mann schon lange tot war und sie selbst 90 Jahre alt, hat sie für das Buch »Meine ungeschriebenen Memoiren« in einem Interview gesagt: »Ich habe in meinem Leben nie tun können, was ich hätte tun wollen.« Das ist nun auch wieder so ein Satz, der es in sich hat. Ich will ihn nicht sezieren. Ich will nicht diskutieren, was Katia Mann damit genauerhin gemeint hat. Ganz sicher wollte sie damit nicht die Arbeit ihres Lebens in Frage stellen. Sie hat ihre Rolle neben dem berühmten Schriftsteller, der 1929 den Nobelpreis bekam und im Laufe seines Lebens nicht weniger als 13 Ehrendoktorate, darunter Oxford, Cambridge, Harvard, Yale und Princeton, und der in zahllosen Dichterlesungen vor immer vollen und begeisterten Häusern vortrug – sie hat ihre Rolle dabei durchaus genossen und auch für die Auftritte dieser Art ihren Mann auf das Beste beraten.

Doch damit das gerade Gesagte nicht missverstanden wird, betone ich noch einmal: Die Frau sollte niemals die Dienerin ihres Mannes sein. Beide sollten vielmehr gemeinsam derselben Sache dienen (die nicht allein die Sache des Mannes und nicht allein die Sache seiner Frau sein darf). Und beide sollten dabei einander helfen. Diese »gemeinsame Sache« war zum Beispiel die bedeutende Rolle, die Thomas Mann in seinem öffentlichen Auftreten gegen den Nationalsozialismus gespielt hat.

»Ich habe in meinem Leben nie tun können, was ich hätte tun wollen.« Das kann Männer genauso treffen wie Frauen. Es geschieht in zahllosen Formen und Varianten. Mir geht es hier darum, dass ein solcher Satz, den sicher schon viele Frauen gegen Ende ihres Lebens gesprochen haben, für Christen noch einmal einen tieferen Sinn hat. Theologisch gesehen und in seinem ganzen Ausmaß begriffen, kann dieser Satz sagen: Gott kommt denen, die an ihn glauben, immer quer. Wir werden einen Weg geführt, den wir zunächst einmal nicht geplant hatten, ja, gegen den wir uns gewehrt haben. Aber wenn wir begreifen, dass es der Weg Gottes ist, und wenn wir Ja sagen zu diesem Weg, dann führt er in die Freiheit. Die Fragmente unseres Lebens fügen sich zusammen, und alles bekommt einen Sinn. Wir können dann unser oft so kompliziertes Leben eben doch »wollen«, weil es ein Leben für Gott und seine Kirche war und ist und bleiben wird. Und dabei können wir alle einander helfen.

Allerdings: Wörter wie ›Erlösung‹ oder ›Erlöser‹ werden wir jenem sakramentalen Bereich vorbehalten, in dem allein die wirkliche Befreiung, Heilung und Heiligung des Menschen geschehen kann.

Zu dem an erster Stelle zitierten Briefausschnitt von Thomas Mann (»Sie begreifen auch ...«) siehe Thomas Mann: Briefe 1889–1955 und Nachlese, hrsg. von ERIKA MANN, 3 Bde., Frankfurt am Main, 1961–1965, Bd. 1, 45–46.

Der wahre Hirt und seine Herde
(Joh 10,1–18)

Im biblischen Israel gehörten der Hirt und seine Herde zum Alltag. Viele Menschen lebten von ihren Schaf- und Ziegenherden. Es war ein hartes Leben. Der Hirt musste mit seinen Tieren ständig unterwegs sein, um Wasser und neue Weideplätze zu finden. Den damaligen Christen leuchteten die Bildreden vom wahren Hirten aus dem Johannesevangelium unmittelbar ein – im Gegensatz zu uns.

Denn wir wollen kein Herdenvieh sein. Wir wollen nicht blökend hinter den anderen herlaufen. Das Bild von den in ihrer Hürde zusammengepferchten Schafen spricht uns keineswegs an. Und Schäferhunde, die uns umkreisen und zusammentreiben, wollen wir schon gar nicht.

Was wir wollen, ist etwas ganz anderes. Unsere Sehnsucht und unsere heimlichen Träume sind unübertreffbar formuliert in einem Buchtitel des Bergsteigers Reinhold Messner. Das Buch trägt den verheißungsvollen Titel (geborgt aus Hölderlins berühmter Ode »Lebenslauf«): »Die Freiheit, aufzubrechen, wohin ich will«.

Ungehindert durch andere aufbrechen zu können, wohin man selbst gerade will: das ist die Sehnsucht vieler Zeitgenossen. Wenn es auch oft nur Träume bleiben – sie möchten wenigstens in dem Gefühl leben, aufbrechen zu können, wohin immer sie wollen – ungebunden, frei, sich selbst bestimmend, ja sich selbst sogar immer neu erfindend. In dieses Lebensgefühl passen die Schafe der johanneischen Bildrede, die dicht gedrängt hinter einem Hirten herziehen und nachts im Stall oder im Pferch bleiben müssen, in keiner Weise hinein.

Außerdem hat sich über das Bild des biblischen Hirten inzwischen noch das Bild eines ganz anderen Viehhirten geschoben – nämlich das des Cowboys, noch genauer: das Bild des Marlboro-Mannes, der verwegen und mit tief gebräuntem Gesicht in die Prärie blickt und außer seinem Pferd, seinem Lasso und der Zigarette im Mund nichts mit sich führt. Er platzt geradezu vor Männlichkeit, Kraft und Unabhängigkeit. Mit den wirklichen Viehtreibern und den Verhältnissen, in denen sie im 19. Jahrhundert in Texas oder New Mexiko leben mussten, hatte diese inzwischen obsolete Reklame zwar kaum etwas zu tun. Aber das Bild sitzt noch immer in unseren Köpfen. (Nebenbei gesagt: Mehrere der berühmtesten Darsteller des Marlboro-Mannes sind verhältnismäßig früh an Lungenkrebs oder an Lungenemphysemen gestorben. Warum wohl?)

Doch es gibt noch mehr Gründe, die daran schuld sind, dass wir uns mit dem Bild vom Hirten und seiner Schafherde so schwertun. Denn da kommen nun auch noch die Biologen und sagen uns, bei den Wildschafen, die frei und völlig auf sich gestellt unterwegs sind, sei die Gehirnmasse um ein Drittel größer als bei den Haus-Schafen. Und zwar deshalb, weil die Wildschafe eine hohe Intelligenz und Wachheit brauchten, um sich gegen ihre Feinde zu schützen, während die domestizierten Schafe nur hinter ihrem Hirten hertrotten müssten. Dazu benötigten sie kaum Gehirn. Und leider sind die Schafe des Evangeliums domestizierte Schafe, also Tiere mit kleiner Gehirnmasse.

Diese Erkenntnisse der Biologie schlürfen viele Zeitgenossen natürlich wie einen Cocktail in sich hinein – genauso wie den Bericht, den ich neulich auf einer Autofahrt im Radio hörte. Da belehrte mich ein Verhaltensforscher mit fast höhnisch-zufriedener Stimme, dass die Kohlmeise nicht monogam lebe, und gerade so der Evolution am besten diene. Eben weil dieses Vögelchen nicht monogam lebe, habe es eine viel größere und viel gesündere Nachkommenschaft, sagte der Biologe. Das habe »die Evolution« klugerweise so eingerichtet. Na, wenn das keine Botschaft für den naturwissenschaftlich auf der Höhe der

Zeit stehenden Mann ist, der grasen möchte, wo immer er will – ohne einen Hirten und ohne jeden Pferch!

All das trägt dazu bei, dass es die Bildrede vom Hirten und seinen Schafen heute schwer hat und bei vielen Hörern eher Beklommenheit als Freude auslöst. Deshalb erfordert es dieses Evangelium unbedingt, dass wir uns fragen: Wie hörte ein Mensch *von damals* diesen Text?

Der Hirt und seine Herde: Das war in der Zeit Jesu schon längst ein festgeprägtes Bild geworden – ein Bild mit mythischen Farben. Hier hatte die Sprache den Alltag und die bloße Viehzucht längst überstiegen. Da ging es nicht um dumpfe Herden-Instinkte, sondern um etwas ganz anderes. Der Hirte ist in der altorientalischen und auch in der griechischen und römischen Welt ein festes Bild für den Herrscher. Und zwar für den vortrefflichen, rechtschaffenen Herrscher – für den König, der für sein Volk sorgt. Und »weiden« steht sehr oft einfach für ›regieren‹. Und zwar für ›gut regieren‹.

Der gute, der wahre Herrscher, der sich zu Recht als der Hirte seines Volkes bezeichnen durfte, sorgte für sein Volk. Er hielt Schaden von ihm ab. Er kümmerte sich darum, dass überall im Land das Recht durchgesetzt wurde und dass den Rechtlosen geholfen wurde. Natürlich waren solche Herrscher selten. Die meisten beuteten ihre Völker aus. Das war schon im Alten Orient nicht anders als bei vielen modernen Diktatoren. Verständlich, dass ein heutiger Zeitgenosse sarkastisch formuliert hat: »Es gibt zwei Arten von Hirten: die einen interessieren sich für die Wolle, die anderen für das Fleisch.«

Und doch gab es das Bild von dem königlichen Herrscher, den der Glanz der Gerechtigkeit und des Segens umgab und der wie ein Hirte für sein Volk sorgte. Dies war eine Sprache, die man im gesamten Altertum sofort verstand. Deshalb konnte Gott als der »Hirte Israels« bezeichnet werden (Ps 80,2), der sein Volk »wie eine Herde führt« (Ps 77,21). Wenn Jesus vom »wahren, vom trefflichen Hirten« sprach (Joh 10,11), dachten und empfanden seine Zuhörer nur Positives. Sie dachten sofort an die wunderbaren Hirtenbilder und Hirtenszenen der Heiligen Schrift. Nebenbei gesagt: Unsere Übersetzungen reden immer vom »guten Hirten«. Das ist nicht falsch, darf aber nicht einfach im Sinne von ›sittlich gut‹ oder ›gütig‹ verstanden werden. Im Griechischen steht hier das Wort *kalos*. Und *kalos* hat in diesem Zusammenhang die Bedeutung *geeignet, tauglich, trefflich, brauchbar.*

Aber das Bild vom Hirten und seiner Herde sagt natürlich noch viel mehr. Es ist nicht nur das Bild vom Herrscher, der sachgerecht und menschengerecht regiert. Es ist auch ein Bild von der rechten Herde. Die rechte Herde bleibt beieinander. Sie vereinzelt sich nicht. Sie lässt sich nicht auseinandertreiben. So will uns das Bild von der Herde also nicht sagen, wir seien blöde und stumpfsinnige Tiere. Es will uns vielmehr sagen, dass wir beieinanderbleiben müssen.

Warum beieinanderbleiben? Die damaligen Zuhörer wussten es nur zu gut: Tiere, die sich von der Herde trennen oder die abgesprengt werden, sind verloren. Sie werden eine Beute der Hyänen. Wenn die Bibel das Gottesvolk mit einer Herde vergleicht, will sie also keinesfalls sagen, die Gläubigen sollten stumm und dumm hintereinander hertrotten. Es geht vielmehr um die ständige Zusammenführung, um das Sich-sammeln-Lassen, um das Beieinander-Bleiben, um das Bleiben in der Wahrheit. Das wahre Wunder in einer zerrissenen, tief gespaltenen und sich ständig streitenden Gesellschaft wäre die Einheit und Einmütigkeit der Kirche.

Schließlich will uns das Bild von der Herde sagen, dass wir einen Hirten haben, der uns nicht verlässt und der jeden von uns bei seinem Namen ruft. Für mich ist die schönste Aussage in dieser großen Bildrede des Johannesevangeliums der Satz:

Ich bin der wahre Hirt.
Ich kenne die Meinen,
und die Meinen kennen mich.
(Joh 10,14)

Genau *in diesem Sinn* ist Jesus unser Hirt. Er kennt jeden von uns, und er will uns unablässig zu frischem, lebendigem Wasser führen. Und *wir* kennen die Stimme Christi, unseres Hirten. Man kann heute als Christ nicht mehr existieren, wenn man nicht in der Lage ist, die wahre Stimme Jesu von den vielen »Stimmen« zu unterscheiden, die unablässig auf uns einreden und uns sagen, was für uns gut wäre. Diese Stimmen kommen leider nicht nur aus der neuheidnischen Gesellschaft. Sie ertönen auch aus der Kirche selbst.

Nur ein einziges Beispiel: Liebe, wird uns von immer mehr Psychologen und Theologen in einer völlig anachronistischen Auslegung von Lev 19,18 dargelegt, heiße zunächst einmal, *sich selbst* zu lieben, denn nur wer sich selbst liebe, könne auch Gott und den Nächsten lieben. Jeder solle sich annehmen, *so wie er ist*, wird uns unentwegt verkündet. Dabei wird uns verschwiegen, dass die Bibel keineswegs sagt, wir sollten uns doch endlich einmal selbst annehmen, sondern wir sollten zu Gott umkehren. In dem Satz »Du sollst deinen Nächsten lieben *wie dich selbst*«, ist mit dem »Ich selbst« nicht das individuelle Ich, sondern die eigene Familie, die eigene Verwandtschaft gemeint. Der Großfamilie gilt im Orient die ganze Sorge und Solidarität. *Sie* ist das in Lev 19,18 gemeinte korporative »Ich selbst«.

Diese Solidarität soll aber nun gerade nicht innerhalb des eigenen Clans bleiben – das will dieser revolutionäre Satz von Lev 19,18 sagen – sondern auf den »Nächsten«, das heißt, auf den Glaubensbruder und die Glaubensschwester *im gesamten Gottesvolk* ausgedehnt werden und sogar auf den »Fremden im Land« (Lev 19,33–34). Dass man zuallererst sein eigenes Ich, sein eigenes Selbst lieben müsse, hat mit der Bibel ganz und gar und absolut nichts zu tun.

Selbstverständlich braucht jeder Mensch Sicherheit über sich selbst, Wissen um seinen eigenen Wert, die Kraft und die innere Freiheit, sich eigenständig entscheiden zu können. Solche Sicherheit und Freiheit findet man gerade, wenn man den Willen Gottes tut. Aber darum geht es hier gar nicht. Wer als *Fundament aller Liebe* die Selbstliebe propagiert, wirbt – selbst wenn er das gar nicht will – für hemmungslosen Egozentrismus und rücksichtslose Hingabe an das eigene Ich.

Theologen, die uns erklären, man müsse, um andere lieben zu können, zuerst einmal gelernt haben, sich selbst zu lieben, merken offenbar gar nicht, wie sehr sie auf eine breite Strömung heutiger Wohlfühl-Psychologie hereinfallen, die inzwischen auch von der Wellness-Industrie eifrig in Dienst genommen wird. Da sagt man uns in immer neuen Variationen:

Versöhn dich mit dir selbst!
Nimm dich an, wie du bist!
Bleib, wie du bist!
Tu dir was Gutes!
Verwöhne dich ganzheitlich!
Sei zärtlich mit dir selbst!
Du darfst dir selbst vergeben!

Alles wörtliche Zitate! Und als Beigabe auch noch vier Zitate aus den Reklameteilen deutscher Illustrierten: »Chill dein Leben!« – »Wow dich selbst!« – »Celebrate yourself!« und »Dream yourself!«.

Dieser Wirrwarr von »Stimmen« aus der Gesellschaft und leider auch aus der Kirche wird von den Massenmedien noch verstärkt. Denn die lieben, was ihre Konsumenten gern hören, und deshalb lieben sie den Streit, das Bloßstellen und das Enthüllen. Wenn Christen einmütig und in Treue den Weg Jesu gehen, hat das für die Medien keinerlei Nachrichtenwert. Nur ein ungehorsamer und gegen Rom aufbegehrender Christ ist für sie ein interessanter Christ.

Man verstehe mich in dieser Sache bitte nicht falsch! Investigativer Journalismus und Medien, die sorgfältig informieren, sind für jede Gesellschaft unentbehrlich. Sie sind ein Wesenselement jeder echten Demokratie – und ihre Unterdrückung ein Wesenselement jeder Diktatur. Ich meine mit den »vielen Stimmen« und den »Massenmedien« auch nicht nur die abgründigen Einseitigkeiten, die es in der Presse, im Rundfunk und im Fernsehen geben kann. Viel gefährlicher sind die unzähligen »Stimmen«, die in den Sozialen Medien allzu oft auf uns einströmen. Diese Stimmen und die mit ihnen verbundenen Bilder werden ständig mächtiger und machen sich immer mehr Menschen gefügig. Wir sind von vielen sich geradezu überschlagenden Stimmen umgeben. Sie übertönen die Stimme Jesu Christi.

Aber seltsam: Viele, sehr viele Christen kennen die Stimme Christi. Sie fühlen mit der Kirche, leiden an ihren Skandalen, ersehnen ihre Einheit, beten für ihre Bischöfe und besonders für den Bischof von Rom und haben einen sicheren Instinkt für das wirkliche Evangelium. Deshalb kann Jesus sprechen: »Ich kenne die Meinen, und die Meinen kennen mich.« Die Hirtenrede des Johannesevangeliums enthält aber noch einen anderen Satz, über den unbedingt zu sprechen ist:

Ich bin der wahre Hirt.
Der wahre Hirt gibt sein Leben hin für seine Schafe.
(Joh 10,11)

Hier zeigt sich ein weiteres Ärgernis dieser Rede. Wir verstehen nicht, dass einer »für uns« sein Leben hergibt. Wir verstehen es nicht, weil wir im Grunde gar nicht wollen, dass einer »für uns« stirbt. Es geht dabei um das, was man heute ›Selbstwertgefühl‹ nennt. Andere große Wörter wie Autonomie, Selbstverantwortung, Selbstverwirklichung und Selbstbestimmung grüßen als Nachbarn. Seit Beginn der Neuzeit wehrt sich der Mensch, dass andere stellvertretend für ihn handeln.

Schon dass mir andere helfen wollen, ist mir lästig. Ich brauche keine Hilfe. Ich weiß selbst, was für mich gut ist. Ich sorge selber für mich. Ich werde bereits nervös, wenn mich ein anderer auf meine Not und Hilfsbedürftigkeit auch nur anspricht. Ich lebe mein eigenes Leben, rede anderen nicht in ihr Leben hinein und lasse mir von keinem anderen in mein Leben hereinreden. Werde ich einmal in Not geraten, hat die Versicherung, haben Verbände und Hilfsorganisationen, hat vor allem aber der Staat für mich einzutreten. Das schon! Aber nicht mein Nachbar und schon gar nicht mein Glaubensbruder.

Bei solcher Mentalität scheint die Vorstellung, dass einer sein Leben für mich hingibt, wie von einem fremden Stern zu kommen. Der moderne Mensch schüttelt den Kopf. Das Ganze ist ihm eher peinlich. Doch genau dahin zielt die Rede vom wahren Hirten. Dass da einer war, der sein Leben für mich hergab und der wollte, dass nach diesem Grundgesetz Kirche entstehe als ein unablässiges Füreinander-Eintreten und Füreinander-Leben.

Doch mit all dem ist das massivste Ärgernis der johanneischen Hirtenrede noch immer nicht erreicht. Eine Gesellschaft, deren Grundbewegung, ja deren Grundgesetz ein »Füreinander-Leben« ist, ist vom Menschen her gesehen wenig wahrscheinlich oder sogar völlig ausgeschlossen. Es gibt zwar schon in der Tierwelt Zuwendung, Fürsorge und Solidarität. Doch es gibt dort eben auch scharfe Rivalität, unaufhörlichen Kampf und beständiges Fressen und Gefressenwerden. Das wahre »Füreinander« ist nur von Christus her möglich. Christus hat es durch seinen Tod gestiftet, und der Ort dieses »Füreinander« ist die Kirche. Aber sie ist eben »in Christus« oder sie ist überhaupt nicht. Nur deshalb kann die Hirtenrede den vermessenen Satz wagen:

Alle, die vor mir kamen,
waren Diebe und Räuber.
(Joh 10,8)

Genau hier liegt nun das schwerste Ärgernis dieser Rede. Nur ein einziger wahrer Hirte? Nur ein einziger, der retten kann? Das neue Denken, das sich heute so einschmeichelnd an uns herandrängt, sagt: Weshalb so intolerant? Es gibt in der Welt viele Wege für Erlösung, viele maßgebende Menschen, unendlich viele Wahrheiten. Sie alle spiegeln etwas vom Ganzen, aber keiner von ihnen ist selbst schon das Ganze. Das Evangelium spricht aber von einer einzigen Herde und einem einzigen wahren Hirten und sagt von ihm, er allein sei der Weg, die Wahrheit und das Leben (Joh 14,6). An diesem Ärgernis kommt kein Christ vorbei.

Noch vieles andere wäre zu dieser provozierenden Bildrede zu sagen. Doch es ist zugleich eine wahrhaft österliche Bildrede.

Nein, das Bild vom wahren Hirten und von der Herde, die ihm folgt, ist nicht überholt. Es reicht tief in die Brunnen der Geschichte hinein. Es ist ein mythisches Bild – und es ist doch völlig real geworden durch Jesus Christus. Die Kirche wird dieses Bild niemals aufgeben.

Vor kurzem hörte ich von einem Bibelkreis, in dem diskutiert worden sei, ob man in unserer Zeit den 23. Psalm nicht neu formulieren müsse. »Mein Hirt ist der Herr« – wer könne das denn heute noch verstehen, wo doch die meisten nie einen Hirten gesehen hätten und gar nicht wüssten, um was es bei der Hirtenarbeit überhaupt gehe.

Dieser Bibelkreis, so hieß es, rang deshalb um ein neues, modernes Bild, das man an die Stelle des überholten und unverständlichen Hirtenbildes setzen könnte. Und nachdem die Köpfe eine Zeitlang geraucht hatten, sagte einer aus der Runde: »Wo ist denn bei uns heute mitten im Alltag die Figur, die sich um die ihr Anvertrauten kümmert, die Verantwortung auf sich nimmt, auf die man sich verlassen kann und die uns sicher zum Ziel führt? Wer ist das, welcher Beruf ist das denn? Das ist doch nicht der Hirte, das ist der Busfahrer. Der Busfahrer bringt uns sicher zum Ziel.«

Zuerst lachte alles, dann begann eine wilde Diskussion, bis schließlich eine Frau sagte: »Ihr könnet ja beten, was ihr wollt. Aber ich werde niemals beten: ›Der Herr ist mein Busfahrer‹, denn dann dürfte ich auch nicht mehr beten ›Er führt mich zur Ruh an lebendige Wasser‹, sondern müsste konsequenterweise formulieren: ›Er hält unterwegs bei einem guten Restaurant, wo ich bequem sitze und ein kühles Bier bekomme.‹« Damit war die abgeschmackte Diskussion beendet.

Ich habe diese Geschichte nur deshalb hier angefügt, damit deutlich wird: Wir können die großen Bilder und Symbole der Bibel nicht einfach entsorgen und sie durch andere ersetzen. Selbst wenn uns die alten Bilder nicht sofort zugänglich sind: Sie sind nicht austauschbar. Sie kommen aus einer unauslotbaren Tiefe, sie standen unzähligen Betern vor Augen und haben zahllose Menschen getröstet.

»*Mein Hirt* ist der Herr«, unser wahrer Hirte ist Jesus – daran halten wir fest und das bekennen wir von diesem Hirten voll Freude.

Eine Rede an Priesteramtskandidaten
(Röm 16,1–16)

Zunächst danke ich Ihnen sehr herzlich für Ihre Einladung. Sie haben mich um einen Vortrag angefragt und mir dazu das Thema wörtlich vorgegeben: »Was ich einem Priesteramtskandidaten heute sagen würde.« Das »Heute« in Ihrer Themenformulierung setzt voraus, dass sich die kirchlichen Verhältnisse in den letzten Jahrzehnten entscheidend geändert haben. Ich soll Ihnen also nicht das sagen, was ich Ihnen nach meinen ersten Dienstjahren empfohlen hätte, sondern was mir *heute* wichtig ist.

Allerdings muss ich Sie da sofort auf ein Defizit meinerseits hinweisen: Ich war zwar nach meiner Priesterweihe im Jahre 1960 zwei Jahre lang Kaplan in Oberursel bei Frankfurt, doch dann wurde ich Schulpfarrer an einem Frankfurter Gymnasium, anschließend kam das Weiterstudium in Würzburg und dann kam Tübingen. Von vielen Sonntags-Aushilfen abgesehen hatte ich also mit Pfarrseelsorge wenig zu tun. Mein Blick ist deshalb begrenzt. Wenn ich es trotzdem wage, jetzt zu dem gestellten Thema zu reden, dann nur deshalb, weil ich seit 1960 an vielen Orten gewesen bin und vieles gesehen habe. Freilich möchte ich beim Folgenden nicht in den Anzug des Pastoraltheologen schlüpfen oder gar in den des Soziologen. Ich rede, wie es sich für mich ziemt, von der Bibel her oder behalte sie doch ständig im Auge.

Was also würde ich einem Priesteramtskandidaten heute sagen? Zunächst einmal dasselbe, was mir der bekannte Galerist und Kunsthändler Günther Franke (1900–1976) während meiner Auswärtssemester in München 1957/58 sagte. Ich hatte eine seiner glänzenden Ausstellungen in der Villa Stuck besucht und mir stundenlang moderne Grafik angeschaut. Da kam plötzlich Günther Franke aus seinem kleinen Büro, stellte sich vor, fragte mich, was mich an diesen Bildern so interessiere und wollte schließlich wissen, was ich von Beruf sei. »Theologiestudent« war die Antwort. »Und was wollen Sie werden«, lautete die nächste Frage. Ich schluckte etwas, weil ich solches Ausfragen nicht mochte und auch keinerlei Verständnis erwartete, sagte dann aber doch: »Priester«. Da sah mich Günther Franke lächelnd an, drückte mir die Hand und sagte: »Dazu möchte ich Ihnen gratulieren. Das ist ein wunderbarer Beruf.« Er lud mich dann für den nächsten Sonntag zu sich nach Hause ein und zeigte mir seine Sammlung deutscher Expressionisten. Als er mich dann mit seiner Frau bekannt machte, sagte mir diese mit strahlendem Gesicht: »Wir sind beide vor einigen Tagen katholisch geworden.« Auf ihrem Tisch lag ein aufgeschlagener »Schott«. Ich werde diese Begegnung in München nie vergessen.

Das ist also das Erste, was ich einem Priesteramtskandidaten sagen würde: »Es ist ein wunderbarer Beruf«. Und dann würde ich mich sehr gern mit ihm unterhalten. Sehr lange. Ich würde ihn so manches fragen, mir viel erzählen lassen, versuchen, *seine* Fragen zu beantworten und ihm, falls er das will, auch einige Ratschläge geben.

Der grundlegende Ratschlag würde lauten: »Setzen Sie später bei Ihrer Arbeit Prioritäten. Denn es steht von vornherein fest, dass Sie bei weitem nicht alles tun können, was eigentlich zu tun wäre. Aber das ist überhaupt nichts Besonderes. Es ist in vielen Berufen so. Gerade in besonders qualifizierten Berufen ist es so. So kann zum Beispiel eine Mutter, die eben nicht nur Hauswirtschafterin, sondern zugleich Erzieherin ihrer Kinder ist – und einen der verantwortlichsten Berufe hat, die es überhaupt gibt, niemals alles machen, was zu machen wäre. Bei Ärzten oder Politikern ist es genauso. Ein Pfarrer muss also, wie viele andere, Prioritäten setzen und das Wichtigste vom weniger Wichtigen unterscheiden.«

Wenn der betreffende Theologiestudent mich dann fragen würde, was denn das Wichtigste wäre, würde ich, ohne zu zögern, antworten: Das Wichtigste ist die sonntägliche Versammlung der Gemeinde. Ich würde ihn hinweisen auf Hebr 12,18–24, wo der Verfasser dieses Briefes von dem »Hinzutreten« der christlichen Gemeinde zum Berg Zion spricht. Wo denn anders verdichtet sich dieses »Hinzutreten« als in der Feier des Herrenmahls, bei dem die irdische Kirche mit der himmlischen vereint ist? In Hebr 12,22–24 heißt es:

Ihr seid zum Berg Zion hingetreten, zur Stadt des lebendigen Gottes, dem himmlischen Jerusalem, zu Tausenden von Engeln, zu einer festlichen Versammlung und zur Gemeinschaft der Erstgeborenen, die im Himmel verzeichnet sind; [ihr seid hingetreten] zu Gott, dem Richter aller, zu den Geistern der schon vollendeten Gerechten, zu Jesus, dem Mittler eines neuen Bundes und zum Blut der Besprengung.

Das will sagen: Wie einst Israel um den Sinai versammelt war, so ist an jedem Sonntag die christliche Gemeinde um den Zion (als Antitypos zum Sinai) versammelt. Der Zion ist hier Realsymbol für die Mitte und Vollendung allen Heils. Die Gemeinde hat dann bereits Anteil an der himmlischen Festversammlung. Sie hat in ihrer Mitte alle Engel, die schon vollendeten Gerechten und vor allem Jesus, den Mittler des Neuen Bundes.

Wir dürfen diesen zentralen Text des Hebräerbriefs konkretisieren: In jeder Eucharistiefeier werden wir hineingenommen in die gesamte Heilsgeschichte. Bei jeder Feier des Herrenmahls sind wir mit der ganzen Kirche versammelt, der irdischen wie der himmlischen, preisen Gott im Sanctus inmitten aller Engel und Heiligen und erhalten Anteil am Tod und an der Auferstehung Jesu. Mehr kann es nicht geben.

Weil das so ist: Wie viel unserer Kraft müssen wir dann in die Vorbereitung dieser Feier investieren! Wie sehr muss uns daran gelegen sein, dass möglichst viele gut geschulte Frauen und Männer beim Sonntagsgottesdienst mitwirken – als Ministranten, als Musiker, als Kantoren, als Vorleser.

Wie beschämend ist es dann, wenn ein Priester dem Gottesdienst nach Art eines Showmasters vorsteht. Wenn er mit dem

Mikrophon in der Hand vor den Gläubigen umherwandert, die Eucharistiefeier immer wieder mit Kommentaren und spontanen Einfällen unterbricht, möglichst jeden Text, den ihm die Liturgie vorgibt, variiert, modifiziert, ergänzt, kürzt, unterwandert oder überhöht – kurz, wenn er sich selbst zelebriert.

Wenn mich also ein Priesteramtskandidat fragen würde, was später seine Prioritäten wären, würde ich ganz schlicht als erstes die Vorbereitung und die würdige sonntägliche Feier des Herrenmahls nennen.

Und die zweite Priorität? Seine zweite Priorität sollte die Vorbereitung der Sonntagspredigt sein. Er müsste immer den Satz des Paulus vor Augen haben: »Weh mir, wenn ich das Evangelium nicht verkünde!« (1 Kor 9,16) Zur Predigt wäre natürlich sehr viel zu sagen. Und zwar deshalb, weil sie für viele Gläubige der einzige Ort ist, wo sie noch Glaubensunterweisung empfangen. Deshalb müssen die Texte der Lesungen und der Liturgie so gut wie nur möglich erklärt werden. Natürlich sollten sie dabei aktualisiert werden, übertragen werden in unsere Situation – eben *ausgelegt*.

Aber das darf gerade nicht heißen, dass die Texte verbilligt angeboten, nivelliert, verharmlost und weichgespült werden. Leider bekommt man solche Exegese heute zuhauf angeboten. Da hatte zum Beispiel einer das Jesuswort »Niemand kann zwei Herren dienen« (Mt 6,24) auszulegen. Er sagte:

Die Wurzel unserer inneren Unruhe liegt darin, dass wir immer zwei Dinge gleichzeitig tun: Frühstücken und dabei Zeitung lesen, Auto fahren und dabei Radio hören, miteinander reden und dabei ins Fernsehen gucken, lernen und dabei Musik hören, erzählen und dabei auf die Uhr schauen. Aber Jesus sagt heute im Evangelium: »Niemand kann zwei Herren dienen«. Wir sollten also immer nur eines tun, und das richtig. Nicht zwei Dinge gleichzeitig.

War das nicht eine gute und zeitgemäße Aktualisierung des Evangeliums? Nein! Es war eine geradezu peinliche Nivellierung dessen, worum es Jesus wirklich ging. Jesus redet in diesem Logion von der tiefgreifenden Entscheidung, vor der seine Nachfolger stehen: Sie können sich ihre Existenz nicht mehr aufteilen: zur Hälfte Gott dienen, zur Hälfte den eigenen Interessen leben. Sie können der Sache Gottes nur noch ungeteilt mit ihrem ganzen Leben zu Hilfe kommen – mit allem, was sie haben und was sie sind.

Vor einem solchen Jesuswort kann man nur erschrecken. Es als bestätigendes Sahnehäubchen für Ratschläge zu verwenden, die auch jeder Schulpsychologe geben könnte, gehört zu den vielen Verharmlosungen Jesu, mit denen dieser heute domestiziert wird.

Es ist leider so: Das Evangelium wird zurzeit in allzu vielen Predigten in eine Morallehre verwandelt – genau genommen nicht einmal in eine klare Morallehre, sondern in das freie Angebot von Empfehlungen, die verblüffend all dem gleichen, was uns heute die sogenannte »Ratgeber- und Selbsthilfe-Literatur« anbietet. Diese »Empfehlungen« bewegen sich oft ganz auf der Ebene von Rezepten für mentale Fitness und Kontingenzbewältigung, wie sie in der Gesellschaft verbreitet und gängig sind.

Der christliche Glaube ist aber nicht in erster Linie Moral und schon gar nicht ein Sammelsurium praktischer Lebenshilfe. Der christliche Glaube ist unlösbar an Zeit und Geschichte geknüpft. Er wurzelt in der Vergangenheit, denn er begann mit Abraham. Er streckt sich aus auf Zukunft: auf die ungeheure Verheißung ewigen Lebens. Doch die Mitte des Glaubens ist das, was Jesus tat und was mit ihm geschah – und diese Mitte wird dann, wenn sich die Kirche versammelt, heilende und verwandelnde Gegenwart. Wir nennen das in der Theologie »Heilsgeschichte« und »Heilsgegenwart«.

Von dieser Heilsgeschichte und Heilsgegenwart lebt der christliche Glaube, und die wichtigste Aufgabe der Predigt wäre es, unser Eintreten in diese Geschichte anhand der Lesungen und der liturgischen Texte auszulegen. Deshalb sind auch die alttestamentlichen Lesungen so wichtig. Sie schildern den Weg des Gottesvolkes. Dieser Weg fand seinen Höhepunkt in Jesus. Aber wir werden Jesus nie verstehen, wenn wir nicht zuerst den Weg mitgehen, der zu ihm hingeführt hat, den auch er gegangen ist und aus dem er seine Kraft geschöpft hat.

Wenn wir diesen Weg des biblischen Israel in den alttestamentlichen Lesungen mitgehen, lernen wir zum Beispiel zu unterscheiden zwischen Religion und Glaube. Religion gibt es überall, in allen Völkern. Religion lebt davon, dass die Welt und mit der Welt das eigene Ich göttlich ist. Deshalb figuriert sich das Göttliche der Welt in vielen Göttern, und deshalb wird auch das eigene Ich vergöttert. Wir erleben heute dieses Wiederauferstehen der Religion in zahllosen Varianten der Esoterik: als Neuvergötterung der Welt und als Neuvergötterung des eigenen Selbst. »Wir helfen Ihnen, das Göttliche in ihrem Innersten zu entdecken«, lautet wörtlich eine der Parolen der jährlichen Münchner Esoterik-Messe.

Was Israel fand, war eine fundamentale Unterscheidung: Die Welt ist nicht göttlich, sondern von Gott geschaffen, und deshalb darf der Mensch den vielen Göttern der Welt nicht dienen, sondern allein dem einen, wahren Gott, der alles gemacht hat. Und deshalb darf er auch das eigene Ich nicht vergöttern, das heißt, zum letzten Maßstab machen, sondern muss mit ganzer Seele, ganzer Kraft und seinem ganzem Vermögen Gott lieben, das heißt, ihn anerkennen und für ihn leben (Dtn 6,4–5).

Diese scharfe Unterscheidung, die alle Religion als menschengemacht entlarvt, sie aber zugleich zu sich selbst befreit und erlöst, lernen wir aus dem Alten Testament. Und diese Unterscheidung von Religion und Glaube, die Israel in schweren Anfechtungen eingeübt hat, brauchen wir heute dringender denn je. Das Neue Testament setzt sie voraus; deshalb müssen wir sie aus dem Alten Testament lernen.

Ich erschrecke oft, über wie viele Themen in unseren Predigten *nicht* mehr gesprochen wird. Wann haben Sie in den letzten Jahren einmal eine Predigt über die Verheißung an Abraham gehört oder über den Exodus aus Ägypten oder über das 1. Gebot im Dekalog oder über die Berufung des Jeremia oder über die

Sünde Davids oder über einen Psalm oder über die Umkehr oder über das Gericht?

Wird noch gepredigt über das Glaubensbekenntnis, die sieben Sakramente, die zehn Gebote, den Aufbau der Eucharistiefeier, die letzten Dinge des Menschen? Und gibt es in unseren Predigten praktische Unterweisung über das Gebetsleben – also über das unablässige Gebet, über den Trost der Anbetung, über die Notwendigkeit der täglichen Gewissenserforschung, über *christliche* Meditation? Ich bin mir sicher, dass nicht wenige Kirchgänger gerade zu derartigen Themen mehr erfahren möchten.

✻

Freilich: Predigten, und seien sie noch so gut, reichen nicht aus für den Aufbau von Gemeinde. Ich würde deshalb einem Priesteramtskandidaten, falls er mich fragt, noch eine dritte Priorität nennen. Aber dazu muss ich etwas weiter ausholen.

Viele Priester leiden heute unter der Last von Organisationsaufgaben, die mit der Größe ihrer Pfarrbezirke oder Pfarrverbände zusammenhängen. Mehrere Pfarreien, in einem Pfarrverband zusammengelegt, bringen meist steigende Aufgaben mit sich, zum Beispiel die Verwaltung mehrerer Kindergärten oder die Arbeit mit mehreren Pfarrgemeinderäten. Solche Organisationslast zehrt. Pfarrer haben dann oft zu wenig Zeit für ihre eigentlichen priesterlichen Aufgaben.

Teilweise müssen solche Probleme schlicht und einfach durch Entlastung der Pfarrer von Verwaltungsaufgaben gelöst werden. In dieser Hinsicht ist in der Vergangenheit schon viel geschehen und muss in Zukunft noch viel mehr geschehen. Aber das Problem liegt tiefer. Es gibt nicht wenige Pfarrer, die darüber klagen, dass sie nicht nur durch Verwaltungsaufgaben überlastet, sondern oft gar nicht mehr als Priester gefragt seien.

Genau hier werden die Dinge dann natürlich kompliziert. Wollen die Pfarrangehörigen keine spezifisch priesterlichen Dienste mehr – oder sind sie solche Dienste gar nicht gewohnt, weil es sie bei ihnen schon längere Zeit gar nicht mehr gibt?

Wollen sie prinzipiell keine Hausbesuche mehr – oder sind sie ihnen völlig fremd, weil ihr Pfarrer sie längst nicht mehr macht? Gehen sie nicht mehr zur Beichte, weil sie keine Beichte wollen – oder sind sie der Beichte entwöhnt, weil bei ihnen schon seit Jahren gar keine Beichte mehr gehört wird und auch nie über das Sakrament der Versöhnung gepredigt wird? Kommen sie mit ihren Gewissensfragen gar nicht mehr zum Priester, weil sie diese anderswo klären – oder kommen sie nicht mehr, weil er ihnen nicht raten kann und sowieso keine Zeit für sie hat? All diese Fragen sind schwer zu entscheiden.

Ich bin aber überzeugt, dass es *ein* Gebiet gibt, auf dem jeder Pfarrer arbeiten kann, ja, das ihm gerade spezifisch priesterliche Tätigkeiten ermöglicht – und damit bin ich endlich bei der dritten Priorität, die ich einem künftigen Pfarrer nennen würde.

Eine wirklich wichtige Aufgabe für jeden Seelsorger scheint mir zu sein, gläubige Menschen in seinem Wirkungsbereich zu entdecken, zu sammeln und ihr Miteinander zu pflegen – Frauen und Männer, die bereit sind, mitzuhelfen und klar begrenzte ehrenamtliche Teilaufgaben in einer Pfarrei zu übernehmen. Mit ihnen Kontakt zu halten, sie zu ermutigen, ihnen im Glauben zu helfen, sich von ihnen helfen zu lassen – das wäre eine wirklich priesterliche Aufgabe.

Im Idealfall deckt sich ein solcher Kreis mit dem Pfarrgemeinderat. Ich habe eine Pfarrei in Deutschland vor Augen, in denen der Pfarrer langsam – es geht nicht von heute auf morgen – eine ziemlich große Zahl gläubiger und wirklich kirchlich gesinnter Helfer gewonnen hat. Sie sind für ihn nicht nur eine außerordentliche Entlastung, sondern die Kontakte mit ihnen geben ihm auch wirkliche Freude an seiner Arbeit. Übrigens gehören zu diesem Kreis auch Pensionäre aus hochqualifizierten Berufen, die dem betreffenden Pfarrer eine Menge Verwaltungsarbeit und vieles andere abnehmen. Sie sind echte »Helfer«.

Wichtig scheint mir, dass sich bei Jesus genau diese Strategie findet: Er hat Jünger um sich gesammelt. Für die Unterweisung dieser Jünger muss er sich außerordentlich viel Zeit genommen haben. Eine beträchtliche Teilmenge des Markusevangeliums (bei Matthäus und Lukas ist es dann nicht anders) besteht aus ›Jüngerunterweisung‹. Jesus hat sich nicht in den fatalen Zwang bringen lassen, flächendeckend ganz Israel »seelsorglich« zu »betreuen« – oder, weniger anachronistisch ausgedrückt: Er hat sich nicht dazu zwingen lassen, perfekte Strukturen für die Verkündigung der Gottesherrschaft aufzubauen. Er hat das Reich Gottes proklamiert, hat gepredigt, hat Kranke geheilt und hat vor allem seine Jünger unterwiesen. Im Übrigen hat er darauf gesetzt, dass Gott das Entscheidende tut. Die damit verbundene gläubige Unbekümmertheit würde ich vielen unserer Pfarrer wünschen.

Das wäre also die dritte Priorität, die ich unserem fiktiven Priesteramtskandidaten für seine künftige Tätigkeit empfehlen würde: Menschen sammeln, Mitarbeiter suchen, Helfer ausbilden, sich um sie kümmern und ihnen zeigen, wie entscheidend wichtig sie für den Aufbau der Gemeinde sind. Gestatten Sie, wenn ich Ihnen in diesem Zusammenhang einen Text vorlese, den Sie bestimmt alle kennen. Er stammt aus dem 16. Kapitel des Römerbriefs. Offenbar pflegte Paulus in dieser Weise stets von seinen Mitarbeitern zu sprechen: einfühlsam, liebevoll, dankbar, so, wie man von seinen allerbesten Freunden spricht. Da heißt es:

Ich empfehle euch unsere Schwester Phöbe, Dienerin der Gemeinde in Kenchreä. Nehmt sie im Namen des Herrn auf, wie es Heilige tun sollen, und steht ihr in jeder Sache bei, in der sie euch braucht; sie selbst hat vielen, darunter auch mir geholfen. Grüßt Priska und Aquila, meine Mitarbeiter in Christus Jesus, die für mein Leben ihren eigenen Hals hingehalten haben; nicht allein ich, sondern alle Gemeinden der Heiden sind ihnen dankbar. Grüßt auch die Gemeinde, die sich in ihrem Haus versammelt. Grüßt meinen lieben Epänetus, der die Erstlingsgabe [der Provinz] Asien für Christus ist. Grüßt Maria, die viel für euch gearbeitet hat. Grüßt Andronikus und Junia, die zu meinem Volk gehören und mit mir zusammen im Gefängnis waren. Sie sind angesehene Apostel und waren schon vor mir in Christus. Grüßt Ampliatus, mit dem ich im Herrn verbunden bin. Grüßt Urbanus, unseren Mitarbeiter in Christus, und meinen lieben Stachys. Grüßt Apelles, der sich in Christus bewährt hat. Grüßt die [vom Haus] des Aristobul. Grüßt Herodion, der zu meinem Volk gehört. Grüßt die [vom Haus] des Narzissus, die im Herrn sind. Grüßt Tryphäna und Tryphosa, die im Herrn arbeiten. Grüßt die liebe Persis; sie hat viel gearbeitet im Herrn. Grüßt Rufus, der vom Herrn auserwählt ist; grüßt seine Mutter, die auch mir zur Mutter geworden ist. Grüßt Asynkritus, Phlegon, Hermes, Patrobas, Hermas und die Brüder, die bei ihnen sind. Grüßt Philologus und Julia, Nereus und seine Schwester, Olympas und alle Heiligen, die bei ihnen sind. Grüßt einander mit dem heiligen Kuss. Es grüßen euch alle Gemeinden Christi. (Röm 16,1–16)

Das ist ein Ausschnitt aus diesem Schlusskapitel des Römerbriefs. Wenn Sie genau hingehört haben: die Frauenquote liegt da ziemlich hoch. Leider fehlt dieser großartige Text in unserer dreijährigen Leseordnung der Sonntage. Er fehlt selbst in den Schriftlesungen der Wochentage. Er wird schlicht unterschlagen, und so wird unseren Gemeinden vorenthalten, wie Paulus ständig Mitarbeiter um sich sammelt und wie zugewandt und herzlich er von ihnen spricht. Wie gut täte der Geist von Röm 16 unseren Pfarrern, unseren Pfarrgemeinderäten, unseren Pfarreien und Pfarrverbänden!

Das alles würde ich also einem Priesteramtskandidaten sagen, wenn er mich danach fragen würde. Natürlich müsste ich es ihm anders sagen, ganz anders, denn ich habe ja jetzt in Wirklichkeit nicht mit einem fiktiven Theologiestudenten, sondern mit Ihnen geredet. Aber irgendwie müsste ich es ihm sagen. Und vielleicht würde ich ihm auch noch einige ganz praktische Dinge sagen, zum Beispiel Folgendes:

Er solle doch darauf achten, dass in seinen Sonntagsgottesdiensten nicht ununterbrochen und ohne Atempause gesprochen, rezitiert, gepredigt, laut gebetet, gesungen und auf der Orgel gespielt werde, sondern dass es auch Augenblicke des Schweigens und der Stille gäbe, zum Beispiel nach dem »Lasset uns beten« der Orationen.

Oder: Dass es am Samstag eine feste Beichtzeit geben müsse, in welcher der Pfarrer auch dann da wäre, wenn niemand käme. Es könnte ja, wenn er diese Zeit mit seinem flehentlichen Gebet füllt, durchaus geschehen, dass eines Tages doch wieder Menschen zum Beichten oder zu einem beratenden Gespräch kämen.

Oder: Dass er doch den Mut haben solle, wenn er mit irgendetwas überhaupt nicht mehr zurechtkäme, darüber mit einem Mitbruder oder mit seinem Bischof vertrauensvoll zu sprechen.

Oder: Dass eine seiner wichtigsten Aufgaben darin bestünde, innerhalb seiner Gemeinde(n) Menschen untereinander zu versöhnen, die miteinander im Streit lägen.

Vor allem aber würde ich ihm sagen, dass er doch Mut haben solle, es mit diesem Beruf zu wagen. Denn es ist ja nicht unser Einsatz, so notwendig er ist, der die Saat wachsen lässt. Mit dem Reich Gottes ist es nämlich, wie wenn ein Mensch Samen auf seinen Acker sät. Dann schläft er und steht wieder auf, es wird Nacht und es wird Tag, der Samen keimt und wächst, und der Mensch weiß gar nicht wie. Von selbst bringt die Erde ihre Frucht: zuerst den Halm, dann die Ähre, dann das volle Korn in der Ähre. Und sobald die Frucht reif ist, legt er die Sichel an, denn die Zeit der Ernte ist da. (Mk 4,26–29)

Das Eucharistische Hochgebet
(Eph 1,3–10)

Es gibt wohl kaum jemanden, der nicht schon ein Buch über Archäologie gelesen hätte. Genauso spannend sind Berichte über Ausgrabungen im Fernsehen. Mich reizen solche Berichte immer aufs Neue. Am stärksten fasziniert mich dabei, wenn die Archäologen Schicht um Schicht abheben, unendlich vorsichtig Sand und Erde durchsieben und dann irgendwann auf die älteste Kulturschicht stoßen.

Besonders anschaulich wird diese archäologische Arbeit, wenn man bei einer Israelreise auf einer bestimmten Stelle des *Tell es-Sultan* in Jericho steht. Da blickt man wie bei einer Schwarzwälder Kirschtorte, aus der ein Stück herausgeschnitten wurde, auf die verschiedensten Siedlungsschichten, die bis in die Tiefe der Ausgrabungen hinabreichen. Und man staunt, wenn einem erklärt wird, die älteste der 23 Kulturschichten stamme aus der Zeit um 11.000 v. Chr.

Für das Thema dieses Kapitels hat dieser Vergleich natürlich seine Grenzen. Denn in der Geschichte der Heiligen Messe wurde nicht nur eine Urform immer mehr angereichert, sondern zugleich wurden vielfältige Formen allmählich auf eine einheitliche Form reduziert. Zumindest im Westen war das so. Dennoch: In gewisser Hinsicht darf man die Römische Messe durchaus mit dem gerade genannten *Tell* vergleichen: Auch sie ist vielschichtig, und sie enthält Bestandteile aus den verschiedensten Jahrhunderten. Es wäre spannend, in ihr wie ein Archäologe zu sondieren.

Wir könnten etwa die Gestalt der Heiligen Messe *vor* der von Paul VI. und Johannes Paul II. durchgeführten Liturgiereform betrachten – also das, was man heute verallgemeinernd die ›Tridentinische Messe‹ nennt. Oder wir könnten die Gestalt der Eucharistiefeier *vor* dem Konzil von Trient untersuchen. Wir würden dann sehen, dass im späten Mittelalter die *Erhebung der Hostie* nach der ›Wandlung‹ für die eucharistische Volksfrömmigkeit eine alles andere überragende Rolle spielte. Oder wir könnten auf die Gestalt der Eucharistiefeier *vor* Karl dem Großen blicken. Dann würden wir zum Beispiel feststellen, dass das Hochgebet der Heiligen Messe erst seit dem 8. Jahrhundert vom Priester *still* gebetet wurde – und zwar seit der fränkischen Bearbeitung der römischen Liturgie. Das Hochgebet (vom Sanctus an gerechnet) galt von da an für lange Zeit als etwas Geheimnisvolles, als heiliger Bezirk, ja, als Allerheiligstes, das nur der Priester betreten durfte. Das Volk sollte dabei in anbetendem Schweigen verharren.

Noch farbenreicher würde alles, wenn wir dann noch weiter zurückgingen, etwa in die Zeit der frühen Reichskirche, und bei einem der päpstlichen Stationsgottesdienste in Rom dabei wären. Wir würden wahrscheinlich erschrecken über das Hofzeremoniell, das da in den päpstlichen Gottesdienst eingedrungen war.

Auch noch andere Rückblicke wären aufschlussreich: Wie hatte sich in den ersten Jahrhunderten die Gestalt der Eucharistiefeier im Osten und im Süden des Reiches entwickelt? Also etwa in Armenien, in Ägypten oder Nordafrika? Doch mit all dem können wir uns hier leider nicht beschäftigen, obwohl es spannend wäre. Das Thema dieses Kapitels ist das Eucharistische Hochgebet im Westen und dann in der römisch-katholischen Kirche.

✣

Das römische Hochgebet beginnt mit der Präfation und schließt mit der großen Doxologie vor dem Vaterunser. Allerdings hatte dieser klar eingegrenzte Abschnitt der Heiligen Messe gar nicht immer den Namen ›Hochgebet‹. Das Wort ist relativ neu. Es wurde wahrscheinlich erst zu Beginn des 20. Jahrhunderts von dem Orientalisten und Liturgiewissenschaftler Anton Baumstark (1872–1948) erfunden. Baumstark hatte vor allem die Hochgebete der altorientalischen Liturgien untersucht. Und er fasste unter diesem Begriff nicht nur die Hochgebete der Eucharistiefeier, sondern auch die großen Weihegebete bei anderen Sakramenten, zum Beispiel bei der Bischofsweihe zusammen.

Wenn ich mein altes vorkonziliares Messbuch aufschlage, sehe ich, dass dort das Wort ›Hochgebet‹ noch gar nicht vorkommt. Stattdessen ist vom »Kanon«, genauer: vom »Canon Missae« die Rede, und die Präfation ist von ihm deutlich abgetrennt – und zwar durch ein Bild von Jesus am Kreuz, das aus dem großen T entwickelt ist. Zu dieser Entwicklung konnte es kommen, weil der Kanon der Römischen Messe von dem *Te igitur* an, dem ersten Gebet nach dem Sanctus, jahrhundertelang den fast gleichen Wortlaut hatte. Hier gab es nicht wie heute mehrere Fassungen zur Auswahl. Deshalb auch die Bezeichnung ›Kanon‹ für diesen Teil des Hochgebets. ›Kanon‹ bedeutet ja: Regel, Richtschnur, Norm. Präfationen aber gab es mehrere, je nach der liturgischen Zeit. Deshalb im alten Messbuch der scharfe Einschnitt zwischen Präfation und Kanon und deshalb an dieser Stelle in vielen alten Ausgaben des Messbuchs das mit dem T des *Te igitur* zusammenhängende Bild vom Kreuz.

Diese Aufspaltung hatte ihren Anfang in der gallikanischen Liturgie genommen. Leider ging damit das Gefühl für die Einheit des Hochgebets verloren. Die Präfation mit dem Sanctus einerseits – und das, was folgte, andererseits, schienen etwas Verschiedenes zu sein. Die heutige Bezeichnung ›Eucharistisches Hochgebet‹ ist also gegenüber den alten Messbüchern mit ihrer scharfen Trennung zwischen Präfation und Kanon ein außerordentlicher Fortschritt. Präfation, Sanctus und alles Folgende bis zu der Doxologie, die das Ganze abschließt, gehören als ›Hochgebet‹ untrennbar zusammen.

✻

Damit ist zu dem zentralen Begriff dieses Kapitels bereits einiges gesagt. Jetzt machen wir einen Riesenschritt zurück bis zu den Anfängen. Im Bild: Wir graben uns durch bis zu einem der ältesten Berichte über die Form der Eucharistiefeier. Es ist der Bericht, den der Theologe Justin (gest. um 165) in seiner 1. Apologie gibt. Diese Apologie (= Verteidigung, Rechtfertigung) des christlichen Glaubens wurde um das Jahr 150/155 für den römischen Kaiser Antoninus Pius verfasst. Justin spricht dort in Kapitel 65 zunächst von einer Form der Eucharistiefeier, die sich unmittelbar an die Taufe anschloss:

Nachdem wir den, der unseren Glauben angenommen und sich uns angeschlossen hat, getauft haben, führen wir ihn in die Versammlung derer, die wir Brüder nennen, und verrichten dort inständige Gebete für uns selbst, für den, der erleuchtet wurde [d. h. für den Neugetauften] und für alle anderen, die sich allerorts befinden. [...]
Haben wir die Gebete beendet, so begrüßen wir einander durch einen Kuss. Dann wird dem Vorsteher der Brüder Brot und ein Becher mit Wasser und Wein gebracht. Dieser nimmt beides in Empfang und sendet dem Vater des Alls durch den Namen des Sohnes und des Heiligen Geistes Lob und Preis empor und verrichtet eine lange Danksagung dafür, dass wir dieser Gaben von ihm gewürdigt worden sind. Wenn er die Gebete und die Danksagung vollendet hat, ruft das ganze anwesende Volk zustimmend: »Amen«. Amen ist ein hebräisches Wort und bedeutet: ›Es geschehe‹. Hat der Vorsteher Dank gesagt und das ganze Volk zugestimmt, so teilen die Diakone, wie sie bei uns heißen, jedem der Anwesenden von dem danksagten Brot (tou eucharistēthentos artou), dem Wein und dem Wasser aus und bringen davon auch den Abwesenden. (Justin, 1. Apologie 65)

Wenig später, in Kapitel 67, schildert Justin eine Eucharistie, wie sie unabhängig von der Taufspendung gefeiert wurde. Die beiden Berichte ergänzen sich gegenseitig:

An dem Tag, den man ›Sonntag‹ nennt, versammeln sich alle, ob sie nun in Städten oder auf dem Land wohnen, am selben Ort. Es werden die Denkwürdigkeiten der Apostel oder die Schriften der Propheten vorgelesen, solange es die Zeit erlaubt. Hat der Lektor aufgehört, so hält der Vorsteher eine Ansprache, in der er mahnt und ermuntert, diese guten Lehren im Le-

ben zu befolgen. Dann erheben wir uns alle und verrichten Gebete. Und wie schon erwähnt: Wenn wir das Gebet beendet haben, wird Brot herbeigebracht, sowie Wein und Wasser, und der Vorsteher sendet Gebete empor und Danksagungen – so, wie es ihm möglich ist – und das Volk stimmt zu, indem es das Amen spricht. Dann findet die Austeilung dessen statt, worüber die Danksagung gesprochen wurde, wobei jeder seinen Anteil erhält. Den Abwesenden wird davon durch die Diakone gebracht. (Justin, 1. Apologie 67)

Justin verteidigt in dieser Bittschrift an den Kaiser neben vielem anderen die christlichen Gemeinden gegen Verleumdungen. Das formt natürlich die Darstellung. Dennoch: Seine beiden Berichte über die Eucharistie sind für uns von unschätzbarem Wert. Denn wir können ihnen sehr viel über eine bestimmte Form der Eucharistiefeier um die Mitte des 2. Jahrhunderts entnehmen. Ich greife aus den beiden Schilderungen das Wichtigste heraus:

1. Die Gemeinden versammeln sich am Sonntag. Jüdisch gesprochen: nicht am Sabbat, sondern am 1. Wochentag. Römisch gesprochen: am Tag des Sonnengottes (*dies Solis*). Allerdings war er für die Christen längst der ›Tag des Herrn‹ geworden, also der Tag des auferstandenen Christus. Der Auferstandene wurde in Anlehnung an Mal 3,20 als die »Sonne der Gerechtigkeit« verstanden – und das erleichterte auch den Christen die Übernahme des an sich heidnischen Begriffs ›Sonntag‹.

2. Die sonntägliche Versammlung beginnt mit einem Wortgottesdienst. Er enthält Lesungen aus den »Propheten« und aus den »Denkwürdigkeiten der Apostel«. (Bestimmt gab es auch Lesungen aus der Tora und den Briefen der Apostel. Aber mit zu vielen Details will Justin den heidnischen Kaiser nicht belästigen.) Mit den »Denkwürdigkeiten der Apostel« sind die Evangelien gemeint. Die Lesungen werden von einem »Lektor« vorgetragen, aber nur »so lange es die Zeit erlaubt«. Was heißt das? Nun, ganz einfach: Bis zum Jahre 321 war der Sonntag im römischen Reich ein Arbeitstag. Erst Kaiser Konstantin machte den Sonntag zum staatlich verordneten Ruhetag. Vorausgesetzt also,

dass der Gottesdienst in der vorkonstantinischen Zeit frühmorgens stattfand, war die Zeit begrenzt: die Ärmeren mussten zur Arbeit. Jedenfalls erfuhr der römische Statthalter Plinius, als er eine Gruppe von Christen verhörte, dass sie sich regelmäßig *stato die ante lucem* – »an einem festen Tag noch bevor es hell wurde« – versammelten (Plinius, Brief an Trajan 10,96). Das könnte die sonntägliche Eucharistiefeier gewesen sein.

3. Nach diesen Lesungen hält der »Vorsteher« eine Ansprache, in der er die vorgetragenen Texte auslegt – unsere heutige Homilie bzw. Predigt. Auch hier galt wohl wieder: »Solange es die Zeit erlaubte.«

4. Danach erheben sich alle und verrichten Gebete. Das sind eindeutig unsere heutigen »Fürbitten«, die *Oratio fidelium*. Die Liturgiereform nach dem 2. Vatikanum hat uns diese Fürbitten wiedergeschenkt. Sie waren schon lange aus dem Römischen Gottesdienst verschwunden, weil das Hochgebet selbst immer mehr mit Fürbitten durchsetzt wurde. Nur am Karfreitag hatten sie sich noch erhalten in den sogenannten »Großen Fürbitten«. Dass es sie jetzt wieder am Ende des Wortgottesdienstes gibt, ist ein sachgerechter Rückgriff auf die Frühzeit der Kirche.

5. Nach den Fürbitten geben sich alle den Friedenskuss. Er beendet und besiegelt den Wortgottesdienst. Der Friedenskuss steht für die gegenseitige Versöhnung. Diese ist Konsequenz der vorgetragenen Texte und geht deshalb der Eucharistiefeier im engeren Sinn voraus. Vielleicht wandert der Friedensgruß bei uns irgendwann einmal wieder an die Stelle, wo er einst seinen sachgerechten Ort hatte.

6. Nach dem Friedenskuss werden Brote, Wein und Wasser (zum damals üblichen Mischen des Weines) hereingebracht: unsere heutige ›Gabenbereitung‹. Von Gebeten bei der Gabenbereitung erfahren wir nichts.

7. Dann spricht der »Vorsteher« der Eucharistiefeier, also der Bischof, »Gebete und Danksagungen, so viel ihm möglich ist«. Hier handelt es sich nun genau um das, was wir heute das ›Eucharistische Hochgebet‹ nennen. Man spürt an der Art, wie Justin von der »langen Danksagung« redet: Hier ist für ihn das Zentrum

der Eucharistiefeier. Seine Ausführungen werden an dieser Stelle am breitesten. Im Einzelnen macht er folgende Aussagen:

a) Er nennt das Hochgebet »Lob und Preis«, »Gebete und Danksagungen« oder einfach »Danksagung«. Dabei ist »Danksagung« der entscheidende Begriff, denn Justin spricht vom »dankgesagten« Brot und vom »dankgesagten« Wein – also von den Gaben, über welche die feierliche Danksagung gesprochen worden war. Im griechischen Original der Apologie heißt diese Danksagung *eucharistia*, in ihrer lateinischen Übersetzung *gratiarum actio*.

b) Die Danksagung bezieht sich zunächst einmal auf die Gaben von Brot und Wein. Sie ist also von ihrer Grundstruktur her ein Tischgebet. Im Hintergrund steht die jüdische *beraka*, der Lobpreis Gottes, den der Hausvater als Tischsegen spricht, wenn er mit dem Lobpreis über das Brot das Mahl eröffnet, bzw. wenn er mit einem Segensbecher ein festliches Mahl beendet. Das altjüdische Tischgebet über das Brot lautet:

Gepriesen sei der HERR, *unser Gott, der König der Welt, der Brot aus der Erde hervorgehen lässt. (Billerbeck IV 2, 621)*

Die Familie bzw. die Gäste antworten mit »Amen«. Das jüdische Dankgebet am Ende des festlichen Mahls ist ausführlicher. Es besteht in späterer Zeit aus vier Benediktionen. Die drei ersten (älteren) Benediktionen dieses abschließenden Tischgebets lauten folgendermaßen:

(Erste Benediktion:) Gepriesen seist du, HERR, *unser Gott, König der Welt, der die ganze Welt speist durch seine Güte. In Gnade, Liebe und Erbarmen gibt er Brot allem Fleisch, denn seine Gnade währt ewig. Nach seiner großen, immerwährenden Güte hat er uns nicht mangeln lassen und möge er uns in Ewigkeit nicht mangeln lassen Speise um seines großen Namens willen. Denn er speist und versorgt alle und erweist Gutes allen und richtet Speise zu für alle seine Geschöpfe, die er geschaffen hat. Gepriesen seist du,* HERR, *der alle speist.*

(Zweite Benediktion:) Wir danken dir, HERR, unser Gott, dass du unseren Vätern als Erbteil gegeben hast das liebwerte, gute und weite Land; dass du uns, HERR, unser Gott, aus dem Lande Ägypten herausgeführt und uns aus dem Sklavenhaus erlöst hast. Wir danken dir für deinen Bund, den du an unserem Fleisch [durch die Beschneidung] besiegelt hast, für deine Tora, die du uns gelehrt hast, für deine Satzungen, die du uns kundgetan hast, für das Leben, die Huld und die Liebe, mit denen du uns begnadigt hast, und für den Genuss der Speise, mit der du uns speist und versorgst beständig an jedem Tag und zu jeder Zeit und in jeder Stunde. Für das alles danken wir dir, HERR, unser Gott, und preisen dich. [...] Gepriesen seist du, HERR, für das Land und für die Speise.

(Dritte Benediktion:) Erbarme dich, HERR, unser Gott, über Israel, dein Volk, über Jerusalem, deine Stadt, über Zion, die Wohnung deiner Herrlichkeit, über das Königtum des Hauses Davids, deines Gesalbten, und über das große und heilige Haus [= Tempel], über welchem dein Name genannt ist. Unser Gott, unser Vater, weide uns, speise uns, versorge uns, ernähre uns und schaffe uns weiten Raum, ja, schaffe uns weiten Raum eilends aus all unseren Bedrängnissen! [...] Baue Jerusalem, die heilige Stadt, eilends in unseren Tagen! Gepriesen seist du, HERR, der Jerusalem baut in seiner Barmherzigkeit. Amen. (Billerbeck IV 2, 631)

Ich habe diese jüdischen Tischgebete bewusst zitiert, damit klar ist, wo das Hochgebet der Heiligen Messe seine Wurzeln hat. Es gründet in den jüdischen *berakot*, die das festliche Essen umrahmen.

Wichtig ist dabei Folgendes: Die jüdische *beraka* ist nicht nur Danksagung bzw. Lobpreis für das Brot, den Wein und das gesamte Mahl. Sie wird zu einer Danksagung für die Gaben, die Gott dem Volk Israel in seiner Geschichte geschenkt hat, also vor allem für die Gabe des Exodus, die Gabe des Bundes, die Gabe der Tora, die Gabe des Landes. All das zeigen die zitierten Danksagungen.

Und sie zeigen uns noch etwas anderes: Der Lobpreis (bzw. die Danksagung) kann sich zu einer Bitte für das Volk Israel wandeln. Wir werden noch sehen, dass auch das Eucharistische Hochgebet, der große christliche Lobpreis, die gesamte Heilsgeschichte umschließt und dass er umschlagen kann in Bittgebete.

c) Weil der Lobpreis aus dem Judentum kommt, richtet er sich selbstverständlich an Gott, den HERRN. Justin sagt ausdrücklich, dass Gott, »der Vater des Alls«, der Adressat des Hochgebets ist. Aber gegenüber dem Judentum kommt nun etwas Wesentliches hinzu: Die Danksagung geschieht »durch den Namen des Sohnes und des Heiligen Geistes«. Wir werden noch genauer sehen, wie wesentlich diese Grundstruktur für das Hochgebet ist.

d) Der Vorsteher spricht zwar die Danksagung allein. Aber er spricht sie im Namen der versammelten Gemeinde. Er spricht sie als ihr Sprecher vor Gott. Deshalb legt Justin großen Wert auf das feierliche »Amen« der ganzen Versammlung. Es ist ja erstaunlich, dass er vor dem Kaiser dieses anscheinend geringfügige Detail überhaupt erwähnt. Offenbar war es ihm wichtig. Das ganze anwesende Volk muss »zustimmen«.

e) Schließlich: Der Vorsteher spricht das Hochgebet, indem er frei formuliert. Dass dies tatsächlich so war, wird deutlich an der kleinen Bemerkung: »der Vorsteher spricht Gebete und Danksagungen *so, wie es ihm möglich ist.*« Was damit gemeint ist, zeigt ein späterer Text aus der ›Traditio Apostolica‹, einer Kirchenordnung, die Anfang des 3. Jahrhunderts entstanden ist:

Der Bischof sage Dank, so wie wir es oben gesagt haben. Es ist keineswegs nötig, dass er bei der Danksagung dieselben Worte verwendet, die wir gebraucht haben, so als hätte er sie auswendig gelernt. Vielmehr soll ein jeder seinen Fähigkeiten entsprechend beten. Wenn jemand in der Lage ist, ein großes und feierliches Gebet [frei] zu sprechen, dann ist es gut. Trägt aber jemand ein kurzes Gebet vor, verbietet es ihm nicht. Er soll jedoch ein Gebet sprechen, das der Rechtgläubigkeit entspricht. (TA 9)

So viel zu dem, was Justin über das *Hochgebet* sagt. Es ist, im Verhältnis zum Gesamt seiner Ausführungen über den christlichen Gottesdienst, erstaunlich viel. Aber gehen wir seinen Text nun noch bis zum Ende durch:

8. Nachdem das Hochgebet gesprochen ist, werden das Brot und der Wein der Eucharistie von den Diakonen an alle Anwesenden ausgeteilt. Den Abwesenden, zum Beispiel den Alten und Kranken, wird die Eucharistie durch Diakone ins Haus gebracht. Nebenbei erfahren wir dann noch – ich habe den Text nicht mehr zitiert –, dass stets viel mehr an Lebensmitteln gespendet wurde, als für die Eucharistie gebraucht wurde. Der Vorsteher hatte dafür zu sorgen, dass dieser Teil der Gaben unter die Armen der Gemeinde verteilt wurde.

Das alles sagt also der christliche Philosoph und Lehrer Justin in seiner Verteidigungsschrift für den christlichen Glauben um das Jahr 150 über die Eucharistiefeier. Justin ist in Rom als Märtyrer gestorben. Wir sind ihm bis heute dankbar für sein Glaubenszeugnis – und auch dafür, dass er uns als erster klare und eindeutige Nachrichten über den Ablauf der Heiligen Messe geliefert hat.

✢

Wahrscheinlich werden sich nun längst einige gedacht haben: Gut, das sind also frühe Nachrichten über die Eucharistiefeier. Aber irgendwann muss uns doch auch ein wirkliches Hochgebet überliefert worden sein. Wo gibt es das älteste vollständige Hochgebet, das uns erhalten ist?

Die Antwort auf diese Frage ist keineswegs einfach. Es gibt zum Beispiel zu Beginn des Epheserbriefs einen Lobpreis Gottes und seines Heilsplans, der ganz im Stil eines damaligen Hochgebets formuliert ist. Der Text beginnt wie eine jüdische *beraka* und zählt dann mithilfe von Genitivverbindungen, Partizipial- und Infinitivkonstruktionen, präpositionalen und relativischen Anschlüssen die Heilstaten Gottes auf. Ich zitiere jetzt den ersten, größeren Teil dieser *beraka* und bringe dabei die einzelnen

Satzelemente nicht nachträglich in ein durchkonstruiertes Gerüst jeweils abgeschlossener Sätze, sondern gliedere sie mit Bindestrichen, damit deutlich wird: Es ist im Grunde ein einziger Satz, ein Satzungetüm, und seine Konstruktion hat etwas Schwebendes:

Gepriesen sei der Gott und Vater unseres Herrn Jesus Christus – der uns gesegnet hat mit allem geistlichen Segen in den himmlischen Bereichen in Christus – indem er uns in ihm [= in Christus] erwählt hat vor Grundlegung der Welt – auf dass wir heilig und untadelig seien vor ihm [= vor Gott] – nachdem er uns in Liebe vorherbestimmt hat zur Sohnschaft durch Jesus Christus hin zu ihm [= zu Christus] – gemäß dem Wohlgefallen seines Willens – zum Preis der Herrlichkeit seiner Gnade – mit der er uns begnadet hat in dem Geliebten – in dem wir die Erlösung haben durch sein Blut – den Nachlass der Übertretungen – gemäß dem Reichtum seiner Gnade – die er überreich auf uns hat überströmen lassen – in aller Weisheit und Einsicht – da er uns kundtat das Geheimnis seines Willens – gemäß seinem Ratschluss – den er zuvor in ihm [= in Christus] gefasst hatte – im Hinblick auf den Heilsplan für die Fülle der Zeiten – nämlich das All in Christus als dem Haupt zusammenzuführen – was in den Himmeln und was auf der Erde ist – in ihm [= in Christus]. (Eph 1,3–10)

Man spürt sofort die Eigenart dieses Stils. Es ist keine Kunstprosa, wie gelegentlich behauptet wurde, aber es ist ein feierlicher, gebetsartiger Stil, den man auch in einigen der in Qumran gefundenen Schriften – besonders in den ›Hodayot‹ – findet. In diesem Stil, in dem es nicht die klassischen griechischen Satzperioden, sondern fast nur Aneinanderreihungen gibt, wurden frei formulierte Gebete gern gesprochen – weil die Sprecher dabei oft mit vorgeformten traditionellen Aussagen arbeiteten. Man darf vermuten, dass der Verfasser des Epheserbriefs, ein Mann aus der Paulusschule, hier die Brief-Eulogie genau so formuliert hat, wie er bei der Eucharistiefeier das Hochgebet zu formulieren pflegte.

Sicher beweisen lässt sich das aber nicht, und deshalb müssen wir offenlassen, ob in Eph 1,3–10 (der Lobpreis geht dann noch weiter) Formulierungsmaterial oder Fragmente eines damaligen Hochgebets vorliegen. Eines aber beweist Eph 1,3–12 auf jeden Fall: Dass es in der Kirche schon sehr früh feierliche Dankgebete nach Art der jüdischen *berakot* gegeben hat.

Etwas anders liegen die Dinge bei den Mahlgebeten der ›Didache‹, der ›Zwölfapostellehre‹, die Ende des 1. oder Anfang des 2. Jahrhunderts entstanden ist – vermutlich in Syrien oder Ägypten. Die Didache ist die älteste christliche Kirchenordnung außerhalb des Neuen Testaments. Sie gibt Anweisungen für das Leben in den Gemeinden – zum Beispiel für das Verhalten gegenüber christlichen Wanderaposteln, aber auch für die Taufe und den Gottesdienst. Kapitel 9 lautet:

Was aber die Eucharistie betrifft, sagt folgendermaßen Dank. Zuerst beim Kelch: »*Wir danken dir, unser Vater, für den heiligen Weinstock Davids, deines Knechtes, den du uns offenbar gemacht hast durch Jesus, deinen Knecht. Dir sei Herrlichkeit in Ewigkeit!*«
Beim gebrochenen Brot: »*Wir danken dir, unser Vater, für das Leben und die Erkenntnis, die du uns offenbar gemacht hast durch Jesus, deinen Knecht. Dir sei Herrlichkeit in Ewigkeit! Wie dieses gebrochene Brot zerstreut war auf den Bergen und zusammengebracht eines geworden ist, so soll zusammengeführt werden deine Kirche von den Enden der Erde in dein Reich; denn dein ist die Herrlichkeit und die Macht durch Jesus Christus in Ewigkeit.*«
Doch niemand soll essen und trinken von eurer Eucharistie außer denen, die auf den Namen des Herrn getauft sind. Denn auch darüber hat der Herr gesagt: »*Gebt das Heilige nicht den Hunden!*« *(Did 9,1–5)*

Zunächst zu einem Einzelproblem dieses Textes: Bei der Danksagung über den Kelch wird vom »heiligen Weinstock Davids« gesprochen. Damit kann nicht der Messias, also Jesus gemeint sein, denn es wird ja gesagt, dass eben dieser Weinstock durch Jesus offenbar gemacht worden sei. Deshalb ist hier wohl die Kirche gemeint, das neu gesammelte Israel. Im Alten Testament ist der Weinstock oder der Weinberg ein gern verwendetes Bild für das Gottesvolk (vgl. das Kapitel »Der wahre Weinstock« in diesem Buch.)

Doch das eigentliche Problem von Did 9 – und auch noch von Did 10 – ist ein ganz anderes. Es geht ja, wie einleitend gesagt wird, um die »Eucharistie«, genauer: Es geht darum, wie die Danksagung über den Kelch und das Brot gesprochen werden soll. Haben wir hier also ein Eucharistisches Hochgebet vor uns?

Dagegen spricht mehreres: *Erstens:* Weshalb die Reihenfolge Kelch/Brot und nicht umgekehrt? Bei einem frühchristlichen Sättigungsmahl – später ›Agape‹ genannt, das nicht mit der Eucharistiefeier verwechselt werden darf – wäre diese Reihenfolge möglich. Und auch das Tischgebet bei einem Sättigungsmahl könnte *eucharistia* heißen. *Zweitens:* Weshalb fehlt der Einsetzungsbericht? *Drittens:* Weshalb enthalten die beiden Danksagungen kein Gedächtnis des Todes und der Auferstehung Christi? Deshalb das Urteil vieler Fachleute: Die beiden Danksagungen sind Tischgebete für ein Sättigungsmahl, also für eine Agape, und nicht für die Eucharistiefeier.

Dagegen wurde von anderen Forschern eingewendet: Im ostsyrischen Raum und auch anderswo gab es tatsächlich früh bezeugte Hochgebete ohne Einsetzungsbericht. Und spricht nicht gerade die Warnung am Schluss (»Doch niemand soll essen und trinken von eurer Eucharistie«) dafür, dass die zitierten Texte die Funktion eines Eucharistischen Hochgebetes hatten?

Doch gegen das Letztere spricht wiederum, dass auch für die christlichen Gemeinschaftsmähler Heiden nicht zugelassen waren. Das ist für 1 Kor 11,17–22.33–34 als selbstverständlich vorauszusetzen und wird später durch die ›Traditio Apostolica‹ bezeugt; ihr zufolge sind bei den Gemeinschaftsmählern nicht einmal die Katechumenen zugelassen, denn auch die Gemeinschaftsmähler hatten liturgischen Charakter (TA 27). Aber verfolgen wir unseren Text noch weiter. Denn er ist noch nicht zu Ende.

Nach der Sättigung sagt folgendermaßen Dank: »*Wir danken dir, heiliger Vater, für deinen heiligen Namen, den du in unseren Herzen hast Wohnung nehmen lassen, und für die Erkenntnis und den Glauben und die Unsterblichkeit, die du uns offenbar gemacht hast durch Jesus deinen Knecht. Dir sei Herrlichkeit in Ewigkeit!* (Did 10,1–2)
Du, allmächtiger Herrscher, hast das All geschaffen um deines Namens willen, Speise und Trank hast du den Menschen gegeben zum Genuss, damit sie dir danken. Uns aber hast du aus Gnade geistliche Speise und Trank und ewiges Leben durch [Jesus], deinen Knecht, geschenkt. Vor allem aber danken wir dir, weil du mächtig bist. Dir sei die Herrlichkeit in Ewigkeit! Gedenke, Herr, dass du deine Kirche befreist von allem Bösen und sie vollendest in deiner Liebe. Und führe sie zusammen von den vier Winden, die Geheiligte, in dein Reich, das du ihr bereitet hast. Denn dein ist die Macht und die Herrlichkeit in Ewigkeit. (Did 10,3–5)
Es komme die Gnade und es vergehe diese Welt! Hosanna dem Gott Davids! Wer heilig ist, der soll herkommen! Wer es nicht ist, soll Buße tun! Maranatha. Amen.
Den Propheten aber gestattet, Dank zu sagen, soviel sie wollen. (Did 10,6–7)

Diese Fortsetzung des zuvor besprochenen Textes klärt einiges. Denn hier heißt es nun sofort: »Nach der Sättigung sagt folgendermaßen Dank!« Das Wort »Sättigung« kann sich kaum auf den Empfang der heiligen Kommunion beziehen. Es kann nur das Sattwerden bei einem Gemeinschaftsmahl, bei einem ausgesprochenen Sättigungsmahl meinen. Damit sollte eigentlich klar sein, dass es sich vorher in Kapitel 9 nicht um das Hochgebet bei einer sakramentalen Eucharistiefeier gehandelt hat. Dass die Eucharistiefeier mit dem Empfang der heiligen Kommunion noch bevorsteht, zeigt dann auch der Schluss des gerade zitierten Textes. Hier handelt es sich geradezu um ›Kultrufe‹, die wahrscheinlich von allen Teilnehmern beantwortet wurden:

(Liturg:) Es komme die Gnade und es vergehe diese Welt!
(Gemeinde:) Hosanna dem Gott Davids!

(Liturg:) Wer heilig ist, der soll herkommen!
Wer es nicht ist, soll Buße tun! Maranatha.
(Gemeinde:) Amen.

Diese Kultrufe – besonders das »Wer heilig ist, der soll herkommen« könnten die Kommunion eröffnen. Sicher ist das aber nicht. Sie könnten auch die eigentliche Eucharistiefeier eröffnen, die sich an das Sättigungsmahl anschloss. Die gesamte Eucharistiefeier stünde dann unter eschatologischen Vorzeichen. Das zeigen die Kultrufe: »Es vergehe diese Welt!« und »Maranatha« (= »Unser Herr, komm!«). Allerdings fleht das »Maranatha« nicht nur um die Parusie Christi, sondern warnt zugleich die Unwürdigen (vgl. 1 Kor 16,22).

Falls diese Kultrufe nicht die gesamte Eucharistiefeier, sondern schon die Kommunion selbst eröffnen, entsteht natürlich die Frage: Wo bleibt dann das Hochgebet? Sollte es sich in der Anweisung für die Propheten verbergen, denen gesagt wird, sie sollten »Dank sagen, so viel sie wollen«? Oder verbirgt sich das Hochgebet schon vorher in den drei Danksagungen der Verse 10,2–5, die dann eine Art Präfation darstellen würden? Viel wahrscheinlicher ist jedoch, dass die Verse 10,2–5 das abschließende Dankgebet für das vorangegangene Sättigungsmahl sind.

Fragen über Fragen! Ich wollte mit ihnen zeigen, wie komplex die wissenschaftliche Diskussion zu Did 9–10 ist. Auch nur ein kurzes Referat über das Dickicht dieser Diskussion würde hier schon zu weit führen. Halten wir einfach fest: Wahrscheinlich bietet uns Did 9–10 kein Exemplar eines Eucharistischen Hochgebets. Auf jeden Fall aber haben wir in den Danksagungen der Didache bewegend schöne Beispiele christlicher *berakot* vor uns. Sie zeigen, in welchem Ausmaß die Liturgie der Frühen Kirche – sei es nun die Liturgie der Gemeinschaftsmähler oder sei es die Liturgie der eigentlichen Eucharistiefeiern von dem reichen Gebetsschatz Israels getragen war.

✣

Eines der ältesten Hochgebete – aber nun mit Sicherheit ein Eucharistisches Hochgebet im heutigen Sinn – ist uns in der schon genannten ›Traditio Apostolica‹ überliefert. Es wurde früher zusammen mit dieser gesamten Kirchenordnung dem Presbyter Hippolyt (um 170–235) zugeschrieben, wird ihm aber heute von nicht wenigen Fachwissenschaftlern abgesprochen. Wir wissen über das Leben Hippolyts sehr wenig historisch Sicheres. Die Quellenlage ist unzulänglich und widersprüchlich. Möglicherweise war Hippolyt ein scharfer Gegner von Papst Calixt I., vielleicht sogar in Rom selbst. Das ihm zugeschriebene Hochgebet stammt aber eher aus Alexandrien als aus Rom. Doch das ändert nicht das Geringste daran, dass es sich um einen ehrwürdigen und theologisch hochrangigen Text handelt. Da die Traditio Apostolica Anfang des 3. Jahrhunderts entstanden ist, wird das in ihr enthaltene Hochgebet ebenfalls aus dieser Zeit stammen. Auszuschließen ist freilich nicht, dass es spätere Erweiterungen oder Anpassungen enthält.

Die Traditio Apostolica ist für die Geschichte der Liturgie von großer Bedeutung. Leider ist die griechische Originalfassung nicht mehr erhalten, es existieren nur noch Übersetzungen in lateinischer, sahidischer, bohairischer, arabischer und äthiopischer Sprache. Der 1. Teil der ›Traditio‹ handelt von der Bischofsweihe und der sich anschließenden Eucharistiefeier. In diesem Zusammenhang bringt die Kirchenordnung dann ein Musterformular für Hochgebete (die Ziffern stammen von mir; sie sind als Hilfe für die Auslegung gedacht):

Nachdem nun jemand zum Bischof eingesetzt worden ist, sollen ihm alle den Friedenskuss geben und ihn begrüßen, denn er hat die Würde erlangt. Die Diakone sollen ihm die Opfergabe reichen. Er breitet die Hände über der Gabe aus, und dabei soll er zusammen mit dem ganzen Presbyterium das Dankgebet sprechen:
[1] »Der Herr sei mit euch« – Und alle sollen antworten: »Und mit deinem Geiste.« – »Empor die Herzen!« – »Wir haben sie

beim Herrn.« – *»Lasst uns danksagen dem Herrn.«* – *»Das ist würdig und recht.« Und er soll folgendermaßen fortfahren:*
[2] »Wir sagen dir Dank, Gott, durch deinen geliebten Knecht Jesus Christus, den du uns in diesen letzten Zeiten als Retter, Erlöser und Boten deines Willens gesandt hast. Er ist dein von dir untrennbares Wort, durch ihn hast du alles geschaffen zu deinem Wohlgefallen, ihn hast du vom Himmel gesandt in den Schoß der Jungfrau. Im Leib getragen wurde er Mensch und offenbarte sich als dein Sohn, geboren aus dem Heiligen Geist und der Jungfrau. Der deinen Willen erfüllen und dir ein heiliges Volk erwerben wollte, hat in seinem Leiden die Hände ausgebreitet, um die vom Leiden zu befreien, die an dich geglaubt haben. Als er sich freiwillig dem Leiden auslieferte, um den Tod aufzuheben, die Fesseln des Teufels zu zerreißen, die Unterwelt niederzutreten, die Gerechten [im Reich des Todes] zu erleuchten, [der Macht des Todes] eine Grenze zu ziehen und die Auferstehung kundzutun,
[3] nahm er Brot, sagte dir Dank und sprach: ›Nehmet, esset, dies ist mein Leib, der für euch zerbrochen wird.‹ Ebenso nahm er auch den Kelch und sprach: ›Dies ist mein Blut, das für euch vergossen wird. Wenn ihr dies tut, tut ihr es zu meinem Gedächtnis.‹
[4] Seines Todes und seiner Auferstehung eingedenk bringen wir dir das Brot und den Kelch dar. Wir sagen dir Dank, dass du uns für würdig erachtet hast, vor dir zu stehen und dir als Priester zu dienen.
[5] Auch bitten wir dich, deinen Heiligen Geist auf die Gabe der heiligen Kirche herabzusenden. Du versammelst sie zur Einheit, so gib allen Heiligen, die sie [die Opfergabe] empfangen, Erfüllung mit Heiligem Geist zur Stärkung des Glaubens in der Wahrheit –
[6] dass wir dich loben und verherrlichen durch deinen Knecht Jesus Christus, durch den Herrlichkeit und Ehre ist dem Vater und dem Sohn mit dem Heiligen Geist in deiner heiligen Kirche jetzt und von Ewigkeit zu Ewigkeit.«
[7] »Amen.« (TA 4)

Die stilistische Ähnlichkeit mit dem Lobpreis am Anfang des Epheserbriefs liegt auf der Hand: In der ersten Hälfte dieses Hochgebets reiht sich ein relativischer Anschluss an den anderen. Später häufen sich Anschlüsse durch Partizipien (in der deutschen Übersetzung sind diese Anschlüsse und Partizipialkonstruktionen weitgehend aufgelöst). In der Ursprungs-Sprache des Hochgebets herrschte so ein bewusst feierlicher, fast hieratischer Stil. Zugleich waren diese schwebenden Anschlüsse eben typisch für frei formulierte liturgische Rede. Das gesamte Hochgebet weist größte Geschlossenheit auf. Es fließt dahin wie ein einziger großer Satz. Trotzdem ist es klar strukturiert:

Es beginnt [1] mit dem uns geläufigen Eröffnungsdialog zwischen Bischof und Gemeinde. Beide sprechen sich gegenseitig die Gemeinschaft mit Gott dem Vater zu. Der Bischof fordert die Gemeinde auf, nun die ganze Existenz auf Gott auszurichten. Dann wird das Thema des Hochgebets benannt: Danksagung.

Der nächste Abschnitt [2] greift die gerade gegebene Themenangabe auf: *Gratias tibi referimus, deus:* »Wir sagen dir Dank, Gott ...« Doch diese Danksagung erfolgt nicht irgendwie und nicht ohne Grund. Sie ist Antwort auf das geschichtliche Handeln Gottes an der Welt. Im Einzelnen werden genau wie im Glaubensbekenntnis die Heilstaten Gottes in Christus aufgezählt: seine Menschwerdung, seine Passion, sein Tod am Kreuz, sein Abstieg in die Unterwelt, seine Auferstehung von den Toten. Diese Reihung wird aber eröffnet und vorwegnehmend zusammengefasst, indem Christus als Retter, Befreier und Bote des göttlichen Heilsplans bezeichnet wird, der Gottes Logos ist, durch den alles geschaffen wurde.

An die Danksagung für die Heilstaten Gottes schließt sich [3] ohne Unterbrechung im gleichen Relativ-Stil wie vorher ein Einsetzungsbericht an. Das letzte Mahl Jesu mit den zwölf Jüngern ist also Heilstat Gottes wie das zuvor Aufgezählte – und deshalb wird es nahtlos in die Danksagung für das, was Gott durch Christus getan hat, hineingenommen. Die Worte der Einsetzung sind also selbst Danksagung – und deshalb konnten

Brot und Wein in der frühen Kirche als das »Dankgesagte« bezeichnet werden, wie wir es bei Justin gesehen hatten.

Der nächste Abschnitt des Hochgebets [4] setzt neu an. *Memores igitur:* »Eingedenk also ...« Was jetzt kommt, ist nicht mehr Danksagung, sondern die feierliche Darbringung von Brot und Wein in Erfüllung des Gedenkens, das Christus bei seinem letzten Mahl geboten hat. Im Lateinischen steht hier *offerimus* – und das ist *terminus technicus* der Opfersprache. Allerdings wird die Darbringung dann sofort wieder zur Danksagung: nämlich in dem »*dir danksagend*« dafür, dass wir hier stehen und dieses Gedächtnis feiern dürfen.

Der folgende Abschnitt [5] ist zum ersten Mal »Bitte«. Wir hatten ja gesehen, dass die *beraka*, der jüdische Lobpreis Gottes, in Bitte umschlagen kann. Das geschieht nun auch hier. Das Hochgebet bittet an dieser Stelle Gott, den Vater, um seinen Heiligen Geist. Der Heilige Geist soll herabkommen auf Brot und Wein, er soll also die Gaben erfüllen, die in der vorangegangenen »Darbringung« vor Gott gebracht wurden. Offenbar ist damit gemeint: Er soll sie Gott wohlgefällig machen und sie verwandeln. Das wird allerdings eher vorausgesetzt, als dass es gesagt wird. Was aber ausdrücklich gesagt wird, ist, dass der Heilige Geist – entsprechend der Verwandlung der Gaben – die versammelten Gläubigen erfüllen soll, damit sie einmütig werden und im Glauben und in der Wahrheit bestärkt werden. Die Liturgiewissenschaft nennt die Bitte um den Heiligen Geist, die wesentlich für jedes Hochgebet ist, Epiklese – ›Herabrufung‹. Das Erstaunliche beim Hochgebet der Traditio Apostolica ist, dass die Herabrufung des Heiligen Geistes auf die Gläubigen mehr Platz einnimmt als die Herabrufung auf Brot und Wein.

Sehr geschickt und fast ohne Übergang leitet das Hochgebet dann in seinem nächsten Abschnitt [6] wieder zum Lobpreis über, so dass es *als Ganzes* eben doch Lobpreis bzw. Danksagung ist. Die Danksagung wird nun zur feierlichen Doxologie, die den Vater verherrlicht durch den Sohn mit dem Heiligen Geist – in der heiligen Kirche. Damit ist die Grundstruktur allen christlichen Betens ausgesprochen. Es richtet sich *an* den Vater *durch* den Sohn *im* Heiligen Geist bzw. in der Kirche.

Diese Gebetsstruktur gilt also nicht nur für das Hochgebet. Sie gilt überhaupt für das liturgische Gebet. Es gibt in der gesamten römischen Messliturgie keine einzige Oration, die sich unmittelbar an den Heiligen Geist richtet und nur sehr wenige, relativ späte Orationen, die sich unmittelbar an Jesus Christus richten, zum Beispiel in der Messe des Fronleichnamsfestes. Bereits auf dem Konzil von Hippo im Jahre 393 wurde – offenbar gegen neue Tendenzen – die Bestimmung erlassen: *semper ad Patrem dirigatur oratio* – »Das Gebet soll immer an den Vater gerichtet sein.« Durch Christus im Heiligen Geist an den Vater – das ist die große Gebetsbewegung der Liturgie, und das sollte auch die Grundbewegung unseres persönlichen Betens sein. Sie ist bereits im Vaterunser vorgegeben.

Den Abschluss des Ganzen [7] bildet das zustimmende »Amen« der Gemeinde. Der Bischof hat in ihrem Namen dankgesagt. Jetzt bestätigt die Gemeinde alles, was er gesprochen hat. Sie ratifiziert das Hochgebet – nicht nur mit ihrem Wort, sondern auch mit ihrer Existenz. Das gesamte Hochgebet ist somit gerahmt durch das Zustimmen der Gemeinde am Anfang und am Ende.

❖

Ich bin jetzt bewusst ausführlich auf die *Struktur* des Hochgebets der Traditio Apostolica eingegangen. Denn im Wesentlichen ist das auch *heute noch* die Struktur unserer Eucharistischen Hochgebete. Wir können die heutige Grundstruktur aber klarer und deutlicher am Hochgebet der Traditio Apostolica erkennen, denn inzwischen gibt es im Vergleich mit ihm Erweiterungen des Hochgebets und damit auch partielle Änderungen in seiner Struktur. Ich zähle einige dieser Änderungen auf:

1. Von Ausnahmen abgesehen (zum Beispiel im heutigen 4. Hochgebet der römisch-katholischen Liturgie), findet jetzt die Aufzählung der Großtaten Gottes vor allem *vor dem Sanctus* statt. Auf diese Weise wird die Erinnerung an das Werk Gottes

zu einem gesonderten Dankgebet, der sogenannten Präfation. Man sieht das sehr gut an unserem derzeitigen »Zweiten Hochgebet«: Was im Hochgebet der Traditio Apostolica der erinnernde (der »anamnetische«) Teil war, ist nun fast ganz in die Präfation verlagert. Nur die Passion, die Auferstehung und Himmelfahrt Jesu werden später noch genannt (eine Ausnahme bilden bestimmte Feste, an denen zusätzlich das Festgeheimnis erwähnt wird).

2. Durch den späteren Einschub des Sanctus geschieht aber noch etwas anderes: Die dialogische Struktur des Hochgebets wird verstärkt, denn das ›Dreimal Heilig‹ wird ja von der Gemeinde gesprochen bzw. gesungen. Im Westen ist das ›Dreimal Heilig‹ um 400 in die Messliturgie hereingekommen, im Osten schon früher. Die Traditio Apostolica erwähnt es noch nicht. Jüdische Gebete kannten den 1. Teil des Sanctus bereits. Jedenfalls war die Einfügung des Sanctus eine theologisch hochbedeutsame Erweiterung des Hochgebets. Denn der erste Teil des Sanctus greift ja eine himmlische Liturgie auf, wie sie Jesaja innerhalb seiner Berufungsvision schildert. Serafim stehen über dem Thron Gottes und rufen einander zu:

Heilig, heilig, heilig ist der HERR *der Scharen.*
Erfüllt von s e i n e r Herrlichkeit ist die ganze Erde.
(Jes 6,3)

Das ist bei Jesaja seiner äußeren Form nach ein *Bekenntnis*. Denn die Serafim reden ja Gott nicht direkt an, sondern rufen sich das »Heilig ist er« gegenseitig zu. Im Sanctus des römischen Hochgebets (anders in der lutherischen Messe) ist aus diesem Bekenntnis *Lobpreis* geworden, der sich nun unmittelbar an Gott richtet:

Heilig, heilig, heilig,
Gott, Herr aller Mächte und Gewalten.
Erfüllt sind Himmel und Erde
von d e i n e r Herrlichkeit [...]

Sachlich macht das jedoch kaum einen Unterschied, denn ein Lobpreis oder eine Seligpreisung erfolgen in der Bibel oft nicht als Du-Anrede, sondern in der 3. Person. Schauen wir deshalb lieber auf etwas anderes, nämlich darauf, was es bedeutet, dass nun die irdische Gemeinde selber das ›Dreimal Heilig‹ der Engel sprechen darf: Sie nimmt damit teil an der himmlischen Liturgie. Wenn sie sich versammelt und im Hochgebet Gott preist und danksagt, verbinden sich Himmel und Erde. Die Gemeinde ist dann schon in den himmlischen Bereich eingetreten – »zu Tausenden von Engeln«, wie der Hebräerbrief sagt (Hebr 12,22–24). Sie ist bereits beteiligt an dem ewigen Lobpreis Gottes. Gerade das Sanctus zeigt, dass die Liturgie der Kirche immer schon Teilnahme an der himmlischen Liturgie ist.

3. Erweitert sind die späteren Hochgebete auch durch umfangreichere Bitten. Innerhalb der einen großen Danksagung wird gebetet für die Kirche auf der ganzen Erde, für den Bischof von Rom, für den Ortsbischof und alle Bischöfe, für die Priester und Diakone und für »alle, die zum Dienst in der Kirche bestellt sind«. Ferner für die Verstorbenen und alle Anwesenden, unter Umständen auch für die Neugetauften oder für die dem Glauben Entfremdeten. In der gallikanischen Liturgie wurden sogar die Namen von Spendern aufgezählt – und das möglichst nahe an den Wandlungsworten.

Wird mit solchen ›Interzessionen‹ die Form der Danksagung durchbrochen oder gar zerbrochen? Keineswegs! Wir hatten ja bereits gesehen, dass für die jüdische *beraka* der Wechsel zwischen Lobpreis und Bitte geradezu charakteristisch ist. Vor allem aber: Die Bitten innerhalb des Hochgebets haben eine *sammelnde* Funktion. Sie wollen für den Grundakt der Kirche, der das Eucharistische Hochgebet ist, gleichsam alle zusammenholen: die Nahen und die Fernen, die Lebenden und die Verstorbenen, die bekannten und die unbekannten Heiligen – damit dann, wenn Gott dieser große Lobpreis dargebracht wird, die gesamte Kirche zugegen ist. Deshalb muss auch der Name des Papstes genannt werden und neben dem Namen des Ortsbischofs wenigstens abstrakt »alle Bischöfe«. Im Dritten Hochgebet wird »das ganze

Volk deiner Erlösten« eigens genannt. Diese Interzessionen sind also keine ›Fürbitten‹ im eigentlichen Sinn. Sie wollen die Gemeinschaft mit der Kirche aller Orte und aller Zeiten herstellen.

4. Das heutige »Erste Hochgebet«, also jener »Römische Mess-Kanon«, der sich im Westen seit dem 4. Jahrhundert langsam herausgebildet hatte, bietet eine breit ausgebaute Opferterminologie. Sie bestimmt fast jeden Gebetsabschnitt dieses klassischen Hochgebets:

> *Nimm diese heiligen, makellosen Opfergaben an [...]*
> *Wir bringen sie dar [...]*
> *Für sie bringen wir dieses Opfer des Lobes dar, und sie selbst weihen es dir [...]*
> *Nimm gnädig an, o Gott, diese Gaben [...]*
> *Schenke, o Gott, diesen Gaben Segen in Fülle und nimm sie zu eigen an. Mache sie uns zum wahren Opfer im Geiste, das dir wohlgefällt [...]*
> *So bringen wir aus den Gaben, die du uns geschenkt hast, dir, dem erhabenen Gott, die reine, heilige und makellose Opfergabe dar: das Brot des Lebens und den Kelch des ewigen Heiles.*
> *Blicke versöhnt und gütig darauf nieder und nimm sie an [...]*
> *Dein heiliger Engel trage diese Opfergabe auf deinen himmlischen Altar vor deine göttliche Herrlichkeit [...]*

Damit scheint nun die ursprüngliche Form des Hochgebets fast zu zerbrechen. Wir sahen ja: Das Hochgebet ist von seiner Grundstruktur her *eucharistia*, Danksagung. Der klassische römische Kanon hingegen scheint nur noch eine Folge von Segens- und Annahmebitten zu sein. Aber das scheint nur so. Denn auch er ist – wie das Hochgebet der Traditio Apostolica – gerahmt von dem »Lasset uns danken dem Herrn, unserem Gott« und der abschließenden Doxologie. Außerdem heißt es in seinem Zentrum, unmittelbar nach dem Einsetzungsbericht:

Darum, gütiger Vater, feiern wir, deine Diener und dein heiliges Volk, das Gedächtnis deines Sohnes, unseres Herrn Jesus Christus. Wir verkünden sein heilbringendes Leiden, seine Auferstehung von den Toten und seine glorreiche Himmelfahrt.

Auch innerhalb des Gefüges der vielen Annahmebitten ist also festgehalten: Es geht um das dankende Gedächtnis der Großtaten Gottes, die in seinem heilbringenden Handeln an Jesus Christus gipfeln. Außerdem hatte auch bereits im Hochgebet der Traditio Apostolica die Opfertheologie ihren Platz – und zwar an zentraler Stelle nach dem Einsetzungsbericht:

Seines Todes und seiner Auferstehung eingedenk bringen wir dir das Brot und den Kelch dar. [...] Auch bitten wir dich, deinen Heiligen Geist auf die Gabe der heiligen Kirche herabzusenden ...

Wir werden also Danksagung und Darbringungsgebete nicht gegeneinander ausspielen. Die Kirche dankt Gott dem Vater für sein Handeln in Christus, aber dieses Handeln des Vaters war zugleich ein Handeln Jesu – und das Handeln Jesu war nichts als Hingabe, war eine Existenz ausschließlich »für die Vielen«. Genau das aber ist auch in den katholischen Hochgebeten mit Opfer gemeint. Wir danken Gott für das, was er an uns getan hat – aber das, was er an uns getan hat, war das Wunder, dass es den Einen gab, dessen Leben nichts anderes als reine und absolute Hingabe war. Und dieses Lebensopfer reiner Hingabe wird nicht »wiederholt« und nicht »erneuert«, sondern »gegenwärtig«. Und die Kirche opfert nicht etwas, das sie selbst hervorgebracht hat, sondern sie hält Gott dem Vater gleichsam entgegen, was er ihr selbst geschenkt hat.

Außerdem ist der Opferbegriff, der hier verwendet wird, keineswegs identisch mit dem Opferbegriff der griechischen Stadtstaaten oder des römischen Staatskults, wo es vor allem um die korrekte Pflege des Verhältnisses zwischen den zuständigen Göttern und dem Staat ging und wo nur allzu oft im Hintergrund ein *Do ut des* stand – »Ich gebe, damit du gibst«. Dieser antike Opferkult brauchte nicht einmal unbedingt eine Versammlung von Teilnehmern – entscheidend war das von den Priestern minutiös durchgeführte Opferritual.

Beim christlichen Opfer hat sich der heidnische Kultbegriff bis in die Tiefe gewandelt. Er ist geprägt von der Theologie, die bereits die Propheten Israels mit ihren scharfen Angriffen auf die Opferpraxis Israels geschaffen hatten. Diesen Wandel signalisieren im 1. Hochgebet Wendungen wie »Opfer des Lobes« *(sacrificium laudis)* und »Opfer im Geiste« *(oblatio rationabilis)*. Vgl. dazu Röm 12,1 *(logikē latreia)*; Eph 5,2; Hebr 13,15–16; 1 Petr 2,5 und im Alten Testament etwa Mal 1,11 und Ps 51,17–19; 116,17; dazu in diesem Buch das Kapitel »Das Opfer der Lippen«.

5. Wir hatten bereits beim Hochgebet der Traditio Apostolica festgestellt, dass es *dialogische* Struktur hat. Es beginnt mit einem Wechselgespräch zwischen dem Bischof und der Gemeinde, und am Ende bestätigt die Gemeinde das gesamte Hochgebet durch ihr Amen. Das später hinzugekommene ›Dreimal Heilig‹ hat diesen dialogischen Charakter des Hochgebets noch weiter intensiviert. Mit der Liturgiereform im 20. Jahrhundert wurde die Rolle der Gemeinde auch noch dadurch verstärkt, dass sie nach dem Einsetzungsbericht ruft:

Deinen Tod, o Herr, verkünden wir,
und deine Auferstehung preisen wir,
bis du kommst (in Herrlichkeit).

6. Damit ist nun aber nicht nur die dialogische Struktur des Hochgebets verstärkt worden. »Bis du kommst« (»in Herrlichkeit« hat nur die deutsche Fassung) rückt das Hochgebet auch in einen endzeitlichen Horizont. In der Urkirche war die eschatologische Ausrichtung der gesamten Eucharistiefeier geradezu vorherrschend. Wir sahen ja, dass nach dem Zeugnis der Didache im Zusammenhang mit dem eucharistischen Mahl um das Vergehen der Welt und um das Kommen des Herrn gebetet wurde (Did 10,6).

✣

Die Überschrift dieses Kapitels lautet: »Das Eucharistische Hochgebet«. Wir haben einen langen Weg zurückgelegt, um genauer zu sehen, worum es sich beim Hochgebet der Heiligen Messe eigentlich handelt. Ich versuche nun in Thesenform das schon Erarbeitete zusammenzufassen, es aber zugleich noch ein wenig weiterzudenken. Dabei spreche ich konkret von den gegenwärtig verwendeten Eucharistischen Hochgebeten der römisch-katholischen Kirche – komme dabei aber auch immer wieder auf Strukturen und Bestandteile zurück, die sich über die Jahrhunderte hin in vielen der real existierenden christlichen Hochgebete finden.

1. Das Eucharistische Hochgebet ist von seinem Eröffnungsdialog bis zu dem alles besiegelnden »Amen« der Gemeinde eine in sich stehende Einheit, die sich von der vorangegangenen Bereitstellung der Gaben (Gabenbereitung mit Offertorium) und von dem auf das Hochgebet folgenden Herrengebet (Vaterunser) klar abhebt.

2. Das Eucharistische Hochgebet ist der *Grundvollzug* der Kirche. Man sieht das daran, dass jedes der Hochgebete I, II, III und IV die gesamte Kirche um sich versammeln möchte: die Nahen und die Fernen, die Lebenden und die Verstorbenen, die Amtsträger und das ganze Volk. Die Bitten für sie alle sind nicht im strengen Sinn ›Fürbitten‹, sondern sie haben die Funktion, die Gemeinschaft mit der gesamten Kirche herzustellen. Nicht »zugunsten der Genannten« wird gebetet, sondern »stellvertretend für die Genannten«, weil sie ja in der konkreten Versammlung nicht zu sehen sind.

3. Das Eucharistische Hochgebet wird vom Bischof (bzw. von einem Priester als seinem Stellvertreter) vorgetragen. Innerhalb dieses feierlichen Gebetes tritt der Vorsteher der Eucharistie aber als *Sprecher der versammelten Gemeinde* auf. Das zeigt sich an dem die Gemeinde einschließenden »Wir«, in welchem er Gott anredet. Im Hochgebet der Traditio Apostolica lauten die beiden wichtigen Neueinsätze: »*Wir* sagen dir Dank, Gott,

durch deinen geliebten Knecht Jesus Christus ...« und »Seines Todes und seiner Auferstehung eingedenk bringen *wir* dir das Brot und den Kelch dar ...« Mit diesem »Wir« war nicht ein anwesendes Presbyterium gemeint, sondern die ganze Versammlung. Auch wenn in den Hochgebeten von den *circumstantes,* den »Umstehenden«, die Rede ist, meint das stets die ganze Versammlung. Der Vorsteher schließt sich hier also mit der anwesenden Gemeinde zusammen und spricht *in ihrem Namen.* Und die Gemeinde ihrerseits spricht beim Hochgebet mit. Das zeigt sich zunächst im Eröffnungsdialog, zeigt sich dann in dem historisch späteren Einschub des Sanctus, zeigt sich weiterhin in der heutigen Akklamation der Gemeinde nach den Einsetzungsworten und zeigt sich schließlich am Ende des Hochgebetes in dem bestätigenden Amen der ganzen Versammlung, von dem schon Justin im 2. Jahrhundert spricht.

4. Das Hochgebet wird vor allem dadurch zu einer geschlossenen Einheit, dass es insgesamt *Danksagung (eucharistia)* ist – und zwar Danksagung *an den Vater durch den Sohn im Heiligen Geist.* Diese danksagende Grundstruktur wird vor allem gewährleistet durch die Eröffnung »Lasset uns danksagen dem Herrn, unserm Gott« und durch die feierliche Doxologie am Ende. An dem Grundcharakter »Danksagung« ändern eingebaute Bitten überhaupt nichts, ändert auch nichts der Einsetzungsbericht, ändert erst recht nichts die Epiklese, die Herabrufung des Heiligen Geistes. All diese Elemente sind in die Gesamtbewegung der großen Danksagung integriert.

5. Die Danksagung der Kirche schwebt nicht in der Luft. Sie hat einen Grund: die Großtaten Gottes, *die magnalia Dei.* Diese werden deshalb in jedem Hochgebet aufgezählt. Die Aufzählung erstrebt niemals Vollständigkeit. Sie findet vor allem in der Präfation statt. Sie wird aber noch einmal aufgegriffen in der Anamnese, also dem ›Gedenken‹ *nach* dem Einsetzungsbericht: *Memores igitur* – »Darum feiern wir das Gedächtnis ...« Wenigstens Tod und Auferstehung Jesu Christi werden dabei genannt. Für sie vor allem sagt die Kirche im Hochgebet Dank. Das neugeschaffene 4. Hochgebet erweitert dieses Gedenken

bewusst auch noch auf viele andere Heilstaten Gottes, von der Schöpfung bis zu den Mysterien des Lebens Jesu – und zwar noch *vor* dem Einsetzungsbericht.

6. Die Kirche hat den Tod Jesu von Anfang an nicht als bloß zufälliges oder gar tragisch-sinnloses Geschehen verstanden. Sein Tod war für sie die letzte Zusammenfassung seiner lebenslangen Hingabe »für« Israel und durch Israel »für« die Welt. *Jesus selbst* hat bei seinem letzten Mahl diese Lebenshingabe, die in seinem bevorstehenden Tod ihre Vollendung finden sollte, deutend vorweggenommen. Deshalb war es zutiefst sinnvoll, das Gedächtnis des Abendmahls in die Mitte des Hochgebets zu setzen und Gott für dieses Geschehen, das heißt, für die Lebenshingabe Jesu zu danken. Der Opferbegriff im Eucharistischen Hochgebet ist nicht späteres Beiwerk und erst recht keine Verfälschung. Er war bereits mit den Abendmahlsworten Jesu gegeben.

7. Es kann gar nicht genug betont werden, *dass der Einsetzungsbericht innerhalb des Hochgebets selber Danksagung ist.* Er ist es allein schon dadurch, dass er in das Gesamt des Hochgebets integriert ist. Löst man den Einsetzungsbericht aus dem Kontext ›Danksagung‹ heraus und spricht ihn isoliert, so gerät er in die Gefahr, zur bloßen ›Erzählung‹ zu werden.

8. Die Integration des Einsetzungsberichts in das Gesamt der Danksagung hat noch eine andere Funktion, die mit dem gerade Gesagten zusammenhängt: Damit wurde von Anfang an jeder Sakraments-Magie der Boden entzogen. Welche Rolle magische Vorstellungen in der Antike gespielt haben, ist uns aus der Existenz vieler Zauberbücher und Zaubersprüche bekannt. Im späten Mittelalter verstärkte sich die Gefahr der Wandlungs-Magie. Damals haben – zumindest im Westen – viele Christen die Einbettung der Einsetzungsworte in den Gesamtrahmen des Hochgebets nicht mehr wahrgenommen. Der Kanon wurde vom Priester still gebetet, und die hoch erhobene Hostie wurde dabei zum eigentlichen Fixpunkt der Heiligen Messe. Es wird berichtet, dass damals Gläubige oft hintereinander mehrere Kirchen besuchten, um jeweils bei der Wandlung die erhobene Hostie anschauen zu können.

9. Wichtig ist, dass heute zu allen Hochgebeten die Epiklese, die Herabrufung des Heiligen Geistes, gehört. Auch diese Herabrufung macht deutlich: Die Verwandlung der Gaben ist kein magisches Geschehen, das durch das richtige Aussprechen einer Art Zauberformel herbeigeführt wird, sondern reine Gnade. Der Heilige Geist muss erfleht werden.

10. Der Verführung zur Sakraments-Magie wird im Hochgebet weiterhin dadurch ein Riegel vorgeschoben, dass in den Hochgebeten schon seit der Traditio Apostolica eben nicht nur um die Verwandlung der Gaben von Brot und Wein gebetet wird. Es wird zugleich und mit derselben Intensität um die Wandlung der versammelten Gemeinde in den Leib Christi gebetet. Das heißt: Die Epiklese fleht den Heiligen Geist nicht nur auf die herbeigebrachten Gaben herab, sondern auch auf die Gläubigen. Am deutlichsten wird das in dem heutigen 3. römischen Hochgebet formuliert. Dort heißt es:

Erfülle uns mit deinem Heiligen Geist,
damit wir e i n Leib und e i n Geist werden in Christus.

Was es kostet, dass eine Gemeinde » e i n Leib und e i n Geist« wird, weiß jeder Pfarrer und wissen alle, die für den Gemeindeaufbau verantwortlich sind. Rein menschlich gesehen ist es eine Unmöglichkeit. Wenn es geschieht, ist es immer ein Wunder, von Gott erfleht und von Gott bewirkt.

11. Auch der jüdische Hintergrund der Eucharistischen Hochgebete steht gegen jede Sakraments-Magie. Wir sahen ja, dass in den Dankgebeten des jüdischen Mahls der Heilstaten Gottes gedacht wird. Dieses Gedenken aber ist mehr als bloße Erinnerung. Es ist in vielen jüdischen Gebeten Vergegenwärtigung der vergangenen Heilsgeschichte nach dem Vorbild von Dtn 5,2–3: »Nicht mit unseren Vätern hat der Herr diesen Bund geschlossen, sondern mit uns, die wir heute hier stehen, mit uns allen, mit den Lebenden.« Die Vergangenheit verwandelt sich in Gegenwart. In dieses jüdische Grundverständnis der *memoria* ist die Kirche eingetreten. Es erhält im Gegenwärtig-

werden Jesu Christi in den eucharistischen Gaben seine letzte Verdichtung.

12. Das Eucharistische Hochgebet der Kirche ist trotz des Wechsels seiner Sprachformen (Zuspruch, Aufforderung, Danksagung, Akklamation, Gedenken, Herabrufung, Darbringung, Bitte, Lobpreis) eine geschlossene Einheit. Auch Memoria und Epiklese ändern nichts an der Grundbewegung ›Eucharistia‹. Sie ist die sprachliche Grundform des Hochgebets – und das Hochgebet ist das Grundgeschehen, der Grundakt der Kirche. Das Eucharistische Hochgebet (mitsamt der sich anschließenden Kommunion) ist die Mitte aller Sakramente – und deshalb braucht es hier noch mehr als anderswo die Gegenwärtigkeit, das Mitfühlen, die Anteilnahme, ja die inständige Teilnahme der gesamten Gemeinde.

In diesem Kapitel stammt die Übersetzung der Texte der Didache von GEORG SCHÖLLGEN und die der Traditio Apostolica von WILHELM GEERLINGS – jeweils entnommen aus: Didache. Zwölf-Apostel-Lehre. Übersetzt und eingeleitet von G. SCHÖLLGEN/Traditio Apostolica. Apostolische Überlieferung. Übersetzt und eingeleitet von W. GEERLINGS (Fontes Christiani Bd. 1), Freiburg i. Br. (Herder) 1991.

Wie kommt das Reich Gottes?
(Ps 93–100; Jes 2,1–5; Lk 11,20; 17,21)

Der Begriff ›Reich Gottes‹ bzw. ›Herrschaft Gottes‹ oder wörtlich ›Königtum Gottes‹ (im Griechischen: *basileia tou theou*) steht in der Mitte der Verkündigung Jesu. Alles, aber auch wirklich alles, was Jesus angesagt, gelehrt und getan hat, muss aus seiner Hingabe an das Kommen der Gottesherrschaft verstanden werden. Trotzdem handelt es sich um einen der schwierigsten Begriffe der Theologie. Schon Paulus und der Verfasser des 4. Evangeliums verwenden ihn kaum noch. Offenbar war das, was dieser Begriff für Israel ausdrückte, griechischen Hörern und Lesern schwer zu vermitteln. Während ›Reich Gottes‹ in den drei synoptischen Evangelien zusammengenommen 99-mal vorkommt, findet sich der Begriff in den authentischen Paulusbriefen nur noch 7-mal, im Johannesevangelium nur noch 2-mal, in den Pastoralbriefen (1 Tim, 2 Tim, Tit) nur noch 1-mal, ebenso nur noch 1-mal in den Katholischen Briefen (Jak, 1 Petr, 2 Petr, 1 Joh, 2 Joh, 3 Joh, Jud). Auch die Theologen des 2. Jahrhunderts hatten mit dem Begriff ihre Schwierigkeiten. Und bereits in den ersten fünf Jahrhunderten entstehen all die Engführungen, die dann die spätere Rezeption der Rede vom Reich Gottes beherrscht haben.

Ich möchte innerhalb der ersten fünf Jahrhunderte bleiben und für diesen Zeitraum zunächst einmal auf drei schwerwiegende *Vereinseitigungen* des Reich-Gottes-Begriffs hinweisen. Ich mache sie jeweils an Texten eines bestimmten Theologen fest – nämlich an Texten von Hegesipp, Origenes und Eusebius. Es geht, kurz gesagt,

1. um die Verjenseitigung des Reiches Gottes (Hegesipp)
2. um die Verinnerlichung des Reiches Gottes (Origenes)
3. um die Vermischung des Reiches Gottes mit dem Staat (Eusebius).

Anschließend wende ich mich noch einer 4. Rezeptionslinie zu, die dem jesuanischen Verständnis am nächsten steht – es ist die Position des Augustinus. Wenn man diese vier Verstehens-Ansätze für den Reich-Gottes-Begriff Jesu vor Augen hat, kennt man bereits die wichtigsten Grundlinien späterer Entwicklungen. Denn hauptsächlich zwischen diesen vier Verstehens-Zugängen oszilliert die Geschichte des Reich-Gottes-Verständnisses in der Folgezeit.

In der 2. Hälfte dieses Kapitels wage ich es dann – aufbauend auf dem ersten Teil – *fünf Eckpunkte* zu formulieren, die nicht verfehlt werden dürfen, wenn man der Reich-Gottes-Verkündigung Jesu gerecht werden will.

✷

1. Die Verjenseitigung des Reiches Gottes: Was meint hier »Verjenseitigung«? Gemeint ist das Unverständnis für die *Gegenwart* der Gottesherrschaft. Formuliert wird stereotyp so, als würde sich das Reich Gottes erst am Ende der Welt oder im Jenseits aller Geschichte offenbaren – dann, wenn Christus in Herrlichkeit erscheinen wird. Ein besonders eindrucksvolles Beispiel für diese Position findet sich bei dem Kirchenschriftsteller Hegesipp. Er lebte im 2. Jahrhundert nach Christus. Seine Werke sind nicht mehr erhalten. Von dem, was er geschrieben hat, haben wir nur noch Fragmente – nämlich Texte von ihm, die Eusebius (ca. 263–339) in seiner Kirchengeschichte zitiert. In einem dieser Fragmente geht es um die Verwandten Jesu. Sie seien in der Regierungszeit Domitians vor ein kaiserliches Gericht gestellt worden.

Als man sie über Christus und über die Art, den Ort und die Zeit seines Reiches fragte, antworteten sie, es sei nicht von dieser Welt und Erde, es sei vielmehr ein Reich des Himmels und der Engel, das erst am Ende der Welt kommen werde, wenn Christus in Herrlichkeit erscheine, um die Lebenden und die Toten zu richten und jedem nach seiner Lebensweise zu vergelten. (Eusebius, Kirchengeschichte III 20,4. Übersetzung: Ph. Haeuser)

Soviel Neutestamentliches dieser Text auch im Blick hat – er ist dennoch eine erhebliche Vereinseitigung dessen, was Jesus verkündet hat. Entscheidend ist dabei noch nicht die Aussage, das Reich Christi bzw. das Reich Gottes sei »nicht von dieser Welt«. Diese Formulierung geht zurück auf Joh 18,36, auf das Verhör Jesu vor Pilatus. Dort könnte die Formulierung im Sinne von Joh 17,16 an sich einfach bedeuten: Mein Reich ist anders als die Reiche dieser Welt. Es ist eine Gegenwelt, eine Gesellschaft ganz anderer Art als das Imperium Romanum und deshalb auch keine imperiale Bedrohung des römischen Kaisers.

Aber in diese Richtung denkt Hegesipp offenbar nicht. Er denkt rein zeitlich. Für ihn kommt das Reich Christi bzw. das

Reich Gottes – er unterscheidet nicht zwischen beidem – erst am Ende der Welt mit der Wiederkunft Christi. Jetzt ist es noch reine Zukunft. Aufschlussreich ist, dass Hegesipp das Reich Christi ein »Reich des Himmels« nennt. Dabei bezieht er sich wahrscheinlich auf den Sprachgebrauch des Matthäusevangeliums. Matthäus spricht meistens vom »Reich der Himmel«. Dabei sind »die Himmel« rabbinische Umschreibung für Gott. Zwischen »Reich der Himmel« und »Reich Gottes« ist deshalb überhaupt kein Unterschied. Sollte Hegesipp durch die matthäische Form »Reich der Himmel« zu seiner Verjenseitigung gebracht worden sein?

Wie immer es sich damit verhält – Hegesipp ist nicht der einzige Theologe der Alten Kirche, der dem Reich Gottes seinen Ort im Jenseits, in der Welt des Himmels gibt. Ähnlich ist es bei Hermas (Sim IX 12,3–13,2; 29,2), bei Justin (1. Apologie 11), im 2. Klemensbrief (5,5; 9,6; 11,7; 12,1–6), im Barnabasbrief (21,1) und auch schon in der Didache (9,4; 10,5). Wenn wir genau hinsehen, beginnt diese Verlagerung des Reiches Gottes auf die Zeit nach dem Tod sogar schon im Neuen Testament selbst. Vgl. etwa Apg 14,22; Gal 5,21; 1 Thess 2,12; 2 Thess 1,5; Hebr 12,28; Jak 2,5.

Diese Verortung des Reiches Gottes im Jenseits ist dann im weiteren Verlauf der Kirchengeschichte immer wieder zu beobachten. Nicht, dass die Kirche in ihrem Denken und Tun in einer falschen Weise auf das ewige Leben fixiert gewesen wäre. Ihre Sorge für die Kranken, die Gefangenen, die Armen und die Notleidenden, ihr Bemühen um Bildung für junge Menschen in den Kloster- und Domschulen spricht klar dagegen. Aber all das wurde dann nicht mit dem Begriff des Reiches Gottes in Verbindung gebracht. Es gehörte zu den ›sieben leiblichen‹ und den ›sieben geistigen Werken der Barmherzigkeit‹. Das Reich Gottes selbst, so dachten viele, kommt erst nach dem Tod oder am Ende der Welt.

Noch ein kurzer Blick in unsere Gegenwart: Es ist höchst aufschlussreich, dass in den vier Eucharistischen Standard-Hochgebeten der römisch-katholischen Kirche der Begriff des Reiches Gottes überhaupt nur dreimal vorkommt (abgesehen von dem ebenso seltenen Vorkommen in den Präfationen) – und zwar jedes Mal für das ewige Leben nach dem Tod. Im 2. Hochgebet lautet die Interzession für die Verstorbenen:

Gedenke (aller) unserer Brüder und Schwestern, die entschlafen sind in der Hoffnung, dass sie auferstehen. Nimm sie und alle, die in deiner Gnade aus dieser Welt geschieden sind, in dein Reich auf, wo sie dich schauen von Angesicht zu Angesicht.

Die gleiche Verjenseitigung des Reiches Gottes begegnet uns im 3. und 4. Hochgebet – ebenfalls in der Interzession für die Verstorbenen. Dort aber, wo der jesuanische Begriff des Reiches Gottes nun wirklich seinen Platz gehabt hätte, nämlich innerhalb der Anamnese der Heilsgeschichte im 4. Hochgebet, also dort, wo es heißt:

Den Armen verkündete er die Botschaft vom Heil, den Gefangenen Freiheit, den Trauernden Freude

– genau dort fehlt der Begriff. Man könnte dieses Defizit natürlich mit dem Hinweis rechtfertigen, dass hier auf Lk 4,18 angespielt werde und mit Lk 4,18 wiederum auf Jes 61,1–2 (nebst Jes 58,6) und dass hier außerdem auch noch eine Formulierung der Liturgiekonstitution des 2. Vaticanum (SC 5) aufgegriffen werde. Doch so sinnvoll es war, in dieser Trias von »Heil, Freiheit und Freude« soviel Tradition wie nur möglich sprechen zu lassen – der Begriff des Reiches Gottes hätte vor oder nach der Trias durchaus einen würdigen Platz finden können. Er fehlt aber. Und das ist sehr schade. Die Gläubigen, die Sonntag für Sonntag diese Formulierungen hören, müssen einfach den Eindruck bekommen, das Reich Gottes sei identisch mit dem Himmel. Kommt dann noch das matthäische ›Himmelreich‹ hinzu, das ihnen niemand erklärt, so setzen sich eingleisige Vorstellungen geradezu fest. Und es hat natürlich Folgen, wenn in den wichtigsten Gebeten der Kirche der Reich-Gottes-Begriff Jesu in solcher Weise vereinseitigt wird. Aus dem Auftreten und der

Botschaft Jesu wird damit ein wesentliches Stück herausgeschnitten.

❊

2. *Die Verinnerlichung des Reiches Gottes:* Bei dem großen Theologen Origenes (ca. 185–254) gibt es innerhalb seiner Auslegung des Vaterunsers einen Text mit einem ähnlich gravierenden Defizit, das aber in eine ganz andere Richtung geht:

> *»Es komme dein Reich«: Wenn das Reich Gottes nach dem Wort unseres Herrn und Heilands »nicht mit Beobachtung kommt« und »man nicht sagen wird: Siehe hier ist es oder siehe dort«, sondern wenn »das Reich Gottes in uns ist« [vgl. Lk 17,20–21] – denn »das Wort ist sehr nahe in unserem Mund und in unserem Herzen« [Röm 10,8] –, so betet jeder, der um das Kommen des Reiches Gottes betet, unzweifelhaft darum, dass das in ihm befindliche Reich Gottes emporwachsen und Frucht bringen und vollendet werden möge. Denn jeder Fromme wird von Gott regiert und gehorcht den geistigen Gesetzen Gottes, indem er sich selbst gleichsam wie eine gut eingerichtete Stadt verwaltet. Zugegen ist bei ihm der Vater, und mit dem Vater herrscht Christus in der vollkommenen Seele nach dem Schriftwort, das wir oben erwähnten: »Wir werden zu ihm kommen und Wohnung bei ihm nehmen [Joh 14,23].« Und ich glaube, dass mit Reich Gottes der selige Zustand des herrschenden Willens und die Ordnung der weisen Gedanken gemeint ist. (Origenes, De oratione XXV 1. – Übersetzung nach P. Koetschau.)*

Gemäß dieser Vaterunser-Auslegung befindet sich das Reich Gottes in der Seele der Gläubigen. Origenes bezieht sich dabei auf Lk 17,20–21, einen Text, den er ja auch ausdrücklich zitiert. In Lk 17,21 sagt Jesus, das Reich Gottes sei *entos hymōn*. Doch *entos* heißt zumindest an dieser Stelle nicht ›inwendig‹ – und deshalb muss übersetzt werden ›in eurer Mitte‹ oder vielleicht sogar: ›in eurem Verfügungsbereich‹. Aber offenbar hat dieses *entos* Origenes verlockt, das Reich Gottes, das mit Jesus gekommen ist, in der Innerlichkeit des Glaubenden anzusiedeln. Das Reich Gottes hat also dieser Auslegung gemäß seinen Ort in der Seele, und die Vaterunserbitte »Dein Reich komme« heißt nichts anderes, als dass dieses Reich in den Seelen wachsen und Frucht bringen möge. Bringt es Frucht, so wirkt es selbstverständlich auch nach außen. Aber das wird von Origenes nicht weiter ausgeführt. Die Stadt, die Polis, die im Griechischen für die ›Gesellschaft‹ steht, meint bei ihm hier bezeichnenderweise nicht die Gesellschaftsgestalt des Reiches Gottes, sondern die innere Verfassung des Glaubenden. Das passt gut in das Denken des Origenes.

Aber zu dem, was Jesus gelehrt und gelebt hat, passt es überhaupt nicht. Denn Jesus redet nicht nur von der Seele. Weder vertröstet er die Hungernden, die Notleidenden, die Kranken und von den Dämonen der Gesellschaft Geplagten auf das Jenseits, noch verweist er sie auf die rechte Innerlichkeit. Vielmehr spricht er ihnen zu, dass sie jetzt satt werden und dass ihre Not sich jetzt wendet (Lk 6,20–21).

Man muss freilich hinzufügen: Origenes ist ein viel zu guter Schriftausleger, als dass er sich auf einen einzigen Text fixieren ließe. Er verortet das Reich Gottes nicht nur in den Herzen der Glaubenden. Er sieht die Gegenwart des Reiches Gottes auch in Jesus selbst gegeben. Jesus Christus ist für Origenes »in seiner Person« das Reich Gottes. Davon wird noch zu sprechen sein.

Allerdings: Was Origenes neben dieser Einsicht, Jesus sei das Reich Gottes in Person, als Reich Gottes verstand – nämlich das dem Menschen innerliche Leben der Gnade, die Gottseligkeit im Herzen der Glaubenden, hat dann später in der Rezeptionsgeschichte des Reiches Gottes eine überaus wichtige Rolle gespielt. Man darf ja auch keineswegs sagen, es sei falsch. Aber es war eben eine außerordentliche Vereinseitigung. Nun lassen sich Vereinseitigungen nie durchhalten. Gegen die Interpretationslinie der Verinnerlichung steht als Gegengewicht eine andere Linie, die das Reich Gottes in seiner ganzen gesellschaftlichen Wucht sieht, es dabei aber leider mit dem Staat bzw. mit der Gesamtgesellschaft in eine gefährliche Verbindung bringt. Genau das geschieht bei Eusebius.

※

3. Die Vermischung des Reiches Gottes mit dem Staat: Mit dem Übergang von der Gemeindekirche zur Reichskirche im 4. Jahrhundert entsteht ein neues Modell des Reich-Gottes-Verständnisses. Verantwortlich für diese Wende ist Eusebius, der Bischof von Cäsarea. Eusebius formuliert – tief beeindruckt von Kaiser Konstantin – eine politische Theologie, die ›Imperium Romanum‹ und ›Reich Gottes‹ zwar nicht gleichsetzt, aber einander doch sehr nahe bringt.

Nach Eusebius entsprach in früheren Zeiten, als noch viele Götter verehrt wurden, der *polyarchia,* der Vielherrschaft der Götter, eine Vielzahl von irdischen Machthabern. Und genau das sei der Grund der beständigen Kriege und Rivalitäten in der Welt gewesen. Wie sich die Götter gegenseitig bekämpften, so lebten die Menschen untereinander in ewigem Streit. Gegenüber dieser Situation brachte Christus die Wende. Er offenbarte der Völkerwelt den einen, einzigen Gott. (Leider verschweigt Eusebius den Glauben Israels an den einen, einzigen Gott.) Christus entmachtete die antiken Götter und erwies sie als ohnmächtige Dämonen.

Genau zur gleichen Zeit und parallel dazu beseitigte gemäß Eusebius der römische Kaiser Augustus die unendlichen Teilungen politischer Herrschaft und setzte eine einzige Herrschaft an ihre Stelle: das Imperium Romanum. Die von Christus offenbarte *monarchia* Gottes und die unter Augustus aufstrahlende *monarchia* staatlicher Macht hätten sich also entsprochen. Diese Entsprechung hätte allerdings unter Augustus nur prinzipiell begonnen. Wirklich durchzusetzen vermochte sie sich erst unter Kaiser Konstantin. Erst unter ihm konnte sich die Alleinherrschaft Gottes, die Christus offenbart hatte, auch politisch voll auswirken, denn Konstantin diente, im Gegensatz zu Augustus, dem einen wahren Gott. Insofern sei mit Kaiser Konstantin die messianische Heilszeit, die Christus gebracht hatte, definitiv angebrochen.

Eusebius nennt diese messianische Heilszeit, so weit ich sehe, zwar nirgends explizit ›Reich Gottes‹. Aber faktisch weist er dieser Heilszeit alle Merkmale des Reiches Gottes zu. Denn jetzt erfüllen sich sämtliche alttestamentlichen Verheißungen. Jetzt offenbart Gott sein Heil vor den Augen der Völker (Ps 98,1–2). Jetzt werden die Schwerter umgeschmiedet zu Pflugscharen (Jes 2,4). Jetzt realisiert sich die »Alleinherrschaft« Gottes. Und vor allem: Eusebius zitiert für die neue Zeit, die mit Konstantin angebrochen ist, die Seligpreisung Jesu, die sich an die Jünger richtet, weil sie das Reich Gottes erfahren dürfen:

Amen, ich sage euch: Viele Propheten und Gerechte sehnten sich danach, zu sehen, was ihr seht, und haben es nicht gesehen, und zu hören, was ihr hört, und haben es nicht gehört. (Mt 13,17)

Die beschriebene Reichs-Ideologie findet sich bei Eusebius an vielen Stellen, vor allem aber in seiner ›Praeparatio evangelica‹:

Auf geheimnisvoll-göttliche Macht ging es zurück, dass genau zur gleichen Zeit, da er [Christus] mit seinem Wort und mit seiner Lehre über die Alleinherrschaft [monarchia] des einen, allherrschenden Gottes hervortrat, auch das Menschengeschlecht zur Freiheit gelangte – zur Freiheit sowohl von der vielfältigen und trügerischen Gewalt der Dämonen als auch von der Vielherrschaft [polyarchia] der Völker.
In der Vergangenheit regierten nämlich in jedem Volk über die Städte wie über die ländlichen Territorien unzählige Könige und Statthalter. Teils wurde demokratisch, teils durch Tyrannen, teil durch Herrschaft von mehreren regiert. Es ist klar, dass hieraus Kriege jeder Art entstehen mussten. »*Volk erhob sich gegen Volk*«*, ständig überfiel man Nachbarländer, man plünderte und wurde selbst ausgeplündert, man zog gegeneinander zu Feld und belagerte sich gegenseitig die Städte. Die Konsequenz war natürlich, dass alle in Stadt und Land von Jugend an zum* »*Erlernen des Kriegshandwerks*« *[vgl. Jes 2,4] verpflichtet waren*

Wie kommt das Reich Gottes?

und ständig auf den Überlandstraßen, in den Dörfern und auf den Feldern das Schwert trugen. Als aber der Messias Gottes erschien, über den einst durch die Propheten gesagt worden war: »*In seinen Tagen wird Gerechtigkeit aufblühen und Fülle des Friedens*« *[Ps 72,7] und:* »*Sie werden umschmieden ihre Schwerter zu Pflugscharen und ihre Lanzen zu Sicheln, nie mehr wird Volk gegen Volk das Schwert erheben, und es wird keine Ausbildung mehr geben für den Krieg*« *[Jes 2,4], da folgte in genauer Entsprechung den Weissagungen die Erfüllung. Denn sofort wurde bei den Römern jede Vielherrschaft beseitigt – trat doch Augustus genau zu dem Zeitpunkt, da unser Erlöser erschien, die Alleinherrschaft an. Von da an bis zum heutigen Tag müssen wir es nicht mehr wie früher erleben, dass eine Stadt gegen die andere Krieg führt, ein Volk das andere bekämpft und sein Leben durch das Austragen von Streitigkeiten erschöpft.*
(Eusebius, Praeparatio evangelica I, 4,2–5)

Hier wird also nun das Reich Gottes nicht verjenseitigt, es wird auch nicht verinnerlicht, sondern seine Gesellschaftsgestalt wird ernst genommen. Aber diese Gesellschaftsgestalt wird, gegen die Intention Jesu, mit einem politischen Herrschaftssystem in die allerengste Verbindung gebracht. Erik Peterson hat das 1935 in seiner berühmten Untersuchung »Der Monotheismus als politisches Problem« – die sich indirekt gegen eine den Nationalsozialismus verherrlichende christliche »Reichstheologie« wandte – als »politische Theologie« bezeichnet.

Die »politische Theologie« des Eusebius hat eine unheimliche Wirkungsgeschichte gehabt – und hat sie immer noch. Ich erinnere an die vielen Staatskirchentümer – zum Beispiel an das Byzantinische Reich und an Russland unter den Zaren, an England unter Heinrich VIII., aber auch an die Einheit von Imperium und Sacerdotium im gesamten Mittelalter sowie an den Kirchenstaat vom 8. Jahrhundert bis 1870. Und das alles, obwohl sich Israel seit dem Exil von dem theokratischen Traum – jedenfalls in der Tora und bei den Propheten – deutlich distanziert hatte.

❋

4. **Bindung des Reiches Gottes an das Volk Gottes:** Dass sich – zumindest im Abendland – im Gegensatz zum Osten letztlich dann doch, wenngleich in langen Rückzugsgefechten, ein anderes Grundmodell durchgesetzt hat, nämlich die Trennung von Kirche und Staat, verdanken wir Augustinus (354–430). Bei ihm findet sich nichts mehr von der politischen und theologischen Naivität, mit der Eusebius den römischen Staat betrachtete. Für Augustinus ist klar: Die Kriege sind weitergegangen, und die *civitas terrena* ist alles andere als das in der Bibel erhoffte Friedensreich.

Noch immer gibt es Kriege. Noch immer kämpfen die Völker miteinander um die Vorherrschaft. Es gibt Kriege zwischen den Parteien, Kriege zwischen den Juden, den Heiden, den Christen, den Häretikern. Die einen streiten für die Wahrheit, die anderen für die Unwahrheit. Es gibt die Kriege, ja sie häufen sich. »*Er setzt den Kriegen ein Ende bis an die Grenzen der Erde*« *[Ps 46,10] hat sich also noch nicht erfüllt. Vielleicht wird es sich einmal erfüllen. Ist es vielleicht irgendwo erfüllt? Ja, in einigen ist es erfüllt. Im Weizen ist es erfüllt. Im Unkraut ist es noch nicht erfüllt. (Augustinus, Enarrationes in Psalmos 45,10. CChr. SL 38,527)*

Das ist eine durch und durch realistische und in ihrem Realismus glänzende Analyse, die auch eine beträchtliche Portion Ironie enthält (»Die einen streiten für die Wahrheit, die anderen für die Unwahrheit.«). Allerdings war Augustinus ein viel zu guter Kenner der Heiligen Schrift, als dass er nun wieder in den gegenteiligen Fehler einer Verjenseitigung des Gottesreiches gefallen wäre. Im 20. Buch seines »Gottesstaates« stellt er sich der Frage, ob das Reich Gottes nur jenseitig sei oder doch auch schon diesseitig. Ganz von den Evangelien her argumentierend unterscheidet er dabei die zukünftige Gestalt des Reiches Gottes von ihrer diesseitigen Gestalt. Im zukünftigen Reich Gottes vollendet sich alles. Aber das Reich Gottes (bzw. das Reich Christi) gibt es schon jetzt – und zwar in der Kirche:

Denn nicht nur in jenem zukünftigen Reich, das der Herr für das Ende der Zeiten im Auge hat, wenn er sprechen wird: »Kommt, ihr Gesegneten meines Vaters, nehmet das Reich in Besitz, das für euch bereitet ist« [Mt 25,34], sondern auch jetzt schon herrschen mit ihm, freilich in ganz anderer Art, seine Heiligen, denen ja das Wort gilt: »Seht, ich bin bei euch bis ans Ende der Weltzeit.« [Mt 28,20] Sonst hieße nicht jetzt schon die Kirche sein Reich oder das Himmelreich. (De civitate Dei 20,9. Übersetzung: A. Schröder)

Augustinus sieht also auch die Kirche als einen Ort des Reiches Gottes an – insofern ist es schon jetzt angebrochen. Er ist allerdings weit davon entfernt, damit eine Glorifizierung der Kirche zu verbinden. Die Kirche ist für Augustinus *corpus permixtum*. Es gibt in ihr in erschreckender Form auch das Böse:

Man muss also ein doppeltes Himmelreich annehmen: Eines ist das, worin beide sich befinden: sowohl der, welcher auflöst, was er [Christus] lehrt, wie der, der es vollbringt – nur eben der eine als der Geringste, der andere als ein Großer. Das andere [Himmelreich] ist das, in welches nur der Vollbringer eingeht. Demnach ist das Himmelreich, worin beide Arten von Menschen vorkommen, die Kirche, wie sie jetzt ist. Das aber, wo es nur die eine Art [von Menschen] gibt, ist die Kirche, wie sie einmal sein wird, wenn sich kein Böser mehr in ihr befindet. Also ist auch jetzt schon die Kirche das Reich Christi und das Himmelreich. Es herrschen sonach mit ihm auch jetzt schon seine Heiligen, freilich anders, als sie dereinst herrschen werden. Dagegen hat keinen Anteil an der Mitherrschaft das Unkraut, obwohl es in der Kirche mitsamt dem Weizen heranwächst. (Augustinus, De civitate Dei 20,9. Übersetzung nach A. Schröder)

Man hat es Augustinus übel genommen, dass er sich Sätze wie den gerade zitieren erlaubt hat: »Also ist auch jetzt schon die Kirche das Reich Christi und das Himmelreich.«. Sieht man genau hin, so identifiziert Augustinus jedoch die Kirche keineswegs einfachhin mit dem Reich Gottes. Das sieht man allein schon daran, dass er die irdische Kirche eben als das Weizenfeld von Mt 13,24–30 betrachtet, in dem es zwischen dem Weizen eine Unmenge Unkraut gibt. Im Übrigen hatte Augustinus völlig recht, das Reich Gottes mit der Kirche und damit mit dem Volk Gottes zusammenzubringen. Für die hebräische Bibel und damit auch für Jesus stehen Reich Gottes und Volk Gottes in einer innigen Beziehung zueinander.

Offenkundig hängen die vielen Vereinseitigungen des Reiches Gottes in der Geschichte der Kirche und Europas – nämlich die eilfertige Verjenseitigung, die bequeme Verinnerlichung, sowie die unheilvolle Vermischung mit dem Staat – offenkundig hängen diese Engführungen letztlich damit zusammen, dass Jesus allzu sehr von Israel und vom Judentum losgelöst wurde, dass das Alte Testament auf den Weissagungsbeweis verdünnt wurde und dass das Jüdische aus dem Christentum herausgedrängt wurde.

Wenn man darstellen will, was Jesus mit dem ›Reich Gottes‹ bzw. mit der ›Gottesherrschaft‹ gemeint hat, drohen stets Einseitigkeiten. Warum ist das so? Es hängt wohl vor allem damit zusammen, dass der Begriff ›Reich Gottes‹ nicht von einer statischen Wirklichkeit, sondern von einem dynamischen Geschehen spricht. Deshalb sollte man *basileia tou theou* auch nicht stereotyp mit ›Reich Gottes‹ übersetzen. Genauso richtig und oft sogar noch besser ist die Übersetzung ›Gottesherrschaft‹ (oder entsprechend bei Matthäus ›Himmelsherrschaft‹). ›Gottesherrschaft‹ macht den Geschehens-Charakter der Basileia Gottes besser sichtbar. Ich versuche in dem nun folgenden 2. Teil dieses Kapitels die angekündigten *fünf Eckpunkte* herauszustellen, die man nicht verfehlen darf, wenn man der Reich-Gottes-Verkündigung Jesu gerecht werden will.

1. Das ›Noch-nicht‹ des Reiches Gottes. Einer der wichtigsten und sichersten Belege für »Reich Gottes« im Munde Jesu ist das Vaterunser (Mt 6,9–13/Lk 11,2–4). In diesem Gebet, das Jesus für seine Jünger formuliert hat, lautet die zweite Bitte: »Dein Reich komme!« Das Reich Gottes ist also nicht eine Wirklichkeit, die vorhanden ist, die einfach da ist oder in der man wie selbstverständlich lebt, sondern die »kommt«. Das »Reich« ist in der Welt noch nicht da, es ist noch Zukunft, man muss es noch erbitten. Dasselbe zeigt ein anderer Text gleich zu Beginn des Markusevangeliums:

> *Erfüllt ist die Zeit und nahegekommen ist die Gottesherrschaft. [Deshalb] kehrt um und glaubt an diese frohe Botschaft! (Mk 1,15)*

Die Gottesherrschaft ist also nahegekommen. Sie steht bereits vor der Tür, denn die Zeit ist erfüllt. Sie will schon Gegenwart werden. Dennoch gilt: Sie ist noch nicht da. Sie verlangt zuerst einmal Glaube und Umkehr.

Viele Ausleger sehen in diesem Text eine nachträgliche Zusammenfassung der Predigt Jesu durch Markus oder die Tradition vor ihm. Doch das ist ganz unwahrscheinlich. Jesus hat ja die Zwölf ausgesandt, das Reich Gottes überall im Land auszurufen (Mt 10,5; vgl. Lk 10,9). Für diese ›Ansage‹, für diese ›Proklamation‹, brauchten die Zwölf aber einen festen Text. In Mk 1,15 handelt es sich um genau diesen Text. Jesus selbst hat damit seine Botschaft für den Gebrauch seiner Jünger zusammengefasst. Er hat sie so knapp und genau formuliert, wie eine ›Ansage‹ es verlangte.

Wir können jetzt also als einen *ersten Eckpunkt* festhalten: Für Jesus ist das Reich Gottes noch nicht da. Aber es will anbrechen – und es ist schon so nahe, dass es angesagt werden muss.

*

2. *Das ›Schon‹ des Reiches Gottes.* Allerdings war dies jetzt nur ein *erster* Eckpunkt. Die Sache mit dem Reich Gottes ist differenzierter. Denn es sind auch noch andere zentrale Texte zu berücksichtigen. Einer von ihnen steht inmitten eines Streitgesprächs, in welchem es um die Dämonenaustreibungen Jesu geht (Lk 11,14–23; vgl. Mt 12,22–30). Seine Gegner konnten nicht leugnen, dass er Kranke und Besessene heilte. Es geschah ja unmittelbar vor ihren Augen. Deshalb deuteten sie seine Heilungen böswillig um: »Mithilfe des Obersten der Dämonen treibt er die Dämonen aus« (vgl. Mk 3,22/Lk 11,15). Jesus zeigt die Absurdität dieser Behauptung und fügt dann hinzu:

Wenn ich mit dem Finger Gottes die Dämonen austreibe, dann hat euch die Gottesherrschaft schon erreicht. (Lk 11,20)

Das heißt: Nicht mit der Hilfe des Oberdämons beseitigt Jesus die Zwänge und dämonischen Mächte, sondern mit der Kraft Gottes – und gerade daran wird sichtbar: Die Gottesherrschaft ist nicht nur »nahegekommen«, sondern sie ist »bei euch angekommen«, »sie hat euch erreicht«, ja, »sie ist über euch gekommen«. All das steckt in dem griechischen *ephthasen eph' hymas*. Hier spricht Jesus also eindeutig vom Schon-Angekommensein der Gottesherrschaft.

Und Lk 11,20 steht nicht allein. Mit derselben Eindeutigkeit sagt Jesus, als man ihn nach den Vorzeichen fragt, die dem Kommen der Gottesherrschaft doch vorausgehen müssten: Da braucht es keine Vorzeichen mehr. »Das Reich Gottes ist doch schon in eurer Mitte« (Lk 17,21).

Und nicht nur in knappen und scharf zugeschnittenen Logien redet Jesus von dem schon Gegenwart werdenden Reich Gottes. Er tut es genauso in bestimmten Gleichnissen, zum Beispiel im Gleichnis vom Schatz im Acker und der kostbaren Perle:

Mit der Himmelsherrschaft [= Gottesherrschaft] verhält es sich wie mit einem Schatz, der in einem Acker verborgen war. Den entdeckte einer, verbarg ihn [aber sofort wieder], und in

seiner Freude geht er hin, verkauft alles, was er besitzt, und kauft den Acker.
Auch verhält es sich mit der Himmelsherrschaft wie mit einem Kaufmann, der schöne Perlen suchte. Als er eine besonders wertvolle Perle fand, ging er hin, verkaufte alles, was er besaß, und kaufte sie. (Mt 13,44–46)

Es ist klar, worauf dieses Doppelgleichnis abzielt: Es will die Überraschung und die Freude ahnen lassen, die für jeden mit dem Finden eines Schatzes oder einer außerordentlichen Kostbarkeit verbunden ist. Die beiden Finder geben alles her, was sie besitzen, um ihren Fund in die Hand zu bekommen. Und so wie der Schatz und wie die Perle ist das Reich Gottes greifbar und anschaubar. Es existiert nicht nur im Innern des Menschen – und verbirgt sich auch nicht im Jenseits der Geschichte. Man kann das Reich Gottes schon jetzt sehen, greifen, einhandeln, erwerben. Gerade deshalb fasziniert es die Menschen und bewegt sie dazu, für diese Kostbarkeit alles herzugeben. Sie machen das Geschäft ihres Lebens.

Mit all dem hat sich nun schon ein *zweiter Eckpunkt* ergeben. Der *erste,* an dem unbedingt festzuhalten ist, lautete: Das Reich Gottes ist noch nicht da. Aber es will anbrechen. Es ist nahe. Es wird schon angesagt. Der zweite Eckpunkt, an dem genauso festzuhalten ist, lautet: Doch, das Reich Gottes ist schon da. Man kann es schon sehen. Man kann es schon ergreifen.

Innerhalb dieses Spannungsbogens spricht Jesus vom Reich Gottes. Die Neutestamentler reden deshalb von dem ›Schon und Noch-nicht‹ der Gottesherrschaft. Und sie sagen zu Recht: Die damit gegebene Spannung ist unbedingt durchzuhalten. Andernfalls verfehlt man, was Jesus mit dem Kommen des Reiches Gottes gemeint hat.

Im Übrigen bewahrt uns der Spannungsbogen zwischen dem ›Schon und Noch-nicht‹ vor dem fragwürdigen Begriff der Naherwartung. Dieser Begriff ist missverständlich. Denn meistens wird er so verstanden, dass wir uns auf einer Zeitlinie der Zielmarkierung lediglich genähert hätten. Auf diese Weise verfehlt der Begriff, was Jesus angesagt hat. In Jesus ist die Zielmarkierung eben schon erreicht. Die Zeit hat sich schon erfüllt und spitzt sich zugleich in einer ungeahnten Weise zu. Die schon anwesende Liebe Gottes bittet um eine Antwort. Die Gottesherrschaft möchte empfangen werden – einfach, weil sie schon da ist. Mit einem zwar nahen, aber immer noch ausstehenden Termin kann man sich nicht mehr entschuldigen. Den Eingeladenen wurde bereits zugerufen: »Mein Festessen habe ich angerichtet, die Ochsen und das Mastvieh sind schon geschlachtet, alles ist bereit, kommt zur Hochzeit!« (Mt 22,4)

※

3. Jesus – das Reich Gottes in Person: So wichtig das alles ist – es reicht noch nicht für das Verstehen der Reich-Gottes-Botschaft Jesu. Es genügt noch nicht, nur auf den Spannungsbogen von ›Schon-und-Noch nicht‹ hinzuweisen. Unsere Erkundung muss weiter ausgreifen. Hierfür lohnt es sich, noch einmal auf Origenes und seine Auslegung der 2. Vaterunserbitte zurückzukommen. Das Reich Gottes, so hörten wir von Origenes (De oratione XXV 1), habe seinen Ort in der Innerlichkeit des Menschen und

so betet jeder, der um das Kommen des Reiches Gottes betet, unzweifelhaft darum, dass das in ihm befindliche Reich Gottes emporwachsen und Frucht bringen und vollendet werden möge.

Man sieht jetzt sofort: Origenes bietet mit dieser Formulierung eine plausible Lösung für die Spannung zwischen dem ›Schon‹ und dem ›Noch nicht‹ des Reiches Gottes: Es ist bei allen, die an Christus glauben und nicht von der Sünde beherrscht werden, *schon Gegenwart* – nämlich in ihrem Herzen, in ihrem Innern. Aber es muss noch »emporwachsen und Frucht bringen«. Insofern ist es *noch nicht da.*

Origenes weiß aber innerhalb seines gewaltigen Werkes noch mehr über das Reich Gottes zu sagen. Bei seiner Auslegung des

Gleichnisses vom unbarmherzigen Knecht (Mt 18,23-35) weist er darauf hin, dass der eigentliche ›Ort‹ des Reiches Gottes Jesus selber sei. Origenes tut das im Rahmen einer ganzen Serie von Begriffen, die in seiner Christologie eine gewichtige Rolle spielen (Matthäuskommentar XIV 7): Jesus ist »die Wahrheit in Person« *(autoalētheia)* – er ist »das Leben in Person« *(autozōē)* – »die Gerechtigkeit in Person« *(autodikaiosynē)* – »die Weisheit in Person« *(autosophia)* – und genauso ist er auch »die Königsherrschaft Gottes in Person« *(autobasileia)*. Offenbar lässt sich Origenes dabei leiten von Joh 14,6: »Ich bin der Weg, die Wahrheit und das Leben.«

Die christologische Position, *dass Jesus selbst in seiner Person das Reich Gottes sei,* kann in vielem weiterhelfen. Mit ihr ist auf jeden Fall ein *dritter Eckpunkt* für unsere Frage gegeben, *wie, in welcher Weise* das Reich Gottes komme. Wir dürfen von Jesus bei dieser Frage nicht absehen. Und es entspricht ja auch durchaus den Texten der Evangelien. Ich erinnere an das schon zitierte Jesuswort: »Wenn ich mit dem Finger Gottes die Dämonen austreibe, dann hat euch die Gottesherrschaft doch schon erreicht« (Lk 11,20). In dieselbe Richtung weist Lk 17,21: »Das Reich Gottes ist schon in eurer Mitte.«

Es ist also gut und richtig, die Gestalt Jesu und das Kommen der Gottesherrschaft als eine unauflösbare Einheit zu betrachten. Jesus ist tatsächlich der Inbegriff und die absolute Mitte des Reiches Gottes, ja er ist die »Basileia in Person«. Nur muss man sich hüten, mit dieser Aussage eine neue Engführung zu schaffen. Beim Kommen der Gottesherrschaft geht es um alle Völker, um alle Gesellschaften der Welt, um die ganze Erde, um die gesamte Schöpfung *(vgl. Eckpunkt Nr. 5).* Diese universale Weite des Reiches Gottes darf auf keinen Fall zu kurz kommen, wenn gesagt wird, Jesus Christus sei das Reich Gottes selbst.

✣

4. Das Reich Gottes kommt in dieser Welt in Niedrigkeitsgestalt.
Was heißt das? Blicken wir dafür noch einmal zurück auf Euse-

bius. Wie wir sahen, initiierte er eine Rezeptionslinie, in der die Geschichte des Reiches Gottes in dieser Welt mit Gelingen, Erfolg und Sieg verbunden ist. Seine Verquickung der Gottesherrschaft mit dem Imperium Romanum zeigt es. Auch spätere Entwicklungen zeigen es – etwa im 19. Jahrhundert die Verbindung des Reich-Gottes-Begriffs mit dem Glauben an eine kontinuierliche geistige und moralische Fortentwicklung der Menschheit zu einer vollkommenen Gesellschaft. Die ›Perfektibilität‹ des Menschen war seit dem Beginn der Europäischen Aufklärung geradezu ein Leitbegriff geworden, der seine Spuren auch in der Theologie hinterließ. Und auch zum Marxismus gehörte dann der Glaube an das Werden einer perfekten Gesellschaft – natürlich unter atheistischen Vorzeichen. Frank Goldammer lässt in einem seiner Romane über die ehemalige DDR einen überzeugten Funktionär folgendermaßen reden:

Bald brauchen wir keine Polizisten mehr. In einer sozialistischen Gesellschaft, in der Gleichheit herrscht, in der es keine Verlockungen gibt, nur ehrliche Arbeit und Zufriedenheit, eine geregelte Versorgung, eine geplante Wirtschaft, in der ein Rädchen ins andere greift, wird es keine Verbrechen mehr geben, keinen Nährboden für Neid, Habsucht und Raffgier, keine Möglichkeit, sich auf Kosten anderer zu bereichern. Der sozialistische Mensch hat keinen Grund, jemanden zu überfallen, zu bestehlen oder gar zu ermorden.

Man muss solchen Utopien, in deren Hintergrund ein säkularisierter und pervertierter Reich-Gottes-Begriff steht, das Bild Jesu gegenüberstellen – eben als das »Reich Gottes in Person«. Wurde aus seinem Leben, wurde aus seiner Verkündigung des Reiches Gottes eine Erfolgsgeschichte? Nach staunenswerten Anfängen starb Jesus am Kreuz. Dass es so kommen würde, muss ihm früh bewusst geworden sein. Nicht zufällig erzählt er das Gleichnis von der ausgestreuten Saat und ihren Feinden als Gleichnis für das Kommen der Gottesherrschaft (Mk 4,1–9): ein Teil der Aussaat wird von den Vögeln aufgepickt, ein anderer Teil vertrocknet, ein weiterer Teil wird von Dornen erstickt. Gewiss: Der Teil der Saat, von dem am Ende des Gleichnisses die Rede ist, bringt überreiche Frucht. Aber das Gleichnis zeigt: Jesus macht sich keine Illusionen; er weiß, mit wie viel Widerstand und Feindschaft die Gottesherrschaft zu rechnen hat.

Auch noch andere Gleichnisse Jesu wären hier zu nennen – etwa das vom Sauerteig (Lk 13,20–21). Eine kleine Menge Sauerteig wird von einer Frau in eine Riesenmenge Mehl gemischt – wahrscheinlich steht ein Festessen mit vielen Personen bevor. Der Sauerteig wird in den Mehlteig hineingeknetet und durchsäuert alles. Wie bei allen Jesusgleichnissen darf man auch hier die Erzählung oder in diesem Fall die Miniatur-Erzählung nicht auf einen einzigen ›mathematischen Punkt‹ reduzieren. Es geht nicht nur darum, dass am Ende alles durchsäuert ist, sondern eben auch darum, dass der Sauerteig im Weizenmehl »verborgen« wird. Er verschwindet geradezu, ist nicht mehr zu sehen, ist gleichsam gestorben – hat aber dabei die 40 Liter Mehl völlig durchsäuert und dem Fladenbrot seinen guten Geschmack gegeben.

Man darf also das Ende Jesu nicht von seiner Botschaft vom Kommen der Gottesherrschaft trennen. Man darf nicht denken, seine Proklamation des Reiches Gottes und sein Sterben am Kreuz seien zwei völlig verschiedene Dinge, die nichts miteinander zu tun hätten. Der Tod Jesu zeigt nur in aller Deutlichkeit, was in seiner Verkündigung der Gottesherrschaft bereits mitenthalten war. Man denke nur an das Logion Mk 8,35. Es muss in seiner ursprünglichen Form gelautet haben:

Wer sein Leben retten will, wird es zugrunde richten.
Wer sein Leben um meinetwillen zugrunde richtet, wird es retten.

Die Frohe Botschaft des Anfangs ist am Ende nicht erledigt, sondern erweist gerade ihren Realitätsgehalt. *Der Tod Jesu zeigt nun endgültig die Verborgenheits- und Niedrigkeitsgestalt der Gottesherrschaft.*

Doch was heißt das? Es heißt: Die Gottesherrschaft kommt nicht ohne Verfolgungen, und sie kommt nicht ohne Opfer. Ja, sie kommt nicht ohne das tägliche Sterben. Die Gottesherrschaft verlangt einen Herrschaftswechsel, den der Mensch vollziehen muss. Sie verlangt Geschehen-Lassen und Sich-Hingeben. Sie kommt nicht ohne reines Empfangen, und dieses Empfangen ist immer auch ein Erleiden. In seiner Passion ist Jesus dem Reich Gottes keineswegs fern. Es kommt sogar gerade in der »Stunde«, in der Jesus selbst nichts mehr tun kann, sondern sich Gott ganz ausliefert. Genau dies ist die Grundlinie des Johannesevangeliums. Die »Stunde« tiefster »Erniedrigung« ist gerade die Stunde seiner »Verherrlichung«, also die Stunde, in der die Herrlichkeit Gottes das gesamte »Werk« Jesu erfasst (Joh 13,1; 17,1).

Das alles heißt nun aber: Der Begriff ›Reich Gottes‹ kann nicht mehr formuliert werden, ohne dass zugleich die Hingabe Jesu bis in den Tod mitgedacht wird. Das bedeutet für die Nachfolger Jesu: Sie können nicht im Bereich der Gottesherrschaft leben ohne den Gehorsam gegenüber dem, was diese Gottesherrschaft mit sich bringt. Und das geht inmitten einer widerständigen Gesellschaft und einer widerständigen Kirche nicht ohne Leid, nicht ohne Opfer, nicht ohne Passionsgeschichten.

Letztlich entlarvt der Tod Jesu alle Selbstherrlichkeit des Menschen und damit auch jedes vordergründige und angemaßte Verständnis des Reiches Gottes. Die Gottesherrschaft ereignet sich dort, wo der Mensch an seine Grenzen stößt, wo er nicht mehr weiter weiß, wo er sich ausliefert, wo er allein Gott Raum gibt, so dass Gott handeln kann. Dort erst, in der Zone des ständigen Sterbens und Auferstehens beginnt die Gottesherrschaft. Mit seiner Formulierung, dass Jesus die »Basileia in Person« sei, hat Origenes dieses Verständnis des Reiches Gottes ermöglicht.

Ist damit alles gesagt? Nein, noch immer nicht. Wir müssen nun unbedingt noch das Alte Testament in unsere Erkundungen miteinbeziehen. Denn wenn Jesus von der Königsherrschaft Gottes sprach, hatte er selbstverständlich seine Heilige Schrift vor Augen. Zwar betete er als gläubiger Jude auch die üblichen Gebete, zum Beispiel das Kaddisch, in dem das baldige Kommen der Gottesherrschaft erfleht wird. Aber entscheidend war für ihn die Heilige Schrift selbst. Und im Alten Testament gehört zum Kommen von Gottes Königsherrschaft die Herrschaft Gottes über die ganze Welt.

※

5. Zum Kommen des Reiches Gottes gehört das Kommen der Völker zum Zionsberg. Ich werde mich für diesen 5. Eckpunkt auf eine bestimmte Psalmengruppe konzentrieren, die seltsamerweise bei den Erörterungen der Neutestamentler über das Reich Gottes kaum eine Rolle spielt. Es handelt sich um die Psalmen 93–100, die deutlich miteinander verkettet sind und die ihrerseits auf die Psalmen 46–48 anspielen. Die Komposition der Psalmen 93–100 zeichnet sich dadurch aus, dass in ihr mehrfach und betont Gott als König gepriesen wird. Nicht weniger als 4-mal heißt es in diesen ›JHWH-König-Psalmen‹: »Der Herr ist König [geworden]« (93,1; 96,10; 97,1; 99,1; vgl. 47,9).

Diese Königsherrschaft Gottes ist nun aber nicht auf Israel beschränkt. Es ist ein universales Königtum. Immer wieder ist in den Psalmen 93–100 (46–48) von den »Völkern« die Rede, von den »Nationen«, von »Königreichen«, vom »Erdkreis«, von der »ganzen Erde« und von der »ganzen Welt«.

Wichtig ist nun, in welcher Weise sich das universale Königtum Gottes in der Welt manifestiert. Da wird zunächst einmal grundlegend gesagt, dass Gott die Welt vor dem Chaos absichert – und zwar von Anfang an und für immer. Diese Bändigung des Chaos bezieht sich zunächst auf die kosmischen Chaosmächte, die als chaotische Wasserfluten dargestellt werden (93,1–4; vgl. 46,3–4). In Schranken gewiesen werden aber auch die Chaosmächte der Geschichte (94,2–11; vgl. 48,5–9). Gott schuf von Anfang an eine Weltordnung, die er dann in den Rechtsordnungen Israels konkretisiert hat (99,4). Diese Weltordnung und die aus ihr erfließenden Rechtsordnungen haben ihren Ursprungsort auf dem Zionsberg und seinem Heiligtum (99,2–4; vgl. 48,3).

Gottes Gesetze sind fest und verlässlich (93,5). Er stellt das Recht immer wieder her (96,10–13) und erzieht die Völker

(94,10). Den Kriegen setzt er ein Ende: »Er zerbricht die Bogen, zerschlägt die Lanzen, verbrennt die Wagen im Feuer« (46,10). Einerseits bringt er die Unterdrücker zum Schweigen (94,23), andererseits richtet er in Gerechtigkeit und Güte (96,13) und schafft so Frieden in der Welt. Dieser Zustand des Friedens erfasst nicht nur die Weltgesellschaft; er spiegelt sich sogar in der Natur. Die Natur jauchzt mit den Menschen zum Lobpreis ihres Schöpfers (98,7–9).

Das alles wird in einer radikalen Theozentrik dargestellt: Gott bewirkt dieses umwälzende Geschehen. Er ist der Handelnde. Vor allem, wenn nun Folgendes geschieht: Die Völker der Welt werden eingeladen, sich am Gottesdienst Israels zu beteiligen (96,7–10). Sie werden eingeladen zum Zion (100,1–4). Dort öffnen sich ihnen die Tore (100,4), und sie dürfen miteinstimmen in Israels Lobgesänge auf JHWH (98,4–6). Das Dreimal-Heilig, das in Jes 6,3 die Serafim einander zurufen, steht in Ps 99 ebenfalls dreimal: Es wird nun von den Völkern zusammen mit Israel gesungen (99,3.5.9).

Aber nicht nur das: Die höchste Würde Israels, erwähltes Volk Gottes zu sein, wird nun auch den Völkern der Welt gewährt. So jedenfalls wird man den die gesamte Komposition abschließenden Ps 100 deuten müssen:

Jauchzet dem HERRN *zu, du ganze Erde!*
Dienet dem HERRN *mit Freude!*
Geht hinein vor sein Angesicht mit Jubel!

Erkennet: »Ja, der HERR, *[nur] er ist Gott;*
er hat uns gemacht, ihm gehören wir:
[wir sind] sein Volk, die Herde seiner Weide!«

Geht hinein in seine Tore mit Dank,
in seine Höfe mit Lobpreis!
Danket ihm, preist seinen Namen:

»Ja, gut ist der HERR;
auf ewig währt seine Güte

und von Geschlecht zu Geschlecht seine Treue!«
(Übersetzung: E. Zenger)

Das »Hineingehen in seine Höfe«, das »Hineingehen in seine Tore« und das »Hineingehen vor sein Angesicht« meint selbstverständlich das Betreten der Tempelhöfe. Die Heidenvölker werden also eingeladen, nach Jerusalem hinaufzuziehen und dort in den Höfen des Tempels am Gottesdienst Israels teilzunehmen. Offensichtlich hatte Jesus bei seiner Tempelaktion diese endzeitliche Einkehr der Völker in den Tempel vor Augen. Er wollte – wenigstens in einer prophetischen Zeichenhandlung – deutlich machen, dass der Tempel (und mit ihm Israel) in einem unwürdigen Zustand war, der das Kommen der Völker verhinderte (Mk 11,15–19; vgl. Jes 56,6–7). Und offensichtlich hat sich Jesus ausschließlich an »die verlorenen Schafe des Hauses Israel« gewandt (Mt 10,5–6), weil er wusste: Das Heil für die Völker muss von Israel, muss vom Zion ausgehen.

Allerdings wurden der gerade zitierte Ps 100 und die gesamte Psalmengruppe 93–100 von Alttestamentlern oft so ausgelegt, als würde da gar nicht von den Heiden, sondern von den *Juden in der Diaspora* gesprochen, die aus ihrer Zerstreuung unter den Völkern wallfahrend nach Jerusalem kommen. Sie hätten dann Gott dafür gepriesen, dass sie selber »sein Volk und die Herde seiner Weide« seien.

Aber offensichtlich sind mit der Aufforderung »Jauchzet dem HERRN zu, du ganze Erde« (100,1) die Heidenvölker gemeint. Es handelt sich nämlich bei dieser Aufforderung um ein bewusstes Zitat von Ps 98,4. Und dort geht es ganz eindeutig um das Offenbarwerden Gottes vor den Völkern (vgl. 98,2). Psalm 100 will ja gerade die gesamte Komposition der Psalmen 93–100 zusammenfassen. Und diese Komposition handelt eben nicht von den Diasporajuden, sondern von *allen Völkern*.

Dass hier nun die Heiden Anteil bekommen an der Würde Israels und sich »Volk Gottes« nennen dürfen, ist alles andere als eine Selbstverständlichkeit. Es macht deutlich, welche Dimensionen das Kommen des Königtums Gottes hat.

Halten wir deshalb für unseren 5. *Eckpunkt* fest: Das Kommen der Gottesherrschaft kann niemals im rein Partikularen verbleiben. *Es ist ein Geschehen, dass die gesamte Welt erfasst. Es muss dabei auch in gesellschaftlichen Verhältnissen sichtbar werden – zuerst in Israel, dann vermittelt durch Israel in allen Völkern, in der Weltgesellschaft, ja, in der gesamten Schöpfung mit all ihren Bereichen.* Deshalb ist es kein poetischer Zierrat, wenn in den Psalmen 93–100 vom ganzen Erdkreis die Rede ist – von den Fluten – von der Brandung des Meeres – den Tiefen der Erde – den Gipfeln der Berge – den Bäumen des Waldes – der Flur und allem, was auf ihr wächst. Das Kommen der Gottesherrschaft verändert und erneuert alles. Die Schöpfung soll zu dem werden, als das sie von Anfang an gedacht war. Deshalb wohnt die Gottesherrschaft nicht nur tiefinnerlich in den Herzen der Menschen. Deshalb preisen nun nicht nur die Heiden den wahren Gott, sondern es braust das Meer und seine Fülle, und die Bäume des Waldes jubeln. Nicht nur die Menschen singen ein »neues Lied« (96,1) – die ganze Schöpfung singt es (96,11–13).

Es gelingt also Gott, die Völker der Welt heimzuholen in eine Welt der Gerechtigkeit, der Güte und des Friedens, in der alles so ist, wie es sein sollte – sie somit heimzuholen in den Raum seiner Herrschaft. Aber wie kann das geschehen? Es muss ja in völliger Freiheit geschehen. Und es muss ein realer Vorgang sein, in dem sich Menschen, ja ganze Gesellschaften verändern. Wie soll das gehen? Und vor allem: Wie hat Jesus sich das vorgestellt – und zwar gerade im Blick auf die Völker, in denen – genau wie im Gottesvolk (94,1–11) – Gier und Gesetzlosigkeit, Rivalität und Rachsucht niemals aufgehört haben?

Die JHWH-König-Psalmen haben es schon angedeutet: Es wird möglich werden, indem die Völker die Einladung zum Zion annehmen und in den Höfen des Tempels zusammen mit Israel Gott preisen. Das wird in diesem Psalmenkomplex aber so abgekürzt gesagt, dass man ein konkreteres Bild erwartet hätte. Und das Alte Testament hat dieses konkrete Bild. Es ist die sogenannte ›Völkerwallfahrt‹. Sie wird in der Bibel an vielen Stellen angesprochen. Die wichtigsten und bekanntesten Texte dazu stehen im Buch des Propheten Micha in 4,1–5 und bei Jesaja in 2,1–5 sowie 60,1–22. Ich wähle Jes 2,1–5:

In kommenden Tagen wird es geschehen:
Der Berg des Hauses des HERRN
steht fest gegründet als höchster der Berge –
er überragt alle Hügel.

Zu ihm strömen alle Nationen,
die vielen Völker machen sich auf den Weg und sagen:
»Kommt, wir ziehen hinauf zum Berg des HERRN,
zum Haus des Gottes Jakobs!
Er belehre uns über seine Wege,
auf seinen Pfaden wollen wir gehen.«

Denn vom Zion wird Weisung ausgehen –
und zwar als Wort des HERRN *aus Jerusalem.*
Er wird Recht sprechen zwischen den Nationen
und zum Mittler werden zwischen den Völkern.

Dann schmieden sie ihre Schwerter um zu Pflugscharen
und ihre Lanzen zu Winzermessern.
Nie mehr wird Nation gegen Nation das Schwert erheben,
und sie werden nicht mehr zum Krieg ausgebildet.

So kommt jetzt, ihr vom Haus Jakob,
wir wollen unseren Weg gehen im Licht des HERRN*!*

In diesem Text aus dem Buch Jesaja ist zwar nicht vom König-Werden Gottes oder gar von seinem Königtum die Rede. Dennoch hat er mit der Komposition der Psalmen 93–100 Entscheidendes gemeinsam: nämlich den Zionsberg (Ps 99,2), der nun hoch emporragt (Ps 48,3) und zu dem die Nationen und Völker kommen (Ps 100,1–4; vgl. 47,10;). Bei Jesaja und genauso in den JHWH-König-Psalmen ist dieser Weltberg mit seinem Heiligtum der Ausgangspunkt der Weltveränderung.

Aber gibt es da nicht doch einen ins Auge fallenden Unterschied? Bei Jesaja kommen die Nationen zum Zion, um Weisung von Gott zu empfangen, Rechtssprüche und Vermittlung in Streitfragen (Jes 2,3–4). In den JHWH-König-Psalmen kommen die Völker, um Opfergaben darzubringen und Gott zu preisen (Ps 96,7–9).

Sieht man genauer hin, so verliert dieser Unterschied jedoch seine Konturen. Denn in unserer Psalmenkomposition wird Gott eben beschrieben als derjenige, der sich seit seiner Thronbesteigung als Herr über die Chaosmächte erwiesen hat und der unablässig das aufsteigende Chaos der Völker bändigt (Ps 93). Dort, wo die Völker ihn anerkennen und ihm alle Ehre erweisen, wird es in Entsprechung dazu möglich, dass auch sie in Treue und Verlässlichkeit und damit in Frieden leben.

In Jes 2,1–5 wird derselbe Vorgang lediglich variiert: Wenn die Völker zum Zion wallfahren, empfangen sie dort unmittelbare Weisung, die es ihnen ermöglicht, nach der Ordnung Gottes zu leben. Und das wird dann noch weiter konkretisiert: Sie rüsten ab, machen aus ihren Waffen Werkzeuge für die Landwirtschaft und bilden keine Soldaten mehr aus für den Krieg.

Zwischen Jes 2,1–5 und der Psalmenkomposition 93–100 besteht also trotz mancher Unterschiede eine beide Komplexe verbindende tiefe Gemeinsamkeit. Sie liegt in dem Kommen der Völker zum Zion – bei Jesaja, um Weisung zu empfangen, in den Psalmen 93–100 um anzubeten. Entscheidend ist aber ihr Kommen. Und so bahnt sich eine tiefgreifende Wende für die gesamte Völkerwelt an. Oder sagen wir jetzt ruhig: Auch für die Völker kommt nun die Königsherrschaft Gottes. Sie kommt für die Welt ausgehend vom Zion und das heißt eben auch: ausgehend vom Gottesvolk rund um den Zion.

Genau damit aber entwickelt sich nun aus diesem Knäuel von »Rezeptionslinien« und »Eckpunkten« die eigentliche Frage dieses Kapitels. Sie lautet nicht, ob die Gottesherrschaft am Ende der Welt bzw. jenseits der Todesgrenze vor den Augen aller Menschen und aller Völker manifest wird – also dann, wenn

Wie kommt das Reich Gottes?

Auferstehung geschieht, wenn alle Toten vor Gott versammelt werden, wenn Christus »Gott dem Vater die Herrschaft übergibt« und Gott »alles in allem« sein wird (1 Kor 15,24–28). Dass dann die Gottesherrschaft für alle Menschen endgültig in Erscheinung tritt, ist für die neutestamentlichen Schriften absolut klar – und ich hoffe auch für jeden Christen.

Doch darum geht es hier nicht. Die nun nicht mehr aufschiebbare Frage lautet: Gibt es auch *schon innerhalb der Geschichte selbst* immer wieder ein Manifest-Werden der Gottesherrschaft? Oder vielleicht sogar eine Entwicklung, in welcher das Reich Gottes in der Welt immer klarere Formen annimmt? Die Antwort ist nicht leicht. Meine Leserinnen und Leser werden in Kauf nehmen müssen, dass wir uns im Folgenden nicht auf einer glatten Straße bewegen werden, die uns eindeutig in eine bestimmte Richtung führt, sondern eher auf nicht ausgebauten Wegen mit Kurven und Richtungswechseln.

Aber ist die gerade skizzierte Frage überhaupt von Bedeutung? Man könnte doch argumentieren, entscheidend sei allein, dass die Herrschaft Gottes am Ende alles ergreifen und alles verwandeln wird – jene Herrschaft Gottes, die im Gegensatz zu menschlicher Herrschaft absolute Gerechtigkeit ist und doch zugleich unfassliche Liebe. Was liegt daran, ob diese Herrschaft Gottes schon in dieser Geschichte manifest und fassbar wird oder erst jenseits der Todesgrenze, wenn alle Geschichte eingesammelt wird, vor Gott hintreten muss und sich dann ihr innerer Richtungssinn enthüllt?

Doch liegt daran wirklich nichts? Ist es denn gleichgültig, in welche Richtung die Weltgesellschaft sich bewegt? *Schon jetzt* in Richtung wachsender Einsicht, Vernunft, Gerechtigkeit, Solidarität und Gewaltlosigkeit – oder *immer mehr* in Richtung menschengemachter Katastrophen, die das Angesicht der Erde verdunkeln und immer mehr Menschen zu dem Urteil führen, es könne gar keinen Gott geben – denn es wäre doch ein seltsamer Schöpfer, der eine so schauerliche Welt gewollt habe? Und liegt wirklich nichts daran, ob es Gott ›gelingt‹, die Menschheit, ohne ihre freie Entscheidung auch nur anzutasten, schon in der Geschichte selbst auf das Ziel seiner Schöpfung hinzuführen? Oder ob ihm das, zumindest was den Ablauf der äußeren, sichtbaren Geschichte angeht, am Ende misslungen ist? Dem Alten und dem Neuen Testament war diese Frage offenbar keineswegs gleichgültig. Die Heilige Schrift ringt um diese Frage. Sie hat Texte, die auf Apokalyptik, also auf zunehmende Katastrophen hinauslaufen. Sie hat aber auch optimistischere Texte, denen zufolge die Gottesherrschaft schon jetzt, mitten in dieser Geschichtszeit, die Welt verändert.

Wir hatten uns zwei dieser optimistischen Texte genauer angesehen: die JHWH-König-Psalmen und die Prophetie von der Völkerwallfahrt in Jes 2,1–5. Ich nehme an dieser Stelle noch einen dritten Text hinzu – das Siegeslied am Schilfmeer (Ex 15,1–18). Mose singt es dort zusammen mit den Israeliten, nachdem Gott das Volk vor dem Heer des Pharao gerettet hat – und die Prophetin Mirjam, die Schwester des Aaron, singt dazu vereint mit allen Frauen jeweils einen passenden Kehrvers (Ex 15,20–21). Das Lied beginnt folgendermaßen:

Singen will ich dem HERRN,
denn hoch erhaben ist er.
Ross und Reiter warf er ins Meer.
[...]

Das Lied spricht zum Schluss von dem Heiligtum auf dem Berg Zion, dem Thronsitz Gottes, und es endet dann mit dem Lobpreis: »*Der* HERR *ist König für immer und ewig.*« Die Nähe zu den JHWH-König-Psalmen liegt auf der Hand. Vor allem aber: Bei der Erzählung vom Exodus aus Ägypten befinden wir uns mitten in der Geschichtszeit und nicht an deren Ende, denn: »Ross und Reiter warf er ins Meer.« Und wer sich daran stört, dass hier eine ganze Streitmacht im Schilfmehr ersäuft wird, der sollte sich zumindest klarmachen, dass ein versuchter Genozid vorangegangen war: Der Gottkönig Ägyptens hatte geplant, das gesamte Volk Israel zu vernichten, und auch schon damit begonnen (Ex 1,8–22). Fazit: Den Exodus-Erzählungen zufolge zeigt sich die Königsherrschaft Gottes mitten in der Geschichte – und zwar als göttliches Gericht über einen menschenverachtenden Gewaltherrscher.

Im Übrigen würde es auch schon genügen, noch einmal auf das Reden und Handeln Jesu hinzuweisen. Für Jesus ist klar, dass sich die Gottesherrschaft schon jetzt, in dieser Geschichte, sichtbar und greifbar manifestiert: in dem Frieden, den er den Menschen zuspricht; in seiner Annahme der Sünder; indem er die Kranken heilt; indem er Menschen von ihren dämonischen Zwängen befreit. Und dürfte ein Theologe im Ernst sagen: Zwar sei die Gottesherrschaft im Leben Jesu Christi gegenwärtig gewesen – in seinen Worten und in seinen Wundern sei sie sichtbar geworden –, doch dann habe sie sich wieder in die himmlische Transzendenz zurückgezogen und werde erst wieder manifest am Ende bzw. im Jenseits aller Geschichte?

Wenn Paulus einen solchen Satz gehört hätte – er hätte zornig widersprochen und darauf bestanden, dass die Machttaten Christi innerhalb der Gemeinden in den *Machterweisen des Heiligen Geistes* weitergehen (vgl. Röm 15,19; 1 Kor 2,4; 4,20; 2 Kor 12,12).

Und der Verfasser des 4. Evangeliums hätte uns darauf hingewiesen, dass Gottes Wirken in der Welt ja nicht an dem Wort ›Gottesherrschaft‹ hänge. Es gäbe noch andere Begriffe, die er in dem von ihm selbst verfassten Evangelium sogar ganz bewusst an die Stelle des schwierigen Begriffs ›Gottesherrschaft‹ gesetzt habe, zum Beispiel die Begriffe ›Leben‹ und ›Herrlichkeit‹ (vgl. Joh 5,24; 17,22;). Wer die Botschaft des Gottessohnes annehme und an ihn glaube, empfange schon jetzt ›Herrlichkeit‹ und ›Leben‹. Und das Offenbar-Werden dieser Herrlichkeit sei die Einheit der Glaubenden. Wo immer also Menschen, die an den Menschensohn glauben, in Einheit und Einmütigkeit lebten, sei das eine in die Augen fallende Manifestation der Gottesherrschaft (Joh 17,20–23). Heiße es dort denn nicht: »So sollen sie vollendet sein in der Einheit, *damit die Welt erkennt, dass du mich gesandt hast*«?

Halten wir also fest: Es gibt im Alten wie im Neuen Testament gut bezeugte Positionen, denen zufolge sich die Königsherrschaft

Gottes nicht erst am Ende aller Geschichte, sondern mitten in der Geschichte selbst immer wieder offenbart. Besonders anschaulich wird das eben in dem Vorstellungskomplex der Völkerwallfahrt. Die Völker der Welt haben die ständigen Kriege satt. Sie wollen endlich einen vernünftigen Umgang miteinander. Sie wollen den Frieden. Und so kommen sie zum Zion um zu lernen. Sie lernen dort, wie man in Frieden leben kann. In den JHWH-König-Psalmen nehmen sie sogar am Gottesdienst Israels teil und lernen durch ihre Anbetung menschenwürdig zu leben.

Und erst recht lernen die Völker durch Jesus. Die Bergpredigt gilt zwar zunächst einmal dem Gottesvolk Israel – und dort in eminenter Weise den Jüngern Jesu. Doch nach der Auferstehung Jesu soll sie alle Völker erreichen: »Darum geht und macht alle Völker zu meinen Jüngern [...] und lehrt sie, alles zu befolgen, was ich euch geboten habe!« (Mt 28,19–20). Diesen Auftrag erhalten die Jünger Jesu übrigens auf einem Berg – wohl eine kleine Reminiszenz des Matthäus an den Weltenberg der Völkerwallfahrt (Jes 2,2).

Aber nun das Problem und der erste Richtungswechsel auf unserer schwierigen Erkundungsfahrt: Es gibt in der Bibel auch Positionen, denen gemäß die Völker offenbar nichts lernen. Sie ziehen nicht zum Zion, um dort unterwiesen zu werden, sondern um Jerusalem zu zerstören (vgl. Ps 48,5–9; Jes 29,1–8; Mi 4,11–13; Sach 12,1–9; 14,1–3). Statt Völkerwallfahrt also Völkersturm.

Der literarische Motivkomplex ›Völkersturm‹ hat tiefgreifende Geschichtserfahrungen Israels als Ursache: Schon in den Jahren 733–722 v. Chr. war das Nordreich mit seiner Hauptstadt Samaria von der damaligen Großmacht Assyrien auf die grausamste Weise vernichtet worden. Im Jahre 597 v. Chr. wurde dann Jerusalem durch babylonische Truppen eingenommen und die Oberschicht deportiert. Im Jahre 587/6 wurde die Stadt erneut belagert und erobert. Doch dieses Mal wurde der Tempel ausgeraubt und zerstört, die Stadt geplündert und niedergebrannt, und ihre Mauern wurden geschleift. In den Motivkomplex ›Völkersturm‹ sind aber nicht nur diese realen Widerfahrnisse Israels eingeflossen, sondern auch mythische Motive von der Schrecklichkeit der Chaosmächte (vgl. Jes 17,12–14). In den späteren Weltend-Schilderungen der apokalyptischen Literatur taucht der Völkersturm dann als Völkerkampf wieder auf – als Motivkomplex, der zu den Schrecken der Endzeit gehört. Und jetzt geraten die Kriege und die Kriegsnot in eine neue Dimension. Alles Geschehen auf der Erde spitzt sich in einer unerhörten Weise zu: Ein Volk erhebt sich gegen das andere und ein Reich gegen das andere (Mk 13,8). Gegenseitiger Hass greift um sich und reißt selbst die Familien auseinander: »Brüder liefern ihre Brüder zum Tod aus – Väter ihre eigenen Kinder – Kinder treten gegen ihre Eltern auf und schicken sie in den Tod« (Mk 13,12). Der Staat wird omnipotent, totalitär und zu einer Bestie (Offb 13,12.16–17). Hinzu kommen Erdbeben, Dürre, Hungersnöte, Flächenbrände und kosmische Katastrophen (Mk 13,8.24–25).

Auf dem Höhepunkt der Drangsal erscheint dann Christus auf den Wolken des Himmels, und das Weltgericht beginnt (vgl. Mk 13,26–27). Auch hier spielt zunächst alles noch inmitten der Geschichte, in der wir leben: gegenseitiger Hass, Kriege, Hungersnöte, Erdbeben. Erst mit der Wiederkunft Christi transzendiert die Geschichte. Denn Christus erscheint ja vor dem Angesicht aller Völker.

Fazit: Wir stehen hier vor zwei sich anscheinend widersprechenden Geschichtsmodellen. Welches von beiden steht dem, was ist und was kommen wird, am nächsten? Die Völkerwallfahrt oder der Völkerkampf? Das Geschichtsmodell der Völkerwallfahrt würde bedeuten, dass die Gottesherrschaft schon mitten in der Geschichte als Wunder manifest wird. Denn dass die Kriege in der Welt aufhören und die Völker den Frieden lernen, könnte ich nur als ›Wunder‹ begreifen. Hingegen würde das apokalyptische Geschichtsmodell des Völkerkampfes doch wohl bedeuten: Das Kommen der Gottesherrschaft wird im Ablauf der Geschichte höchstens im Verborgenen geschehen, immer in Niedrigkeitsgestalt, immer nur verbunden mit dem Kreuz Christi (vgl. Eckpunkt Nr. 4).

Aber stehen wir hier wirklich vor einem Entweder-oder? Vielleicht ist bereits die Frage in dieser strikt alternativen Form falsch gestellt. Denn einmal vorausgesetzt, die Weltgeschichte würde tatsächlich immer apokalyptischer, der Machtmissbrauch immer größer, die Vergewaltigungen des Menschen immer niederträchtiger, die Kriege immer furchtbarer – müssten wir dann nicht zumindest mit der Möglichkeit rechnen, dass auch die Distanzierung von den Regisseuren dieses Treibens zunehmen würde? Dass es dann immer mehr öffentliches Eintreten für die Wahrheit gäbe, für die Menschenrechte, für den Frieden – und zwar auch oder sogar gerade in den Ländern, in denen jetzt menschenverachtende Autokraten herrschen?

Könnte es dann nicht sogar geschehen, dass immer mehr Menschen aufstehen, auf die Straße gehen und ihr Nein zu der Machtgier ihrer Machthaber zeigen – ohne jede Gewalt, aber in stiller, selbstverständlicher Einmütigkeit? Und selbst wenn dieser Massenprotest für Gerechtigkeit und Frieden in den von Autokraten oder Machtbünden beherrschten Ländern dann niedergeknüppelt oder sogar für die eigenen Interessen missbraucht würde – hätte der Protest mit dem Reich der Wahrheit und des Friedens, das die Gottesherrschaft ist, nichts, aber auch gar nichts zu tun gehabt?

Müssen wir denn als Christen nicht sogar fest damit rechnen, dass die ausgestreute Saat des Evangeliums schon in dieser Welt Frucht bringt – wie immer die äußeren Verhältnisse sich gestalten? Denn mit der Gottesherrschaft verhält es sich ja – ich hatte schon an früherer Stelle auf dieses Gleichnis hingewiesen – wie mit einem Mann, der Samen auf seinen Acker sät. Dann schläft er und steht wieder auf, es wird Nacht und es wird Tag, der Same keimt und wächst, und der Mann weiß gar nicht wie, denn von selbst bringt die Erde ihre Frucht, zuerst den Halm, dann die Ähre, dann das volle Korn in der Ähre. (Mk 4,26–29)

Müssen wir als Christen nicht nur damit rechnen, sondern sogar daran ›glauben‹, dass die Gottesherrschaft *schon in dieser Welt* Frucht bringt, die Dinge verändert, die Herzen umwandelt, das Wissen um die Menschenwürde wachsen lässt und uns mit Geschichtswenden überrascht, an die keiner vorher auch nur gedacht hätte? Allerdings: Müssen wir nicht auch damit rechnen, dass Gott dies alles auf seine Art tut: nicht im Voraus berechenbar, oft sogar leise, unmerklich, verborgen – eben so, wie es das Gleichnis Mk 4,26–29 meisterlich schildert? Und dann schmilzt der scharfe Unterschied zwischen den beiden Zukunftsvisionen zusammen. Die Völkerwallfahrt geschieht schon mitten im Völkersturm.

Ich hatte als Beispiel für das Manifest-Werden der Königsherrschaft Gottes schon innerhalb dieser Geschichte die Rettung Israels vor dem Heer des Pharao und das sich anschließende ›Siegeslied am Schilfmeer‹ ins Spiel gebracht. Diese Exodus-Texte Israels weisen uns eindeutig darauf hin: Die Gottesherrschaft offenbart sich bereits jetzt und nicht erst am Ende aller Geschichte. Wenn wir dann freilich genauer zusehen, was am Schilfmeer eigentlich geschehen ist, muss diese Textauslegung mit viel größerer Behutsamkeit formuliert werden.

Denn rein historisch gesehen, müssen diejenigen, die da vor dem Pharao und seiner Staatsmacht geflohen sind, eine relativ kleine Gruppe gewesen sein. Es muss ihnen gelungen sein, durch die ägyptischen Grenzposten auf gefährlichen Umwegen hindurchzukommen. Ihr geglückter Grenzübergang wurde dann von Generation zu Generation weitererzählt. Sie selbst und die nach ihnen haben mit Recht gesagt: »Unser Gott hat uns gerettet.« Aber das war eine Deutung ihrer Flucht, eine Deutung aus dem Glauben. Und es dauerte noch Jahrhunderte, bis das ›Siegeslied am Schilfmeer‹ mit seinem Preis der Königsherrschaft Gottes gedichtet war. Dazwischen hatte es in Israel immer neue Rettungserfahrungen gegeben. Sie waren alle der Urerfahrung am Schilfmeer hinzugefügt worden, waren in die Exodus-Texte eingeflossen und hatten sie wachsen lassen.

Doch all diese Geschichtserfahrungen Israels waren *gedeutete* Geschichte, gedeutet aus einem Vorverständnis. Anders kann der Sinn von Geschehnissen, der Sinn von Geschichte, die Wirklichkeit eines Menschen oder die Wirklichkeit eines ganzen Volkes auch gar nicht erfasst werden. Die Erfahrung von Sinnzusammenhängen setzt immer Deutung voraus. Im schlechtesten Fall Deutung aus dem Nihilismus – im besseren Fall Deutung aus dem Glauben an den lebendigen Gott.

Das aber hieße für unseren Zusammenhang: Gott handelt zwar in dieser Geschichte. Die Gottesherrschaft offenbart sich schon jetzt. Aber sie bleibt im Inkognito und zeigt sich nur den Glaubenden. Sie kann weggeredet werden. Sie kann missachtet werden. Sie kann verhöhnt werden. So wie Jesus am Kreuz verhöhnt wurde. Sie kann aber auch geglaubt und damit erkannt werden. Und dann sehen die gläubigen Augen den wahren Jesus, sie sehen das Heilige in der Kirche, sie sehen die unzähligen Heiligen, sie sehen die zahllosen Märtyrer, sie sehen die kleinen und großen Wunder, die von Gott her mitten in einer verwirrten, oft verzweifelnden und durchaus apokalyptischen Weltgesellschaft geschehen und, wohlgemerkt – Wunder eben nicht nur in der Kirche, sondern bei vielen, bei sehr vielen Menschen, denen sich die Kirche nie als die Kirche Jesu Christi gezeigt hat, die aber die Wahrheit suchen und für sie eintreten, die das Gute ersehnen und es tun, die den Menschen und seine Würde achten und sich ihre Hoffnung nicht erschüttern lassen.

Doch damit ist es nun höchste Zeit, unsere Kurvenfahrt zu beenden. Ich verweise zum Schluss auf einen Text, der mir selbst in der Bedrängnis unserer Zeit schon oft geholfen hat. Wir haben ihn bereits kennengelernt. Er steht am Ende von Jes 2,1–5:

So kommt jetzt, ihr vom Haus Jakob,
wir wollen unseren Weg gehen im Licht des HERRN*!*

Dieser eine Satz am Ende der Komposition von der Völkerwallfahrt führt den ungeheuerlichen Text Jes 2,1–5 mit Nachdruck zu dem hin, was ihm von Anfang an zugrunde liegt – auf die Welt-Funktion des Gottesvolkes. Denn hier wird den damaligen Lesern mit einem bemerkenswerten Realismus und doch zugleich mit prophetischer Kraft gesagt: Denkt bitte nicht darüber nach, *wann* das alles geschehen wird und *wie* es geschehen wird! Sondern fangt einfach an, die gesellschaftliche Alternative zu leben, die diese Vision ankündigt. Dann wird sie auch wahr.

Mit diesem Schluss-Satz will Jes 2,1–5 seinen damaligen Hörern und Lesern also sagen: In der aktuellen Gegenwart herrscht weiterhin Krieg. Die Völker glauben noch immer, ihre Probleme mit dem Einsatz von Gewalt lösen zu können. Aber in Israel soll es anders sein. Es soll in der Kraft seines Gottes mit dem Frieden beginnen – und zwar jetzt, unverzüglich. Gerade so und nur so kann die Welt ihre Kriege überwinden. Das Gottesvolk muss bei sich selbst, in seiner eigenen Mitte, mit der gelebten Alternative den Anfang machen.

Übrigens hat der nun schon mehrfach zitierte Origenes die Prophetie Jes 2,1–5 genau in diesem Sinn verstanden. Origenes war sogar überzeugt, dass die Völkerwallfahrt bereits im Gange ist. Er setzt dabei voraus, dass inzwischen jede christliche Ortsgemeinde selbst zum Zion, also zur »Stadt auf dem Berg« geworden ist. Unter dieser Voraussetzung sagt er: Die Völker ziehen doch bereits zum Zion – womit er natürlich meint, dass Heiden nun schon seit 200 Jahren zu Christen werden und sich taufen lassen.

Dürften wir solche Rede noch wagen? Und würden wir sie noch wagen? Wichtig ist freilich, *auf welche Weise* Origenes sie vorträgt. Er spricht ohne jeden Triumphalismus – und formuliert dabei nicht aus der Sicht der Christen, sondern reiht sich demütig (man beachte das »einander ermahnend«) in den Zug der Heiden zum Zion ein:

Wir, alle Völker, kommen zu ihm [zum Zion, zum Haus des Herrn], und wir, die vielen Völker, brechen [zu ihm] auf und ermahnen einander, die in den letzten Tagen durch Jesus Christus herrlich offenbarte Gottesverehrung anzunehmen, und rufen uns gegenseitig zu: »Kommt, wir steigen hinauf zum Berg des Herrn und zu dem Haus des Gottes Jakobs, dass er uns lehre seinen Weg, und dass wir wandeln auf ihm.« (Origenes, Contra Celsum V,33. Übersetzung: P. Koetschau)

Das heißt natürlich auch: Der in Jes 2,1–5 angesagte endzeitliche Friede wird schon längst Wirklichkeit – und zwar in den christlichen Gemeinden. Welch ein Bewusstsein! Und noch einmal: Welches Wagnis, so zu reden! Denn in den christlichen Gemeinden bzw. in der Kirche gab es schon damals nicht nur Frieden, sondern eben auch schrecklichen Streit und schwere Zerwürfnisse. Doch Origenes hat die Bibel beim Wort genommen. Und er nimmt uns bei ihrem Wort.

Ich finde es unendlich ermutigend, dass uns am Ende von Jes 2,2–5, am Ende dieses Textes, der voll Verheißung und Hoffnung ist, dem aber die Realität unserer eigenen Gegenwart brutal ins Gesicht schlägt, ohne Kompliziertheiten gesagt wird: Fangt einfach an! Geht dabei allerdings »im Licht des Herrn«, was für uns nur heißen kann: Geht den Weg des biblischen Israel und den Weg des Evangeliums, den uns Jesus vorgezeichnet hat!

Für die Auslegung der JHWH-König-Psalmen habe ich mich vor allem gestützt auf ERICH ZENGER, Das Weltenkönigtum des Gottes Israels (Ps 90–106), in: NORBERT LOHFINK/ERICH ZENGER, Der Gott Israels und die Völker. Untersuchungen zum Jesajabuch und zu den Psalmen, Stuttgart 1994, 151–178. — Das Zitat zur ›Sozialistischen Gesellschaft‹ findet sich bei FRANK GOLDAMMER, Juni 53. Ein Fall für Max Heller (5). Kriminalroman, München 2019, 157.

Danksagung

Dieses Buch ist meinem Bruder Norbert gewidmet als Zeichen unserer tiefen Verbundenheit über viele Jahrzehnte und meiner Dankbarkeit für zahllose gute Gespräche – nicht nur über Theologie und Kirche. Er hat auch das vorliegende Buch voll Spannung und mit guten Ratschlägen verfolgt.

Hilfreich zur Seite stand mir auch wieder mein Freund Marius Reiser mit seinem Wissen zur Bibel und zur antiken Literatur. Unsere exegetischen Fachgespräche am Telefon sind weitergegangen und waren für mich in vielen Fragen eine wichtige Unterstützung.

Johann Pachner, mein Verbindungsmann zur Bayerischen Staatsbibliothek und zur Universitätsbibliothek der Ludwig-Maximilians-Universität, hat mir wieder mit Treue und Zuverlässigkeit zugearbeitet. Auf ihn ist einfach immer Verlass.

Über die altersbedingten Verwirrungen meines greisen Computers und meine eigenen IT-Defizite haben mir Raphael Jaklitsch und Gerd Block als gute Freunde hinweggeholfen. Sie waren stets zur Stelle, wenn ich sie brauchte. Gerd Block danke ich besonders auch dafür, dass er das ganze Buch mit großem Erfolg auf Fehler durchgelesen hat. Dasselbe tat für mich erneut Elisabeth Hagmaier, trotz all ihrer vielen anderen Aufgaben. Die beiden haben sich wunderbar ergänzt.

Viele liebe Grüße gehen erneut nach Freiburg i. Br. an Frau Francesca Bressan, die in der Abteilung ›Foreign Rights‹ im Verlag Herder dafür sorgt, dass meine Bücher in den USA, in Italien, Spanien, Portugal, Belgien, Niederlande, Polen, Ungarn, Südkorea und China erscheinen können, und die ihnen immer neue Türen öffnet. Tausend Dank, Francesca!

Wie immer hat Herr Dr. Bruno Steimer vom Verlag Herder auch dieses Buch mit fachlicher Präsenz und steter Hilfsbereitschaft zu seiner Sache gemacht. Über die ›Traditio Apostolica‹ (vgl. das Kapitel »Das Eucharistische Hochgebet«) konnten wir uns als Fachkollegen unterhalten. Die ›Traditio‹ war das Thema seiner Doktorarbeit gewesen.

Und nun wären all die lieben Menschen zu nennen, die mir in der vielfältigsten Weise auch dieses Mal wieder beim Schreiben geholfen haben: durch ihre Lektüre einzelner Kapitel, die gerade fertig geworden waren, durch ihre Rückfragen, ihre Ratschläge, ihre Einfühlung, ihr Interesse und – ihr Gebet. Unbedingt genannt werden müssen an dieser Stelle wenigstens Carmelita und Gerd Block, Kristina und Johannes Hamel, Hildegard und Alfons Vannahme, Hartmut und Heidi Frische, Gerlinde Back, Maria Steinwachs, Martin Schirmers, Gerhard Viehhauser, Pietro Giacomelli, Linda M. Maloney, Eliza Karminska, Hyoktae Peter Kim und nicht zuletzt Achim Buckenmaier und Peter Stuhlmacher.

Euch und vielen anderen gilt mein tiefer und herzlicher Dank. Er gilt aber in gleicher Weise allen meinen Leserinnen und Lesern, mit denen ich mich fest verbunden fühle und für die zu schreiben mir eine immer neue Freude ist. Gott segne Euch, wo immer Ihr seid!

Gerhard Lohfink

Liturgische Tabelle

Die meisten Kapitel dieses Buches legen Texte aus, die in den christlichen Sonntags- und Festgottesdiensten begegnen. Die folgende Liste will helfen, diese biblischen Texte – zumindest was die katholische Leseordnung angeht – im Kirchenjahr zu verorten.

A-C	1. Adventssonntag	Adventliche Wachsamkeit	→ S. 87
A-C	2. Adventssonntag	Weltliebe oder Weltdistanz?	→ S. 90
A-C	3. Adventssonntag	Was macht ein Fest zum Fest?	→ S. 99
A-C	Weihnachten – In der Heiligen Nacht	Das helle Licht	→ S. 117
A-C	Weihnachten – Am Tag	Der weite Bogen des Weihnachtsfestes	→ S. 125
A-C	Weihnachten	Die Geburt des messianischen Volkes	→ S. 128
A-C	2. Sonntag nach Weihnachten	Kant und die Folgen	→ S. 79
A-C	Taufe des Herrn	Anlässlich der Taufe Jesu	→ S. 140
A-C	Darstellung des Herrn	Eine Begegnung im Tempel	→ S. 132
A-C	Sonntag vor Aschermittwoch	Die Figur des Narren	→ S. 145
A-C	2. Fastensonntag	Verweile doch! du bist so schön!	→ S. 168

Liturgische Tabelle

A-C	Ostersonntag	Unser ältestes Osterlied	→ S. 179
A-C	1. Mai	Zur christlichen Sicht der Ehe	→ S. 290
A-C	Christi Himmelfahrt	Erhöht über alle Mächte	→ S. 209
A-C	Pfingstsonntag	Geistesgeschichte	→ S. 214
A-C	Dreifaltigkeitssonntag	Geistesgeschichte	→ S. 214
A-C	Mariä Aufnahme in den Himmel (15.8)	Maria, Urbild der vollendeten Kirche	→ S. 251
A-C	Allerheiligen (1.11.)	Zum Fest Allerheiligen	→ S. 254
A	1. Adventssonntag	Wie kommt das Reich Gottes?	→ S. 362
A	4. Adventssonntag	Die Herkunft Jesu	→ S. 112
A	1. Fastensonntag	Zwei Versuchungsgeschichten	→ S. 153
A	4. Fastensonntag	Mein Hirt ist der Herr	→ S. 189
A	4. Sonntag der Osterzeit	Mein Hirt ist der Herr	→ S. 189
A	Dreifaltigkeitssonntag	Bericht vom Zeck	→ S. 277
A	2. Sonntag im Jahreskreis	Ein außergewöhnlicher Briefanfang	→ S. 29
A	4. Sonntag im Jahreskreis	Eben keine Utopie!	→ S. 55
A	10. Sonntag im Jahreskreis	Das Opfer der Lippen	→ S. 38

Liturgische Tabelle

A	10. Sonntag im Jahreskreis	Ein fatales Bußgebet	→ S. 160
A	20. Sonntag im Jahreskreis	Die ausländische Frau	→ S. 24
A	22. Sonntag im Jahreskreis	Betört und verführt	→ S. 164
A	28. Sonntag im Jahreskreis	Mein Hirt ist der Herr	→ S. 189
A	33. Sonntag im Jahreskreis	Gegenseitige Erlösung?	→ S. 304
A	34. Sonntag im Jahreskreis	Mein Hirt ist der Herr	→ S. 189
B	1. Adventssonntag	Adventliche Wachsamkeit	→ S. 87
B	4. Adventssonntag	Maria und der Engel	→ S. 107
B	4. Adventssonntag	Die Herkunft Jesu	→ S. 112
B	2. Fastensonntag	Abraham wird erprobt	→ S. 273
B	3. Sonntag der Osterzeit	Der Geist gegen den Leib?	→ S. 183
B	4. Sonntag der Osterzeit	Der wahre Hirt und seine Herde	→ S. 313
B	5. Sonntag der Osterzeit	Der wahre Weinstock	→ S. 200
B	7. Sonntag der Osterzeit	Letzte Worte	→ S. 74
B	12. Sonntag im Jahreskreis	Jesus und seine Jünger im Sturm	→ S. 240
B	14. Sonntag im Jahreskreis	Der Stachel im Fleisch	→ S. 267

B	15. Sonntag im Jahreskreis	Das Eucharistische Hochgebet	→ S. 333
B	16. Sonntag im Jahreskreis	Mein Hirt ist der Herr	→ S. 189
B	18. Sonntag im Jahreskreis	Geteilte Hostie – geteiltes Leben	→ S. 229
B	19. Sonntag im Jahreskreis	Geteilte Hostie – geteiltes Leben	→ S. 229
B	20. Sonntag im Jahreskreis	Geteilte Hostie – geteiltes Leben	→ S. 229
B	21. Sonntag im Jahreskreis	Entscheidungen	→ S. 234
C	3. Adventssonntag	Gaudete! – Freuet euch!	→ S. 95
C	3. Fastensonntag	Das Zeitfenster	→ S. 17
C	4. Fastensonntag	Die Macht der Bilder	→ S. 47
C	Palmsonntag	Der Esel des Messias	→ S. 173
C	5. Sonntag im Jahreskreis	Irdisch-himmlische Liturgie	→ S. 244
C	24. Sonntag im Jahreskreis	Die Macht der Bilder	→ S. 47
C	30. Sonntag im Jahreskreis	Pharisäer und Zöllner	→ S. 60

Nachweis der Erstveröffentlichungen

Aus
Gerhard Lohfink, Heute – wann sonst?,
© Verlag Katholisches Bibelwerk GmbH, Stuttgart 2014,
ISBN 978-3-460-30032-3, Seiten 40–44, 47–50 und 58–60,
sind entnommen:
- Die Herkunft Jesu (S. 112–117, überarbeitet)
- Abraham wird erprobt (S. 273–277, überarbeitet)
- Weltliebe oder Weltdistanz? (ursprünglicher Titel: Das Irdische verachten?) (S. 90–95, überarbeitet, erweitert)

Aus
Gerhard Lohfink, Gottes Volksbegehren,
© Verlag Neue Stadt, München 1998, ISBN 978-3-87996-392-7,
Seiten 150–154, ist entnommen:
- Irisch-himmlische Liturgie (ursprünglicher Titel: Wenn die Gemeinde versammelt ist, sind Himmel und Erde verbunden) (S. 244–250, überarbeitet).

Verzeichnis der Schriftstellen

Die Schriftstellen, denen jeweils ein ganzes Kapitel gewidmet ist, sind fett ausgezeichnet.

Altes Testament

Genesis (Gen)
1,1 – 2,24   290–304
1,2   218
1,26–27   283
1,27   294f., 299
1,31   94
2,1–3   217
2,4b–17   153–159
2,18–20   306
2,24   296, 300
3,1–24   153–159
3,6   306
3,12   306
4,1–16   154
4,8   306
4,23–24   154
6,5.13   154
8,21   154
12,1–5   235
12,2–3   275
16,7–14   108
22,1–3   112
22,1–19   273–277
49,1–27   175

Exodus (Ex)
1,8–22   390
1,22   286
2,11–12   112
3,8   155
3,10 – 4,17   104
4,21   246
5,1   112
7,3   246
7,13.14.22   247
8,11.15.23   247

9,7.34   247
9,12   246
10,20.27   246
11,10   246
13,2   133f.
13,12   133f.
13,21–22   172
14,10–12   104
14,20   172
15,1–18   390
15,1–21   112
16,2–3   104
16,6–8   238
19,6   62, 68
19,8   235
19,16–19   215
20,4   48f.
20,5   49
22,28   133
23,20–22   104
24,7   235
33,19   286
34,6–7   277–290
34,20   133
35–40   217
40,36–38   172

Levitikus (Lev)
12,1–8   134f.
12,2   132
12,8   133
15,19–27   135
18,19   135
19,18   68, 317
19,18.33–34   149, 317

Numeri (Num)
9,17   172
11,1–6   104
14,18   286

Deuteronomium (Dtn)
1,33   172
2,7   93
4,11–12   215
4,15–19   49
4,31   286
5,2–3   361
5,8   48f.
5,9   49, 158
5,10   286
6,4–5   68, 327
7,9   286
8,2–6   40
12,17   66
14,1   25
14,23   66
18,18   66
21,17   55
30,15–19   156
32,11   93

Josua (Jos)
24,1–24   234–239

Richter (Ri)
6,11–24   108
13,3–5   108
13,25   216
14,5–6   216
14,19   216
15,14–15   216

Verzeichnis der Schriftstellen

1 Samuel (1 Sam)
1,1–28 112
1,9–28 134
10,6.10–12 216
11,6 216
15,22 39
19,20.23 216

2 Samuel (2 Sam)
12,1–13 112

1 Könige (1 Kön)
3,9 111
18,38 215
19,1–3 214
19,11–13 214–229

2 Könige (2 Kön)
2,11–12 210
21,3–9 50
23,4–14 50

2 Chronik (2 Chr)
3,1 276
30,9 286
31,5–6 66

Nehemia (Neh)
1,5 286
9,17 286

Tobit (Tob)
5,4 108
12,1–22 108

1 Makkabäer (1 Makk)
2,42 63

Ijob
28,28 151
38,1.8–11 240–243

Psalmen (Ps)
1 63

1,1 151
12,4–5 152
14,1 150, 152
14,4 152
18,9 51
22,20–27 44
22,28–32 196
23 189–200
24,3–5 197
24,7 198
25,10 286
36,6–7 50
36,10 123
40,7–9 39
46,3–4 383
47,9 383
47,10 387
48,3.5–9 383, 392
50 38–47
51 40f.
51,17–19 357
52,11 151
53,2 150, 152
54,8–9 44
56,13–14 44
66,13–20 44
69,31–32 39
77,21 315
78,14 172
78,38 286
78,52–57 194
80 200–207
80,2 315
84,6–8 11
86,15 286
87 11–13
91,11–12 158
93–100 362–398
94,1–15 145–153
98,1–2 370
99,3.5.9 249
103,8 286
103,13 59
107,21–22 44

111,4 286
111,10 151
112,4 286
116 44
116,5 286
116,17 43, 357
117,24 104
119 63
119,16.24.47.92.111.
 174 151
126,1–2 200
133,1–2 193
145,8 286
147,2–3 51

Sprichwörter (Spr)
1,7 151
1,20–33 309
8,1–21 297
8,22–36 297
9,10 151
10,18 151
10,21 151
13,20 151
15,12 151
15,31.33 151
31,10–31 304–313

Kohelet (Koh)
10,2–3 152
11,9 – 12,7 152

Hohelied (Hld)
1,6.14 201
2,15 201
7,8–9.13 201
8,6–7 290–304
8,11–12 201

Weisheit (Weish)
1,7 219
7,22 – 8,1 218f., 221
13,1–5 220

Sirach (Sir)
2,11 286
5,4–7 286
16,17–23 150
24,1–22 297
27,11 151

Jesaja (Jes)
1,10–17 39
2,1–5 29, **362–398**
2,2–5 12
5,1–7 200–207
5,7 97
6,1–11 244–250
6,3 353, 384
8,16–18 247
9,1–6 117–124
25,8 259
29,1–8 392
30,8 247
43,19 69
54,6–7 298
54,7–8 286
56,6–7 385
58,6 366
60,1–22 387
61,1–2 367
63,7 286
64,5–6 87–90

Jeremia (Jer)
1,4–10 165

2,21 204
6,20 39
7,21–23 39
7,22 40
20,1–6 166
20,7–10 164–168
20,7–18 112
20,14–18 165
23,17 165
32,18 286
43,4–7 166

Ezechiel (Ez)
15 200–207

Daniel (Dan)
7,9 51
9,4 286

Hosea (Hos)
5,14 161
6,1–6 160–164
6,6 39
10,1 204
14,3 41

Joël
2,13 286

Amos (Am)
4,1 40
5,10 40

5,12 40
5,21–25 40
5,24 47
6,4–6 40

Jona
4,2 286f.

Micha (Mi)
4,1–5 387
4,11–13 392
6,6–8 39
7,18–20 286

Nahum (Nah)
1,2–3 286

Zefanja (Zef)
1,15–18 36
3,12–13 35–38
3,14–18 95–99

Sacharja (Sach)
9,9 175f.
9,10 176
12,1–9 392
14,1–3 392

Maleachi (Mal)
1,1 357
3,20 337

Neues Testament

Matthäus (Mt)
1,20 116
1,20–21.24 108
1,23 116
2,1–12 128–131
2,13–14.19–23 108
3,11 96, 141
3,13–17 140–145
4,1–11 153–159

5,1–12 35–38
5,15 53
5,23–24 126
5,27–28 300
6,9–13 375
6,24 325
7,24–30 24–29
10,5 375
10,5–6 385

11,5 94
12,22–30 376
12,39 98
13,17 370
13,24–30 374
13,44 52, 97
13,44–46 377
13,47–50 52
15,21–28 24–29

409

16,21–27   164–168
18,12–14   52
18,23–35   379
19,24   43
20,1–16   52f.
21,4–5   175
21,28–31   52
22,4   378
23,1–33   61
23,1–39   67
23,23   66
26,17–19   174
28,16–20   210
28,19–20   392

Markus (Mk)
1,4–5   93
1,6   93
1,9–11   140–145
1,12–13   153
1,13   157
1,15   375
1,44   137
3,1–6   137
3,20–21   129
3,22   376
4,1   240
4,1–9   380
4,3–9   52
4,10–12   246
4,26–29   332, 394f.
4,35–41   240–243
5,1–20   240
5,21–43   240
8,31–33   171
8,35   381
9,2–10   168–172
9,30–32   171
9,34   171
10,6–9   290–304
10,11–12   300
10,30   157
10,47.48   172
11,8–10   173

11,9–10   177f.
11,15–19   385
12,1–12   53
12,29–31   68
13,8   393
13,8.24–25   393
13,12   393
13,24–27   87–90
13,26–27   393
14,12–16   174
16,15–20   210

Lukas (Lk)
1,11–20.26–38   108
1,14   116
1,26–38   107–112, 112–117
1,38   253
1,39–56   251–254
2,1–20   128–131
2,8–12   108
2,14   178
2,21   133, 262
2,22–39   132–140
3,7–18   95–99
3,16   141
3,21–22   140–145
4,1–13   153–158
4,18   366
5,1–11   244–250
6,20–21   368
7,41–42   52
9,31   171
10,9   375
10,24   172
11,2–4   375
11,11   144
11,14–23   376
11,20   362–398
13,1–9   17–24
13,4–5   98
13,20–21   52, 381
14,16–24   52
15,8–10   52

15,11–32   47–60
15,28   66
16,19–31   53
17,21   362–398
18,1–8   52
18,9–14   54, 60–69
18,12   66
19,28–40   173–178
21,31   88
22,7–13   174
22,25   192
24,36–43   183–188
24,46–53   210

Johannes (Joh)
1,1–18   79–84, 125–128, 128–131
1,14   94
2,1–12   230
2,5   253
3,29   201
4,34   115
5,24   391
6,1–15   229f.
6,16–21   229
6,22–59   229–234
6,35.48   238
6,60–69   234–239
10,1–18   313–322
12,14–15   175
12,39–40   246
13,1   382
14,6   77, 320, 379
14,9   60
14,26   224
15,1–8   200–207
15,1–17   206
15,11–32   52
15,15   226
16,13   77
16,13–15   214–229
17,1   382
17,1–26   74–79
17,16   364

17,20–23   391
17,22   391
18,36   364
19,25   253

Apostelgeschichte (Apg)
1,1–11   210
2,44.46–47   228
10,44–48   222
12,24   269f.
14,22   365
15,23–29   29
23,26–30   29

Römer (Röm)
1,3–4   112–117
1,18–25   220
5,1–5   223
7,5   223
8,1   223
8,7   223
8,9   214–229
8,32   277
11,7–8   246
11,13–24   263
11,25–36   263
12,1   46, 357
12,1–2   164–168
15,19   391
16,1–16   322–332

1 Korinther (1 Kor)
1,1–3   29–35
1,2   256
1,4–9   87–90
1,10–12   32
1,10.26   34
1,30   33
2,4   391
3,2–3   33
3,6.10   34
3,9   34
3,16   33
4,1   34

4,8   33
4,17   34
4,20   391
5,1–2   33
5,9–13   32
6,1–7   32
6,12–20   32f.
7,17   34
7,29   34
9,2   34
9,16   325
11,17   34
11,17–34   32, 345
12,4–6   223
12,10   220
14,1–4   214–229
14,39   34
15,1–58   32
15,10   269
15,12   32
15,19   278
15,20–27   251–254
15,24–28   389
15,44   252
15,45–47   153
15,50   223
16,1   34
16,15   34
16,22   347

2 Korinther (2 Kor)
1,5   45
4,11   223
5,14–17   240–234
12,7–10   267–273
12,12   391

Galater (Gal)
4,4–6   224
4,13–15   267f.
5,16   223
5,19–21   220
5,21   365
5,22   220

Epheser (Eph)
1,1   256
1,3–10   333–362
1,17–23   209–213
2,2   211
2,21–22   213
3,10   211
4,4   213
4,12.16   213
4,30   221
5,2   357
5,31–32   299
6,10–12   211

Philipper (Phil)
1,4   99
2,2   99
2,6–11   114
3,10   45
4,4   98f.
4,4.5   99–107
4,4–7   95–99

Kolosser (Kol)
1,15   116
1,15–17   125
1,19   116
1,24   45

*1 Thessalonicher
(1 Thess)*
2,12   365

*2 Thessalonicher
(2 Thess)*
1,5   365

Philemon (Phlm)
2   29

Hebräer (Hebr)
1,1–6   125–128
9,11–10,18   39
9,25–28   45

411

12,22–24   324, 354
12,28   365
13,15–16   41, 357

Jakobus (Jak)
2,5   365

1 Petrus (1 Petr)
2,5   46, 357

1 Johannes (1 Joh)
2,3–5   183–188
4,8   226

Offenbarung (Offb)
2,3   258
2,10   258
2,13   257
3,8   258

6,9   257
7,2–14   254–264
7,17   259
8,3–4   256
13,12.16–17   393
14,1   259
14,1–5   260
22,4   70–73

Aktuelle Bücher von Gerhard Lohfink

Gerhard Lohfink
Ausgespannt zwischen Himmel und Erde
Große Bibeltexte neu erkundet
408 Seiten, gebunden mit Schutzumschlag
2021, 2. Auflage
ISBN 978-3-451-38810-1

Gerhard Lohfink legt in diesem Buch rund 70 biblische Texte aus, bekannte und unbekannte. Er untersucht sie voll Neugier, befragt sie hartnäckig und konfrontiert sie mit unserer Gegenwart. Dieses Buch entwirft aus dem Mosaik der Texte des Alten und des Neuen Testaments ein farbiges Bild biblischer Theologie. Es richtet sich an alle, die Sehnsucht verspüren, die Bibel besser und tiefer zu verstehen.

Erhältlich in jeder Buchhandlung!

HERDER

Gerhard Lohfink
Die wichtigsten Worte Jesu
424 Seiten, gebunden mit Schutzumschlag
2023, 2. Auflage
ISBN 978-3-451-39190-3

Der Neutestamentler Gerhard Lohfink hat für dieses Buch aus den drei ersten Evangelien 70 besonders markante Jesusworte ausgewählt, die mit hoher Sicherheit authentisch sind. Er fragt nach ihrem ursprünglichen Wortlaut und zeigt zugleich, wie profiliert sie gebaut sind. Schon ihre äußere Form ist so anschaulich und so provozierend wie ihr Inhalt. Vor allem aber deckt Gerhard Lohfink die Situationen auf, in die hinein diese unvergleichlichen Worte gesprochen wurden. Oft ist es auch unsere eigene Situation.

Erhältlich in jeder Buchhandlung!

HERDER